U0573115

CAPITAL MARKET
DISPUTE
RESOLUTION

资本市场争议解决

热点问题案例与分析

康达资本市场争议解决研究中心　编著

Analysis of
High-Profile Cases

社会科学文献出版社
SOCIAL SCIENCES ACADEMIC PRESS (CHINA)

作者简介

（按文章顺序排序）

张保军

北京市康达律师事务所高级合伙人、管委会委员。

南京大学法学院，法学硕士，2004年开始从事律师工作，在有关上市公司并购重组、私募股权与投资基金、证券与金融等领域具有丰富的执业经验，承办了多起在业内具有重大影响的商事争议案件。

张振宇

北京市康达律师事务所律师。

清华大学法学硕士，原某省检察院检察官，曾荣获"该省十佳公诉人"荣誉称号，多次荣立三等功，承办、督办大要案数十件。2017年加入北京市康达律师事务所，主要从事领域为刑事辩护、刑事合规业务。

张小燕

北京市康达律师事务所高级合伙人、证券委员会委员。

法学学士、管理学硕士，杭汽轮 B（200771）、五芳斋独立董事，有多年证券公司投资银行工作经验，后专职从事证券法律事务。承办了多起 IPO、并购重组、再融资、新三板、股权分置改革等各类证券业务项目，熟悉《公司法》《证券法》等相关业务及争端解决。

纪勇健

北京市康达律师事务所合伙人。

中国政法大学，法学硕士，2011 年 2 月加入北京市康达律师事务所。从业 9 年时间，承办了 IPO、并购重组、再融资、公司债、资产支持证券、国企混改、新三板等各类证券业务项目，熟悉企业境内 A 股 IPO、境内投融资及并购业务。同时处理过多起涉及股权投资争议的疑难案件。

张伯阳

北京市康达律师事务所律师。

2012 年进入律师行业，主要从事民商事诉讼、商事仲裁等争议解决业务，曾代理过多起涉及上市公司的股权、投资、债务纠纷等重大疑难争议案件。

王华鹏

北京市康达律师事务所高级合伙人。

毕业于中国政法大学民商经济法学院、北京工商大学法学院，分别获民商法学硕士、经济法学学士学位。2002 年开始从事律师业务，2010年加入北京市康达律师事务所，主要从事证券、公司收购与兼并、经济类纠纷解决等领域的法律业务。

钱东辉

北京市康达律师事务所律师。

西北政法大学法律硕士，苏州仲裁委仲裁员。在法院工作 17 年。执业领域为商事诉讼、企业收购与重组、产业整合、私募融资等，曾处理过大量涉及股权、投资、收购等重大疑难争议案件。另外，擅长企业合规审查、潜在风险排查和争议处理。

刘 军

北京市康达律师事务所合伙人。

自 2010 年执业以来，长期专注国有产权交易法律研究，合作编写《国有资产交易知识百问》。入职康达后，专注复杂商事争议解决及刑事辩护方向，在刑民交叉领域，具有扎实的理论功底和精到的实战经验。新华社《半月谈》杂志社总法律顾问。

康晓阳

北京市康达律师事务所高级合伙人。

2007 年毕业于澳大利亚莫纳什大学，法学硕士，次年加入北京市康达律师事务所证券部工作至今。从业十余年来，承办多个 A 股 IPO、重大资产重组、再融资及债券发行等证券业务，并在境内、跨境投资及并购领域积累了丰富执业经验。

蒋广辉

北京市康达律师事务所合伙人。

主要执业领域为企业改制上市与再融资、收购与重组、产业整合、私募融资、债券发行、上市公司合规等资本市场业务，曾处理过大量涉及股权、投资、合资等重大疑难争议案件。另外，擅长企业合规审查、潜在风险及争议处理。

霍进城

北京市康达律师事务所合伙人。

2009 年 4 月加入北京市康达律师事务所，主要业务领域为争议解决。执业 10 年来，主办了大量最高人民法院及地方高级人民法院、仲裁机构争议案件，并取得了较高胜诉率。

邵　岳

北京市康达律师事务所高级合伙人，杭州市律师协会理事，并购委员会委员。

在法院从事 11 年商事审判工作，2006 年成为执业律师，2008 年加入北京市康达（杭州）律师事务所，具有丰富的从业经验。在律师执业期间，担任多家大型国企和上市公司及政府部门的法律顾问，主要从事公司治理、股权投资、并购重组、投融资、私募基金等诉讼和非诉法律服务。

吕 岩

北京市康达律师事务所律师。

澳大利亚弗林德斯大学商学学士、阿德莱德大学应用经济学硕士。主要从事公司、证券类法律业务，包括公司并购重组、股权结构设计、投融资、各类债券及债务融资工具注册发行、新三板挂牌、公司日常法律事务、合同制定及审查等法律业务。

张晓静

北京市康达律师事务所律师。

自执业起专注于私募基金领域，熟知该领域法规及自律规定，为多家私募机构提供私募基金管理人登记、基金发起及备案专项法律服务。另外，从事公司合规审查、发债、并购重组等法律事务。

陈庆波

北京市康达律师事务所高级合伙人。

中央民族大学法学硕士。从业近 20 年，专注于高端民商事争议解决，擅长股权投资争议、金融资管争议、房地产建设工程类争议、债务重组等业务领域。

张 力

北京市康达律师事务所高级合伙人。

公司、证券类法律业务方向，1996 年开始执业，从业 20 多年来，先后为近百家公司（包括上市公司和非上市公司）提供过法律服务，包括诉讼与非诉讼。个人专著《领读公司法》《律师谈公司治理》，参与主编《IPO 精选案例法律分析与操作指引》。

侯蓓丽

北京市康达律师事务所律师。

民商事争议解决业务方向，曾在北京市某法院任职，从事民商事审判工作多年，具有丰富的审判经验。目前担任北京市朝阳区律师协会争议解决研究会委员、北京市房地产中介行业协会法律委员会委员、北京多元调解发展促进会调解员、北海仲裁委员会仲裁员等职务。在《北京审判》《法院年度案例》等刊物发表多篇学术论文、案例分析等，多次应邀做客《第一时间》《法治进行时》等法制节目。

钟　瑜

北京市康达律师事务所合伙人、广东省律师协会证券法律专业委员会主任、香港注册海外律师。

业务涉及企业改制上市、并购重组、定增、境外投资、私募基金管理人登记等多个领域。

叶　森

北京市康达律师事务所律师。

主要业务领域为民商事争议、政府国企事务等。

马　戎

北京市康达律师事务所律师。

吉林大学法律硕士，2011年进入康达西安分所工作至今。执业以来为西咸新区管委会、西咸集团、北京银行、浦发银行等数十家企事业单位提供常年和专项法律服务。擅长公司、投资、并购重组、私募股权基金、金融等领域法律事务处理。

乔 瑞

北京市康达律师事务所高级合伙人。

毕业于华东政法大学。曾供职于某省高级人民法院刑事审判庭。15 年专业诉讼律师经验，办理过众多重大疑难商事及刑事案件。对企业在经营过程中易发的商事争议及刑事合规风险有丰富的经验。对企业在模式创新过程中可能涉及的刑事风险有较深的认识。

杨荣宽

北京市康达律师事务所高级合伙人、香港办公室负责人。

深耕于公司与商事争议解决，业绩卓著。首都经贸大学硕士研究生导师；天津财经大学法律硕士中心特聘专家、硕士生实践合作导师；天津市案例法学会高级研究员、特聘专家。从业 20 年，先后为国内外诸多知名跨国公司、企业集团和民营资本提供系统优质法律服务，受到业界普遍赞誉。

张狄柠

北京市康达律师事务所律师 。

2012 年毕业于广东嘉应大学政法学院，法学学士，同年加入北京市康达律师事务所证券部工作至今。执业以来，专注于 IPO、再融资、重组、新三板等证券业务，负责并主办了多个项目，积累了丰富的项目经验。

张 政

北京市康达律师事务所律师。

中国人民大学法学院法律硕士，2014 年加入北京市康达律师事务所证券部工作至今。执业以来，参与并主办了多个 A 股 IPO、重大资产重组、再融资及债券发行等证券业务，积累了丰富的项目经验。

法律是一门实践的艺术（代序）

　　市场经济就是法治经济，资本市场对法治的依赖程度更高。资本市场的改革成功与否，很大程度上取决于法治的完善程度。在我国，调整资本市场关系的法律除《证券法》、《公司法》以及《期货交易管理条例》以外，《民法总则》、《合同法》以及《物权法》等民事法律同样发挥着重要作用。随着立法机关、理论界和实务界的不懈努力，我国资本市场在服务实体经济、服务改革开放、推动传统金融体系变革、预防和化解金融风险等方面，已经取得了令世人瞩目的成就，我国资本市场稳定的法律框架正在逐步形成。当然，我国资本市场当前仍处于不断创新和进步中，资本市场法律框架的构建也不断面临新的问题和挑战。

　　法治进程的推进除了民众参与和政治家的明智决断以外，还有另外两种力量发挥着重要作用：一是学者的不懈努力；二是法官和律师对实务经验的总结。法律规则往往具有抽象性和概括性，法律条文往往是概括和抽象的，它们在实践中究竟以什么样态表现出来？是否能与实践和案例融洽对接？能否发挥应有的积极作用？这些都需要理论和实务界共同推动才能完成。从某种意义上说，理论指导了实践，实践经验也丰富和发展着理论，法学研究应当注重理论与实践的结合，尤其是资本市场法律制度具有很强的实践性，更应当注重理论与实践的结合。

　　康达律师事务所几位资深合伙人律师集体出版的这本《资本市场争议解决——热点问题案例与分析》，总结了我国资本市场法制的运行状况，反映资本市场法律实践的宝贵经验，是一本值得理论界和实务界关注的重要著作。本书作者都是资本市场争议解决领域的资深律师，许多案例是由作者承办的案件。通过对各级法院尤其是最高人民法院同类案件进行大数据分析，给市场各方及律师同行提供了相对专业、客观及确定性意见，就使得法律更具生命力。美国大法官霍姆斯早在 1880 年就提出"法律的生命不在于逻辑而在于经验"，本书中的案例大数据也正是实务经验的直接体现。

法学之所以成为一门独立的学科，很大程度上是因为其自身具有一套独立的方法理论。"方法"在古希腊语中，有"通向正确的道路"之意。本书采用"案例大数据统计"的分析方法，借助案例分析方法，以崭新的视角研究我国资本市场法律制度，有益于律师甚至法官确立正确的实务法律思维。

德沃金指出，"法律是一种不断完善的实践"，法学的发展需要法律人包括法官、律师等不断地总结实务经验，发展法学理论。我们也希望广大法官和律师推出更多更好的反映鲜活的实务经验的作品。

是为序。

王利明

2019 年 6 月于北京

目　录

第三部分 股权投资热点争议解决

第四部分 证券欺诈及证券违法违规行为

第 一 部 分
上市公司并购重组中的争议解决

上市公司并购重组业绩补偿专题

张保军

一　概述

（一）业绩补偿的定义

上市公司以发行股份购买资产与标的企业股东换股收购标的企业进而完成对标的企业的股权收购，是上市公司重大资产重组的常规模式。在这种模式下，依据中国证券监督管理委员会（以下简称证监会）《上市公司重大资产重组管理办法》（证监会令第 127 号）的有关规定，在一定条件下标的企业股东应当就标的企业的业绩承诺完成情况向上市公司做出承诺（对赌），签订业绩补偿协议，并根据协议调整交易对价，这便是上市公司并购重组中的业绩补偿。

业绩补偿一方面体现交易对方对标的公司业务发展存在较强信心，能够为上市公司、二级市场提供良好预期，另一方面作为基于未来收益的支撑，能够在技术上回答估值的合理性。交易对方对上市公司做出业绩承诺的同时，也需约定业绩补偿安排，即承诺事项未达成时，交易对方如何对上市公司进行补偿，以保护上市公司中小股东利益。

（二）业绩补偿相关法规摘录

1. 《上市公司重大资产重组管理办法》（2016年修订）第35条

采取收益现值法、假设开发法等基于未来收益预期的方法对拟购买资产进行评估或者估值并作为定价参考依据的，上市公司应当在重大资产重组实施完毕后 3 年内的年度报告中单独披露相关资产的实际盈利数与利润预测数的差异情况，并由会计师事务所对此出具专项审核意见；交易对方应当与上市公司就相关资产实际盈利数不足利润预测数的情况签订明确可行的补偿协议。……上市公司向控股股东、实际控制人或者其控制的关联人之外的特定对象购买资产且未导致控制权发生变更的，……上市公司与交易对方可以根据市场化原则，自主协商是否采取业绩补偿和每股收益填补措施及相关具体安排。

2.《上市公司监管法律法规常见问题与解答修订汇编》（2015年9月18日）

交易对方为上市公司控股股东、实际控制人或者其控制的关联人，应当以其获得的股份和现金进行业绩补偿。如构成借壳上市的，应当以拟购买资产的价格进行业绩补偿的计算，且股份补偿不低于本次交易发行股份数量的90％。业绩补偿应先以股份补偿，不足部分以现金补偿。

业绩补偿期限一般为重组实施完毕后的 3 年，对于拟购买资产作价较账面值溢价过高的，视情况延长业绩补偿期限。

3.《关于并购重组业绩补偿相关问题与解答》（2016年1月15日）

无论标的资产是否为其所有或控制，也无论其参与此次交易是否基于过桥等暂时性安排，上市公司的控股股东、实际控制人或者其控制的关联人均应以其获得的股份和现金进行业绩补偿。

……如果资产基础法中对于一项或几项资产采用了基于未来收益预期的方法，上市公司的控股股东、实际控制人或者其控制的关联人也应就此部分进行业绩补偿。

4.《关于上市公司业绩补偿承诺的相关问题与解答》（2016年6月17日）

上市公司重大资产重组中，重组方的业绩补偿承诺是基于其与上市公司签订的业绩补偿协议做出的，该承诺是重组方案的重要组成部分，因此，重组方应当严格按照业绩补偿协议履行承诺。重组方不得适用《上市公司监管指引第 4 号——上市公司实际控制人、股东、关联方、收购人以及上市公司承诺及履行》第 5 条的规定，变更其做出的业绩补偿承诺。

5.《关于并购重组业绩奖励有关问题与解答》（2016年1月15日）

……业绩奖励安排应基于标的资产实际盈利数大于预测数的超额部分，奖励总额不应超过其超额业绩部分的100%，且不超过其交易作价的20%。

上市公司应在重组报告书中充分披露设置业绩奖励的原因、依据及合理性，相关会计处理及对上市公司可能造成的影响。

（三）业绩补偿的几种方式

根据存在业绩补偿情形的上市公司已详细披露的业绩补偿方案，业绩补偿方式一般有五种。

第一种，现金补偿。典型案例如连环医药发行股份购买扬州制药、大东南发行股份及支付现金购买游唐网络。

第二种，股份补偿。典型案例如新宙邦发行股份及支付现金购买海思福、深桑达发行股份购买无线通讯、银河股份发行股份及支付现金购买亚太安讯。

第三种，现金与股份同时补偿，即交易对方既可通过现金进行补偿，也可以回购股份方式进行补偿，典型案例如中京电子发行股份及支付现金购买方正达。

第四种，先现金后股份。典型案例如宇顺电子发行股份及支付现金购买雅视科技、明家科技发行股份及支付现金购买金源互动。

第五种，先股份后现金。典型案例如华策股份发行股份及支付现金购买克顿传媒、众信旅游发行股份购买竹园国旅等。

（四）业绩补偿所涉及的重点法律问题

业绩补偿的顺利执行依赖于《购买重大资产协议》及《业绩补偿协议》的明确约定，因业绩补偿所涉争议本质上属于合同纠纷，因此其涉及的第一个法律问题便是《业绩补偿协议》的效力。

第二，就业绩补偿内容而言，补偿数额有无上限与下限？如补偿数额过高，超出交易对方实际承受能力，即使约定明确也难实现；倘若补偿数额过低，则可能不能弥补上市公司因此遭受的经济损失，损害上市公司中小投资者的权益。

第三，在特定情况下，上市公司能否行使不安抗辩权加速交易对方补偿义务到期？实践中一般由上市公司单方或上市公司与交易对方共同委托中介机构对标的企业的经营业绩进行审计，但财务审计存在当然的滞后性。如2017年度的经营业绩，一般需要在2018年4、5月才能完成审计。若上市公司发现标的企业存在重大经营风险，根本不可能完成经营业绩，能否适用预期违约制度提前要求补偿？

第四，交易对方在哪些情形下可以免除业绩补偿义务？补偿条件是否成就，一般以审计结果作为评判标准。交易对方对审计结果不认可的，应当允许其提出异议并视情况启动重新审计。标的企业不能完成业绩承诺的原因是多方面的，不能将全部过错归责于交易对方，如有证据证明交易对方对标的企业丧失控制权，或因"中美贸易战"等政治原因导致标的企业经营业绩不达标，将这种不利后果苛责于交易对方有悖于公平原则。

第五，上市公司对交易对方持有的股票仅设置禁售期能否确保业绩补偿顺利实现？这个是上市公司如何保护其权益的问题，交易对方通过资产重组获得了上市公司一定数额股票，如交易对方将该等数额股票质押变现以清偿其他债务，一旦补偿条件成就，交易对方便可能无力承担补偿义务，这将使得上市公司"赔了夫人又折兵"。因此，上市公司仅对股票设置禁售期并不能充分维护其权益，那么是否能够以及如何通过股票质押等更好方式维护自己权益？

第六，补偿期限届满后进行减值测试时，如何确定"减值额"？

第七，上市公司业绩奖励的合法性问题。广义上的业绩补偿是双向的，不仅包括标的企业经营业绩未达标时交易对方对上市的补偿，还包括特定情形下标的企业经营业绩达标时，上市公司对交易对方的奖励。对于这种上市公司对交易对方奖励的合法性如何评价？

对于上述业绩补偿所涉的法律问题，我们接下来以一宗上市公司业绩补偿典型案例为引，逐一进行分析。

二　典型案例——银江股份业绩补偿案①

银江股份有限公司（以下简称"银江公司"）系中国境内创业板上市公司，股票代码为 300020。

2013 年 8 月，银江公司及其全资孙公司北京银江公司和李欣及其他 12 名交易相对方、亚太安讯签署《购买资产协议》以及《盈利预测补偿协议》，约定银江公司通过发行股份的方式向李欣及其他 12 名交易相对方新发行共计 23441162 股股份用于受让李欣及其他 12 名交易相对方持有的亚太安讯 83.3333% 的股份，其中李欣可获得 17587245 股股份。

各方业绩补偿约定及执行、争议情况如下。

（1）股票禁售期约定。李欣承诺本次交易中取得的甲方银江公司的股份自本次发行结束之日起 12 个月内不得转让，自法定禁售期 12 个月届满后，第一年可解禁乙方一（李欣）所获得股份的 15%，第二年可再解禁乙方一所获得股份的 15%，第三年可再解禁乙方一所获得股份的 25%，第四年可再解禁乙方一所获得股份的 25%，第五年可再解禁乙方一所获得股份的 20%，自法定禁售期届满后五年即全部解禁。

（2）2013～2015 年为李欣业绩承诺期，待亚太安讯审计报告出具后，视是否需实行股份补偿，按以上比例计算当年可解禁股份数并扣减需进行股份补偿部分后予以解禁，若不足扣减，则当年无股份解禁；李欣承诺亚太安讯 2013 年、2014 年和 2015 年实现的净利润（扣除非经常性损益后归属于母公司所有者的净利润）分别不得低于 5000 万元、5750 万元和 6613 万元，如亚太安讯实现的净利润在 2013～2015 年的任一年度低于该年度的承诺盈利数，李欣愿意按照《盈利预测补偿协议》约定对银江公司进行补偿。

（3）2013 年 9 月 5 日银江公司召开第二届董事会第二十八次会议，2013 年 9 月 23 日召开 2013 年第一次临时股东大会，就本次重大资产重组事

---

① 案件信息来源于银江股份有限公司、浙江浙商证券资产管理有限公司、李欣案案外人执行异议之诉案。

项和公司签署《购买资产协议》及《盈利预测补偿协议》等事项予以审议通过，并确定本次公司发行股份的发行价格为 21.33 元/股。

（4）2013 年 12 月 30 日，银江公司收到证监会出具的《关于核准银江股份有限公司向李欣等发行股份购买资产并募集配套资金的批复》。

（5）2014 年 3 月，银江公司正式向李欣及其他 12 名交易相对方以 21.33 元/股的价格发行新股，合计发行 23441162 股，李欣实际获得 17587245 股。

（6）2014 年 3 月 25 日，银江公司在证监会指定的信息披露网站发布了《重大资产重组事实进展公告》，正式公告本次重大资产重组已完成。

（7）2014 年 4 月 23 日，银江公司委托利安达会计师事务所出具《关于亚太安讯 2013 年度盈利预测实现情况的专项审核报告》，载明亚太安讯 2013 年度归属于母公司股东的扣除非经常性损益的净利润为 5063.50 万元，达到李欣的承诺利润数 5000 万元；其间，李欣通过深圳证券交易所二级市场卖出其持有的部分解禁银江公司股票。

（8）2015 年 4 月 22 日，银江公司委托立信会计师事务所出具《关于亚太安讯 2014 年度盈利预测实现情况的专项审核报告》，载明亚太安讯 2014 年度归属于母公司股东的扣除非经常性损益的净利润为 4262.80 万元，尚未达到李欣的承诺利润数 5750 万元。由于 2015 年 6 月 2 日银江公司已实施权益分派（即银江公司向全体股东每 10 股转增 12 股），故银江公司要求李欣补偿银江公司 5074307 股，并于 2015 年 9 月 17 日将李欣交付的 5074307 股银江公司股票注销。同时银江公司就上述股份补偿和回购注销事宜在中国证监会指定的信息披露网站进行了正式公告披露。

（9）2015 年 4 月 28 日，浙商资管公司与李欣签订了《浙商聚银 1 号银江股份股票收益权 1、2、3 号专项资产管理计划的股票收益权买入回购合同》及《股票质押合同》，并在浙江省杭州市钱塘公证处办理了具有强制执行效力的债权公证文书；同年 4 月 30 日，双方在中登公司办理了证券质押登记，质权人为浙商资管公司，出质人为李欣，质押物为李欣持有的银江公司限售股 12642655 股。浙商资管公司通过发行专项资管计划募集资金，并依约将从 232 名自然人投资者处募集的约 21270 万元的投资款支付给李欣。

2015 年 8 月 4 日，银江公司在 2015 年半年度报告中，披露了李欣所持银江公司限售股 27813840 股（银江公司期间 1 送 1.2 股）已质押的事实。2016 年 4 月 14 日，李欣向浙商资管公司确认将预期违约，同意浙商资管公司依约强制执行质押的标的股票。之后，浙商资管公司向浙江省杭州市钱塘公证处申请办理强制执行证书。同年 5 月 3 日，浙江省杭州市钱塘公证处出具了公证执行证书。浙商资管公司据此向该院申请强制执行。

（10）2015 年度，根据银江公司委托的瑞华会计师事务所出具的专项审核报告，亚太公司归属于母公司股东的扣除非经常性损益的净利润为 −412.37 万元，与李欣承诺的 2015 年度利润数 6613 万元相去甚远，根据《盈利预测补偿协议》约定，李欣需向银江公司交付公司股份 25240153 股作为补偿，并由银江公司予以注销。

（11）由于银江公司与李欣因为业绩补偿的执行不能达成一致，银江公司诉至浙江省高级人民法院，同时银江公司与李欣及股票质押权人浙商资管公司就股权质押的合法性等问题涉及诉讼。浙江高级人民法院支持了银江公司要求以一元钱回购李欣持有股份的诉讼请求，但该生效法律文书的执行与浙商资管公司持有的执行证书的执行存在冲突。

该案争议情况基本涵盖了前文所列七个法律问题，此外还涉及执行异议之诉等法律问题。

三　法律分析

（一）银江公司与李欣等签署的业绩补偿协议的效力

除上市公司并购重组外，投资方与被投资方之间的业绩补偿承诺在股权投资领域也非常普遍。上市公司的业绩补偿与股权投资领域的业绩补偿存在显著不同，前者是以上市公司为补偿权利主体和股份回购主体，即交易对方对上市公司进行现金和/或股份补偿，而后者则主要是投资人与标的公司控股股东之间的权利义务关系，很少涉及标的公司回购自己股权（份）并减资的情形。

对于这类具有股权（份）回购内容的合同效力，司法实践中多数观点认为有效。最高人民法院在（2014）民二终字第 111 号案①中认为，"关于案涉《投资协议书》和《补充协议》中回购条款的法律效力问题。首先，从诉争的两份协议书的内容看，立约各方为达到使宜都天峡公司增资、在中国境内资本市场公开发行股票并上市之目的，先签订了《投资协议书》，约定蓝泽桥、宜都天峡公司以资产及股权增资，九鼎投资中心则以资金注入方式对目标公司宜都天峡公司进行增资，协议包括业绩承诺与股权奖励等条款内容；同日，为保证投资方基本投资利益的实现，各方当事人又签订了《补充协议》，主要包括在一定条件下被投资方股东回购股份的承诺等内容。案涉两份协议系典型的商事合同，《补充协议》系对《投资协议书》的补充约定，二者系同一天达成，共同完整地构成了各方当事人的意思表示。《补充协议》中有关两种情形下被投资方股东应当回购股份的承诺清晰而明确，是当事人在《投资协议书》外特别设立的保护投资人利益的条款，属于缔约过程中当事人对投资合作商业风险的安排。该条款与《投资协议书》中的相关股权奖励条款相对应，系各方当事人的真实意思表示。其次，案涉协议关于在一定条件下被投资方股东回购股份的内容不违反国家法律、行政法规的禁止性规定，不存在《中华人民共和国合同法》第 52 条所规定的有关合同无效的情形。诉争协议系各方当事人专为此次交易自愿达成的一致约定，并非单方预先拟定或者反复使用，不属于我国合同法所规定的格式合同或者格式条款，不存在显失公平的问题"。但该案特殊性在于是被投资方股东按照约定回购投资人持有的标的公司股权，实质对外体现的仅仅是股东之间的股权转让关系，不涉及标的企业回购自己股权的情形。

对于业绩补偿协议中，由上市公司回购自己股份并予注销或做其他处理的内容，最高人民法院亦认为有效。在（2016）最高法民终字第 19 号案②中，最高人民法院虽然没有直接对业绩补偿协议效力做出评价，但该案为合同纠纷，最高人民法院最终依据协议内容确定当事人之间的权利义务关系，并未依职权否定该协议之效力，即默认该业绩补偿协议的有效性。

---

① 《蓝泽桥、宜都天峡特种渔业有限公司、湖北天峡鲟业有限公司与苏州周原九鼎投资中心（有限合伙）其他合同纠纷二审民事判决书》。

② 世欣荣和投资管理股份有限公司与长安国际信托股份有限公司等信托合同纠纷案。

具体内容为"长安信托从鼎晖一期、鼎晖元博处取得涉诉股票收益权前，鼎晖一期、鼎晖元博等在与世纪光华签订的《关于业绩补偿的协议书》中承诺该协议中的浙江恒逸石化股份有限公司相关会计年度实际盈利未达标时，世纪光华可以回购鼎晖一期、鼎晖元博持有的上述相应股票。在上述股票的收益权转让给长安信托后，上述承诺涉及的问题就是如果上述浙江恒逸石化股份有限公司相关会计年度实际盈利未达标，涉诉股票世纪光华回购权益就需与长安信托的收益权进行协调。涉诉股票需进行权益协调的问题，与股票收益权确定与否的问题，属不同法律问题，二者没有法律上的关联。涉诉股票权益协调可以按照法律的规定予以解决，权益协调并不当然导致长安信托丧失其所取得的股票收益权"①。言外之意，这种约定合法有效，可以作为界定当事人权利义务之依据。

对于上市公司回购自己股份并注销的行为是否有悖《公司法》之问题，浙江省高级人民法院在银江股份业绩补偿案中给出了更为明确的意见。浙江省高级人民法院认定《盈利预测补偿协议》合法有效，对此评述"从订约内容看，《资产购买协议》约定的资产交易方案与《盈利预测补偿协议》约定的业绩承诺及补偿方案属交易各方在自愿平等协商基础上达成的商业安排，且不违反法律、行政法规的强制性规定，应依法确认有效。本次重大资产重组交易经中国证监会核准后正式实施，完成了包括亚太公司股权过户、银江公司向李欣等人发行新股、银江公司支付对价等交易事项。至此，《盈利预测补偿协议》第7.1条约定的合同生效条件已经成就，协议正式生效。从实际履约情况看，因亚太公司2014年的盈利数未达到李欣承诺的5750万元，李欣已按《盈利预测补偿协议》的约定向银江公司交付了5074307股作为补偿，并由银江公司于2015年9月17日予以注销。在此过程中李欣并未提出任何异议，也印证了《盈利预测补偿协议》系双方真实意思表示且一直被正常履行，并不存在李欣主张的履约基础丧失的事实"②。

对于业绩补偿对赌协议的问题，浙江省高级人民法院也认为这类协议不

① 世欣荣和投资管理股份有限公司与长安国际信托股份有限公司等信托合同纠纷案。
② 银江股份有限公司、浙江浙商证券资产管理有限公司、李欣案外人执行异议之诉案。

存在"显失公平"的问题。在（2015）浙商终字第84号案中，浙江省高级人民法院评述"民法中的显失公平主要是由于民事主体基于信息不对称、地位不平等、意思表示受到限制等原因，导致法律行为的内容严重不对价，违反了权利义务相一致的原则。而本案中增资以及对赌关系中各方均非传统的自然人主体，在交易能力、信息获取能力等方面与普通民事主体不同，属于典型的商事行为，从上述计算方式中可知，补偿金额与企业估值、企业经营预期等相关，取决于当事人的风险预测和风险偏好，应属于意思自治和可自我控制的范围"①。

因此，上市公司与交易对方签订的业绩补偿协议只要意思表示真实，并且经过各自权力机关决策程序和证监会审核，即为合法有效，上市公司回购自己股份并注销的行为不违反法律、行政法规的强制性规定。还有一个情况，就是上市公司业绩补偿协议一般约定的争议解决方式是仲裁，仲裁机构对协议效力的认定较人民法院更为宽松。

（二）业绩补偿上限和下限的确定

现行法规对上市公司的业绩补偿数额的上限和下限未做出明确规定，根据《上市公司重大资产重组管理办法》第35条，"交易对方应当与上市公司就相关资产实际盈利数不足利润预测数的情况签订明确可行的补偿协议"，即业绩补偿的数额由交易各方自主协商。

但这种自由协商并非完全的主观臆定，业绩补偿内容主要包括现金和股份，补偿数额和计算方式依赖于"采用收益现值法、假设开发法等基于未来收益预期的方法"。

从《合同法》角度分析，业绩补偿的性质近似于违约金，但并不等同于违约金。浙江省高级人民法院在（2015）浙商终字第84号案中即认为，"业绩补偿金系黎承健对于金茂公司业绩未达标情况下的给付义务，其内容并不等同于违约金。且即使该业绩补偿金为违约金，黎承健亦未在一审阶段提出调整违约金的请求，如前所述，该业绩补偿金的计算结果系由商事主体

---

① 黎承健与浙江卓景创业投资有限公司、广西金茂钛业有限公司增资纠纷案。

基于自身风险预测和风险偏好决定，应遵从当事人的意思自治，故对该业绩补偿金不予调整"①。

在银江股份业绩补偿案中，李欣等人的补偿义务是将对应股份以1元钱价格出售给上市公司，即退回其因并购重组所获得的相应权益。通过这种回购方式，减少股票数量，提高每股净值，有利于维护上市公司及投资人合法权益。而且以1元钱回购的方式处理，并未加重李欣的负担，切实可行。这种补偿方式和补偿比例是合理的，各方均能接受，不涉及上限和下限的问题。

笔者认为，可以参照违约责任的相关规定合理设置补偿的上限和下限。违约金的功能是以惩罚性为辅、补偿为主，因此业绩补偿的下限必须能够覆盖上市公司因交易对方违约所实际遭受的经济损失。若补偿数额不能弥补上市公司经济损失，则实际损害了上市公司中小股东权益。但这里的经济损失，就包括可得利益损失的问题，上市公司的可得利益损失能否按照股票价格进行确定？

深圳市中级人民法院在（2017）粤03民终字第5299号案中认为，公司净资产额不能全面反映公司经营的实际状况及股权的价值，不能作为可得利益的计算依据。具体理由为，"关于可得利益赔偿的具体数额，虽然协议明确约定顺威公司不举牌时应赔偿康佳集团挂牌预期收益，但对可得利益赔偿计算方法并未做出约定。康佳集团主张以股权转让约定价扣减康佳集团持有的壹视界公司60%股权对应的净资产，再扣减各项费用后的最终所得计算损失。本院认为，股权的交易只是股权价值的变现，公司股份的价值由多种因素组成，包括固定资产、流动资金、知识产权、产品竞争能力以及人员素质等多方面因素。公司的净资产额虽然在一定程度上反映了公司的财务状况，但由于不能体现公司资金的流转等公司运作的重要指标，因而不能全面反映公司经营的实际状况及股权的价值。而且，康佳集团主张的此种损失计算方法是顺威公司签订合同时不能预见到的，因此，本院对康佳集团主张的可得利益损失计算方法不予采纳。本院综合考虑本案协议的履行情况、股权交易的价格、当事人的过错程度等因素，根据公平原则和诚实信用原则，酌定顺威公

---

① 黎承健与浙江卓景创业投资有限公司、广西金茂钛业有限公司增资纠纷案。

司赔偿康佳集团可得利益损失 720 万元"①。既然有限责任公司都不能按照净资产数额确定可得利益损失，那么上市公司股票价格波动的原因更繁杂，举重以明轻，上市公司更不能以股票价格作为确定可得利益数额的依据。

而业绩补偿上限，原则上也不能超过交易对方在订立合同时所能预知的范围和实际承受能力，注定不能完成的业绩预测本身就没有意义。因此，笔者建议证监会可以根据交易对价数额合理设置业绩补偿的上限和下限的比例。

（三）在什么情况下可以要求业绩对赌方提前履行业绩补偿承诺

履行期限届满之前，当事人一方明确表示或者以自己的行为表明不履行主要债务，是合同法定解除条件。这种行为也被称为先期违约或者预期违约。预期违约可以分为明示违约与默示违约两种情况。明示违约是指在合同履行期限届满之前，一方当事人无正当理由明确表示不履行合同的主要债务。默示违约，是指在合同履行期限届满之前，一方当事人虽未明确表示但其行为表明其不履行合同规定的义务。

最高人民法院法官认为②，合同当事人根据先期违约的情形而行使合同的法定解除权，应当注意以下问题：（1）必须是在合同履行期限届满之前行使，如果当事人在合同履行期限届满之后表示不履行其债务，对方当事人可以依法追究其违约责任，而不必解除合同；（2）必须在对方当事人明确表示或者以自己的行为表明其不履行合同债务时才能行使。

在银江股份业绩补偿案中，李欣就以明示的方式对浙商资管公司明确预期违约，据此浙商资管公司启动对李欣的强制执行程序。而对于银江公司而言，李欣在 2015 年 4 月将其持有的银江公司股份进行质押，对将来的股份回购的实现设置了法律障碍，这种行为其实可以视为李欣默示的预期违约。

但银江公司非但没有阻止李欣这种质押行为，反而在 2015 年半年度报告中，主动披露李欣所持银江公司限售股 27813840 股（银江公司期间 1 送 1.2 股）已质押之事实。最终即使银江公司取得对李欣的胜诉判决，但这种

---

① 康佳集团股份有限公司、深圳市康佳选壹视界商业显示有限公司与广东顺威精密塑料股份有限公司股权转让纠纷案。

② 付金联：《判定合同解除案件的标准问题》，《法律适用》2005 年第 5 期。

针对质押股份的回购内容属于普通债权，并不能对抗质押权人浙江资管公司的优先债权，使得胜诉判决沦为一纸空文。随后银江公司提起执行异议之诉、确认合同无效纠纷等，均不能如愿。

在合同纠纷案件中，合同权利人可以行使不安抗辩权。李欣在未完成2015年度业绩承诺情况下，将其持有的限制流通的银江公司股份全部质押给第三方，这种处置行为本身就可以视为李欣的预期违约，表明李欣不履行将来可能产生的向上市公司交付股份的义务。此时银江公司就应行使不安抗辩权，加速补偿义务到期，或者由质押权人浙江资管公司出具承诺，放弃对银江公司的优先顺位。

因此，只要有证据证明交易对方明确表示或者以自己的行为表明不履行补偿义务，上市公司无须等待审计报告做出，即可行使不安抗辩权，加速补偿义务到期。

（四）业绩对赌方的责任豁免问题

在银江股份业绩补偿案中，交易对方李欣主张免除补偿责任的理由为其不享有标的公司控制权。对此浙江省高级人民法院认为，"李欣关于其失去公司控制权的主张不能成立。银江公司、北京银江公司受让亚太公司的100%股份后，依照《购买资产协议》第七条的约定向亚太公司派驻了董事及财务人员，同时李欣亦依约留任亚太公司的董事长及经理职务，并仍任亚太公司的法定代表人。银江公司及其全资控制公司虽持有亚太公司100%股份，但按照现代公司治理结构，股东的所有权与对公司的控制权相分离，结合亚太公司章程对董事长、经理职权范围的约定，亚太公司的日常经营决策仍由李欣负责，李欣并未失去对亚太公司的实际控制权"[①]。但若有证据证明李欣确实失去对标的公司的实际控制权，则李欣主张免除其补偿责任就具有正当理由，失去控制权可以成为交易对方免责的一个理由。

关于补偿条件是否成就，交易对方也可抗辩。比如交易对方认为上市公司聘请的审计机构对标的企业经营业绩的审计存在问题，审计结果存在错

---

① 银江股份有限公司、浙江浙商证券资产管理有限公司、李欣案案外人执行异议之诉案。

误，可以通过重新审计的方式进行校正，以证明其实际完成了业绩承诺。

不可抗力和政策原因也可成为免责事由，如标的企业的经营范围主要是向美国出口商品，囿于"中美贸易战"和进口国关税骤然提高，经营业绩必然会受到影响，这种突发情况是做出业绩承诺时交易对方所不能预知的。若以这种理由苛责交易对方，显失公平。

（五）对业绩对赌方持有的上市公司股票进行保护性质押是否合法

1. 上市公司基于业绩补偿协议对交易对方所持股份的回购或者现金补偿，其本质是一种债权请求权，不能排除交易对方的债权人对禁售股份的强制执行

在银江公司业绩补偿案中，银江公司与浙商资管公司就李欣名下股份的强制执行问题发生争议，浙江省高级人民法院二审认为，"本案中，银江公司主张其对案涉的 25240153 股银江股份股票享有足以排除强制执行的民事权益，则应就其主张承担举证证明责任。案涉限售股登记于李欣名下，虽然银江公司将上述股份设置了禁售期并经中国证券登记结算有限公司深圳分公司予以登记，但限售登记并不改变案涉股票属于李欣名下财产这一事实。银江公司设置禁售期的目的是防止李欣将该等股份予以对外转让或进行其他处置，但并不意味着银江公司实际占有和控制上述股份，故银江公司主张通过设置禁售期的方式事实上占有和实际控制了案涉股份，依据不足。根据《购买资产协议》及《盈利预测补偿协议》的约定，如果李欣未完成相应业绩承诺，李欣负有股份补偿义务，即按照上述协议约定计算应收回公司股份数后，由银江公司以 1 元的价格回购李欣所有的相应股份，再由银江公司作为实际权利人将该等股份予以注销。可见，在亚太安讯对应年度的实际盈利数不足李欣承诺盈利数的情况下，银江公司享有要求李欣交付所持股份并予以回购的权利。银江公司能否实际回购，也有赖于李欣能否将所持股份交付给银江公司，双方办理股份变更登记手续。故该权利只是一种债权请求权。银江公司主张其与李欣通过《购买资产协议》及《盈利预测补偿协议》已经达成了附生效条件的物权合意，缺乏合同依据和法律依据。原判据此认定银江公司所持证据不足以排除法院对案涉股份的强制执行，并驳回其诉讼请求，并无不当"①。

2. 限售流通股可以质押

限售流通股是在一定时间内不能出售的股票，有三种情况。（1）公司法明确规定了限售条件的流通股。（2）战略投资者通过定向增发投资某上市公司的时候，由于其战略目的持股时间要超过一般投资者，而且往往定向发行价格低于当前的市场价格，因此要求锁定该股份于一定的期限。（3）在股权分置改革下，非流通股在支付股改对价后摇身变成流通股需要一个过渡期，一般禁售期为一年，一年后可以按比例流通出售，这个期限内也是限售流通股。

目前我国证券市场中有限售条件的流通股主要包括三类。（1）《公司法》明确规定的有限售条件流通股。如《公司法》（2005年修订）第141条规定："发起人持有的本公司股份，自公司成立之日起一年内不得转让。公司公开发行股份前已发行的股份，自公司股票在证券交易所上市交易之日起一年内不得转让。公司董事、监事、高级管理人员应当向公司申报所持有的本公司的股份及其变动情况，在任职期间每年转让的股份不得超过其所持有本公司股份总数的百分之二十五；所持本公司股份自公司股票上市交易之日起一年内不得转让。上述人员离职后半年内，不得转让其所持有的本公司股份。公司章程可以对公司董事、监事、高级管理人员转让其所持有的本公司股份做出其他限制性规定。"（2）发行人首次公开发行时控股股东等持有的承诺延长锁定期的有限售条件流通股。（3）股权分置改革后原非流通股股东持有的有限售条件流通股。

根据中国证券登记结算有限责任公司深圳分公司出台的《深圳证券交易所上市公司非流通股及限售流通股质押登记须知》的规定，上市公司非流通股和股改限售流通股可以办理质押登记，但须符合一定的要求和程序。

3. 上市公司可以对股份设置保护性质押

李欣持有的银江公司的股份虽然在限售期内，但也实际办理了质押登记，然而质押权人并非银江公司。复盘银江公司业绩补偿案，倘若银江公司能够对李欣持有的股份首先设置保护性质押，确保执行的优先顺位，即能实

① 银江股份有限公司、浙江浙商证券资产管理有限公司、李欣案案外人执行异议之诉案。

现业绩补偿的目的。

而目前状况下，银江公司虽然取得了胜诉判决，但既不能排除浙商资管公司对李欣持有股份的优先受偿权利，银江公司以李欣质押行为违法确认合同无效的诉讼请求也没有得到浙江高级人民法院的支持。

从法理上讲，既然上市公司回购自己股份并注销不违反法律、行政法规强制性规定，交易各方为担保主合同《业绩补偿协议》履行而将交易对方持有的上市公司股份质押给上市公司，亦不违反法律规定。设若银江公司此前将李欣持有的股份质押到上市公司名下，既不会发生此后与浙商资管公司之间的执行异议之诉等纠纷，也能避免特殊情况下交易对方通过股份质押方式变现逃避执行的路径。

（六）补偿期限届满后进行减值测试时，如何确定"减值额"？

1. 上海市第一中级人民法院（2016）沪01民终字第12399号案①

关于争议焦点一，本院认为，安科瑞公司为证明其所主张的××公司2015年度净利润数额，向一审法院提交了由A事务所出具的××公司2015年度审计报告。《股权收购协议》第17条约定，赖以计算业绩补偿金额的净利润系指经安科瑞公司委托的会计师事务所审计的、扣除非经常性损益后的年度净利润。据此，安科瑞公司有权单方委托A事务所出具××公司2015年度审计报告。现陈树滋、王小平对审计报告中除资产减值损失外的其余部分均未提出异议。但是，陈树滋、王小平就其针对资产减值损失所提出的异议并未提供充分证据予以佐证。而且，陈树滋、王小平在一审期间明确表示其不同意重新审计。因此，陈树滋、王小平对其就资产减值损失所提异议不能成立。在一审期间，安科瑞公司已就××公司2015年度净利润的具体数额提供审计报告作为初步证据，而陈树滋、王小平就资产减值损失所提出的异议理应承担相应的举证责任。对此，一审法院一方面未要求陈树滋、王小平提供反驳

---

① 《安科瑞电气股份有限公司诉陈树滋股权转让纠纷一案二审民事判决书》。

证据，另一方面则在陈树滋、王小平拒绝重新审计的情况下，要求安科瑞公司申请重新审计，属于举证责任分配不当。一审法院确定由安科瑞公司承担其不同意重新审计的不利后果也是不妥当的。而且，一审法院在询问是否重新审计时并未向安科瑞公司释明相应的法律后果或者风险。综上所述，本院认为，安科瑞公司所主张的××公司 2015 年度的净利润为 −5387589.56 元具有合法依据。

2. 浙江省高级人民法院（2015）浙商终字第84号案①

根据卓景公司提供的大信审字（2013）第 2 – 00788 号、（2014）第 2 – 00390号《审计报告》记载，金茂公司 2012 年净利润为 3489.1787 万元，2013 年净利润为 2562.5609 万元，均未达到黎承健在《补充协议》中作出的 2012 年净利润 8000 万元和 2013 年净利润 1.5 亿元的承诺。黎承健辩称大信会计师事务所采用的审计方法错误，该审计方法适用于上市公司，不能客观反映出金茂公司的经营业绩。但根据《补充协议》第三条的有关内容，金茂公司净利润的计算是以具有证券业务资格的会计师事务所审计的以扣除非经常性损益前后孰低为标准，显然大信会计师事务所出具的上述审计报告并未违反合同约定，且黎承健也未向法院提出重新审计的申请，故大信会计师事务所出具的大信审字（2013）第 2 – 00788 号、（2014）第 2 – 00390 号《审计报告》可以作为考量金茂公司 2012 年和 2013 年净利润的依据。

（七）上市公司重组业绩奖励的合法性

最高人民法院意见

"上市公司实际控制人就上市公司因发行股份购买资产收购标的企业股权与标的企业股东所签订的业绩补偿协议（业绩对赌协议）出具承诺，承诺标的企业无论是否完成业绩承诺均对标的企业股东进行补偿，该承诺有效。"②

---

① "黎承健与浙江卓景创业投资有限公司、广西金茂钛业有限公司增资纠纷二审民事判决"。
② 李芃、刘彩玲、西藏山南博杰投资咨询合伙企业（有限合伙）、西藏山南博萌创业投资管理合伙企业（有限合伙）、赵文权合同纠纷案。

（1）基本案情

上市公司蓝色光标与目标公司博杰广告的股东李芃等人签订《购买资产协议书》，约定蓝色光标公司拟收购李芃等人持有的博杰广告89%股权，若博杰广告2013年、2014年、2015年实际利润合计超过93366万元（不含本数），则交易价格调整为现作价的1.25倍，即20.025亿元；如博杰广告在2013年、2014年、2015年、2016年的实际利润低于承诺利润时的对价调整及利润补偿的具体安排，由各方另行签署盈利预测补偿协议书约定。同日，蓝色光标与李芃等签订《补偿协议书》，约定如果博杰广告2013年、2014年、2015年任何一年实际利润增长率为负（以1.8亿元作为博杰广告2012年净利润基数），应立即启动减值测试，并根据减值测试的结果调整交易价格。

2014年11月16日，赵文权（蓝色光标公司法定代表人、实际控制人）向李芃一方出具《承诺函》，承诺："1. 如博杰广告实际经营业绩未能完成《购买资产协议书》第5.2.1条约定的业绩承诺，导致李芃及其他转让方未能获得4亿元奖励，本人承诺将差额补足并支付给李芃及其他转让方，确保李芃及其他转让方获得第5.2.1条项下的所有利益，包括李芃及其他转让方根据《购买资产协议书》得到的所有股份及4亿元奖励。法律法规规定蓝色光标有代扣代缴义务的，蓝色光标予以代扣代缴。2. 如果李芃及其他转让方因未能达到《购买资产协议书》约定的业绩承诺标准而导致李芃及其他转让方持有的蓝色光标股份被注销或者承担现金补偿义务，本人将对李芃及其他转让方的前述损失承担赔偿责任。所有承诺的补偿应当在2016年6月30日之前履行。"[①] 该《承诺函》已办理公证。

2016年4月13日，蓝色光标公司出具的《北京蓝色光标品牌管理顾问股份有限公司关于西藏山南东方博杰广告有限公司2015年度未达成业绩承诺暨相应股份补偿的公告》中写明：博杰广告完成了2013年度、2014年度业绩承诺，未能完成2015年度业绩承诺。

后蓝色光标公司、李芃一方、赵文权因《购买资产协议书》《补偿协议

[①] 李芃、刘彩玲、西藏山南博杰投资咨询合伙企业（有限合伙）、西藏山南博萌创业投资管理合伙企业（有限合伙）、赵文权合同纠纷案。

书》《承诺函》履行问题产生纠纷，并引起系列仲裁、诉讼。

（2）裁判要点

最高人民法院（2018）最高法民终字第 127 号李芃、刘彩玲合同纠纷二审民事判决书认为，本案争议焦点之一为：《承诺函》的性质与效力如何。《承诺函》是赵文权真实的意思表示，不违反法律、行政法规的强制性规定，依法具有效力。《承诺函》是赵文权向李芃一方做出的单方意思表示，自意思表示到达李芃一方时起生效。赵文权在《承诺函》中承诺，因博杰广告未完成《购买资产协议书》约定的业绩承诺，导致李芃一方未能获得 4 亿元奖励的，由其补足差额，以确保李芃一方获得《购买资产协议书》项下应得的所有股份及 4 亿元奖励。根据查明的事实，《承诺函》约定的赵文权履行差额补足义务的条件已经成就，中国贸仲京裁字第 1507 号仲裁裁决（以下简称贸仲 1507 号仲裁裁决）认定的事实进一步佐证了该项事实，故赵文权依约负有向李芃一方支付 4 亿元款项的义务。就李芃一方而言，如博杰广告完成了《购买资产协议书》约定的业绩承诺，可根据《购买资产协议书》的约定从蓝色光标公司处获得 4 亿元奖励；反之，如果未能完成约定的业绩承诺，则可根据《承诺函》从赵文权处获得等额补偿。可见，即便贸仲 1507 号仲裁裁决判令李芃一方向蓝色光标公司返还提前支付的相关款项，李芃一方也可通过向赵文权另行求偿的方式实现自身利益。另一方面，在赵文权出具《承诺函》的情况下，无论李芃一方是否完成约定的业绩承诺，均能获得相同的补偿。就此而言，《承诺函》确实构成对李芃一方利益的有力保障。但《承诺函》本身是独立的单方意思表示，其与《购买资产协议书》项下蓝色光标公司对李芃一方负有的义务属于并列的、选择行使的关系，而非主合同与担保合同的关系。故赵文权有关《承诺函》性质上属于一般保证，并以主合同债务并未实际发生为由提出的抗辩缺乏事实和法律依据，本院不予支持。①

---

① 李芃、刘彩玲、西藏山南博杰投资咨询合伙企业（有限合伙）、西藏山南博萌创业投资管理合伙企业（有限合伙）、赵文权合同纠纷案。

上市公司收购中业绩承诺未实现之刑事救济

张振宇

近年来，上市公司一般以与目标公司签订业绩承诺和补偿协议的方式设计收购的交易架构。2013～2017 年，上市公司业绩承诺的数量和金额（业绩承诺数量和金额均以当年处于业绩承诺观察期的目标公司业绩承诺情况计算）显著增加，业绩承诺未完成数量及未完成率逐年上升。在并购事件中，目标公司估值方法高度集中于收益法，占比高达 68.82%；补偿方式为现金补偿的业绩承诺未完成率较高，约为30.99%。[①] 从 2017 年业绩承诺完成情况来看，"精准完成"（实际盈利高于业绩承诺且小于其 1.1 倍）占比较高，目标公司业绩的真实性和可持续性有待商榷，存在部分目标公司利用财务造假手段实现承诺业绩的可能。业绩承诺观察期满，并购标的出现业绩下滑的可能性较高。随之而来的，就是上市公司商誉减值情况逐年增加。2012～2017 年，共有 23 家上市公司因商誉减值而导致净利润为负。[②] 可见上市公司收购业绩承诺未实现的高发性以及对上市公司财务报表影响的严重性。而上市公司收购业绩承诺不能实现的原因不完全是市场风险或者经营不善等客观因素，还有潜藏犯罪行为的可能。因此，在上市公司收购业绩承诺未实现之时，刑事救济也可能成为上市公司挽回或者减少损失的有力手段。本文主要介绍的是上市公司收购业绩承诺未实现之刑事救济手段的应用。

---

① 参见《上市公司商誉现状：多家计提商誉减值损失》，股城网，www.gucheng.com。
② 参见《上市公司商誉现状：多家计提商誉减值损失》，股城网，www.gucheng.com。

一 上市公司收购业绩承诺未实现可能潜在的犯罪行为

（一）合同诈骗行为

合同诈骗罪，是指以非法占有为目的，在签订、履行合同中，使用欺骗手段，骗取对方当事人财物，数额较大的行为。在签订上市公司收购承诺协议的过程中可能存在的合同诈骗行为有以下几种。

1. 在签订合同时发生的合同诈骗行为

比较典型的情形就是，业绩补偿承诺方在签订合同时为骗取上市公司高价收购其所持有的目标公司股权，采取虚构事实或者隐瞒真相的欺骗手段大幅度地夸大目标公司的盈利能力或者历年盈利水平，骗取上市公司支付了显著高于业绩补偿承诺方所持目标公司股权实际价值的对价，即构成合同诈骗罪。需要注意的是，成立合同诈骗罪要求犯罪数额达到数额较大。根据立案标准，目前合同诈骗罪数额较大的标准为2万元以上。合同诈骗的犯罪数额是指实施犯罪行为人所实际非法占有的财物数额。在上述合同诈骗的情形下，应以上市公司所实际支付财物（一般为现金及上市公司股票）的价值扣除业绩补偿承诺方实际交付的目标公司股权实际价值之后的数额计算合同诈骗的犯罪数额。

【经典案例·天山生物收购大象广告案】①

2015~2016年，天山生物连续两年亏损。2017年8月15日，天山生物抛出重组方案，上市公司拟通过发行股份及支付现金的方式购买陈德宏、华融渝稳天泽等45名交易对方持有的大象股份98.80%股权，同时非公开发行股份募集配套资金用于支付本次交易的现金对价以及与本次交易相关的中介机构费用及其他税费等并购费用。大象股份剩余1.2%的股权将由上市公

---

① 《天山生物并购重组被骗，收购的"优质资产"1年破产》，新浪财经，finance. sina. com. cn。

司未来采用现金方式进行收购。

该收购方案于 2017 年 12 月 20 日通过并购重组委审核。同时，该收购方案修订为收购大象股份 96.21% 的股权，交易价格 237261.45 万元。且陈德宏承诺大象股份 2017 年度、2018 年度、2019 年度实现的扣除非经常性损益后归属于母公司所有者的净利润应分别不低于 14020.70 万元、18736.60 万元、21535.46 万元。

2018 年 12 月，天山生物公告称：因大象广告执行董事陈德宏的涉嫌违法、违规行为及故意隐瞒和实施阻碍行为等客观原因，公司无法控制大象广告。根据公司目前了解到大象广告存在资金被挪用、违规对外担保及违规对外借款等情况且金额巨大，武汉地铁 2 号线提前终止协议疑似伪造，历年摊销成本累计少摊销金额达到 4.8 亿元等情况，以及仍有新的涉案事项在调查中，大象广告持续经营存在较大的不确定性，极可能出现资不抵债的情况。公司认为该项投资能够收回的可能性极小，按预计可收回金额计提长期股权投资减值准备约 17.95 亿元（天山生物的市值仅为 15.4 亿元）。

2018 年 12 月 22 日，天山生物收到昌吉回族自治州公安局出具的《立案告知书》，被告知该公司被合同诈骗一案，符合立案条件，立为合同诈骗案侦查。2018 年 12 月 24 日，天山生物收到昌吉回族自治州公安局出具的《冻结告知书》，被告知公安机关为及时挽回经济损失，决定对天山生物股东陈德宏等人的股票予以冻结。2018 年 12 月 26 日，天山生物通过中国证券登记结算有限责任公司查询获悉，陈德宏等 30 名股东（系天山生物发行股份及支付现金购买大象广告有限责任公司 96.21% 股份的交易对方）所持有的天山生物股份被昌吉回族自治州公安局司法冻结或轮候冻结。2019 年 1 月 11 日，天山生物董事、副总经理陈德宏因涉嫌合同诈骗罪，被昌吉回族自治州公安局刑事拘留。

2. 在履行合同时发生的合同诈骗行为

常见的情况是，业绩补偿承诺方在履行合同过程当中产生非法占有目的，通过严重财务造假或者隐瞒真相等手段，虚构了达到该年度所承诺业绩的事实，以骗取业绩承诺协议约定的以实现该年度承诺业绩为条件的股权转让款或者奖励款。

3. 在签订合同和履行合同时都发生的合同诈骗行为

【经典案例·宜通世纪收购倍泰健康案】①

广东宜通世纪科技股份有限公司（股票代码300310）根据中国证监会《关于核准广东宜通世纪科技股份有限公司向方炎林等发行股份购买资产并募集配套资金的批复》（证监许可〔2017〕453号），通过发行股份及支付现金相结合的方式，购买方炎林等16名交易对方持有的深圳市倍泰健康测量分析技术有限公司100%股权，并向不超过5名符合条件的特定投资者发行股份募集配套资金不超过48200万元。倍泰健康于2017年4月17日完成了资产过户及工商变更登记手续，已于2017年5月1日将倍泰健康纳入合并范围编制合并报表。宜通世纪向方炎林等10名股份对价交易对方非公开发行39353478股新股购买其持有倍泰健康的股权；向基金机构非公开发行44018264股新股募集配套资金481999990.80元。

方炎林等对赌业绩承诺方向上市公司承诺：倍泰健康2016年度实现的净利润不低于4600万元；2016年度和2017年度累计实现的净利润不低于11100万元；2016年度、2017年度和2018年度累计实现的净利润不低于19800万元；2016年、2017年度、2018年度和2019年度累计实现的净利润不低于31100万元。根据宜通世纪的公告，倍泰健康2016年度实现对赌业绩承诺净利润为4987.59万元，大于盈利承诺数4600万元，已完成了2016年度业绩承诺。倍泰健康2017年度实现对赌业绩承诺净利润为5629.12万元，2016年度和2017年度累计实现对赌业绩承诺净利润为10616.71万元，与2016年度和2017年度累计盈利承诺数11100万元的差异数为483.29万元，已完成2016年度和2017年度累计盈利承诺数的95.65%。公司豁免本次对赌业绩承诺方的业绩补偿责任。

2018年7月，宜通世纪突然又发布公告称，因倍泰健康对赌业绩承诺方方炎林及其配偶李询在与公司签订并履行《发行股份及支付现金购买资

① 参见新浪财经（finance.sina.com.cn）相关报道。

产协议》过程中，涉嫌对公司隐瞒债务、合同诈骗、非法占用倍泰健康资金和多次违规质押非法套取资金等违法行为，宜通世纪向广州市公安局天河分局报案并收到其出具的《立案告知书》。2018 年 8 月 20 日，方炎林被广州市天河区人民检察院批准逮捕。

（二）职务侵占、挪用资金行为

职务侵占罪，是指公司、企业或者其他单位的人员，利用职务上的便利，将本单位财物非法占为己有，数额较大的行为。挪用资金罪，是指公司、企业或者其他单位的工作人员，利用职务上的便利，挪用本单位资金归个人使用或者借贷给他人使用，数额较大，超过三个月未还的，或者虽未超过三个月但数额较大、进行盈利活动的，或者进行非法活动的行为。为了保证目标公司的稳定性，降低管理成本，一般目标公司被收购之后的实际管理者仍然是对赌业绩承诺方。目标公司的财务也相对独立于上市公司，且往往并不透明。在目标公司的所有者与管理者利益并不一致的情况下，很容易滋生职务犯罪。

（三）违规披露、不披露重要信息行为

违规披露、不披露重要信息罪，是指依法负有信息披露义务的公司、企业，向股东和社会公众提供虚假的或者隐瞒重要事实的财务会计报告，或者对依法应当披露的其他重要信息不按照规定披露，严重损害股东或者其他人利益，或者有其他严重情节的行为。在上市公司收购重组活动中，对赌业绩承诺方若虚构事实或者隐瞒真相，从而制造目标公司虚假业绩，要么需要虚假的或者隐瞒重要事实的财务会计报告，要么需要隐瞒重要的担保或者诉讼等应当披露的重要信息。这些行为很可能会构成违规披露、不披露重要信息罪。

【经典案例·宁波东力收购年富供应链案】①

2016 年 6 月 16 日，宁波东力公布并购预案：宁波东力向富裕仓储、九

---

① 参见新浪财经（finance. sina. com. cn）相关报道。

江嘉柏、宋济隆、母刚、刘志新等 12 名交易对象非公开发行 211715282 股
及支付现金购买其持有的年富供应链 100% 股权，发行价格为 8.57 元/股，
总交易价格 21.6 亿元。其中，宁波东力以现金方式向九江嘉柏购买年富供
应链 16% 的股权，以发行股份方式向其他 11 名交易主体收购他们所持年富
供应链 84% 的股权。同时，公司向配套融资投资者宋济隆、母刚发行
4200.7 万股。2017 年 6 月 8 日该方案获得证监会并购重组委审核通过。

根据东力股份与富裕仓储、九江嘉柏、易维长和及宋济隆签订的对赌协
议，富裕仓储、九江嘉柏、易维长和及宋济隆承诺年富供应链 2017 年度、
2018 年度、2019 年度实现的扣非归母净利润数分别不低于 2.2 亿元、3.2
亿元和 4 亿元。如果实际利润低于上述承诺利润，交易对方将按照签署的
《业绩补偿协议书》的相关规定进行补偿。同时，该收购方案也约定了超额
业绩奖励。

2017 年 10 月 28 日宁波东力股东大会决定在 39 亿元的范围内为年富供
应链提供融资担保。同日，宁波东力董事会决议出资 2 亿元对年富供应链进
行增资。2018 年 5 月 17 日，宁波东力股东大会又将对年富供应链担保总额
提高到 45 亿元。案发时，宁波东力总共给年富供应链的融资提供了 15 亿元
的担保。2018 年 4 月 26 日，宁波东力公告称年富供应链 2017 年完成净利润
225789688.15 元，业绩承诺完成率为 102.63%，年富供应链 2017 年度业绩
承诺已实现。

2018 年 8 月，宁波东力公告称：公司全资子公司深圳市年富供应链有
限公司法定代表人李文国及年富供应链高管团队涉嫌在与公司签订并履行购
买资产协议和业绩补偿协议的过程中，隐瞒年富供应链实际经营情况，通过
多家海外关联企业，侵占公司资金，与客户串通，大肆财务造假，骗取公司
股份及现金对价 21.6 亿元，骗取公司增资款 2 亿元，诱骗公司为年富供应
链担保 15 亿元，致使公司遭受重大经济损失。为维护公司及广大股东的合
法权益，为维护资本市场的健康发展，减少该事件对公司造成的影响，公司
于 2018 年 6 月 28 日向公安机关举报李文国等人的合同诈骗行为。8 月 6 日，
公司获悉年富供应链法定代表人兼公司副董事长李文国，年富供应链总裁兼
公司董事杨战武因涉嫌合同诈骗罪、违规披露和不披露重要信息罪被宁波市

人民检察院批准逮捕。年富供应链财务总监刘斌、金融副总裁秦理、业务副总裁徐莘栋被公安机关取保候审，运营副总裁林文胜和风控总监张爱民失联，其他部门负责人正常履职。

（四）行贿、对非国家工作人员行贿行为

目标公司在不具备实现承诺业绩能力的情况下，在虚构实现业绩能力的同时，也常常伴有向上市公司高管行贿的犯罪行为。行贿犯罪属于公众所熟知的常见多发型犯罪，关于该犯罪行为的构成要件本节不再赘述。对赌业绩承诺方在签订或者履行对赌协议过程中，为谋取显著高于其股权价值的股权转让款或者奖励款，给予上市公司高管财物，则可能构成行贿罪或者对非国家工作人员行贿罪。

【经典案例·粤传媒收购香榭丽案】①

2012 年 9 月，叶玫、乔旭东等股东将公司整体变更为股份有限公司，名称为上海香榭丽广告传媒股份有限公司，叶玫担任董事长、总经理，乔旭东担任副总经理，兼北京分公司总经理，梁志欣担任董事会秘书，周思海任公司财务总监。

2013 年 6 月，香榭丽公司经东方花旗证券公司郑剑辉介绍，与粤传媒（股票代码：002181）开始洽谈并购事宜。为了尽可能提高公司的估值，叶玫安排乔旭东、周思海及梁志欣等人，以制造虚假业绩的方法，使香榭丽公司出现业绩和盈利都持续增长的假象。

2013 年 9 月，叶玫、乔旭东代表香榭丽公司与粤传媒签订粤传媒并购香榭丽公司意向书。随后，粤传媒委托第三方中介机构进驻香榭丽公司进行尽职调查。在尽职调查的过程中，香榭丽公司向第三方中介机构提供虚假财务资料，中介机构出具了错误的报告。

2013 年 10 月，香榭丽公司叶玫、乔旭东等全部股东与粤传媒签订协

---

① 参见（2017）粤 01 刑初 228 号刑事判决书。

议，粤传媒同意以 4.5 亿元并购香榭丽公司。2014 年 7 月完成本次交易。

香榭丽公司为谋求不正当利益，在粤传媒并购香榭丽公司等项目过程中，由香榭丽公司总经理叶玫决定，给予粤传媒董事会秘书陈广超、粤传媒总经理赵文华，粤传媒派驻香榭丽公司负责监督管理的副总经理、粤传媒上海事业部常务副总经理李名智钱款合计 410 万元。其中，给予陈广超共计 150 万元，给予赵文华 200 万元，给予李名智 60 万元。

并购完成后，叶玫分得粤传媒股票 750 万余股，乔旭东分得 206 万余股及现金 808 万余元，周思海作为香榭丽公司的高管，通过与叶玫约定获得工作奖励 100 万元，香榭丽公司其他股东分得剩余的现金及股票。

根据上述协议，叶玫、乔旭东继续经营管理香榭丽公司，并履行协议约定的义务。在不具备合同履行能力的情况下，叶玫、乔旭东、梁志欣、周思海等人继续隐瞒业绩及加大造假行为，以多种方式冲抵虚假业绩带来的应收账款，制作虚假合同降低公司实际成本。在此期间，2014 年 9 月和 2015 年 1 月，粤传媒两次增资香榭丽公司共计 4500 万元。叶玫、乔旭东等人所持有的粤传媒限售股被锁定限制出售，以用于未完成利润承诺时对粤传媒进行业绩补偿，在明知此约定的情况下，叶玫、乔旭东等人仍将其所持有的限售股票质押给东方证券股份有限公司，套现 5436 万元。

最终，法院以上海香榭丽广告传媒股份有限公司犯合同诈骗罪，判处罚金 1000 万元；犯单位行贿罪，判处罚金 100 万元，决定执行罚金 1100 万元；追缴香榭丽违法所得 4.95 亿元。叶玫犯合同诈骗罪，判处有期徒刑 15 年，并处罚金 500 万元；犯单位行贿罪，判处有期徒刑 1 年，决定执行有期徒刑 15 年 6 个月，并处罚金 500 万元。乔旭东犯合同诈骗罪，判处有期徒刑 10 年，并处罚金 300 万元。周思海犯合同诈骗罪，判处有期徒刑 4 年，并处罚金 20 万元。

（五）背信损害上市公司利益行为

背信损害上市公司利益罪，是指上市公司的董事、监事、高级管理人员，违背对公司的忠实义务，利用职务便利，操作上市公司从事损害上市公司利益的活动，致使上市公司利益遭受重大损失的行为，以及上市公司的控股股东或者实际控制人，指使上市公司董事、监事、高级管理人员从事损害上市公司利益的活动，致使上市公司利益遭受重大损失的行为。对赌业绩承诺方往往同时在上市公司担任董事、监事或者高级管理人员，其有可能利用职务便利实施上述行为，从而构成犯罪。

二　刑事救济手段的优势与劣势

对赌业绩未实现之时，若上市公司发现对赌业绩承诺方涉嫌犯罪，则可以在综合考虑民事救济手段和刑事救济手段的优劣势之后，选择一种权利救济手段。因此，有必要了解刑事救济手段的优势与劣势，做到知己知彼。

（一）刑事救济手段的优势主要在于挽回损失的强力性

一般情况下，通过民事救济手段挽回损失需要经过两审程序，案件很可能还要进入民事执行程序。不但诉讼周期长，而且面对花样百出的转移隐匿财产的手段，囿于民事执行手段的有限性，往往无法挽回经济损失。与之相比，刑事救济手段的追赃手段则更加有力，主要体现在以下三点。

一是追赃手段的直接性。依照刑事诉讼法的相关规定，公安机关有权搜查相关场所，查封、扣押、冻结与案件有关的财产。因此，哪怕犯罪嫌疑人已经将涉案财产转移至他人名下，公安机关只要能够确定该财产与案件有关，就有权直接查封、扣押、冻结相关财产。

二是返还财产的及时性。我国《刑法》第 64 条规定，"对被害人的合法财产，应当及时返还"。故公安机关只需要确定其查封、扣押、冻结的相关财产系上市公司的合法财产就可以返还，无须通过漫长的诉讼来解决。

三是被告人或者犯罪嫌疑人退赃意愿相对积极。被告人是否积极返赃是法院量刑时所要考虑的一个比较重要的酌定情节，故被告人或者犯罪嫌疑人为了获得从轻处罚，一般退赃意愿比较积极。

【经典案例·杰瑞股份收购湖南先瑞案】①

2017 年 10 月 18 日，杰瑞股份（股票代码：002353）全资子公司杰瑞环保与卖方易湘琢、北京青盟投资有限公司、北京青盟天使投资中心（有限合伙）、湖南先瑞环境技术有限公司签订了《关于湖南先瑞环境技术有限公司之投资协议书》。杰瑞环保拟出资 20925 万元人民币通过受让股权以及增资的方式对湖南先瑞进行投资，其中通过股权转让取得 60.6631% 的股权，通过增资取得 14.3369% 的股权。具体收购方案为：杰瑞环保对湖南先瑞进行增资，通过增资取得湖南先瑞 14.3369% 的股权，即以 4000 万元认购湖南先瑞 836.8201 万元的新增注册资本，其中 836.8201 万元计入湖南先瑞注册资本，3163.1799 万元计入湖南先瑞资本公积金。上述增资完成后，杰瑞环保收购卖方所持湖南先瑞合计 60.6631% 的股权（即 3540.7950 万元注册资本出资额），股权转让总价款为 16925 万元。2017 年 11 月 16 日，湖南先瑞完成了相关工商变更登记手续，并取得长沙市工商行政管理局换发的《营业执照》。本次变更完成后，湖南先瑞成为杰瑞环保的控股子公司，杰瑞环保持有湖南先瑞 75% 的股权，易湘琢持有 16.4337% 的股权，长沙曦远企业管理咨询合伙企业（有限合伙）持有 8.5663% 的股权。卖方向杰瑞环保承诺并保证，以 2017 年度、2018 年度、2019 年度及 2020 年度为"利润补偿期"，湖南先瑞实现的净利润分别不低于人民币 1000 万元、2000 万元、3000 万元及 4000 万元。

收购后，杰瑞环保派驻人员参与湖南先瑞的日常运营，对湖南先瑞的财务及经营状况进行了深入了解，发现湖南先瑞存在财务造假、虚增利润的嫌疑，决定全面调查并报案。2018 年 6 月 6 日杰瑞环保收到烟台市公安局莱山分局出具的《立案决定书》，易湘琢、韦江等人因涉嫌合同诈骗被立案侦查。

公安机关立案侦查后，杰瑞环保与易湘琢、北京青盟投资有限公司、北京青盟天使投资中心（有限合伙）、湖南先瑞环境技术有限公司签订了《关于湖南先瑞环境技术有限公司之投资协议书之补充协议书》（以下简称"补充协议"），杰瑞环保以 3000 万元收购湖南先瑞 100% 的股权，湖南先瑞原股东将超出部分的违约不当所得返还给杰瑞环保。

---

① 参见证券日报网（www.zqrb.cn）相关报道。

根据补充协议，在杰瑞环保收购湖南先瑞 3000 万元的股权转让中，易湘琢应占份额为 1700 万元，北京青盟投资有限公司、北京青盟天使投资中心（有限合伙）应占份额为 1300 万元。而之前，杰瑞环保依据原投资协议书分三笔支付给易湘琢的款项为 10838 万元，超出 1700 万元的部分计 9138 万元系湖南先瑞公司利润造假而使易湘琢违约不当所得的款项，应予以退还杰瑞环保。返还该款项时，易湘琢应按银行同期借款利率自 2017 年 10 月 19 日起至付清款项之日止向杰瑞环保支付相应资金占用利息。此外，依据原投资协议约定，易湘琢还应向杰瑞环保支付违约金。杰瑞环保依据原投资协议书分三笔支付的款项 3583.09 万元，超出 1300 万元的部分也应退还杰瑞环保并向杰瑞环保支付相应资金占用利息与违约金等。

截至 2018 年 9 月 18 日，杰瑞环保已全额收回湖南先瑞原股东易湘琢、北京青盟投资有限公司、北京青盟天使投资中心（有限合伙）不当所得投资款、相应的资金占用利息及违约金合计 123443872.94 元。

（二）刑事救济手段的劣势主要在于收集证据难度高

对赌业绩承诺方所实施的犯罪行为往往比较隐蔽，并且主要犯罪证据一般是虚假的财务资料，而相关财务资料则保存在对赌业绩承诺方所实际控制的目标公司。因此，上市公司很难在不惊动对赌业绩承诺方的情况下，收集到对赌业绩承诺方确实充分的犯罪证据。而且，对赌业绩承诺方所实施的犯罪行为涉及民刑交叉领域，比较复杂，迷惑性强，容易在司法机关内部产生争议，从而造成刑事案件程序的停滞。

【经典案例·富临运业收购兆益科技案】[①]

富临运业于 2015 年 7 月 6 日召开第三届董事会第二十次会议，同意公司使用自有资金 5992.64 万元收购兆益科技自然人股东所持的 40% 股权，并使用自有资金 3438.4 万元对兆益科技进行增资扩股，其中 280 万元作为

---

① 参见东方财富网（caifuhao.eastmoney.com）相关报道。

注册资本，3158.4 万元作为资本公积金。本次股权收购及增资完成后，兆益科技的注册资本将由 1220 万元增加至 1500 万元，富临运业将持有其51.20% 的股权，兆益科技成为控股子公司。

根据中联资产评估集团有限公司出具的资产评估报告，采用收益法评估兆益科技在评估基准日 2015 年 3 月 31 日的净资产价值为 15057.64 万元，评估增值 12139.59 万元，增值率 416.02%。股东韩毅、田平庄、李秀荣承诺，兆益科技在 2015 年度、2016 年度和 2017 年度实现的净利润不低于1300 万元、2000 万元和 3000 万元。

然而，并购并未实现美好的理想，兆益科技 2015 年度实现净利润291.85 万元，2016 年实现净利润 -783.50 万元，均未达到 2015 年度、2016年度承诺的业绩要求。2017 年 1~9 月兆益科技实现净利润（未经审计）-1187.44 万元，亏损越来越大。富临运业称兆益科技存在三年业绩承诺不达标以及韩毅、田平庄、李秀荣三人存在无能力履行业绩补偿的可能。

2017 年，富临运业就韩毅、李秀荣、田平庄、易守明、钟乐曦等五人在上述股权转让及增资过程中，存在共同虚构事实、隐瞒真相，骗取与富临运业签订《股权转让合同》及《增资扩股协议》，致使富临运业遭受重大投资损失的行为，向相关公安机关举报。2017 年 8 月 10 日，富临运业接到绵阳市公安局经济犯罪侦查支队的《刑事案件办理进程告知书》，兆益科技总经理韩毅、常务副总经理李秀荣因涉嫌合同诈骗犯罪于 2017 年 8 月 9 日经绵阳市人民检察院批准逮捕。

2018 年 11 月 19 日，富临运业收到四川省绵阳市人民检察院的《不起诉决定书》，四川省绵阳市人民检察院认为兆益科技在被富临运业收购过程中，韩毅、李秀荣虽有通过财务造假获得更多利益的故意，却没有非法占有富临运业股权转让款的主观目的。虽有环开增值税专用发票的行为，却没有骗取国家税款的主观故意，也没有造成国家税款的流失。虽然向审计、评估机构提供了虚假财务资料，富临运业却不是信息披露的义务主体。因此，依照《中华人民共和国刑事诉讼法》第一百七十三条第一款的规定，决定对韩毅、李秀荣不起诉。

三 关于对赌业绩承诺方涉嫌 犯罪行为的内部调查方法

如前所述，刑事救济手段最大的劣势在于证据收集难度高。正因如此，关于对赌业绩承诺方涉嫌犯罪的内部调查显得尤为关键。如何确定调查团队，如何确保调查团队的独立性和保密性，如何框定调查范围，如何保证所收集证据的有效性都是内部调查阶段所需要解决的问题。

（一）确定调查团队

上市公司若发现对赌业绩承诺方有涉嫌犯罪的可能性，首要的任务就是组成调查团队，调查对赌业绩承诺方是否存在犯罪行为，并收集、固定有关证据。建议上市公司基于所调查事件的复杂程度以及所需要动用的资源，酌情由公司内部团队和外部团队组成专业的调查小组。上市公司内部团队一般由公司的法务部门或者合规部门牵头，由财务审计部门抽调的人员以及了解目标公司经营模式的人员组成。上市公司外部团队则可以考虑由律师事务所、会计师事务所、调查公司的相关人员组成，必要时可以请求公证处的人员提供支持。

（二）确保调查团队的独立性和保密性

为保证查明事实真相就必须确保调查团队的独立性。调查团队的独立性主要体现在两个方面：一是人员的独立性，调查团队的工作人员应当与目标公司及对赌业绩承诺方没有利益与情感纠葛；二是职权的独立性，上市公司董事会或者管理层应该给予调查团队一切必要的授权，并且保证调查团队能够直接向上市公司主要领导汇报或者要求提供支持，以免调查工作受到其他因素的掣肘。

调查团队还应该注意保密性。其一，鉴于上市公司在资本市场的重要性，调查活动一旦开启就有可能形成内幕信息。其二，对赌业绩承诺方若发现自身成为调查对象，则必然存在对抗情绪，以致加大调查的难度。其三，调查可能涉及上市公司及目标公司的商业秘密。其四，调查的结果也可能不利于上市公司。比如，涉及上市公司高管人员受贿等。所以，建议与调查团队人员签订《保密协议》约定保密义务及惩罚措施。

（三）准确框定调查范围

对赌业绩承诺方主要通过制作虚假合同、虚增收入来造成业绩提升的假象。制作虚假合同的主要手法为：一是虚构合同，即通过伪造电子章和电子签名制作虚假合同，或通过找客户公司相关人员配合签名、签章制作假合同，或者使用已经取消的合同来顶替有效合同，或者用合同的扫描件来代替没有签署的正式合同；二是未实际履行的合同，即通过与客户公司签订合同，随后取消合同，但仍将该合同作为实际履行的合同进行财务记账；三是调整合同折扣，即通过调高合同折扣（合同显示的折扣比实际履行的折扣高），按照合同折扣入账的方式虚增利润；四是通过与关联公司的交易形成资金闭环，通过虚列应收账款提升业绩。

调查团队应针对上述情况，对目标公司所有大额交易（包括资金流出的交易与资金流入的交易）进行排查，重点关注交易对手、交易标的、交易对价、交易履行等有关方面的情况。再适当地辅之以征信调查、走访等调查手段。力求通过前期排查准确地框定可疑交易的范围进行重点排查。

（四）保证所收集证据的有效性

刑事证据规则比民事、行政证据规则严格得多，所以在内部调查过程中，要注意所收集证据的有效性。比如，上市公司及目标公司很可能都是"无纸化办公"，涉及办公软件、往来邮件、电子台账等电子数据。《最高人民法院关于适用〈中华人民共和国刑事诉讼法〉的解释》第93条规定对于电子数据的审查规则如下。①是否随原始存储介质移送；在原始存储介质无法封存、不便移动或者依法应当由有关部门保管、处理、返还时，提取、复制电子数据是否由二人以上进行，是否足以保证电子数据的完整性，有无提取、复制过程及原始存储介质存放地点的文字说明和签名。②收集程序、方式是否符合法律及有关技术规范；经勘验、检查、搜查等侦查活动收集的电子数据，是否附有笔录、清单，并经侦查人员、电子数据持有人、见证人签名；没有持有人签名的，是否注明原因；远程调取境外或者异地的电子数据的，是否注明相关情况；对电子数据的规格、类别、文件格式等注明是否清楚。③电子数据内容是否真实，有无删除、修改、增加等情形。④电子数据与案件事实有无关联。⑤与案件事实有关联的电子数据是否全面收集。对电子数据有疑问的，应当进行鉴定或者检验。可见，法院对于电子数据作为证据的要求极其严苛，如果调查团队处理不当，不但可能会使所保存的证据无效，更可能污染了原电子数据，使原电子数据也丧失证据效力。

综上所述，刑事救济手段是上市公司收购对赌业绩未实现的主要救济手段，具备能够强力挽回上市公司经济损失的特点。同时，为弥补刑事救济手段对收集证据要求高的弱点，应注意对调查团队及内部调查活动的组织和有效领导。

以股权转让方式取得上市公司
控制权问题的思考

张小燕

第一部分

上市公司控制权的变动可通过股权转让、股份增发及管理层、董事会席位变动等方式实现。采取股权转让方式变更上市公司控制权的，一般协议各方会就上市公司控制权转让进行一系列约定并签署相关协议，股权转让协议本身效力是否受到后续履行不能及未履行行政审批程序的影响？除股权转让协议外，上市公司控制权变更过程中签署的《股权代持协议》的效力如何认定？在审议控制权变更过程中涉及的相关议案时，大股东表决权是否有效行使往往会影响控制权变动的实现，影响大股东表决权有效行使的因素有哪些？股东未遵守法律法规进行表决，所通过的决议是否有效？

本文着眼于上市公司通过股权转让方式进行控制权变动可能引发的争议，结合实践中上市公司控制权争夺案例与法院判决，对上市公司控制权争夺产生的纠纷进行梳理，提出相关现行实践性意见。

<h1 align="center">第二部分</h1>

一 通过股权转让实现控制权变动之协议效力认定

（一）最高人民法院主流意见及案例统计

对于协议各方就上市公司控制权转让进行一系列约定并签署相关协议，股权转让协议本身效力是否受到后续履行不能及未履行行政审批程序的影响的问题，最高人民法院目前的主流意见为，尊重当事人协议签署时的真实意思表示，只要不违反法律、行政法规的强制性效力规定且不存在其他无效情形，均对协议本身效力予以认可，至于当事人事后是否具有履约能力，不影响协议当时的效力。即使内容涉及第三方，在不损害第三方利益及当事人合法正当履行自己的权利及义务的情况下，亦不会影响协议本身效力。

对于上市公司控制权争夺过程中签署的《股权代持协议》的效力认定问题，最高人民法院主流意见为，《首发管理办法》明确要求发行人股权清晰，代持上市公司股权行为隐瞒了真实股东或投资人身份，将使其他对于上市公司系列信息披露要求、关联交易审查、高管人员任职回避等监管举措必然落空，损害到广大非特定投资者的合法权益，并损害到交易安全、金融安全、社会稳定等社会公共利益，不予认可协议效力。

【案例统计表格】

表 1　最高人民法院相关案例统计表

序号	裁判时间	案件名称	法院及案号	案由及案情摘要	裁判结果及理由	出让方	受让方	标的上市公司股权
1	2018年7月24日	顾国平、上海斐讯数据通信技术有限公司合同纠纷再审案	最高人民法院（2018）最高法民申字第1364号	合同纠纷（上市公司重组及发行股票等一系列协调工作的履行及对价支付）	尊重协议签署时当事人的真实意思表示	许广跃	顾国平、上海斐讯数据通信技术有限公司	北生药业（600556）

续表

序号	裁判时间	案件名称	法院及案号	案由及案情摘要	裁判结果及理由	出让方	受让方	标的上市公司股权
2	2017 年 6 月 29 日	甘肃建新实业集团有限公司、成都合聚投资有限公司股权转让纠纷二审案	最高人民法院（2016）最高法民终字第 270 号	股权转让纠纷（出让方系上市公司破产重整方，其承诺事后给予受让方一定股权）	系真实意思表示，应予履行	甘肃建新实业集团有限公司	成都合聚投资有限公司	S＊ST 朝华（000688）
3	2014 年 6 月 10 日	吉富创业投资股份有限公司股权转让纠纷二审案	最高人民法院（2009）民二终字第 00117 号	股权转让纠纷（协议签署，但受让方持股资格未经证监会认定，故受让方再转让给第三方）	股权转让协议有效，违反审批规定也并非否定股东变更或认定为变更无效	广东梅雁水电股份有限公司	吉富创业投资股份有限公司	广发证券（000776）
4	2006 年 1 月 23 日	上海唯亚实业投资有限公司与长春长铃集团有限公司、中房置业股份有限公司股权转让纠纷上诉案	最高人民法院（2005）民二终字第 141 号	股权转让纠纷（协议中除约定支付股权转让款还约定了补偿款及其他义务）	协议系当事人真实意思表示，且无证据证明受让方欺诈、胁迫，故对当事人具有法律约束力	长春长铃集团有限公司	上海唯亚实业投资有限公司、中房置业股份有限公司	中房股份（600890）
5	2018 年 3 月 21 日	杨金国、林金坤股权转让纠纷再审案	最高人民法院（2017）最高法民申字第 2454 号	股权转让纠纷（受让拟 IPO 企业股权但以代持形式持有，公司上市后能否代持还原）	代持协议无效，过户请求不予支持	林金坤	杨金国	亚玛顿（002623）

资料来源：中国裁判文书网（http：//wenshu.court.gov.cn）。

【案例原文摘录】

1. 顾国平、上海斐讯数据通信技术有限公司合同纠纷再审审查与审判监督民事裁定书摘录

"本院认为，顾国平与许广跃签订《协议书》仅是对双方自身权利义务的约定，亦不违反《中华人民共和国公司法》等法律法规的效力性强制性规定，并没有损害第三人利益，应合法有效。首先，《协议书》……并不涉及公司重大利益受损或者损害其他股东利益的情形，而是双方个人间对相关权利义务的约定，并不损害第三人利益。其次，《协议书》中约定的北生药业非公开发行股票事项……双方对此均已知晓……再次，《协议书》中关于公司董事等高管人员的约定，是在顾国平完成收购后，由许广跃协调完成，并约定召开临时股东大会进行选任。因此，双方此约定并未违反相关法律规定及公司章程，而是双方作为北生药业股东按正常程序行使相关股东权利，并未损害其他股东利益。最后，证监会做出《行政处罚决定书》并没有否定诉争《协议书》的效力，而仅是对北生药业作为上市公司未及时披露相关信息而进行处罚，顾国平以此作为《协议书》无效的理由，于法无据。"①

2. 甘肃建新实业集团有限公司、成都合聚投资有限公司股权转让纠纷二审民事判决书摘录

"法院认为，……冯某从事了朝华科技公司破产重整上市的相关工作，甘肃建新公司出具《承诺函》，以成都合聚公司持有相应股份的方式对冯某所做贡献做出利益安排，且《承诺函》所承诺的条件已经成就，故成都合聚公司以《承诺函》为据，主张将甘肃建新公司所持建新矿业公司的2000万股股票过户至成都合聚公司名下，应予支持。甘肃建新公司否认《承诺函》系其真实意思表示，事实依据不足。"②

3. 吉富创业投资股份有限公司股权转让纠纷二审民事判决书摘录

"根据《合同法》第9条第1款之规定：'当事人订立合同，应当具有

---

① 中国裁判文书网（http://wenshn.conrt.gov.cn）。
② 中国裁判文书网（http://wenshn.conrt.gov.cn）。

相应的民事权利能力和民事行为能力'，签订合同的当事人主体是否适格，应从权利能力与行为能力两方面来判定。持股资格不能等同于行为人签订合同的资格，上述审批并非合同成立的要件，未经审批不影响当事人签订股权转让协议的权利能力与行为能力。《证券法》及《国务院对确需保留的行政审批项目设定行政许可的决定》等均未明确规定只有经过批准股权转让合同才生效，因此上述批准行为也不属于合同生效要件。梅雁公司关于其与吉富公司签订的《股权转让协议》与《股权转让协议之补充协议》因未经中国证监会批准而未生效的主张没有法律依据，本院不予支持……本案中梅雁公司与吉富公司签订的《股权转让协议》及《股权转让协议之补充协议》出于双方真实意思表示，维持该合同效力并不损害公共利益，不能仅以梅雁公司与吉富公司协议转让广发证券 8.4% 的股权未经证券监管机构批准而认定双方签订的转让合同无效。"[1]

4. 上海唯亚实业投资有限公司与长春长铃集团有限公司、中房置业股份有限公司股权转让纠纷上诉案摘录

"上述事实表明，长铃集团与唯亚公司之间就股权转让事宜，除《股权转让协议》约定唯亚公司应支付的股权转让款外，双方还达成了两项共识，即唯亚公司另支付长铃集团股权转让补偿款 9439 万元，以及出资给长铃集团用于购买长铃股份所属配件厂、附件厂。长铃集团与唯亚公司的上述约定，并不违反我国法律、行政法规的强制性规定，唯亚公司亦没有证据证明其是在受胁迫、欺诈的情况下做出的上述承诺，故上述约定是长铃集团和唯亚公司的真实意思表示，对双方当事人均具有法律约束力。唯亚公司的该项上诉理由不能成立。"[2]

5. 杨金国、林金坤股权转让纠纷再审审查与审判监督民事裁定书摘录

"关于诉争协议之法律效力。诉争协议即为上市公司股权代持协议，对于其效力的认定则应当根据上市公司监管相关法律法规以及《合同法》等规定综合予以判定。首先，中国证券监督管理委员会于 2006 年 5 月 17 日颁

---

[1] 中国裁判文书网（http：//wenshn. conrt. gov. cn）。
[2] 中国裁判文书网（http：//wenshn. conrt. gov. cn）。

布的《首次公开发行股票并上市管理办法》第 13 条规定：'发行人的股权清晰，控股股东和受控股股东、实际控制人支配的股东持有的发行人股份不存在重大权属纠纷。'《证券法》第 12 条规定：'设立股份有限公司公开发行股票，应当符合《中华人民共和国公司法》'规定的条件和经国务院批准的国务院证券监督管理机构规定的其他条件……第 63 条规定：'发行人、上市公司依法披露的信息，必须真实、准确、完整，不得有虚假记载、误导性陈述或者重大遗漏。'中国证券监督管理委员会于 2007 年 1 月 30 日颁布的《上市公司信息披露管理办法》第 3 条规定：'发行人、上市公司的董事、监事、高级管理人员应当忠实、勤勉地履行职责，保证披露信息的真实、准确、完整、及时、公平。'根据上述规定等可以看出，公司上市发行人必须股权清晰，且股份不存在重大权属纠纷，公司上市还须遵守如实披露的义务，披露的信息必须真实、准确、完整，这是证券行业监管的基本要求，也是证券行业的基本共识。由此可见，上市公司发行人必须真实，并不允许发行过程中隐匿真实股东，否则公司股票不得上市发行，通俗而言，即上市公司股权不得隐名代持。本案中，在亚玛顿公司上市前，林金坤代杨金国持有股份，以林金坤名义参与公司上市发行，实际隐瞒了真实股东或投资人身份，违反了发行人如实披露义务，为上述规定明令禁止。其次，中国证券监督管理委员会根据《证券法》授权对证券行业进行监督管理，是为保护广大非特定投资者的合法权益。要求拟上市公司股权必须清晰，约束上市公司不得隐名代持股权，系对上市公司监管的基本要求，否则如上市公司真实股东都不清晰的话，其他对于上市公司系列信息披露要求、关联交易审查、高管人员任职回避等监管举措必然落空，必然损害到广大非特定投资者的合法权益，从而损害到资本市场基本交易秩序与基本交易安全，损害到金融安全与社会稳定，从而损害到社会公共利益。据《合同法》第 52 条规定，'有下列情形之一的，合同无效：（一）一方以欺诈、胁迫的手段订立合同，损害国家利益；（二）恶意串通，损害国家、集体或者第三人利益；（三）以合法形式掩盖非法目的；（四）损害社会公共利益；（五）违反法律、行政法规的强制性规定'。本案杨金国与林金坤签订的《委托投资协议书》与《协议书》，违反公司上市系列监管规定，而这些规定有些属于法律明确应予遵循之规定，有些虽属于部门规章性质，但因经法律授权且与法律并不冲突，并属于证券行业监管基本要求与业内共识，对广大非特定投资人利益构成重要保障，对社会公共利益亦为必要保障所在，故依据《合同法》第 52 条第（四）项等规定，本案上述诉争协议应认定为无效。

"关于杨金国请求股权过户的主张能否得到支持。《合同法》第 58 条规定：'合同无效或者被撤销后，因该合同取得的财产，应当予以返还；不能返还或者没有必要返还的，应当折价补偿。有过错的一方应当赔偿对方因此所受到的损失，双方都有过错的，应当各自承担相应的责任。'鉴于诉争《委托投资协议书》及《协议书》应认定为无效，而本案中杨金国系依据协议有效主张其股权归属，原审判决亦判定协议有效并履行，由此需向杨金国做出释明后征询其诉求意愿。并且，本案中双方协议因涉及上市公司隐名持股而无效，但这并不意味着否认杨金国与林金坤之间委托投资关系的效力，更不意味着否认双方之间委托投资的事实；同样，也不意味着否认林金坤依法持有上市公司股权的效力，更不意味着否认林金坤与亚玛顿公司股东之间围绕公司上市及其运行所实施的一系列行为之效力。据此，因本案双方协议虽认定为无效，但属于'不能返还或者没有必要返还的'情形，故杨金国要求将诉争股权过户至其名下的请求难以支持，但杨金国可依进一步查明事实所对应的股权数量请求公平分割相关委托投资利益。"[①]

（二）各省高级人民法院主流意见及案例统计

关于股权转让协议效力问题，各省高级人民法院主流意见同最高人民法院一致，即当事人在真实意思表示且无其他无效事由情况下签署的协议有效，但有效协议不等于能够履行，当事人未能履行协议承担违约责任。

关于股权代持协议效力问题，各省高级人民法院与最高人民法院存在不一致之处，即肯定首发前代持协议的效力，虽不支持股权过户，但支持对应权益的返还。

---

① 中国裁判文书网（http：//wenshn. conrt. gov. cn）。

【案例统计表格】

表 2 各省高级人民法院相关案例统计表

序号	裁判时间	案件名称	法院及案号	案由及案情摘要	裁判结果及理由	出让方	受让方	标的上市公司股权
1	2013年11月8日	中国信达资产管理股份有限公司深圳市分公司与华润深国投信托有限公司申请执行人执行异议之诉案	广东省高级人民法院（2013）粤高法民二终字第41号	申请执行人执行异议之诉（案情涉及标的股权为非发起人国有法人股，转让未经财政部审批）	肯定股权转让协议效力（减持办法在本次股权转让后实施，故以之前规定为准，只需经国资办批准即可，无须财政部审核）	华润深国投信托有限公司	深圳泰丰电子有限公司	深信泰丰（000034）
2	2017年5月12日	江苏琼花集团有限公司、鸿达兴业集团有限公司股权转让纠纷二审案	广东省高级人民法院（2016）粤民终字第924号	股权转让纠纷（上市公司重组及变更控股股东，约定给予前控股股东一定股票作为补偿）	肯定协议约定效力	江苏琼花集团有限公司	鸿达兴业集团有限公司	琼花高科（002002）
3	2018年4月9日	黑龙江奔马实业集团有限公司与颐和黄金制品有限公司股权转让纠纷案	黑龙江省高级人民法院（2017）黑民初字第5号	股权转让纠纷（受让方以重组及定增方式取得控制权，未如约支付对价）	肯定原框架协议约定效力，补充协议虽进行变更但未实际履行，应以原协议为准履行	黑龙江奔马实业集团有限公司	颐和黄金制品有限公司	秋林集团（600891）
4	2018年9月29日	新疆亿路万源实业投资控股股份有限公司与重庆轻纺控股（集团）公司等股权转让纠纷二审案	重庆市高级人民法院（2018）渝民终字第250号	股权转让纠纷（自第二大股东受让股权，但对价资产被冻结无法履行，关于上市公司的破产申请被受理）	原约定（资产转让作为对价）未履行且协议解除。判决赔偿股权相应的转让价款，但受让方有权就部分股份享有优先受偿权	重庆轻纺控股（集团）公司	深圳市益峰源实业有限公司	*ST新亿（600145）

续表

序号	裁判时间	案件名称	法院及案号	案由及案情摘要	裁判结果及理由	出让方	受让方	标的上市公司股权
5	2017年6月27日	江苏帝奥投资有限公司与新疆万源汇金投资控股有限公司、黄伟股权转让纠纷二审案	江苏省高级人民法院（2016）苏民终字第1358号	股权转让纠纷（除协助股权转让外，转让方在受让方取得第一大股东地位后协助重组）	依照协议约定内容，股权转让款支付条件尚未达成	江苏帝奥投资有限公司	新疆万源汇金投资控股有限公司	*ST四维（600145）
6	2008年3月31日	沈阳市物资回收总公司与沈阳银基企业有限公司上诉案	辽宁省高级人民法院（2007）辽审民再终字第27号	资产转让协议纠纷［上市公司原资产置出，重组方银基企业（借壳上市）不对之前债权债务担保。但因债权人不同意变更，故银基企业代为偿还部分债务］	为重组签订且履行大半的系列协议有效，银基企业代为承担债务应当得到清偿	资产置出方：沈阳物资开发股份有限公司	资产受让方：沈阳市物资回收总公司	辽物资（000511）
7	2017年11月23日	上海斐讯数据通信技术有限公司、顾国平与北京瑞尔德嘉创业投资管理有限公司其他合同纠纷二审案	上海市高级人民法院（2017）沪民终字第289号	股权转让协议（除股权转让外，出让方需协助受让方实际支配董事会并成为实际控制人）	协议有效，且对价支付条件已达成，应当支付	北京瑞尔德嘉创业投资管理有限公司	顾国平	北生药业（600556）
8	2009年8月7日	申银万国证券股份有限公司与上海银行股份有限公司福民支行、上海国宏置业有限公司股权转让纠纷二审案	上海市高级人民法院（2008）沪高民二（商）终字第106号	财产权属纠纷（证券公司转让股权以获得承销业务，但对价款未收到，转让性质存疑）	非代持，系股权转让	申银万国证券股份有限公司	上海国宏置业有限公司	上海九百（600838）

续表

序号	裁判时间	案件名称	法院及案号	案由及案情摘要	裁判结果及理由	出让方	受让方	标的上市公司股权
9	2013年11月8日	中国信达资产管理股份有限公司深圳市分公司与华润深国投信托有限公司申请执行人执行异议之诉案	广东省高级人民法院（2013）粤高法民二终字第41号	申请执行人执行异议之诉（案情涉及标的股权实际转让但为规避受让方债权人而未进行过户，仍以信托方式挂在出让人名下）	确认标的股权归属于受让方（协议有效且对价支付，虽未过户但受让方实际掌握并行使股东权利）	华润深国投信托有限公司	深圳泰丰电子有限公司	深信泰丰（000034）
10	2017年9月6日	荆纪国与陈黎明、湖南大康国际农业食品股份有限公司股权转让纠纷案	湖南省高级人民法院（2016）湘民初字第45号	股权转让纠纷（股权转让且支付对价，但上市时却未按转让后情况进行公示）	肯定协议效力，但要求交付相应股份的行为不予支持，返还相应股份对应的收益	陈黎明	荆纪国	大康农业（002505）

资料来源：中国裁判文书网（http：//wenshn.court.gov.cn）。

【案例原文摘录】

1. 中国信达资产管理股份有限公司深圳市分公司与华润深国投信托有限公司申请执行人执行异议之诉特殊程序民事判决书摘录

"关于涉案《股权转让协议书》是否生效问题。根据涉案《股权转让协议书》的约定，该协议生效日是指有关机关批准该协议之日；该协议经双方法定代表人或授权代表签署，于有关机关批准之日生效。即该协议约定的生效条件为经有关机关批准。根据2000年7月1日起实施的财政部《关于股份有限公司国有股权管理工作有关问题的通知》（财管字〔2000〕200号）规定，地方股东单位持有上市公司非发起人国有法人股发生直接或间接转让，由省级（含计划单列市）财政（国资）部门审核批准；地方股东单位持有上市公司发起人国有法人股发生直接或间接转让，由省级财政

（国资）部门审核后报财政部批准。根据 2001 年 6 月 6 日起实施的《国务院关于减持国有股筹集社会保障资金管理暂行办法》（国发〔2001〕22 号）第 15 条第 1 款规定，本办法实施后，上市公司国有股协议转让，包括非发起人国有股协议转让，由财政部审核。协议转让时国有股权发生减持变化的，国有股东授权代表单位应按转让收入的一定比例上缴全国社会保障基金，具体比例以及操作办法由部际联席会议制定，并在报国务院批准后实施。证券登记公司依据财政部的批复文件办理股权过户手续。即在 2000 年 7 月 1 日至 2001 年 6 月 5 日期间，涉案股权的转让应经深国投公司上级产权单位深圳市投资管理公司报原深圳市国资办审核批准。根据《合同法》第 44 条第 2 款规定，法律、行政法规规定应当办理批准、登记等手续生效的，依照其规定。即自 2001 年 6 月 6 日起，涉案《股权转让协议书》应按照《国务院关于减持国有股筹集社会保障资金管理暂行办法》的规定报财政部批准方能生效。本案中……原深圳市国资办于 2001 年 3 月 22 日以《关于华宝公司资产重组方案的批复》（深国资办〔2001〕52 号），批准了华宝公司资产重组方案，而深国投公司向泰丰电子公司转让华宝公司 18.5% 的股权是华宝公司资产重组方案内容之一……据此，应认定涉案《股权转让协议书》已经原深圳市国资办批准生效，《股权转让协议书》约定的该协议经双方法定代表人或授权代表签署，于有关机关批准之日生效的生效条件已成就。

"关于《股权转让协议书》的履行问题……因此《股权转让协议书》已经实际履行，泰丰电子公司为深信泰丰 18.5% 的股权的实际所有权人。"①

2. 江苏琼花集团有限公司、鸿达兴业集团有限公司股权转让纠纷二审民事判决书摘录

"本院认为，本案系股权转让纠纷。琼花公司与鸿达集团于 2011 年 10 月 31 日签订的《股份转让协议》是双方当事人的真实意思表示，内容不违反法律、行政法规的强制性规定，应认定为合法有效。根据该协议的约定，琼花公司将其持有的琼花高科 30486422 股股份转让给鸿达集团，鸿达集团

————————————

① 中国裁判文书网（http: //wenshn. court. gov. cn）。

则按照该协议第 2 条的约定支付 304864220 元的转让价款，并按照该协议第 5 条的约定向琼花公司'补偿股份'。上述《股份转让协议》签订后，协议约定的目标股权已于 2011 年 12 月 5 日完成过户登记手续，鸿达集团未按《股份转让协议》第 5 条的约定向琼花公司'补偿股份'。本案争议的焦点是涉案《股份转让协议》约定的鸿达集团支付'补偿股份'的时间及数量如何确定的问题。"①

3. 黑龙江奔马实业集团有限公司与颐和黄金制品有限公司股权转让纠纷一审民事判决书摘录

"案涉《框架协议》《补充协议》系双方当事人的真实意思表示，其内容不违反法律、行政法规的效力性强制性规定，又无导致合同无效的法定情形，应认定为合法有效。奔马集团公司按照约定将其持有 5991.3695 万股的秋林股份公司股份转让给颐和公司后，颐和公司应按照合同约定支付相应的股权转让款。本案股权转让款包括颐和公司向奔马集团公司赠送奔马投资公司 16% 的股权、7 亿元及置出的秋林商厦等三部分。双方当事人均认可奔马投资公司 16% 的股权及 7 亿元均已履行完毕。奔马集团公司主张因最高人民法院（2014）民一终字第 314 号民事判决判令秋林商厦应过户给博瑞公司，该商厦已无法置出至奔马集团公司名下，故颐和公司应支付 5 亿元股权转让款。颐和公司主张根据《补充协议》关于'如败诉，涉诉房产判归博瑞公司，原《框架协议》和本《补充协议》关于秋林商厦和解决诉讼所涉及的由颐和公司和秋林股份公司向奔马集团公司和博瑞公司承担的各项支付义务即告终止，颐和公司与奔马集团公司即告自行清账、互不相欠'的约定，其无须支付该 5 亿元。由于该《补充协议》约定了奔马集团公司为解决博瑞公司问题的实际操作人及颐和公司提前向奔马集团公司支付 5 个亿等相关事宜，但本案现有证据不能证明双方当事人此后履行了上述事宜，即案涉《补充协议》并未实际履行，在此情况下，双方仍应按照《框架协议》约定履行各自义务。"②

---

① 中国裁判文书网（http：//wenshn.court.gov.cn）。
② 中国裁判文书网（http：//wenshn.court.gov.cn）。

4. 新疆亿路万源实业投资控股股份有限公司与重庆轻纺控股（集团）公司等股权转让纠纷二审民事判决书摘录

"因此，至新疆亿路公司破产重整案受理前，《精美龙头公司股权转让协议书》的双方当事人均有未履行完毕的合同义务。根据《破产法》第 18 条第 1 款规定，人民法院受理破产申请后，管理人对破产申请受理前成立而债务人和对方当事人均未履行完毕的合同有权决定解除或者继续履行，并通知对方当事人。管理人自破产申请受理之日起二个月内未通知对方当事人，或者自收到对方当事人催告之日起三十日内未答复的，视为解除合同。本案中没有证据证明新疆亿路公司管理人在人民法院受理重整申请后通知重庆卫浴公司解除或继续履行《精美龙头公司股权转让协议书》，亦没有证据证明重庆卫浴公司或轻纺集团公司催告过新疆亿路公司管理人，根据前述法律规定，《精美龙头公司股权转让协议书》应于新疆亿路公司破产申请受理之日起二个月后视为解除。新疆亿路公司认为其合同义务已经履行完毕，办理股权变更登记手续仅为对方当事人的合同义务，故讼争合同不适用《破产法》第 18 条之规定的上诉理由既无合同依据，又与法律规定相悖，本院不予支持。因此，《精美龙头公司股权转让协议书》已经依法解除。"①

5. 江苏帝奥投资有限公司与新疆万源汇金投资控股有限公司、黄伟股权转让纠纷二审民事判决书摘录

"一审判决认定万源公司支付 1 亿元股权转让款的条件尚未成就亦无不当。2014 年 12 月 22 日的《合作框架协议》明确约定'万源公司受让国创公司股权一年内，国创公司进行破产重整且消除退市风险，万源公司再向帝奥公司支付 1 亿元补偿金'。从上可见，帝奥公司和万源公司对于万源公司支付该 1 亿元设置了两个必须同时具备的条件，2015 年 1 月 6 日帝奥公司即与万源公司办理完成股权过户手续，故第一个支付条件已经具备，现双方争议的主要是第二个支付条件是否具备。帝奥公司认为，如果 ST 国创（现为 ST 新亿）在股权转让后一年内没有退市，万源公司即应支付该 1 亿元，而所谓的'消除退市风险'并没有明确的法律节点。本院认为，上述约定

---

① 中国裁判文书网（http://wenshn.court.gov.cn）。

是双方的真实意思表示，帝奥公司作为原上市公司国创公司的股东理应对付款条件限定为'进行破产重整且消除退市风险'存有明确认知。尽管新疆塔城中院于2015年12月31日即裁定批准更名后的新亿公司提出的重整计划，但这不当然意味着新亿公司已经消除退市风险，一则该院至今未就重整计划的执行情况做出最终结论；二则从新亿公司2016年6月21日的公告可见，新疆维吾尔自治区高级人民法院已就相关人员就上述裁定提出的再审申请予以立案审查，至今没有结论；三则双方在二审庭审中也确认新亿公司的股票自2015年12月停牌，至今没有复牌；四则新亿公司的股票代码为'＊ST新亿'，而从2003年4月2日上海证券交易所发布的《关于对存在股票终止上市风险的公司加强风险警示等有关问题的通知》可见，对于存在股票终止上市风险的公司，该所对其股票交易实行'警示存在终止上市风险的特别处理'，具体措施是在公司股票简称前冠以'＊ST'标记，以区别于其他公司股票。综合以上分析，应认定新亿公司并未消除退市风险，帝奥公司要求万源公司支付第三期1亿元股权转让款的条件尚未成就。帝奥公司所举的新亿公司的三份公告不能达到其证明目的。"[1]

6. 沈阳市物资回收总公司与沈阳银基企业有限公司上诉案摘录

"本院认为，1998年辽物资在连续两年亏损，面临停牌下市的情况下，决定资产重组。辽物资、物回公司、银基企业、沈阳市供销合作社联合社之间签订了一系列关于资产置换、资产转让、债务处理等协议。上述一系列协议系各方当事人的真实意思表示，不违背法律，且大部分已履行，应认定为有效协议。由于物回公司在处理辽物资所欠债务过程中，资产难以变现及债权人不同意债务转移等原因，约定由物回公司承担的债务带入重组后的银基发展。为了确保上述一系列协议的履行及有利处理辽物资的有关债务，物回公司、银基企业、银基发展、特钢公司在原审法院主持下，达成调解协议。该调解协议系各方当事人在明知客观事实的基础上，自愿形成，内容亦不违反法律。该调解协议所确认的1900万元的数额基于太钢、大钢两笔债务，是因为这两笔债务已经带入重组后的银基发展，各方当事人以上述两笔债务

---

[1] 中国裁判文书网（http://wenshn. court. gov. cn）。

达成调解协议的真实意思表示是物回公司不能如期清偿而银基发展代其偿付的债务或可能转入银基发展的其他债务。查封物回公司位于皇姑区长江街九号楼的门市房、写字楼等财产，进行财产保全，也是为了处理辽物资的有关债务。实际上，银基发展已陆续承担了因物回公司不能如期清偿而转入银基发展的1610.1万元的债务，且尚有700万元的存款已被冻结，200万元的债务中止执行。银基发展应当在调解书所确认的数额之内，以实际承担的债务数额为限向物回公司主张权利，对尚未承担或可能承担的辽物资的债务，待实际发生后，可另行主张。原审法院再审维持原调解协议所确认的1900万元的债务数额应予变更，物回公司应给付银基发展代其实际承担的债务数额1610.1万元，物回公司的上诉理由部分成立，应予支持。"①

7. 上海斐讯数据通信技术有限公司、顾国平与北京瑞尔德嘉创业投资管理有限公司其他合同纠纷二审民事判决书摘录

"因此，现有证据可以证明瑞尔德嘉公司已按照《协议书》的约定，将1500万股北生药业股票转给顾国平或其指定第三方，并对公司董事会成员进行改选，顾国平当选为北生药业董事长及实际控制人。2015年8月28日，慧球科技关于非公开发行股票的申请未获得中国证券监督管理委员会发行审核委员会审核通过，故顾国平应依约向瑞尔德嘉公司支付补偿款10700万元。顾国平关于《协议书》未实际履行，无须向瑞尔德嘉公司支付补偿款的辩称意见，与事实不符，故一审法院不予采纳。"②

8. 申银万国证券股份有限公司与上海银行股份有限公司福民支行、上海国宏置业有限公司股权转让纠纷二审民事判决书摘录

"系争股权转让协议真实合法，应属有效，系争法人股已依法变更至国宏公司名下，则不能归属申银万国所有。国宏公司没有依约履行支付股权对价的义务，申银万国可向其主张要求支付股权转让对价的债权。

即使按申银万国所称其与国宏公司存在实际的代持股权关系，申银万国要求确认系争法人股归其所有的主张，依法亦不能予以支持。因为，申银万

---

① 中国裁判文书网（http://wenshn.court.gov.cn）。
② 中国裁判文书网（http://wenshn.court.gov.cn）。

国与国宏公司签订股权转让协议后已在中登公司办理了股权转让的变更登记手续，故系争股权已移转于受让人国宏公司名下，即股权变动已发生法律效力。根据我国《公司法》和《证券法》的相关规定，公司股权转让应办理变更登记手续，以对外取得公示效力，否则不得对抗第三人，遵守的是商法的外观主义原则，立法目的在于维护商事交易安全。该种对抗性登记所具有的公示力对第三人而言，第三人有权信赖登记事项的真实性。同时，根据《证券法》公开、公平、公正的交易原则以及上市公司信息公开的有关规定，对上市公司信息披露的要求，关系到社会公众对上市公司的信赖以及证券市场的交易安全和秩序。因此，上海九百作为上市公司，其股东持有股权和变动的情况必须以具有公示效力的登记为据。申银万国称其为了规避证监会有关规定而通过关联企业国宏公司隐名持有股权，并要求确认已登记在国宏公司名下的股权实际为其所有，显然不符合上述相关法律规定，也有违公司法所规定的诚实信用原则。现国宏公司被法院执行的债务达亿元之多，而其名下系争股权市值仅3000余万元，远不足以支付对外债务。故国宏公司的债权人基于中登公司登记而申请法院查封执行国宏公司名下系争股权的信赖利益，应予保护，即登记在国宏公司名下的系争股权应当偿付债权人。因此，即使如申银万国所称有实际的代持股权关系存在，系争股权也不能归申银万国所有。"①

9. 中国信达资产管理股份有限公司深圳市分公司与华润深国投信托有限公司申请执行人执行异议之诉特殊程序民事判决书摘录

"双方签订了《股权转让协议书》，但股权一直没有办理过户手续，以信托方式托管在深国投公司名下……应认定涉案《股权转让协议书》已经原深圳市国资办批准生效，《股权转让协议书》约定的该协议经双方法定代表人或授权代表签署，于有关机关批准之日生效的生效条件已成就……《股权转让协议书》已经实际履行，泰丰电子公司为深信泰丰18.5%的股权的实际所有权人。"②

---

① 中国裁判文书网（http：//wenshn. court. gov. cn）。
② 中国裁判文书网（http：//wenshn. court. gov. cn）。

10. 荆纪国与陈黎明、湖南大康国际农业食品股份有限公司股权转让纠纷一审民事判决书摘录

"涉案《股份转让协议》系陈黎明与荆纪国的真实意思表示，内容不违反法律、行政法规的强制性规定，且荆纪国已按协议完成了支付股权转让款的义务，故《股份转让协议》应认定为有效。……经查，陈黎明与荆纪国的股权转让发生在大康农业公司上市之前的 2008 年，之后在大康农业公司上市公告中并未将荆纪国登记在股东名册。根据股份有限公司首次公开发行股票的要求，大康农业公司有关的财务记载、股东信息已经相关行政部门审查确认，且已向社会公开披露。现荆纪国要求陈黎明交付 2859.12 万股股票，势必与大康农业公司首次公开募股已经行政部门审查确认的内容不一致，也与大康农业公司向社会公开披露的信息相悖。为维护大康农业公司首次公开募股的行政审查效力及对公众披露信息的确定性，对原告荆纪国要求被告陈黎明交付 2859.12 万股股票的诉讼请求不予支持……本院认为，在对荆纪国要求陈黎明交付股票的诉讼请求不予支持的情况下，荆纪国基于其与陈黎明之间有效的《股份转让协议》，主张受让的 190 万股股票所派生的财产权益应予以支持……对于荆纪国的第四项诉讼请求'陈黎明交付大康农业公司 2016 年 6 月 30 日前派发的税后现金红利 321100 元'，因该部分属于荆纪国受让的 190 万股股票已经派发的红利，陈黎明应向荆纪国支付，故对原告荆纪国该项请求予以支持。"[1]

二　控制权变动中股东表决权效力认定

（一）最高人民法院主流意见及案例统计

在审议控制权变更过程中涉及的相关议案时，影响大股东表决权有效行使的因素主要为关联方回避、因法定/约定原因无法行使表决权；股东未遵守法律法规进行表决，所通过的决议应予以撤销。

---

[1]　中国裁判文书网（http：//wenshn. court. gov. cn）。

【案例统计表格】

表 3 最高人民法院相关案例统计表

序号	裁判时间	案件名称	法院及案号	案由	裁判结果	股东	上市公司
1	2017 年 12 月 20 日	上海宝银创赢投资管理有限公司、上海兆赢股权投资基金管理有限公司决议撤销纠纷二审案	最高人民法院（2016）最高法民终字第 582 号	公司决议撤销纠纷（非公开发行方案审议与回避）	撤销原判、撤销股东大会不应当回避而令股东回避后审议通过的议案	上海宝银创赢投资管理有限公司、上海兆赢股权投资基金管理有限公司	新华百货（600785）

资料来源：中国裁判文书网（http：//wenshn. court. gov. cn）。

【案例原文摘录】

上海宝银创赢投资管理有限公司、上海兆赢股权投资基金管理有限公司决议撤销纠纷二审民事判决书摘录

"关于上海宝银公司、上海兆赢公司与非公开发行股票的议案是否存在关联关系，是否应回避相关议案表决的问题。首先，《上市公司非公开发行股票实施细则》第 16 条第 2 款规定：'《管理办法》（即《上市公司证券发行管理办法》）所称应当回避表决的"特定的股东及其关联人"，是指董事会决议已确定为本次发行对象的股东及其关联人。'银川新华百货 2016 年第一次临时股东大会议案 1 中，将银川新华百货董事会第十三次会议审议通过的《关于公司 2015 年非公开发行 A 股股票方案的议案》的发行对象由物美控股集团有限公司以及上海宝银公司、上海兆赢公司调整为物美控股集团有限公司，所以上海宝银公司、上海兆赢公司并非银川新华百货董事会决议已确定为本次发行对象的股东及其关联人，与议案 1～4、7 不存在关联关系，不属于应当回避表决的'特定的股东及其关联人'……其次，因上海宝银公司、上海兆赢公司 2016 年 2 月 5 日向银川新华百货董事会发送的《关于新华百货 2016 年第一次临时股东大会回避表决问题的函》中认可其对议案

5 存在关联关系，因此上海宝银公司、上海兆赢公司应回避对议案 5 的表决……再次，在上海宝银公司、上海兆赢公司对银川新华百货 2016 年第一次临时股东大会议案 1～4、6、7 均提出异议时，应根据《章程》第 79 条第 2 款'是否回避发生争议时，应当由出席股东大会的股东（包括）股东代理人所持表决权的二分之一以上通过'的规定，就上海宝银公司、上海兆赢公司是否构成关联关系、是否应回避表决进行决议，并根据《章程》第 83 条'除累积投票制外，股东大会将对所有提案进行逐项表决，对同一事项有不同提案的，将按提案提出的时间顺序进行表决'的规定……最后，本院庭审中，银川新华百货以及上海宝银公司、上海兆赢公司一致认可，宁夏证监局已于临时股东大会召开前答复上海宝银公司、上海兆赢公司可以参与表决。因此，上海宝银公司被责令改正的事实与上海宝银公司、上海兆赢公司是否回避表决没有因果关系……

"关于银川新华百货对议案 6 的修改，是否违反《章程》的问题。……但在临时股东大会实际提交审议的议案 6 中，银川新华百货董事会修改了《通知》中已列明的决议事项，增加了上海宝银公司、上海兆赢公司构成关联交易的内容，违反了《章程》第 53 条第 2 款、第 3 款与《议事规则》第 16 条第 1 款、第 2 款关于'单独或者合计持有公司 3% 以上股份的股东，可以在股东大会召开 10 日前提出临时提案并书面提交召集人。召集人应当在收到提案后 2 日内发出股东大会补充通知，公告临时提案的内容。除前款规定的情形外，召集人在发出股东大会通知公告后，不得修改股东大会通知中未列明的提案或增加新提案'的规定……原审法院认定银川新华百货董事会对议案 6 的修改，不违反《章程》规定错误。银川新华百货 2016 年第一次临时股东大会决议通过的第 6 项决议，应予撤销。"①

（二）各省高院主流意见及案例统计

股东未遵守法律法规进行表决，所通过的决议无效。

① 中国裁判文书网（http://wenshn.court.gov.cn）。

【案例统计表格】

表4　各省高级人民法院案例统计表

序号	裁判时间	案件名称	法院及案号	案由	裁判结果	股东	上市公司
1	2017 年 3 月 30 日	深圳市康达尔（集团）股份有限公司、林志公司决议效力确认纠纷再审案	广东省高级人民法院(2016)粤民申字第8073号	公司决议效力确认纠纷（京基集团发起部分全面要约欲取得控制权，上市公司决议要求其减持且否定其收购主体资格）	上市公司董事会无权做出案涉决议限制及剥夺京基公司行使股东权利，案涉决议无效	京基集团有限公司	＊ST康达(000048)

资料来源：中国裁判文书网（http：//wenshn.court.gov.cn）。

【案例原文摘录】

深圳市康达尔（集团）股份有限公司、林志公司决议效力确认纠纷再审审查与审判监督民事裁定书摘录

"关于康达尔公司董事会是否有权做出案涉决议的问题。中国证券监督管理委员会发布的《上市公司收购管理办法》第75条规定：'上市公司的收购及相关股份权益变动活动中的信息披露义务人，未按照本办法的规定履行报告、公告以及其他相关义务的，中国证监会责令改正，采取监管谈话、出具警示函、责令暂停或者停止收购等监管措施。在改正前，相关信息披露义务人不得对其持有或者实际支配的股份行使表决权。'第76条规定：'上市公司的收购及相关股份权益变动活动中的信息披露义务人在报告、公告等文件中有虚假记载、误导性陈述或者重大遗漏的，中国证监会责令改正，采取监管谈话、出具警示函、责令暂停或者停止收购等监管措施。在改正前，收购人对其持有或者实际支配的股份不得行使表决权。'上述规定明确，以违反信息披露义务为由限制股东表决权的前提条件是中国证监会已对相关股东的违法事实做出认定。根据本案查明的事实，未有证据表明中国证监会已

认定京基公司存在违反信息披露义务的违法行为，因此，二审判决认定康达尔公司董事会无权做出案涉决议限制及剥夺京基公司行使股东权利、案涉决议无效，并无不当。综上所述，康达尔公司申请再审的理由不成立，本院不予支持。"[1]

第三部分

根据最高人民法院及各地高级人民法院的裁判实践，通过股权转让方式取得上市公司控制权的，协议各方签署的股权转让协议及相关配套协议，遵循各方意思自治原则且未违反法律、行政法规强制性效力规定或不存在其他无效情形的，则股权转让协议及相关配套协议不会因后续履行不能、未经行政机关审批而无效，但在审议股权转让协议相关议案过程中，上市公司股东大会等内部决策程序应遵守法律法规及公司章程规定，表决权的行使及关联方回避表决情形亦应符合相应规定。

---

[1] 中国裁判文书网（http：//wenshn. court. gov. cn）。

上市公司控制权争夺之刑事手段应用及防范

张振宇

目前，上市公司控制权的争夺战有愈演愈烈之势，而且双方在争夺过程中所使用的进攻和抵御手段灵活多变、各不相同，有的甚至对现有制度进行了创新，让人眼花缭乱。即便如此，刑事手段也往往是最容易被攻守双方所忽视的对抗方式之一。但是，被忽视并不意味着不重要，刑事手段往往能在相持不下的控制权争夺战中达到"一招制敌"的效果。因此，刑事手段的应用及防范也是上市公司控制权争夺战攻守双方的必修课之一。

一　刑事手段在上市公司控制权争夺战中的特点

与其他攻防手段相比，刑事手段的运用在上市公司控制权争夺战中的优点与缺点同样突出。攻守双方在运用及防范刑事手段时，必须要充分考虑刑事手段的相关特点，结合实际情况，经综合衡量之后，再做出决断。

（一）运用刑事手段的优点

1. 打击的严重性

一般部门法对一般违法行为虽然也适用强制方法，如赔偿损失、警告、罚款、市场禁入等，但刑法所规定的法律后果是刑罚，而刑罚是国家最严厉的强制方法。正因为如此，上市公司控制权争夺战的一方如果能够敏锐地抓住对方的犯罪线索，掌握对方犯罪证据，将通过刑事手段给予对方十分沉重的打击，从而为己方赢得上市公司控制权取得决定性的战果。在雷士照明控股有限公司控制权争夺案中，与软银赛富、施耐德相比，创始股东吴长江前期虽然在"持股比"指标上不占优势，但是吴长江作为创始人带领公司成为行业领先者，其个人先后获得"中国优秀民营企业家""安永企业家中国获奖者"等多项荣誉称号，体现了其作为创业家的创新精神、创新激情、变革推动力与高效利用各类资源的能力等素质。吴长江也因此在公司内部享有很高的个人威望以及影响力，与公司创始管理团队成员、公司员工以及经销商之间有着深厚的情感基础。这些软实力是吴长江个人在与公司同生共长、荣辱与共的过程中所积累的资源。所以，吴长江在前期的控制权争夺战中，凭借上述"软实力"取得胜利。但是，吴长江在后期与德豪润达的控制权之争中却因为被发现存在挪用资金的行为而毫无反击之力，一败涂地，身陷囹圄。

【典型案例·雷士照明控股有限公司控制权争夺案】

雷士照明控股有限公司由吴长江及其两位同学于 1998 年底创立，主要从事新型照明产品的生产经营。公司于 2010 年 5 月在香港联交所公开上市。在 IPO 前后，公司先后引入软银赛富、高盛、施耐德等多家外部股东入股，而创始人吴长江在公司所占股份也逐步下降。雷士照明第一次引入外部股东发生在 2005 年，彼时吴长江与另外两位创始人杜刚、胡永宏在经营理念上发生分歧，并在雷士照明销售渠道改革的问题上爆发激烈冲突，杜刚和胡永宏最终同意以 1.6 亿元的对价向吴长江出让全部股份。但股东问题解决的同时，公司面临严重资金短缺。在此背景下，通过多方运作，吴长江最终引入软银赛富和高盛两大机构作为外部股东。软银赛富和高盛的进入使得创始人吴长江的股权被稀释，并以 34.4% 的持股比例成为第二大股东，而软银赛富以 36.05% 的持股比例成为第一大股东，高盛持股 11.02%，为第三大股东。2010 年 5 月 20 日，雷士照明在港交所上市，上市后软银赛富、吴长江及高盛三方的持股比例分别下降为 23.41%、22.34%、7.15%。

2011 年 7 月，由软银赛富和高盛牵线，雷士照明引入全球电气领域的 500 强企业法国施耐德电气作为策略性股东，由软银赛富、高盛联合吴长江等六大股东，共同向施耐德转让 2.88 亿股股票，转让后，施耐德以 9.22%

的持股比例成为雷士照明的第三大股东。与此同时，施耐德与雷士照明签订了为期10年的"销售网络战略合作协议"，据此，施耐德的电气产品可以通过雷士照明旗下的3000家门店渠道进行销售。

吴长江与软银赛富、施耐德的控制权之争在2012年5月爆发。2012年5月25日，雷士照明突然发布公告称，创始股东吴长江因个人原因辞去公司CEO与董事长职务，公司由施耐德、软银赛富等外部股东联合控制，软银赛富代表阎焱出任董事长、施耐德代表张开鹏出任CEO。2012年6月19日，公司股东大会否决吴长江弟弟吴长勇进董事会的提案。同年6月26日，董事会再次拒绝创始股东吴长江回归董事会的请求，吴长江失去公司控制权。2012年7月13日，公司员工、经销商与供应商三方以举行全国罢工、停止下单、停止供货等相要挟，要求公司请吴长江重归董事会、主导公司运营。作为妥协，施耐德的股权代表李新宇、李瑞从雷士照明辞职，但公司仍反对吴长江重返董事会。吴长江立即宣布"正在走程序要求召开特别股东大会"作为反击，之后双方重返谈判桌。2012年9月4日，吴长江正式回归，担任公司临时运营委员会负责人。2013年1月，公司董事会宣布吴长江正式接替张开鹏（CEO），临时运营委员会正式解散，吴长江重获公司控制权。2012年12月底，吴长江将其持有的近20%股份转让给香港德豪润达公司，后者成为公司第一大股东，同时吴长江通过认购德豪润达非公开增发的股份，成为德豪润达第二大股东。2013年1月13日，德豪润达董事长王冬雷进入公司董事会。2013年4月3日，阎焱辞去公司董事长、非执行董事及薪酬委员会成员职务，王冬雷接任公司董事长。2013年6月21日，公司股东大会选举吴长江为公司执行董事，吴长江借助德豪润达曲线回归董事会。

吴长江与德豪润达的蜜月期并未持续很久，德豪润达入主后将雷士照明的核心业务（球泡灯、T5和T8支架）转移到德豪润达生产，此举遭到吴长江方的强烈反对。2014年5月，德豪润达以合并雷士照明财务报表的名义，将穆宇的董事席位替换为德豪润达的代表。2014年7月14日，雷士照明发布公告，宣布对旗下11家附属公司的董事会改组，吴长江及其团队退出董事会，其职务由德豪润达的王冬雷、肖宇等人接替。2014年8月8日，雷士照明公告称，公司董事会决议罢免吴长江首席执行官以及吴长勇、穆宇等人副总裁的职务，并着手对公司中高层进行调整。2014 年 8 月 29 日，雷士照明召开股东大会通过决议，罢免了吴长江的董事职务及其在公司任何董事会下属委员会的职务。与前次控制权争夺不同的是，公司 29 家省级经销商签署声明表示支持公司决议。之后，雷士照明和经销商共同成立了下属运营委员会协助公司运营，并设立独立调查委员会对吴长江进行调查。2015 年 1 月，吴长江涉嫌挪用资金罪被批准逮捕，在此次控制权争夺中彻底失败。[①]

2. 视野的广泛性

在一般的上市公司控制权争夺战中，攻守双方的主要着眼点在于如何利用调动资金等手段占据"持股比"优势，或者充分利用《证券法》《公司法》、公司章程等一系列规则保持控制或者改组董事会。然而，刑事手段的视野远不囿于此，可以扩展到所筹集资金的来源、方式，购买股票的方法，等等。比如，在雷士照明控股有限公司控制权争夺案中，原实际控制人、创始股东吴长江挪用资金的行为就不是在争夺公司控制权的过程中发生的。但上市公司成立独立调查委员会对吴长江进行的调查以及检察机关以涉嫌挪用资金罪对吴长江批准逮捕，对吴长江形成了致命打击。

3. 程序的便捷性

这里的程序便捷性体现在两点。一是启动刑事侦查程序的便捷性。在刑事手段运用方所掌握证据比较充分的情况下，只需要向公安机关报案，并证明有犯罪事实发生，就可以推动公安机关启动初查程序并立案。此后，刑事手段运用方作为被害人或者利益相关人配合公安机关侦查或者跟进案件进展即可。二是推动改组董事会程序的便捷性。在上市公司的控制权争夺战中，旨在夺取上市公司控制权的一方股东，必然先提议更换或增选公司董事，而此时公司董事会任期通常尚未届满，也没有出现应当撤换现任董事的法定事由，所以双方围绕选任董事的股东大会召集召开和表决程序定然会产生激烈冲突。董事会、监事会很可能会以各种理由拖延旨在改选董事的股东大会的

---

① 整理自《第一财经日报》《中国证券报》《东方财经》以及中国经济网相关报道。

召开，这势必会造成召开股东大会程序十分拖沓。但如果代表上市公司原控制方的董事因刑事案件被立案调查，则可以在不召开股东大会的情况下直接使该董事丧失担任董事的资格。

（二）运用刑事手段的缺点

1. 适用条件很严格，必须掌握对方涉嫌犯罪的充分证据

有鉴于刑法可能以特别严厉的方式损及无辜之人的合法权益，《刑事诉讼法》在权利保护方面规定了最强程度的法律保障。所以，刑事案件证据标准要远比民事、行政案件证据标准高很多。这就要求运用刑事手段一方只有在掌握了对方涉嫌犯罪的充分证据的前提之下，才能够以向有管辖权的公安机关报案的形式启动刑事诉讼程序。显而易见，多数的经济犯罪行为是十分隐蔽而且复杂的，其证据收集难度以及证据收集成本一般比较高。

2. 司法标准不统一

与上市公司控制权争夺战相关的刑事案件一般为民刑交叉的经济类案件。此类案件容易产生争议，各地司法标准不统一，甚至同一地区不同办案人之间对同一问题的看法都不相同。导致公安机关立案标准的弹性也非常大。国务院、最高人民检察院、公安部还针对公安机关办理经济犯罪案件的乱象下发过数份文件。故多数公安机关办案人在把握不准的情况下，首要选择是当作普通经济纠纷处理，不予立案。因此，说服公安机关认定有犯罪事实发生、应当对有关行为立案侦查的工作难度大。

二　上市公司控制权争夺战中可能出现的犯罪行为

（一）旨在夺取上市公司控制权一方可能涉及的犯罪行为

1. 在筹集资金阶段可能涉及的犯罪行为

作为旨在夺取上市公司控制权一方，发起攻势的首要条件是调集巨额资金购买上市公司股票，使己方的"持股比"高于上市公司实际控制人。通常情况下，由于所需资金数额十分巨大，多数资金并非旨在夺取上市公司控

制权一方所有，而是通过借贷、资管计划等方式筹集到的资金。在这一过程中，可能滋生挪用资金罪，挪用公款罪，骗取贷款、票据承兑、金融票证罪，背信运用受托财产罪等犯罪。如果上市公司实际控制人在这一阶段能够发现并掌握旨在夺取上市公司控制权一方的相关犯罪证据，则将使该方资金链断裂，从而取得釜底抽薪的良好效果。

（1）挪用资金罪

挪用资金罪，是指公司、企业或者其他单位的工作人员，利用职务上的便利，挪用本单位资金归个人使用或者借贷给他人使用，数额较大，超过三个月未还的，或者虽未超过三个月，但数额较大、进行盈利活动的，或者进行非法活动的行为。在上市公司控制权争夺战中，旨在夺取上市公司控制权一方若出于自身利益，违反相关规定，从其自己或者其他人实际控制的公司挪用资金购买上市公司股票的，可以视为挪用资金进行营利活动，构成挪用资金罪。

（2）挪用公款罪

挪用公款罪，是指国家工作人员利用职务上的便利，挪用公款归个人使用，进行非法活动的，或者挪用公款数额较大、进行盈利活动的，或者挪用公款数额较大、超过三个月未还的行为。

【典型案例·林建忠受贿、挪用公款案】

广东某健实业集团有限公司（以下简称"某健集团"）于2002年8月29日通过参加公开拍卖，以1.8亿元人民币的价格竞拍购买广东新会某达锦纶股份有限公司81818182股国有法人股（"某达股份"，股票代码00××82）。按照拍卖成交确认书规定，买受人某健集团应在2002年11月28日前付清全部拍卖款及佣金（成交价的5%，即900万元），并规定不能按期付清款项的违约责任为取消买受人的竞得资格、没收履约定金人民币3500万元、按成交价的20%支付违约金，且再次拍卖的价格低于原成交价，需按实际差额支付赔偿金。

某健集团因资金短缺，无法在规定的时间内付清拍卖款项，遂决定由董事长梁某义（另案处理）出面联系申请银行贷款。同年9月，经当地政府领导协调，梁某义找到时任中国工商银行江门分行（以下简称"江门工商银行")行长的被告人林建忠，请求给予帮助。

2002年10月期间，在被告人林建忠的帮助下，某健集团以下属企业购买材料款的名义向中国工商银行江门分行申请贷款，某健集团从中国工商银行江门分行获得贷款共计人民币1.3亿元（具体由新会支行办理）。某健集团于2002年10月25日使用上述贷款中的121953511.27元付清拍卖成交款项，购得某达股份共计81818182股，成为某达公司的控股公司（持股20.23%）。至2003年下半年，某健集团陆续归还上述贷款。①

上述案例就是发生在旨在夺取上市公司控制权一方筹集资金的过程之中，若该案在某健集团使用贷款购买国有股权的过程之中案发，则司法机关必然要追回所有涉案款项，这样就会造成某健集团资金链断裂，从而丧失控制上市公司的机会。

（3）骗取贷款、票据承兑、金融票证罪

骗取贷款、票据承兑、金融票证罪，是指自然人或者单位以欺骗手段取得银行或者其他金融机构贷款、票据承兑、信用证、保函等，给银行或者其他金融机构造成重大损失或者有其他严重情节的行为。最高人民检察院、公安部《关于公安机关管辖的刑事案件立案追诉标准的规定（二）》第27条规定，以欺骗手段取得银行或者其他金融机构贷款、票据承兑、信用证、保函等，涉嫌下列情形之一的，应予立案追诉：①以欺骗手段取得贷款、票据承兑、信用证、保函等，数额在100万元以上的；②以欺骗手段取得贷款、票据承兑、信用证、保函等，给银行或者其他金融机构造成直接经济损失数额在20万元以上的；③虽未达到上述数额标准，但多次以欺骗手段取得贷款、票据承兑、信用证、保函等的；④其他给银行或者其他金融机构造成重大损失或者有其他严重情节的情形。若旨在夺取上市公司控制权的一方，通过虚构贷款用途等事项，获得银行贷款，则可能构成骗取贷款罪。银行贷款对于贷款用途的审查十分严格，若是直接以购买股票作为贷款目的，则极可能不会得到银行的认可，所以旨在控制上市公司一方若使用银行贷款购买相

---

① 参见（2017）粤刑终1343号刑事裁定书。

关股票，则有可能构成骗取贷款罪。

（4）背信运用受托财产罪

背信运用受托财产罪，是指商业银行、证券交易所、期货交易所、证券公司、期货经纪公司、保险公司或者其他金融机构，违背受托义务，擅自运用客户资金或者其他委托、信托的财产，情节严重的行为。虽然背信运用受托财产罪是个比较冷僻的罪名，但多数旨在夺取上市公司控制权的一方在举牌上市中采取杠杆收购方式，大量动用杠杆资金，其中往往包括资管计划的资金。这就使旨在夺取上市公司控制权的一方构成背信运用受托财产罪的风险大大提高。

2. 购买上市公司股票可能涉及的犯罪行为

（1）内幕交易罪

内幕交易罪，是指证券、期货交易内幕信息的知情人员或者非法获取证券、期货交易内幕信息的人员，在涉及证券的发行，证券、期货交易或者其他对证券、期货交易价格有重大影响的信息尚未公开前，买入或者卖出该证券，或者从事与该内幕信息有关的期货交易，情节严重的行为。旨在夺取上市公司控制权的一方在举牌并购及并购后的资本运作过程中往往会涉及大量内幕信息，并伴随着股价大幅波动，容易滋生内幕交易的行为。

（2）操纵证券、期货市场罪

操纵证券、期货市场罪，是指自然人或者单位，故意操纵证券、期货市场，情节严重的行为。《禁止证券欺诈行为暂行办法》第 8 条规定的操纵市场行为有：①通过合谋或者集中资金操纵证券市场价格；②以散布谣言等手段影响证券发行、交易；③为制造证券的虚假价格，与他人串通，进行不转移证券所有权的虚买虚卖；④出售或者要约出售其并不持有的证券，扰乱证券市场秩序；⑤以抬高或者压低证券交易价格为目的，连续交易某种证券；⑥利用职务便利，人为地压低或者抬高证券价格；⑦其他操纵市场的行为。旨在夺取上市公司控制权的一方在购入上市公司股票时，为控制财务成本，可能会实施上述操纵市场的行为，情节严重的，则可能构成犯罪。

（3）行贿罪、对非国家工作人员行贿罪

行贿罪、对非国家工作人员行贿罪的犯罪构成均为大众所熟知，在此不再赘述。在上市公司控制权争夺战中，旨在夺取上市公司控制权一方也有可能向上市公司高级管理人员行贿，以谋取相关人员的不当支持与帮助，从而构成行贿罪或者对非国家工作人员行贿罪。例如，雨润集团在举牌收购南京中央商场股份有限公司（中央商场，证券代码：600280）的过程中，雨润集团控制人祝义财为逐步收购并控制中央商场，寻求时任中央商场董事长胡晓军，副董事长、总经理廖建生，中央商场党委书记、副董事长、监事会主席颜迪明三人给予支持和帮助，送给三人财物合计 3768 万元，还承诺留任岗位，并给予额外的奖励及股权激励[①]。

（二）上市公司原控制方可能涉及的犯罪行为

上市公司原控制方可能涉及的犯罪行为多数是在其对上市公司的经营管理活动之中产生。所涉及的犯罪行为，既有常见的挪用资金、职务侵占等侵害上市公司财产权利的犯罪，也有背信损害上市公司利益罪等比较冷僻的犯罪。即便这些犯罪行为与争夺控制权的行为无关，也可能被旨在夺取上市公司控制权一方作为突破点利用。例如，前文介绍的雷士照明控股有限公司控制权争夺案中，吴长江挪用资金的行为是挪用上市公司资金给其或者其亲属实际控制的公司使用，与争夺控制权的行为无关。

鉴于挪用资金罪等罪名前文已经介绍过，本部分只介绍职务侵占罪和非国家工作人员受贿罪、背信损害上市公司利益罪等几种上市公司原控制人常见的犯罪行为。

1. 职务侵占罪和非国家工作人员受贿罪

职务侵占罪，是指公司、企业或者其他单位的人员，利用职务上的便利，将本单位财物非法占为己有，数额较大的行为。非国家工作人员受贿罪，是指公司、企业或者其他单位的工作人员利用职务上的便利，索取他人财物或者非法收受他人财物，为他人谋取利益，数额较大的行为。由于公司管理体制的需要，上市公司经营决策权往往比较集中，这在上市公司原控制人是创始股东的情形时更加明显。权力失去监督往往会造成权力的滥用，形

---

① 参见（2018）浙 01 刑初 28 号刑事判决书。

成利用职务行为谋求私利的温床。

2. 背信损害上市公司利益罪

背信损害上市公司利益罪，是指上市公司的董事、监事、高级管理人员，违背对公司的忠实义务，利用职务便利，操纵上市公司从事损害上市公司利益的活动，致使上市公司利益遭受重大损失的行为，以及上市公司的控股股东或者实际控制人，指使上市公司董事、监事、高级管理人员从事损害上市公司利益的活动，致使上市公司利益遭受重大损失的行为。上市公司原控制人往往是相对控股，所以其利益与上市公司利益并非完全一致。因此，即便这一罪名现在相对比较冷僻，也可以预见今后相关案件的数量将会逐步增长。

三 刑事手段的具体运用及刑事风险的防范

（一）刑事手段的运用

1. 保持对非正常现象的敏锐性

犯罪行为虽然往往比较隐蔽，尤其经济类犯罪迷惑性也较强，但相关犯罪行为发生之后，总会暴露出一些非正常的蛛丝马迹。比如，旨在夺取上市公司控制权一方的资金量明显高于其调动资金的能力，举牌收购阶段股价不符合经济规律的波动，或者上市公司高管的异常表现，都可能是相关犯罪行为外在的表现形式。所以，对于这些外在的表现形式要保持警惕，注意深入挖掘原因，才能使犯罪行为无所遁形。

2. 注意收集和保存证据

"打官司就是打证据"，而刑事案件证据标准又远比民事案件、行政案件高得多。因此，启动刑事程序的前提就是要掌握举报对象涉嫌犯罪确实充分的证据。这就要求刑事手段运用方在发现证据线索以及初步的调查过程中，具有良好的收集和保存证据能力。良好的收集和保存证据的能力不仅仅包含尽可能全面地收集和保存证据的能力，还包含保证证据的合法性及有效性的能力。建议最好由专业的刑事律师来负责这一部分工作。

（二）刑事风险的防范

1. 上市公司控制权争夺的双方都要树立刑事法律风险是可以防控和管理的意识

尤其是主要负责人在做出重大的决定时，要充分听取合规人员的意见，了解该决定可能存在的刑事风险以及可能产生的后果，谨慎地做出抉择。避免刑事风险爆发之前，对刑事风险满不在乎，刑事风险爆发之后又诚惶诚恐、战战兢兢的现象出现。

2. 准确地识别刑事法律风险

上市公司控制权争夺战所涉及的罪名看似有限，对犯罪行为的界定，理论上也很清晰，然而一遇到实践中各种具体犯罪行为，其中的变数就会大大增加，罪与非罪的界线也会变得模糊。这就需要经验丰富的律师或者法务人员来识别可能存在的刑事法律风险。

3. 充分地评估刑事法律风险对自身可能带来的影响

对上市公司控制权争夺战的双方而言，刑事法律风险的后果可能不仅仅是《刑法》中规定的内容。必须将对刑事法律风险后果的评估与争夺上市公司控制权的整体目标和相关战略战术联系起来，才能够对每一个刑事法律风险对上市公司控制权争夺的最终影响做出科学的评价，才能在此基础上有针对性地提出应对每一个刑事法律风险的法律意见和管理建议。

总体而言，上市公司控制权争夺战刑事法律风险的防控，就是要求双方根据自身实际情况，从具体制订的争夺上市公司控制权的计划入手，系统地识别、评估可能存在的刑事法律风险，对其中的每一项刑事法律风险都要给出明确的法律意见和管理建议，并在上述工作的基础上，制定刑事法律风险的防控和管理计划。

上市公司收购标的及标的公司交易
相对方的责任认定与对抗

纪勇健　张伯阳

第一部分　上市公司收购的原因及分析

一　上市公司为什么要对标的公司进行收购

一般来说，上市公司与收购标的之间处于同行业或者同行业的产业链上下游，会对上市公司的主营业务产生比较强的协同效应，对上市公司的持续盈利能力会产生较大的提升作用。同时，这种同行业上市公司收购标的公司的操作，上市公司和收购标的之间的协同效应明显，投资者容易看懂，市场认可度相对较高，对维持并提升上市公司的市值有着较为明显的作用。通常情况下，在上述交易完成后，上市公司的股票价格也会有较为积极的反应。

1. 从收购标的与上市公司之间协同效应强弱维度上，可以将上市公司收购标的分为以下三类

（1）同行业横向并购

上市公司为了扩充主营业务规模，尽快占领市场，对与上市公司主营业务相同的标的公司进行并购，以便尽快扩充产能，增强公司主营业务的盈利能力。

如龙泉股份（证券代码：002671）收购新峰管业。① 首创证券有限责任

---

① 案例来源为深圳证券交易所网站于 2016 年 1 月 8 日披露的公告信息。

公司于 2016 年 1 月出具的《山东龙泉管道工程股份有限公司发行股份及支付现金购买资产并募集配套资金暨关联交易报告书（草案）》显示，上市公司龙泉股份的主营业务为预应力钢筒混凝土管（PCCP）的生产和销售，标的公司新峰管业的主营业务是工业金属管件的生产与销售。上市公司和标的公司主营业务基本相同，均为管道的生产和销售。

（2）同行业纵向并购

上市公司为了增强企业对主营业务所处行业上下游的控制力，降低采购上下游的采购成本和销售费用，进行产业整合，完善上市公司业务链条。

如宋城演艺（证券代码：300144）收购六间房。[①] 摩根士丹利华鑫证券有限责任公司和华泰联合证券有限责任公司于 2015 年 7 月出具的《宋城演艺发展股份有限公司发行股份及支付现金购买资产并募集配套资金暨关联交易报告书（修订稿）》显示，上市公司宋城演艺的主营业务为主题公园和文化演艺的投资、开发、经营，标的公司六间房的主营业务是以互联网演艺平台运营和游戏联运为主。标的公司的主营业务是上市公司演艺业务在互联网平台上的延伸。

（3）跨行业并购

上市公司为了增加利润增长点，开拓新的业务领域，对主营业务以外的标的公司进行收购。

如大东南（证券代码：002263）收购游唐网络。[②] 新时代证券有限责任公司于 2014 年 9 月出具的《浙江大东南股份有限公司发行股份及支付现金购买资产并募集配套资金报告书（草案）》显示，上市公司大东南的主营业务为 BOPP 膜系列、BOPET 膜系列、CPP 膜系列等包装用膜的生产和销售，标的公司游唐网络的主营业务是移动网络游戏的开发及相关技术服务等。上市公司和标的公司的主营业务在发行股份购买资产前并非同行业，也并没有任何上下游关系。大东南收购游唐网络后，其主营业务由原 BOPP 膜系列、BOPET 膜系列、CPP 膜系列等包装用膜的生产和销售增加为包装用膜的生产和销售及移动网络游戏的开发及相关技术服务。

---

① 案例来源为宋城演艺于 2015 年 7 月 27 日在深圳证券交易所网站披露的公告信息。
② 案例来源为大东南于 2014 年 9 月 4 日在深圳证券交易所网站披露的公告信息。

应该说，大部分上市公司收购标的的动机和原因主要还是促进上市公司主营业务的发展，逐步提升持续盈利能力和市场竞争能力。但是由于公司股票的价格在上市公司收购标的之后一般会有比较积极的反应，因此也会有一些上市公司进行标的收购的动机并非都那么单纯。

2. 通常情况下，上市公司在进行标的公司收购时更愿意从控股股东、实际控制人手里取得控股权或者控制权

《企业会计准则》第 63 条规定："企业对外投资如占被投资企业资本总额半数以上，或者实质上拥有被投资企业控制权的，应当编制合并会计报表。……"根据上述规定，通过收购标的公司股权的方式能够拥有被投资企业的控制权，即可将标的公司纳入合并报表范围。在标的公司的收入和利润水平比较高的情况下，对于充实上市公司的财务报表会有立竿见影的积极影响。因此，一般上市公司收购标的公司，会将标的公司的控股股东和实际控制人作为交易对方，以谋求对标的公司的控制权。

二　标的公司股东为什么会同意出售持有的标的公司股权

1. 拟上市公司放弃 IPO，股东提前变现

从 2018 年初开始，中国证券监督管理委员会（以下简称"证监会"）对于境内企业在 A 股首次公开发行股票并上市（以下简称"IPO"）的监管尺度明显趋于严格，导致不少原来在准备 IPO 或者已经处于 IPO 审核状态的企业纷纷放弃或者终止 IPO 的进程。这些企业有以下几个特点，导致了股东愿意出售公司股权。

（1）企业已经付出了较高的规范性成本，业务、财务和合规性规范程度较高

一般来说，企业为了准备 IPO，会在申报前的一段时间开始对企业本身的财务规范性和法律合规性在聘请的中介机构辅导下进行规范，已经付出了较大的规范成本，规范程度较高。完全放弃下一步的资本运作，前期付出的规范成本和努力将付诸东流。

（2）企业一般有较高的利润水平，在业绩平稳的前提下，比较容易达成交易

除了由于自身业绩下滑导致 IPO 终止的企业外，大部分终止 IPO 进程的企业利润是正数且平稳增长的。这种营收和利润规模的企业，上市公司并购完成后会对上市公司合并报表产生立竿见影的正向影响。业绩平稳增长，标的公司实际控制人和交易相对方也敢于与上市公司就收购事项承诺对赌条件。

（3）公司中的投资机构股东有比较强烈的减持或者退出意愿

企业在 IPO 过程中，一般会出于资金需要、整合资源等考虑逐步引入各类投资者。企业 IPO 进程受阻导致已经完成投资的投资机构最佳的退出通道受阻，投资机构必然会寻求出售股份的机会以便尽快将手中的股份变现实现投资退出。一般财务投资人和产业投资人单独持股比例不会太高，如仅仅出售公司少数股权，对其他准备收购方的吸引力有限，不利于交易的达成，也不利于提高出售股份的估值。投资机构会寻机说服公司控股股东一并出售股份，从而提高交易的吸引力，也能在一定程度上享受控股权出售带来的溢价。一些比较强势的投资机构甚至在投资之初，就要求公司实际控制人或者控股股东同意当公司在一定时限未完成 IPO 申报的情况下，应当同意将公司控股权以不低于一定估值的价格出售。

2. 标的公司有被整合的需要

标的公司在自身行业发展的过程中，遇到技术、市场和管理瓶颈，与同行业上市公司进行整合后，能够给公司带来明显的协同效应，对上市公司和标的公司是双赢的选择。

第二部分　上市公司收购中产生的争议案例分析

一　在交易最终未达成时，标的公司原股东拒绝返还上市公司预先支付的收购对价导致的纠纷

上市公司能够找到适合收购的标的公司并非易事。上市公司需要从标的

公司与自身的业务协同性、标的公司的体量、标的公司的资产质量、交易对方的交易意愿、标的公司的抢手程度等方面通盘考虑，同时也要评估收购当时自身股票的价格和已方的资金情况，以便评估收购时上市公司支付对价是否经济。

正是由于合适的标的相对稀缺，在很多交易当中，上市公司并不处于绝对强势，甚至还会处于相对弱势的谈判地位。为了提前锁定收购标的，促成该等交易，上市公司往往会在交易条件上做一定程度的让步，比如先行支付订金或者诚意金、预付较大比例的交易价款等。在上市公司先行支付了部分交易对价后，一旦交易因故不能达成，已经获取了现金对价的交易相对方推脱责任，拒绝返还上市公司已经支付的交易对价，就会比较容易产生纠纷。

上市公司西陇科学（证券代码：002584）诉徐久振、招立萍、上海晶真投资管理中心（有限合伙）、上海仕创投资有限公司（以下统称为"主要交易对手方"或"四被告"）合同纠纷一案就是较为典型的一例。

【基本案情】①

原告：西陇科学

被告：徐久振、招立萍、上海晶真投资管理中心（有限合伙）、上海仕创投资有限公司

第三人：上海阿拉丁生化科技股份有限公司（标的公司）

2016 年 9 月 9 日，原告、四被告及第三人签订框架协议一份，就原告收购四被告持有的第三人股份约定：为确保交易完成，原告向四被告支付 2000 万元定金；标的公司整体估值 8 亿元，最终以各方认可的具有相关证券业务资格机构经审计评估后的数据为准；协议并对标的公司业绩承诺进行了约定；各方配合在协议签订 6 个月内，完成对标的公司的收购。同日，原告和被告徐久振、招立萍、第三人签订备忘录一份，对公司估值、业绩承诺、股权激励、支付方式、交易完成后标的公司运作等进行了约定，同时约定，6 个月内，各方未能就股权转让事宜取得实质性进展或签署相关文件的，任何一方有权解除或终止本备忘录；备忘录表达各方基本意图，不构成任何实质性交易。

---

① 案例摘自上海市高级人民法院网。

2016 年 9 月 27 日，原告、四被告及第三人又签订框架协议和备忘录各一份，内容与 2016 年 9 月 9 日框架协议和备忘录基本相同，但对估值、业绩承诺略做调整。

2016 年 9 月 21 日，原告将 2000 万元定金支付给被告徐久振。

之后，各方陆续开展股权收购相关工作。

2017 年 2 月 22 日，原告方人员发电子邮件给四被告，言明接受四被告 2017 年 2 月 15 日提出的协议修改稿，并对限售股问题和盈利预测问题发表了意见，并提出鉴于双方已就本项目协议及盈利预测补偿协议达成一致，请贵方于 2017 年 2 月 24 日 15 时至上海市普陀区岚皋路×××号品尊国际 A 座 8 层上海西陇化工有限公司会议室正式签署协议。

2017 年 2 月 23 日 16 时 45 分，被告方人员发电子邮件给原告方，提出估值基础与框架协议约定发生较大变换，盈利预测补偿失去基础，不应签署，不应设股票锁定期，对招立萍的限售股应明确安排，鉴于 2 月 17 日的不和谐及影响人身安全的因素，建议先通过邮件等方式对正式协议条款予以明确后再见面沟通。

2017 年 2 月 23 日 23 时 45 分，原告方人员发电子邮件给被告方人员，言明盈利预测问题之前双方已达成协议，被告不应出尔反尔，36 个月股票锁定期和招立萍限售股问题同意被告意见，不存在所谓 2 月 17 日不和谐及影响人身安全的因素。

2017 年 2 月 24 日 11 时 48 分，被告方人员发电子邮件给原告方人员，再次言明由于估值问题，盈利补偿协议不应签署。

2017 年 2 月 24 日 12 时 39 分，原告方人员发电子邮件给被告方人员，同意被告不签署盈利预测补偿协议。

2017 年 2 月 24 日 15 时 28 分，被告徐久振发微信给原告方人员，言明：鉴于上次的情况，还是在 17 时之前到我公司 7 楼会议室来谈。

2017 年 2 月 24 日 16 时 3 分，原告方人员回复微信给被告徐久振，言明：我司已完全接受贵方提出的协议内容，既然贵方有顾虑，请贵方于 17 时前抵达上海市浦东公证处签署协议。

2017 年 3 月 1 日，原告向四被告发出终止函，言明：因被告恶意拖延、拒不签署协议，故终止框架协议和备忘录。

【审判思路】

上海市浦东新区人民法院认为案件争议在于股权未完成收购的原因。

1. 双方对于协议内容确实存在不同意见，即使是在 2017 年 2 月 24 日中午，原告表示接受被告的所有条件，但原告又要求被告在当日便完成正式协议的签署，而对签约地点双方又有争议，之后原告亦未再就签署协议一事有过催告或至被告处要求履行，难言合同未能签订之过错均在一方。原、被告均称对方存在恶意。上海市浦东新区人民法院认为，合同尚未正式签署之前，双方之间有不同意思表示实属正常，有关期限的限制并不构成对方必须应允的理由，从本案情况而言，尚不足以成立恶意磋商之说。

2. 双方框架协议及备忘录并未对签约各时间节点及未及时完成时各方应负责任做出明确约定，因此，原告以被告违约为由解除合同难以成立，原告要求确认相关协议因原告主张被告违约而于 2017 年 3 月 1 日解除的诉讼请求，本院不予支持。

3. 审理中，各方对于相关协议解除并无争议，被告应向原告返还已收的定金，但原、被告以对方违约或存在恶意为由，要求双方返还及没收定金的请求，均缺乏依据，本院不予支持。

4. 框架协议及备忘录对于定金的返还日期和协议期间的利息并未约定，原告要求主张利息的诉讼请求，缺乏依据，本院不予支持。原告另主张的损失，鉴于被告违约一说难以成立，该项主张亦缺乏依据，本院不予支持。

【一审判决】

上海市浦东新区人民法院依法适用普通程序，将本、反诉合并审理，并于 2017 年 7 月 20 日公开开庭审理。现本案已经审理终结，上海市浦东新区人民法院于 2017 年 9 月 25 日做出一审判决。根据上海市浦东新区人民法院（2017）沪 0115 民初 20354 号《民事判决书》，判决内容如下：

1. 被告（反诉原告）徐久振、招立萍、上海晶真投资管理中心（有限合伙）、上海仕创投资有限公司应于本判决生效之日起十日内向原告（反诉被告）西陇科学股份有限公司返还定金 2000 万元；

2. 驳回原告（反诉被告）西陇科学股份有限公司的其余诉讼请求；

3. 驳回被告（反诉原告）徐久振、招立萍、上海晶真投资管理中心（有限合伙）、上海仕创投资有限公司的反诉请求。

【上市公司提出上诉后与被上诉方和解】

根据西陇科学 2017 年 10 月 27 日发布的《诉讼和解公告》（公告编号：2017－075），上市公司在上诉期内递交了上诉状。上市公司与主要交易对手就本次纠纷达成《和解协议》，主要内容如下：

1. 各方同意，由主要交易对手方向公司支付和解款项人民币 21100306.85 元以全面了结本案项下的全部债权债务关系。该等款项包括定金人民币 2000 万元及其资金占用成本人民币 953506.85 元，以及一审判决主要交易对手方应向公司返还的本诉部分诉讼费用人民币 146800 元。

2. 公司收到主要交易对手方支付的和解款项后一个工作日内撤回上诉并解除对徐久振持有的上海阿拉丁生化科技股份有限公司股权的查封申请。

3. 公司收到和解款项后，公司与主要交易对手方的实体法律关系问题在各方之间获得了全面、适当的解决，各方不得就案涉相关事宜再行向对方主张任何权利。

4. 各方因本案纠纷发生以来而产生的全部案件受理费、保全费由各方根据本案一审判决书的规定予以承担；各方因本案纠纷而产生的担保费、律师费等各项其他费用，均由各方自行承担。

【律师提示】

1. 上市公司在交易前预先支付款项的，须充分考虑风险，对预先支付款项的处理做明确细致的约定。

上市公司为了提前锁定标的，取得对于其他收购竞争者相对优势的地位，会应交易对方要求支付一定金额的定金、诚意金，以向交易对方显示收购的决心和诚意。但是上市公司收购所涉及利益方和需确定的交易细节很多，交易的结果存在较大的不确定性。为了保证提前支付的大额资金的安全，如有可能，可要求交易对方对如交易未达成时上述资金能够如期偿还承担保证责任。诚然，在谈判阶段由于各方所处的交易地位不同，很多上市公司处于谈判弱势地位的交易，交易对方通常不会答应对预付款项的偿还承担保证责任，上市公司可以退而求其次，考虑对于在支付上述预付款项之前与交易对方就该等款项的性质、支付条件、交易达成时资金如何处理、交易未达成时资金如何退还、退还期限以及退还金额是否包括利息等做详细约定，以保证该等预付资金的安全。

在上述西陇科学的案例中，由于上市公司在支付2000万元定金时并未在意向性协议中与对方就上述定金如何退还、对方未返还定金产生的利息等事项进行详细约定，也未就上述定金支付事项与交易对方单独签订协议，因此上海市浦东新区人民法院并未支持上市公司向对方提出的支付利息的主张。

与上述西陇科学情况类似，在重组过程中存在提前支付定金或者诚意金的情况还有很多，但也有上市公司在重组不能达成的情况下，通过与对方书面明确约定之前支付定金的退还方式以及对方违约责任的方式，取得了法院判决的支持，维护了自身合法权益。如上市公司黑芝麻（证券代码：000716）拟收购标的公司鹿邑县金日食用油有限公司45.7317%的股权，上市公司与标的公司实际控制人朱杰等交易相对方共同签订了《南方黑芝麻集团股份有限公司与朱杰、朱玉华、上海山晓投资管理有限公司之发行股份及购买资产框架协议》，协议约定上市公司向朱杰预付定金人民币2000万元。后上市公司如约向朱杰支付了上述款项。后双方签署《终止协议书》，终止本次上市公司发行股份及购买资产，同时终止购买资产协议。《终止协议书》中明确约定了朱杰应当向上市公司返还公司预付定金的方式和期限以及未全额返还定金的违约金等赔偿条款。同时，标的公司鹿邑县金日食用油有限公司向上市公司出具《担保承诺函》，为朱杰的上述债务承担连带保证责任。标的公司股东朱杰并未按约定返还预付定金，因此上市公司提起诉讼。最终广西壮族自治区玉林市中级人民法院出具的（2017）桂09民初20号《民事判决书》，判决朱杰等被告返还上市公司预付定金2000万元以及约定违约金，同时被告承担原告因本案支出的律师费用。上述一审判决已生效。

2. 多轮磋商留存沟通记录。

在上市公司与标的公司就收购事项进行磋商期间，由于涉及交易金额较大，需要兼顾多方利益而且交易条款复杂，因此往往需要各方经过多轮沟通和博弈。一般上市公司在确定交易标的之后会与交易对方签署意向性协议，对收购的基本情况进行约定，同时上市公司在签订上述意向性协议后需要按照交易所的规则及时披露协议的签署以及协议相关内容。

根据《合同法》第 42 条规定："当事人在订立合同过程中有下列情形之一，给对方造成损失的，应当承担损害赔偿责任：（一）假借订立合同，恶意进行磋商；（二）故意隐瞒与订立合同有关的重要事实或者提供虚假情况；（三）有其他违背诚实信用原则的行为。"在磋商过程中，上市公司一定要以书面形式或者电子邮件以及其他可追溯的形式保存与交易对方的沟通记录，以便在未来留作证据，在需要维护自身权益时用以证明沟通的情况。

二 持有标的公司股权的交易对方在签订框架协议后私自将标的公司股权转让给第三方并拒绝退还收取的定金

上市公司西部资源（证券代码：600139）诉摩金利泰投资有限公司、南通环中置业有限公司、南通市新开市政工程有限公司以及陈慧返还定金一案。

【基本案情】

原告：西部资源①

被告：摩金利泰投资有限公司、南通环中置业有限公司、南通市新开市政工程有限公司以及陈慧

2014 年 3 月，公司向新能源全产业链转型，拟收购江苏尼欧凯汽车有限公司（以下简称"尼欧凯"）100% 的股权，与其四位原股东摩金利泰投资有限公司、南通环中置业有限公司、南通市新开市政工程有限公司以及陈慧达成初步收购意向，并向摩金利泰投资有限公司支付诚意金 1600 万元，用于其收购南通苏通科技产业园控股发展有限公司持有的尼欧凯 6.54% 的股权。按照约定，摩金利泰投资有限公司应在收到上述资金后五个工作日完成股权收购，同时，公司聘请中介机构开展尽职调查工作，若中介机构确认尼欧凯满足约定的相关条件，公司则保证推进并购重组，若四位原股东与公

---

① 案例内容摘自上海证券交易所网站于 2016 年 12 月 31 日披露的"临 2016 - 164 号"公告。

司以外第三方签署尼欧凯股权转让或增资协议的，或最终拒绝与公司签署对尼欧凯的并购重组协议的，被告摩金利泰投资有限公司除向公司返还 1600 万元定金外，四位原股东还应连带承担 1600 万元的违约金。

在尽职调查过程中，公司发现尼欧凯存在资质不全、政府批文不健全等问题，与约定的相关条件存在较大差异，为顺利推进本次收购，公司积极与四位原股东协商解决。但 2015 年 11 月，四位原股东在公司不知情的情况下，将所持有的尼欧凯股权转让给第三方，造成公司约定事宜无法实现。

为此，公司依法向成都市中级人民法院提起诉讼，要求被告摩金利泰投资有限公司立即向公司双倍返还定金 3200 万元，其余三位被告南通环中置业有限公司、南通市新开市政工程有限公司以及陈慧对该双倍定金的返还承担连带支付责任，并由四位被告连带承担本案的全部诉讼费用。

【调解结案】

成都市中级人民法院最终主持调解，四被告与上市公司达成如下协议：

1. 被告摩金利泰投资有限公司于 2016 年 12 月 29 日前向原告四川西部资源控股股份有限公司返还定金 1600 万元，并支付损失 100 万元；

2. 原告四川西部资源控股股份有限公司自愿放弃其他诉讼请求；

3. 被告南通环中置业有限公司、南通市新开市政工程有限公司、陈慧对上述第一项给付义务承担连带清偿责任；

4. 本案案件受理费 201800 元，减半收取 100900 元，保全费 5000 元，共计 105900 元，由原告四川西部资源控股股份有限公司承担。

上述协议，不违反法律规定，成都市中级人民法院予以确认。本调解书经各方当事人签收后即具有法律效力。

2016 年 12 月 28 日，成都市中级人民法院出具《民事调解书》（〔2016〕川 01 民初 65 号），并已经上市公司及四位被告签收。

截至 2016 年 12 月 31 日，上市公司已收到被告返还的定金 1600 万元及支付的损失 100 万元，合计 1700 万元。

【律师提示】

上市公司在交易完成前预先支付款项的，应采取可能的预防措施。如上市公司在交易中并不处于优势地位，预先支付部分定金或诚意金无法避免，则可以在满足交易相对方要求向其支付定金或诚意金后，视谈判地位适时尝试要求对方将该等现金形成现金存单，再由收取现金的交易相对方将该等现金存单质押给上市公司。上述操作既满足了交易相对方要求公司支付诚意金或者定金的要求，也通过存单质押的方式满足了上市公司保证资金安全的诉求。

三 由于标的公司的股东明知标的公司存在瑕疵而未向上市公司进行完整披露，导致无法达到收购目的

上市公司超华科技（证券代码：002288）诉珠海亚泰电子科技有限公司（以下简称"亚泰电子"）股权转让纠纷一案。

【基本案情】①

原告：超华科技

被告：亚泰电子

2015 年 8 月，公司与珠海亚泰及其股东珠海润为贸易有限公司、香港博远国际经贸有限公司、珠海市凯菲诺投资管理企业（有限合伙）、珠海招商银科股权投资中心（有限合伙）、实际控制人曾光签订《关于珠海亚泰电子科技有限公司之股权转让及增资扩股协议》（以下简称《收购协议》），约定公司以自有资金人民币 3450 万元收购珠海招商银科股权投资中心（有限合伙）持有的珠海亚泰 18.00% 的股权；同时以自有资金人民币 6750 万元对珠海亚泰进行增资，其中 246.3849 万元计入新增注册资本，其余 6503.6151 万元计入珠海亚泰的资本公积金。

《收购协议》签订后，公司委派中介机构进行尽职调查，发现珠海亚泰未充分披露财务状况，其提供的财务报表存在隐瞒、虚假情形，并存在违规担保的情形。经公司与珠海亚泰及其实际控制人曾光、股东珠海润为贸易有

---

① 案例内容摘自深圳证券交易所网站分别于 2016 年 1 月 30 日披露的"2016 – 006 号"公告和 2016 年 12 月 31 日披露的"2016 – 102 号"公告以及广东法院裁判文书公开网公布的"珠海亚泰电子科技有限公司、广东超华科技股份有限公司股权转让纠纷二审民事裁定书"。

限公司、香港博远国际经贸有限公司协商一致，于 2015 年 10 月 23 日签订《股权收购终止协议》，终止股权收购事宜。珠海亚泰应返还公司已支付的履约保证金、投资意向款共计 1260 万元人民币。

2015 年 11 月 4 日，公司向珠海亚泰及实际控制人曾光发出《付款通知函》，要求被告在接到通知函后 5 日内退清款项，否则应自《股权收购终止协议》签订之日起支付利息。但珠海亚泰至今仍未退款，为维护公司合法权益，公司决定就该事项向法院提起诉讼。

上市公司诉讼请求如下：

（1）判令被告退还上述资金合计 1260 万元人民币；

（2）判令被告从 2015 年 10 月 23 日起至退清款项止按人民银行有关预期贷款利率的规定计付利息（2015 年 10 月 23 日至 2016 年 1 月 19 日的利息为 198217 元人民币）；

（3）由被告承担本案诉讼费用。

【一审判决】

广东省梅州市梅县区人民法院出具〔2016〕粤 1403 民初字第 180 号《民事判决书》，判决内容如下：

1. 被告珠海亚泰电子科技有限公司应返还履约保证金、预付增资款合计 1260 万元及自 2015 年 11 月 11 日起至还清上述款项之日止的逾期付款违约金（按中国人民银行同期同类贷款利率计算）给原告广东超华科技股份有限公司，限于本判决生效之日起七日内付清。

2. 驳回原告广东超华科技股份有限公司的其他诉讼请求。

如果未按本判决指定的期间履行给付义务，应当依照《中华人民共和国民事诉讼法》第 253 条之规定，加倍支付迟延履行期间的债务利息。案件受理费 98590 元、保全费 5000 元，由被告珠海亚泰电子科技有限公司负担。

【律师提示】

1. 审慎起见，在尚未对标的公司进行彻底的尽职调查之前不宜直接与标的公司股东签订有明确权利义务内容约定的股权转让协议。

上市公司在收购标的公司的过程中，按照证券监管部门的要求应当聘请中介机构对标的公司进行尽职调查。经过专业的中介机构对于标的公司的情况进行尽职调查后，上市公司才能够对于标的公司的真实情况有较为全面的了解，同时才能够对标的公司股权的价值做出较为公允的判断。在聘请的中介机构尽职调查工作完成之前，上市公司可以为该等交易的推进进行积极的准备，但是不宜与交易对方签订有约束力特别是对上市公司方面有义务约定的条款的文本。

2. 收购协议中，对转让方隐瞒重大事实、虚假陈述等可能导致无法实现目的的情形进行全面的预防性约定。

在交易过程中，交易相对方由于其所处的实际地位，其对于标的公司的信息和情况了解较之上市公司和上市公司聘请的中介机构具有明显的信息优势。同时，由于在收购过程中，交易双方利益既有一致也有冲突，因此标的公司的股东为了促成交易，具有对上市公司以及其聘请的中介机构隐瞒对标的公司不利的事实以及虚假陈述的动机。

上市公司在进行标的收购中，虽然聘请了财务、法律等中介机构对标的公司进行尽职调查，但是鉴于中介机构作为第三方机构其尽职调查的手段和项目实施时间有限，大部分尽职调查工作也是基于标的公司提供的资料和描述的事实来展开的，因此，上市公司有必要对交易对方隐瞒重大事实、虚假陈述等可能导致的无法实现收购目的的情况进行明确约定，以保护上市公司的利益。

四　标的公司实际控制人违反约定，导致交易未达成，标的公司控股股东承担违约责任

上市公司诺德股份（证券代码：600110）诉成都市广地绿色工程开发有限责任公司合同解除纠纷一案。

【基本案情】

申请人：诺德股份①

---

① 案例内容摘自上海证券交易所网站分别于 2016 年 2 月 27 日披露的临 2016 - 020 号公告和 2017 年 4 月 29 日披露的临 2017 - 021 号公告、2017 年 6 月 23 日披露的临 2017 - 037 号公告。

被申请人：成都市广地绿色工程开发有限责任公司

2013 年 1 月 4 日，申请人与被申请人（一）成都市广地绿色工程开发有限责任公司。达成《合作意向书》，拟收购被申请人（一）持有的德昌厚地稀土矿业有限公司（下称"目标公司"）不低于 73.33% 的股权。

2013 年 1 月 22 日，双方对股权收购事宜进一步协商，签署了《关于德昌厚地稀土矿业有限公司股权收购框架协议》（以下简称《股权收购协议》）。并约定：1. 转让的标的为被申请人（一）持有的目标公司 50% 股权；2. 协议生效五个工作日内将标的股权过户到申请人名下，股权过户是作为被申请人履约的保证；3. 完成股权变更登记当日申请人支付 1 亿元定金；4. 双方约定，非因任何一方主观原因导致《股权收购协议》未能生效，被申请人（一）应退还股权收购定金，申请人将股权返还给被申请人；5. 股权收购的条件为：（1）申请人以非公开发行股票募集资金方式收购目标股权，获得证监会的发行核准，（2）获得双方就股权转让事项的内部授权及批准，（3）被申请人（一）取得其他股东放弃优先购买权的书面文件；6. 解除协议的情形之一：任何一方严重违反协议，导致另一方无法实现签署本协议的目的或已经遭受重大损失。

双方于 2013 年 2 月 1 日到工商行政管理部门办理了股权变更登记，变更后申请人、被申请人（一）各持有目标公司 50% 的股权。

同日，双方就股权转让事项签署了《关于德昌厚地稀土矿业有限公司股权收购框架补充协议》，双方一致同意：申请人拟收购的股权增加到 100%；定金增加至 3.5 亿元。与此同时，申请人通过银行转账的方式向被申请人（一）支付了 3 亿元的定金。

2013 年 2 月 4 日，双方到工商行政管理部门再次进行股权变更登记，将目标公司的股权全部变更到申请人名下，作为被申请人（一）履约的保证。

2013 年 2 月 7 日，申请人向被申请人（一）支付了定金 5000 万元，至此，申请人合计支付了 3.5 亿元的定金。

2013 年 2 月 27 日，双方就股权转让事项签署了《关于德昌厚地稀土矿业有限公司股权收购框架补充协议（二）》，双方协议对股权转让事项进行调整：将目标公司股权的 48% 过户到申请人名下，剩余 52% 质押给申请人，作为被申请人（一）履约的保证。

2013 年 2 月 28 日，双方到工商行政管理部门办理了股权变更登记，变更后申请人持有目标公司 48% 的股权，被申请人（一）持有目标公司 52% 的股权。

2013 年 3 月 4 日，目标公司召开股东会，通过将注册资本由 7.5 亿元增加到 9 亿元的决议，由被申请人（一）全额认缴 1.5 亿元新增注册资本，并办理了变更登记，变更后的股权为申请人持有目标公司 40% 的股权，被申请人（一）持有目标公司 60% 的股权。

申请人于 2013 年 3 月 16 日通过股东大会同意上述框架协议及补充协议。

2013 年 3 月 8 日，申请人与被申请人（一）正式签署《关于德昌厚地稀土矿业有限公司股权转让协议》（以下简称《股权转让协议》），协议约定：1. 申请人收购目标公司 100% 的股权（其中目标公司股权的 48% 过户到申请人名下，剩余 52% 质押给申请人）；2. 定金调整为 3.5 亿元；3. 申请人收购目标公司 100% 股权的前提条件，是被申请人（一）完成协议附件一规定（即 18 项前提条件）的全部前期工作，且目标公司、西昌志能已经满足附件一所列之全部条件；4. 申请人有权单方解除协议：如果在协议规定的期限内并且最迟在申请人召开与股权转让相关的股东大会前，被申请人（一）未能完成附件一规定的 18 项前期工作；5. 双方已经约定股权转让款支付的具体时间和方式，以及未达到承诺业绩的情况下被申请人（一）补偿的方式；6. 约定了违约责任；7. 协议解除和终止后转让款的返还和股权的变更；8. 约定了争议的解决方式为北京仲裁委员会仲裁之后，双方签订《关于德昌厚地稀土矿业有限公司〈股权收购框架协议〉及〈股权转让协议〉之补充协议》，双方对股权收购方式、价格等进行调整和变更：（1）申请人不再以收购目标公司 100% 股权作为非公开发行股票的募集资金投资项目，（2）约定将质押给申请人的股权全部变更登记在申请人名下，申请人享有完全股权，但不影响申请人根据之前所签的协议行使解约权，（3）被申请人需在本协议签署后六个月内完成《股权转让协议》附件一的 18 项前期工作，否则申请人有权单方解除本协议和《股权转让协议》，（4）股权的基础价格已经调整为 9.5 亿元，（5）调整了股权转让价款的支付方式，（6）被申请人（一）承认未按时完成《股权转让协议》规定的义务，同意对申请人做出补偿，约定了补偿方式。

2013 年 12 月 4 日，被申请人（一）、（二）出具《关于股权收购未及时履约的补偿承诺函》，被申请人（一）承认未按时完成《股权转让协议》规定的义务，同意对申请人做出补偿，愿对所造成损失承担连带责任，被申请人（二）对此承担连带责任。

2013 年 12 月 4 日，申请人股东大会通过了《关于德昌厚地稀土矿业有限公司〈股权收购框架协议〉及〈股权转让协议〉之补充协议》议案。

2013 年 12 月 25 日，申请人通过中国光大银行向被申请人（一）支付了 1 亿元的股权转让款，至此，申请人为股权转让共支付了 4.5 亿元（含定金）。

双方于 2013 年 12 月 23 日再次变更目标公司股权，变更后申请人持有目标公司 100% 的股权。

2014 年 3 月 31 日，双方签订了《关于德昌厚地稀土矿业有限公司〈股权收购框架协议〉及〈股权转让协议〉之补充协议（二）》，协议中确认因被申请人（一）未按约定完成工作，对申请人造成损失，由两被申请人向申请人补偿 2013 年 12 月 31 日前的损失 8000 万元。

2014 年 5 月 7 日，被申请人（一）、（二）出具《承诺函》。《承诺函》中自认了被申请人未能按《股权转让协议》的规定，完成收购前提条件的全部工作，并且承诺：若申请人终止股权收购的交易，放弃追究任何赔偿的权力，且本承诺不影响被申请人已经签订的其他协议和承诺。

2015 年 4 月 10 日，申请人与被申请人（一）签订了《关于德昌厚地稀土矿业有限公司〈股权收购框架协议〉及〈股权转让协议〉之补充协议（三）》，双方对收购标的及股权转让价款进行调整：1. 收购 100% 股权变更为 47.37%，申请人将标的公司的 52.36% 过户给被申请人（一）；2. 收购基础价调整为 4.5 亿元，被申请人（一）确认该款项已经预付；3. 被申请人（一）确认对已经预付的 4.5 亿元股权转让款，自愿向申请人支付 1.28 亿元资金占用费。

【申请人和被申请人和解】

经甲（本公司）、乙（成都市广地绿色工程开发有限责任公司）、丙（刘国辉）三方的多次沟通和协商，就德昌厚地稀土矿业有限公司股权转让一事，三方已经达成和解，具体内容如下：

第一条　甲、乙双方同意解除关于德昌厚地稀土矿业有限公司股权转让的相关协议。

第二条　乙方应向甲方退还股权转让价款人民币4.5亿元，向甲方支付资金占用费人民币1.28亿元，合计人民币5.78亿元，丙方对乙方的还款义务承担连带保证责任。

第三条　鉴于乙方目前经营困难，债务过多，短期内无力偿还欠款，甲方同意按七七折减免债务，即乙方按人民币4.45亿元清偿债务，但乙方必须三年内全额付清，若乙方未能在三年内付清人民币4.45亿元，债务减免取消，乙方需按人民币5.78亿元向甲方清偿债务。

经三方共同确认，上述三年期自2017年4月27日至2020年4月26日止。

【律师提示】

为了实现上市公司本次收购的目的，需要对交易相对方满足的条件做明确列举并明确约定法律后果。

通过聘请的中介机构做尽职调查后，通常情况下标的公司会存在各种各样的问题和瑕疵。这其中有一些问题是非实质性的，并不影响交易的完成，但是有一些存在的问题会对本次交易的达成产生实质性的影响，比如影响标的股权持续生产经营能力的合规性问题等。上市公司为了保证上述交易的达成和收购目的的实现，应当在签订的收购协议文本中将交易对方满足上述条件的时间和法律后果明确约定，甚至将其作为收购协议生效的前提条件之一进行约定，以保证上市公司在对方一旦未能满足上述条件的情况下，能够全身而退。

上市公司借壳交易违约责任问题研究

王华鹏　钱东辉　刘　军

第一部分　上市公司借壳交易概述

一　什么是借壳

资本市场上所说的借壳，又称借壳上市、卖壳上市，其意义所指，是通过取得上市（挂牌）的控制权并注入新的业务，同时剥离原有业务，达到保留原有上市（挂牌）主体资格的同时，使新业务获得上市的一系列交易。

借壳交易，是资本市场上最复杂的交易。

以 2018 度 A 股市场上最具知名度的三六零借壳江南嘉捷案为例，[①] 其方案包括重大资产出售、重大资产置换及发行股份购买资产。上述重大资产出售、重大资产置换及发行股份购买资产互为条件，共同构成本次交易不可分割的组成部分，任何一项因未获得监管机构批准而无法付诸实施，则另一项交易不予实施。

本次交易的主要内容如下。

（一）重大资产出售

江南嘉捷将截至 2017 年 3 月 31 日拥有的，除全资子公司嘉捷机电

---

① 相关公告引自巨潮资讯网，www.cninf.com.cn.

100％股权之外的全部资产、负债、业务、人员、合同、资质及其他一切权利与义务划转至嘉捷机电。在划转重组的基础上，江南嘉捷分别将嘉捷机电90.29％的股权以现金方式转让给金志峰、金祖铭或其指定的第三方，交易作价169000万元；将嘉捷机电9.71％的股权与三六零全体股东拥有的三六零100％股权的等值部分进行置换，三六零全体股东再将嘉捷机电9.71％的股权转让给金志峰、金祖铭或其指定的第三方。

根据中联资产评估集团有限公司出具的《出售资产评估报告》（中联评报字（2017）第1518号），以2017年3月31日为基准日，选用资产基础法评估结果作为最终评估结论，本次交易的拟出售资产评估值为18179.75万元。根据《重大资产出售协议》，经交易各方友好协商，以拟出售资产评估值为基础，本次交易拟出售资产最终作价18179.75万元。

（二）重大资产置换及发行股份购买资产

江南嘉捷将嘉捷机电9.71％的股权转让给三六零全体股东，与其拥有的三六零100％股权的等值部分进行置换。经交易各方协商一致，本次交易中拟出售资产9.71％股权的最终作价为18179.75万元，拟置入资产最终作价5041642.33万元，通过重大资产置换与拟置入资产的价款等值部分抵销后，拟置入资产剩余差额部分为5023462.58万元，由公司以发行股份的方式自三六零全体股东处购买。

根据中联资产评估集团有限公司出具的《标的股权资产评估报告》（中联评报字（2017）第1517号），以2017年3月31日为基准日，选用收益法评估结果作为最终评估结论，本次交易的拟置入资产三六零100％股权的评估值为5041642.33万元。

根据《重大资产置换及发行股份购买资产协议》，经交易各方友好协商，以拟置入资产评估值为基础，本次交易三六零100％股权的最终作价5041642.33万元。

本次发行股份购买资产的定价基准日为公司第四届董事会第十一次会议决议公告日，定价基准日前20个交易日公司股票交易均价为8.76元/股、前60个交易日公司股票交易均价为10.41元/股、前120个交易日公司股票交易均价为 10.98 元/股。经交易各方友好协商，本次发行股份购买资产的股份发行价格确定为定价基准日前 20 个交易日股票交易均价的 90%，即 7.89 元。据此计算，公司向三六零全体股东发行股份的数量为 6366872724 股。

本次交易完成后，奇信志成将持有本公司总股本的 48.74%，为本公司控股股东。周鸿祎直接持有本公司 12.14% 的股份，通过奇信志成间接控制本公司 48.74% 的股份，通过天津众信间接控制本公司 2.82% 的股份，合计控制本公司 63.70% 的股份，为本公司实际控制人。

本次交易后，上市公司主营业务将从电梯、自动扶梯、自动人行道等产品的研发、生产和销售转变为互联网安全技术的研发和互联网安全产品的设计、研发、推广，以及基于互联网安全产品的互联网广告及服务、互联网增值服务、智能硬件业务等商业化服务。

从上述案例可以看出，典型的借壳交易，是（1）取得上市公司实际控制权 +（2）剥离原有业务资产 +（3）注入新业务资产——三位一体的一系列交易。当然，具体实践中，这三位一体的一系列交易，可能同时完成，也可能是分步进行。但是，不论同时完成还是分步进行，借壳交易的每一步，都必须放在整个交易背景和目的下进行理解。

借壳交易，最核心的交易标的是"壳"。这里的壳，指的是不包括任何资产及负债，但是保留上市或挂牌地位的主体。很形象的说法是，买椟还珠。交易双方买卖的，不是业务和资产（即那颗明珠），而是不包括业务和资产的上市主体（即那个盒子）。

实务中，很多人仍不理解借壳交易的实质是"壳"，而倾向于把借壳交易拆分成各个交易环节来理解，这样就容易走偏。我们需要回归交易的本质来理解借壳交易。

借壳有广义和狭义之分。

1. 狭义借壳

狭义的借壳，特指《上市公司重大资产重组管理办法》第 13 条第 1 款规定下的重组上市："上市公司自控制权发生变更之日起 60 个月内，向收购人及其关联人购买资产，导致上市公司发生以下根本变化情形之一的，构成重大资产重组，应当按照本办法的规定报经中国证监会核准：'（一）购买的资产总额占上市公司控制权发生变更的前一个会计年度经审计的合并财务会计报告期末资产总额的比例达到100%以上；（二）购买的资产在最近一个会计年度所产生的营业收入占上市公司控制权发生变更的前一个会计年度经审计的合并财务会计报告营业收入的比例达到100%以上；（三）购买的资产在最近一个会计年度所产生的净利润占上市公司控制权发生变更的前一个会计年度经审计的合并财务会计报告净利润的比例达到100%以上；（四）购买的资产净额占上市公司控制权发生变更的前一个会计年度经审计的合并财务会计报告期末净资产额的比例达到100%以上；（五）为购买资产发行的股份占上市公司首次向收购人及其关联人购买资产的董事会决议前一个交易日的股份的比例达到100%以上；（六）上市公司向收购人及其关联人购买资产虽未达到本款第（一）至第（五）项标准，但可能导致上市公司主营业务发生根本变化；（七）中国证监会认定的可能导致上市公司发生根本变化的其他情形。'"

符合上述借壳标准的，中国证券监督管理委员会（证监会）的官方说法称之为"重组上市"，即最严格意义下的借壳。

总体来说，狭义的借壳交易，需要符合重大资产重组＋IPO的双重标准，条件之严格，只有最优秀的企业才能闯关成功。

笔者总结了最近2017年、2018年、2019年1月借壳交易的样本，总数在24家（含2016年及之前公布预案，2017年过会的案例）。其中，最终通过证监会审核的10家，成功率为41.67%。借壳交易从策划到最终过会，成功率是相当低的，具体情况见表1。

表1　A股近三年借壳交易统计

序号	案例名称	首次披露时间	重组内容	进度	过会/终止时间
1	卓郎智能借壳新疆城建	2016年5月31日	新疆城建发行股份购买卓郎智能100%股权	过会	2017年7月28日
2	贝瑞基因借壳＊ST天仪	2016年6月15日	＊ST天仪发行股份购买贝瑞基因100%股权	过会	2017年6月2日

续表

序号	案例名称	首次披露时间	重组内容	进度	过会/终止时间
3	开药集团借壳辅仁药业	2016 年 9 月 22 日	辅仁药业收购开药集团 100% 股权	过会	2017 年 12 月 21 日
4	深总装借壳 ST 云维	2017 年 1 月 11 日	ST 云维定增收购深总装 100% 股权	终止	2017 年 11 月 28 日
5	隆基泰和借壳通达动力	2017 年 2 月 13 日	通达动力以置出资产加发行股票的方式收购隆基泰和 100% 股权	终止	2017 年 12 月 29 日
6	东方盛虹借壳东方市场	2017 年 3 月 11 日	东方市场定增收购盛虹科技 100% 股权	过会	2018 年 7 月 31 日
7	领益智造借壳江粉磁材	2017 年 7 月 26 日	江粉磁材定增收购领益科技 100% 股权	过会	2017 年 12 月 6 日
8	银星能源收购银仪风电	2017 年 8 月 31 日	银星能源收购银仪风电 50% 股权	终止	2018 年 3 月 2 日
9	云南能投借壳云南盐化	2017 年 9 月 22 日	云南能投定增收购新能源公司下属四家子公司股权	过会	2018 年 12 月 27 日
10	三六零借壳江南嘉捷	2017 年 11 月 3 日	江南嘉捷定增收购三六零 100% 股权	过会	2017 年 12 月 29 日
11	力神特电借壳 * ST 嘉陵	2018 年 3 月 27 日	* ST 嘉陵定增收购空间电源 100% 股权及力神特电 85% 股权	过会	2019 年 1 月 30 日
12	中公教育借壳亚夏汽车	2018 年 5 月 5 日	亚夏汽车置入中公教育 100% 股权	过会	2018 年 11 月 28 日
13	万邦德制药借壳万邦德	2018 年 6 月 15 日	万邦德定增收购万邦德制药 100% 股权	申报阶段	—
14	奥赛康借壳东方新星	2018 年 7 月 10 日	东方新星置入奥赛康 100% 股权	过会	2018 年 12 月 24 日
15	晶澳太阳能借壳天业通联	2018 年 7 月 19 日	天业通联收购晶澳太阳能 100% 股权	申报阶段	—
16	文旅科技借壳云南旅游	2018 年 7 月 31 日	云南旅游定增收购文旅科技 100% 股权	反馈阶段	—
17	康恒环境借壳四通股份	2018 年 8 月 23 日	四通股份定增收购康恒环境 100% 股权	终止	2019 年 1 月 25 日

序号	案例名称	首次披露时间	重组内容	进度	过会/终止时间
18	天山铝业借壳紫光学大	2018 年 9 月 15 日	紫光学大定增收购天山铝业 100％股权	终止	2019 年 2 月 18 日
19	协鑫智慧能源借壳霞客环保	2018 年 11 月 6 日	霞客环保置入协鑫智慧能源 90％的股权	反馈阶段	—
20	新能同心借壳圣阳股份	2018 年 11 月 13 日	圣阳股份定增收购新能同心 100％股权	反馈阶段	—
21	万魔声学借壳共达电声	2018 年 11 月 15 日	共达电声吸收合并万魔声学 100％股权	申报阶段	—
22	天下秀借壳 ST 慧球	2018 年 12 月 3 日	ST 慧球吸收合并天下秀 100％股权	申报阶段	—
23	爱旭科技借壳 ST 新梅	2019 年 1 月 4 日	ST 新梅以资产置换、发行股份方式收购爱旭科技 100％股权	申报阶段	—
24	居然之家借壳武汉中商	2019 年 1 月 10 日	武汉中商发行股份收购居然新零售 100％股权	申报阶段	—

资料来源：根据上市公司公告自行统计。

　　狭义的借壳交易，标准本来就很严格，不论是借壳方还是上市公司，不经过慎重考虑，绝不会贸然启动。但是，即便启动，失败概率仍然很大。

　　这使得整个资本市场的交易策划者，都在研究如何绕开证监会关于狭义借壳要求的限制，变相实现借壳目的。

　　2. 广义借壳

　　广义上的借壳，包括了证监会定义的狭义的借壳交易，更包括了为实现借壳目的而采取的一些变通的交易架构。

　　由于证监会的狭义借壳交易条件异常严格，基于种种原因，交易各方会采取各种方式，规避《上市公司重大资产重组管理办法》第 13 条第 1 款的要求，发明了种种套路进行变相借壳。

　　（1）实际控制权转让＋购买第三方资产

　　最典型的案例是南通锻压（证券代码：300280）。

南通锻压 2011 年在创业板上市，主营业务为锻压设备的研发、生产和销售，主要产品包括液压机和机械压力机。上市公司所处的金属成型机床制造行业近年来一直处于低位运行状况，面临行业内竞争加剧、销售价格下降、人工成本增加等多重不利因素。2015 年、2016 年、2017 年 1 ~ 6 月，南通锻压的营业收入分别为 2.59 亿元、2.55 亿元、1.17 亿元；归母净利润分别为 628 万元、224 万元、121 万元。公司持续处于微利状态，盈利能力相对较弱。2015 年，上市公司开始谋划转型，同时原实际控制人转让控制权。公司自成立至 2016 年 2 月，控股股东、实际控制人一直为郭庆。2016 年 2 月，郭庆将所持的 6360 万股（占比 49.69%）转让给安常投资、嘉谟投资、上海镁月 3 名投资者。其中，安常投资以 8.38 亿元的价格受让 3350 万股。转让完成后，安常投资持股比例为 26.17%，成为上市公司新的大股东；姚海燕、郑岚成为上市公司新的实际控制人。

更换实际控制人后，南通锻压发行股份资产，购买南通锻压拟以发行股份及支付现金的方式向古予舟、伍原汇锦购买其合计持有的亿家晶视 70% 的股权，其中古予舟拟转让其持有的亿家晶视 0.70% 的股权，伍原汇锦拟转让其持有的亿家晶视 69.30% 的股权。标的资产总交易对价为 92400 万元，股份对价及现金对价占本次收购总交易对价的比例分别为 55% 和 45%。同时，上市公司拟向包括安民投资在内的不超过 5 名特定投资者非公开发行股份募集配套资金，本次募集配套资金总额不超过 44580 万元。

本次交易完成后，在不考虑募集配套资金的情况下，安常投资持有上市公司 22.92% 的股份，相比交易对方的合计持股比例 12.42%，超出 10.50%，仍为上市公司控股股东，姚海燕、郑岚仍为上市公司实际控制人。考虑募集配套资金的情况下，假设以本次募集配套资金发行股份数量上限 25600000 股测算，并假设安民投资认购股份数为 2560000 股，本次发行完成后，安常投资持有上市公司 19.51% 的股份，仍为上市公司控股股东，姚海燕、郑岚通过安常投资和安民投资合计持有上市公司 21.00% 的股份，相比交易对方的合计持股比例 10.57%，超出 10.43%，仍为上市公司实际控制人。

值得注意的是，根据 2016 年数据，亿家晶视总资产 9.24 亿元（评估值的 70%，为交易股权价值），净资产 9.24 亿元（评估值的 70%，为交易股权价值），营业收入 2.04 亿元，占上市公司南通锻压总资产、净资产、营业收入比重分别为 112.14%、145.97%、80%。如果将南通锻压 2016 年的实际控制人变化和相关资产比例结合起来看，从实质上看规避了《上市公司重大资产重组管理办法》第 13 条第 1 款的要求。最终，该案例获得了证监会的审核通过。

（2）上市公司现金购买资产 + 标的公司股东反向购买上市公司股份

较为典型的案例是宣亚国际（证券代码：300612）并购映客案。

宣亚国际拟以现金方式收购奉佑生、廖洁鸣、侯广凌、映客常青、映客欢众和映客远达合计持有的蜜莱坞 48.2478% 的股权。根据《评估报告》，于评估基准日，蜜莱坞经评估的股东全部权益价值为 605988.43 万元。参考上述评估结果并经本次交易各方充分协商确定，标的资产的交易价格为 289486.80 万元。

本次交易完成后，宣亚国际将持有蜜莱坞 48.2478% 的股权，宣亚国际将成为蜜莱坞第一大股东暨控股股东。

本次交易不涉及发行股份，本次交易前，本公司控股股东为宣亚投资，宣亚投资持有本公司 37.50% 的股权，张秀兵、万丽莉夫妇合计持有宣亚投资 100% 的股权，本公司实际控制人为张秀兵、万丽莉夫妇。

根据交易对方对宣亚国际四个股东增资或入伙协议的约定，交易对方将分别对宣亚投资、橙色动力、伟岸仲合和金凤银凰进行增资或入伙。增资或入伙完成后，奉佑生、廖洁鸣和侯广凌合计持有宣亚投资 42.0079% 的股权；侯广凌、廖洁鸣和映客常青作为有限合伙人合计持有橙色动力 42.0079% 的出资比例，映客远达、映客欢众作为有限合伙人合计持有伟岸仲合 42.0079% 的出资比例，映客常青和映客远达作为有限合伙人合计持有金凤银凰 42.0079% 的出资比例。

本次交易完成且增资事项完成后，本公司控股股东仍为宣亚投资，宣亚投资仍持有本公司 37.50% 的股权，张秀兵、万丽莉夫妇合计持有宣亚投资 57.9921% 的股权，本公司实际控制人仍为张秀兵、万丽莉夫妇。因此，本次交易前后，本公司控股股东及实际控制人均未发生变化。因此，本次交易不会导致公司控制权的变化，本次交易不构成借壳。

据宣亚国际、蜜莱坞经审计的 2016 年度财务数据和交易价格计算，蜜莱坞资产总额占宣亚国际的 911.74%，资产净额占比为 1529.30%，营业收入占比为 928.01%，均大大超过宣亚国际。

宣亚国际之所以采用这样的结构，完美的规避了证监会关于借壳的限制。第一，实际控制人未发生变化。第二，由于现金交易，按照《上市公司重大资产重组管理办法》规定，不需要证监会审核，仅需要履行披露义务即可。

这样的设计不可谓不完美。当然，最终的结果，由于映客本身的互联网娱乐属性，以及交易规避借壳被过度关注，在舆论以及监管层的巨大压力下，交易最终失败。但是，这种尝试完全是在规则下面进行，具有很强的可操作性。

（3）不更换实际控制人 + 资产注入 + 实际控制人后续减持

例如 2016 年 7 月，上市公司东方通（证券代码：300379）通过非公开发行，收购微智信业 100% 股权，2017 年 10 月，东方通原董事长暨控股股东及实际控制人张齐春，辞去董事长的职务，并选举黄永军，即微智信业原实际控制人为董事长，2018 年 1 月，东方通原控股股东及实际控制人张齐春及其一致行动人，将其持有的所有东方通股权对应的表决权以及提名和提案权委托给黄永军先生行使，黄永军先生通过取得表决权委托的方式获得上市公司的控制权，上市公司实际控制人变更为黄永军。

此外，天广中茂（证券代码：002509）也有类似情况，在重大资产购买后，原实际控制人陆续减持让出了实际控制人地位，间接实现了借壳。

当然，从证监会审核角度看，证监会一般会要求重组交易时大股东和交易对方对控制权不变更事项做出承诺。所以，这种情况发生的概率越来越小了。

3. 新三板借壳

当然，除了上述所列的主板上市公司借壳外，还有一种新三板市场上的借壳在悄然进行。

由于主板壳一般代价巨大，而新三板借壳，壳费相对便宜，一般在几百万元至几千万元不等，且达到了登陆资本市场，获得一定流动性的目的。因此，新三板借壳也一直方兴未艾。

由于新三板借壳交易本身无须履行特别的批准程序，只需要按照控制权转让、重大资产重组以及定增等具体交易环节履行程序即可。因此，新三板的借壳流程更加简单，难度也较低，具体的操作方式上更是灵活多变。

但是，与主板借壳一样，万变不离其宗的是，借壳交易，一定还是（1）取得挂牌公司实际控制权 +（2）剥离原有业务资产 +（3）注入新业务资产——三位一体的一系列交易，交易的核心标的也还是"壳"。

二 借壳交易——为何受伤的总是我

不论是狭义的借壳交易还是广义的借壳交易，失败率都是相当高的。借壳交易从找壳阶段就经过了大浪淘沙，无论是壳方还是标的方均作了大量的筛选。等到双方达成意向，披露了交易，在交易过程中还要接受大众的审视和交易所、证监会的审核。最终，大部分的借壳交易以失败而告终。

借壳交易的失败，使得壳方和标的方都付出了高额的直接和间接成本。更重要的是，随着借壳交易的失败，双方眼睁睁地看着可以乌鸡变凤凰的股票，一夜打回原形，双方都承受了很大的损失。

能否好聚好散、和平分手？如何界定借壳失败的过错？各方如何把损失减少，从对方获得补偿？……这些问题，都是交易各方在交易设计之初以及交易失败后应当考虑的问题。本文接下来就要从案例角度，回应交易各方的关切，指导交易各方保护自己的利益。

第二部分 借壳交易中资产置出的法律问题思考
——以浙江宋都控股有限公司等关联方借壳辽宁 百科集团（控股）股份有限公司系列纠纷①为例

借壳上市涉及多方利益主体，包括上市公司、上市公司大股东、收购人

---

① 本文交易内容和交易数据均搜索自"巨潮资讯网"宋都股份600077公告内容；相关诉讼案件裁判文书均搜索自 Alpha 案例库。

及其关联人、上市公司的社会公众股东、上市公司的债权人及债务人等，不同主体之间需要签订《框架协议》《股权转让协议》《资产置换协议》《发行股份购买资产协议》等法律文本，方案设计复杂、审批程序烦琐，操作过程中会面临内幕信息泄露和内幕交易风险、未获得全部政府部门审批风险、壳公司债务重组失败风险等，即使借壳成功，也可能因为对交易条款的理解不同或违约行为产生争议甚至酿成讼争。浙江宋都控股有限公司（以下简称宋都控股）成功借壳辽宁百科集团（控股）股份有限公司，但交易衍生出多起诉讼，本文以该交易后产生的诉讼为分析样本，探讨借壳交易中资产置换的相关法律问题，了解法院裁判尺度，以期规避资产置换风险，完善交易细节设计。

一　问题提出

本次借壳交易，双方约定借壳方宋都控股等关联方将置换资产返赠给交易对手百科投资，将置出资产置入上市公司子公司，但借壳方未按约定将上市公司持有的子公司股权无偿转让给百科投资，而是转卖他人，导致百科投资接连起诉宋都控股等借壳方。置出资产由于转让给他人，置出资产中的债权债务应由谁来主张和承担，成为系列案件中的焦点。具体法律问题如下。

（1）资产置出的法律性质和交易主体

为了将优质资产置入上市公司，必须将上市公司原来的资产业务剥离，上市公司整体置出资产不同于企业出售资产，也不是公司分立或合并，其交易本质是什么，资产置出的交易主体是股东还是上市公司，厘清这些问题才能正确适用法律及确定违约责任承担主体。

（2）置出资产赠予一方的约定是否有效

取得上市公司整体置出资产后无偿返赠给交易对手，是否违反公司"资本三原则"？是否属于股东非法转移公司财产、侵害公司利益的行为？本次交易中"赠予"的本质是什么？是否可以申请撤销？

（3）置出资产的债权应由谁主张、债务应由谁承担

置出资产的赠予接受方百科投资对置出资产的债权具有求偿权，而通过

交易取得置出资产一方的求偿权应否得到保护？百科投资在取得置出资产账面款和债权的同时，是否应该承担相应债务？

二　宋都控股借壳百科集团交易简介

宋都基业投资股份有限公司① （股票代码：600077） 前身系辽宁百科集团 （控股） 股份有限公司 （以下简称百科集团）。2009 年 12 月 15 日，浙江宋都控股有限公司、深圳市平安置业投资有限公司 （以下简称平安置业）、郭轶娟与百科投资管理集团有限公司 （以下简称百科投资） 签订《关于重组辽宁百科集团 （控股） 股份有限公司框架协议》 （以下简称《框架协议》）、《资产置换及发行股份购买资产协议》，由宋都控股、平安置业和郭轶娟控制的宋都集团借壳上市，总体方案为：

（1） 百科投资与宋都控股签订《股权转让协议》，宋都控股受让百科投资持有百科集团 17.53% 即 27896521 股股份，支付对价 3 亿元，宋都控股成为百科集团股东。

（2）《股权转让协议》签订后，百科集团原董事会成员集体辞职，百科集团改选董事会，宋都控股提名人选成为百科集团董事会组成人员，公司控制权发生变更。

（3） 百科集团实施重大资产置换。百科集团以截至评估基准日 2009 年 12 月 31 日合法拥有的全部资产和负债 （置出资产 291305290 元） 与宋都控股、平安置业和郭轶娟所合计持有宋都集团 100% 的股权 （3550937063 元） 进行置换，百科集团还需向宋都控股、平安置业和郭轶娟补足差额 3259631773 元。

（4） 百科集团非公开发行股份。百科集团拟向宋都控股、平安置业和郭轶娟以非公开发行股份的方式支付上述差额，宋都控股、平安置业和郭轶

---

① 因借壳成功，上市公司辽宁百科集团 （控股） 股份有限公司变更为浙江宋都基业投资股份有限公司，本文中 "上市公司" "百科集团" 和 "宋都基业" 均为同一主体。为方便行文和理解，在借壳交易过程中 （叙述语境下） 简称 "百科集团"，在诉讼过程中 （诉讼语境下） 简称 "宋都基业"。

娟按各自在宋都集团的持股比例认购股份。置换资产差额 3259631773 元，按照发行股票价格 8.63 元/股计算，发行股份数量 377709359 股，其中分别向宋都控股、平安置业、郭轶娟发行 271950738 股、75541872 股、30216749 股。其他流通股 131221896 股。

（5）将上市公司资产置出。本次借壳交易中，百科集团和宋都控股、平安置业、郭轶娟约定，百科集团置出资产由宋都控股、平安置业、郭轶娟或其指定的第三方接收，同时约定百科集团成立全资子公司辽宁百科板材有限公司（以下简称百科板材），百科集团拟置出资产置入百科板材。百科板材的经营由上市公司现有经营团队负责，新任上市公司董事会不得干涉百科板材经营事项。

本次交易完成后，百科集团主营业务将由钢铁物流转变为房地产。宋都控股持有百科集团股权比例 55.86%，成为百科集团大股东，俞建午先生持有宋都控股 72% 的股权，为百科集团实际控制人。平安置业持 14.07% 股权，郭轶娟持 5.63% 股权，其他流通股东持 24.44% 股权，宋都集团成为百科集团全资子公司。2011 年 12 月 22 日经工商部门核准，百科集团名称变更为宋都基业投资股份有限公司（以下简称宋都基业）。

本次交易股权架构示意如图 1 所示。

三　本次交易符合借壳上市标准

本次交易发生在 2009 年，适用 2008 年 4 月 16 日发布的《上市公司重大资产重组管理办法》（第 53 号令），以现在适用的《上市公司重大资产重组管理办法》（第 127 号令）（以下简称《重组办法》）衡量，仍属于典型的"借壳上市"，其交易步骤分为股权转让、改组董事会取得控制权、资产置换变更主营业务等。

《重组办法》三次修订表如表 2 所示。

（1）控制权发生变更。2010 年 3 月 19 日，百科集团 2009 年度股东大会通过《关于提前进行董事会、监事会成员换届选举的议案》，选举俞建午等 4 名董事和 3 名独立董事组成董事会，百科集团控制权变更。

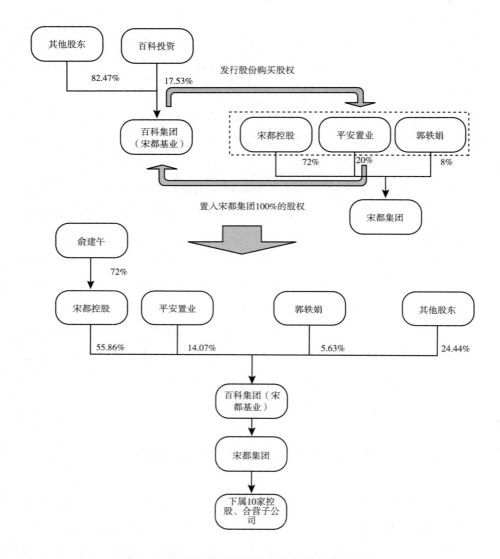

图 1 宋都控股借壳百科集团交易股权架构示意

资料来源：根据上市公司公告资料绘制。

（2）注入资产的资产总额达到上市公司控制权发生变更前一会计年度期末资产总额的 100%。是否构成借壳重组，除了满足《重组办法》第 11 条的一般性要求以及第 43 条有关发行股份购买资产的一般性要求之外，还需满足《重组办法》第 13 条有关"借壳重组"的标准：在本次交易中，上

表 2　重组办法修订表

发布日期	施行日期	文件名称	令号
2008 年 4 月 16 日	2008 年 5 月 18 日	《上市公司重大资产重组管理办法》	第 53 号令
2011 年 4 月 27 日	2011 年 9 月 1 日	《关于修改上市公司重大资产重组与配套融资相关规定的决定》	第 73 号令
2014 年 10 月 23 日	2014 年 11 月 23 日	《上市公司重大资产重组管理办法》	第 109 号令
2016 年 9 月 8 日	2016 年 9 月 8 日	《上市公司重大资产重组管理办法》	第 127 号令

市公司购买资产为宋都集团 100% 股权，宋都集团的资产总额为 3550937063 元，而百科集团最近一个会计年度，即 2009 年度经审计的合并财务会计报告期末资产总额为 55730.59 万元，注入资产总额 3550937063 元与 2009 年度百科集团期末资产总额 55730.59 万元之比为 637%，该比例不仅满足《重组办法》第 12 条第 1 款第 （一） 项 "购买、出售的资产总额占上市公司最近一个会计年度经审计的合并财务会计报告期末资产总额的比例达到 50% 以上" 的条件，构成重大资产重组，同时满足《重组办法》第 13 条第 1 款第 （一） 项 "购买的资产总额占上市公司控制权发生变更的前一个会计年度经审计的合并财务会计报告期末资产总额的比例达到 100% 以上" 的条件，因此该交易满足借壳资产注入比例的要求。

（3） 符合 "累计首次" 原则。为防止相关方规避监管，化整为零，将控制权变更、购买资产行为分为多次完成，2001 年《证券期货法律适用意见第 12 号》明确要求执行 "累计首次" 原则，即按照上市公司控制权发生变更之日起，上市公司在重大资产重组中累计向收购人购买的资产总额（含上市公司控制权变更的同时，上市公司向收购人购买资产的交易行为），占控制权发生变更的前一个会计年度经审计的合并财务会计报告期末资产总额的比例累计首次达到 100% 以上，防止化整为零，规避监管，但弊端在于没有规定控制权变化到购买资产的时间跨度多长，因此造成资产注入规模不大的交易也构成借壳，阻碍了资源要素的整合。第 127 号令确定交易跨度从上市公司控制权发生变更之日起 60 个月内若构成重大资产重组，应当报经证监会核准，60 个月后则不需要报经核准。

（4） 交易资产符合条件。本次交易发生在 2009 年 12 月，2008 年 4 月

16 日发布的《上市公司重大资产重组管理办法》（第 53 号令），还没有对上市公司购买的资产对应的经营实体有具体要求。2011 年 4 月 27 日，证监会发布《关于修改上市公司重大资产重组与配套融资相关规定的决定》（第73 号令），要求上市公司购买的资产对应的经营实体持续经营时间应当在 3年以上，最近两个会计年度净利润均为正数且累计超过 2000 万元，该决定自 2011 年 9 月 1 日起施行。本次交易发生在 2011 年，2011 年 8 月 19 日，中国证监会上市公司并购重组委员会审核本次交易时，仍适用第 53 号令，故没有存续期满 3 年和利润达到 2000 万元审核要求。如果交易发生在 2011年 9 月 1 日后，则宋都集团需持续经营 3 年以上，利润 2000 万元以上。2014 年 11 月 23 日起施行的《上市公司重大资产重组管理办法》（第 109 号令）和 2016 年 9 月 8 日起施行的证监会关于修改《上市公司重大资产重组管理办法》的决定（第 127 号令）将购买的资产对应的经营实体提高标准，要求购买的经营实体应当符合《首次公开发行股票并上市管理办法》规定的其他发行条件，也就是说，标的资产——宋都集团要符合 IPO 的条件。

从上述四个方面考察，本次交易构成借壳上市。本次交易环节不可谓不严密，然而本次交易借壳成功后衍生出十多起诉讼，多起案件经过最高人民法院再审。

四　系列诉讼综述及裁判要点

交易中，宋都控股、郭轶娟向百科投资出具《承诺函》，同意将本次交易中上市公司拟置出资产无偿赠予百科投资。宋都控股和郭轶娟同时保证平安置业同意将拟置出资产无偿赠予百科投资，如平安置业有不同意见，宋都控股和郭轶娟承诺将采取受让等方式取得平安置业的份额，并无偿赠予百科投资。

上市公司置出资产留存账面款 29706600.71 元，对通化钢铁股份有限公司（以下简称通化钢铁）拥有债权数额 2771287.37 元，对本钢板材股份有限公司（以下简称本钢板材）拥有债权 4189536.146 万元。

2010 年 12 月 29 日，百科集团将百科板材的出资份额以 500 万元卖给杭州崇和企业管理有限公司（以下简称杭州崇和）。

2011 年 10 月 22 日，百科集团与宋都控股、平安置业、郭轶娟签订《资产交割确认书》，百科集团将拟置出资产（包括拟置出资产相关的全部资产、负债、权益、业务等）交付给杭州崇和，百科集团为此在《辽宁日报》刊登公告债权转移事项，并邮寄送达相关债务人。

双方约定将置出资产置入百科板材，同时宋都控股和郭轶娟承诺将置出资产赠送给百科投资。百科集团置出资产实际置入杭州崇和（见图 2）。

本次借壳成功，但基于上述交易行为产生多起诉讼，具体案件如表① 3 所示。

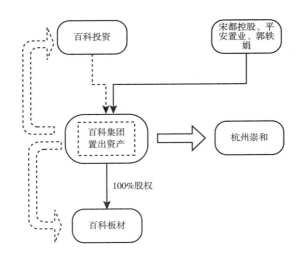

图 2　百科集团置出资产示意图

资料来源：笔者根据"巨潮资讯网"宋都控股公告内容绘制。

1. 百科投资与宋都控股、平安置业、郭轶娟、宋都集团和宋都基业与公司有关的纠纷

百科投资起诉宋都控股、平安置业、郭轶娟、宋都集团和宋都基业：因宋都控股和郭轶娟《承诺函》承诺将置出资产赠送给百科投资，置出资产对通化钢铁拥有 2771287.37 元债权，要求被告共同给付该数额的债权款。

---

① 本表未囊括本次借壳交易产生的所有案件，仅为在 alpha 案例库中可以查询到判决的案件，如最高人民法院（2013）民提字第 192 号民事判决书，辽宁省高级人民法院（2012）辽民二终字第 144 号判决书中提到的（2011）沈中民三终字第 595 号、第 672 号判决书均未查询到。

表 3　宋都控股股壳百科集团系列纠纷案

序号案由	原告	被告	诉讼请求	一审法院	裁判结果	二审法院	裁判结果	申请再审法院及结果	再审法院及结果
1. 与公司有关的纠纷	百科投资	宋都控股、平安置业、郭铁娟、宋都集团和宋都基业	赔偿百科科技对通化钢铁债权损失人民币2771287.37元	沈阳市和平区人民法院(2012)沈和民三初字第00067号民事判决	一、宋都控股、平安置业、郭铁娟、宋都集团赔偿2771287.37元；二、驳回原告其他诉讼请求	沈阳市中级人民法院(2013)沈中民三终字第00603号改判	宋都控股、郭铁娟共同赔偿债权损失2771287.37元	—	—
2. 与公司有关的纠纷	百科投资	宋都控股、平安置业、郭铁娟、宋都集团和宋都基业	给付百科留在上市公司账面款2970600.71元	沈阳市中级人民法院(2011)沈中民三初字第110号民事判决	一、宋都控股、郭铁娟给付百科投资账面存款2499568.79元；二、宋都控股、郭铁娟给百科付利息；三、驳回百科投资的其他诉讼请求	辽宁省高级人民法院(2015)辽民三终字第00006号民事判决	驳回上诉，维持原判	最高人民法院(2015)民申字第2121号民事裁定：驳回宋都控股、郭铁娟的再审申请	—
3. 与公司有关的纠纷	百科投资	宋都基业、宋都控股、平安置业、郭铁娟、宋都集团	一共同赔偿宋都基业对本钢板材的785.857808万元债权损失；二、宋都基业承担连带责任	沈阳市中级人民法院(2012)沈中民三初字第43号民事判决	宋都控股、平安置业、郭铁娟赔偿宋都集团损失785.857808万元；驳回各方其他诉讼请求	辽宁省高级人民法院(2012)辽民三终字第143号民事判决	驳回上诉，维持原判	最高人民法院(2013)民申字第1165号股权纠纷再审民事裁定书：提审	最高人民法院(2014)民提字第6号民事判决：一、撤销辽宁省高级人民法院(2012)辽民三终字第143号；人民法院(2012)沈中民三初字第43号民事判决；三、宋都控股、郭铁娟于本判决生效之日起10日内共同赔偿百科投资损失765.236734万元；三、驳回百科投资其他诉讼请求

续表

序号案由	原告	被告	诉讼请求	一审法院	裁判结果	二审法院	裁判结果	申请再审法院及结果	再审法院及结果
4. 股权转让纠纷	百科投资	宋都控股、平安置业、鄂铁娟、宋都集团、宋都基业	宋都控股、平安置业、鄂铁娟、宋都集团赔偿其损失人民币500万元，宋都基业对上述损失承担连带责任	沈阳市中级人民法院（2012）沈中民三初字第44号民事判决	一、宋都控股、平安置业、鄂铁娟、宋都集团赔偿百科投资损失人民币500万元；二、驳回各方其他诉讼请求	辽宁省高级人民法院（2012）辽民二终字第144号民事判决	驳回上诉，维持原判	最高人民法院（2013）民申字第375号民事审查民事裁定	最高人民法院（2013）民提字第192号民事判决：一、撤销辽宁省高级人民法院（2012）辽民二终字第144号民事判决；二、变更辽宁省沈阳市中级人民法院（2012）沈中民三初字第44号民事判决第一项为：宋都控股、鄂铁娟于本判决生效之日起10日内共同赔偿百科投资损失500万元；变更该判决第二项为：驳回百科投资第二项其他投资诉讼请求
5. 股权转让纠纷	百科投资	宋都控股、宋都基业	支付购买股票欠款人民币5000万元及违约金、宋都基业承担连带责任	辽宁省高级人民法院（2011）辽民二初字第34号民事判决	一、宋都控股给付百科投资股权转让款5000万元；二、驳回百科投资的其他诉讼请求	最高人民法院（2013）民二终字第26号民事判决	一、撤销辽宁省高级人民法院（2011）辽民二初字第34号民事判决；二、驳回百科投资的诉讼请求	最高人民法院（2013）民申字第1211号民事再审审查裁定：驳回百科投资的再审申请	—

续表

序号案由	原告	被告	诉讼请求	一审法院	裁判结果	二审法院	裁判结果	申请再审法院及结果	再审法院及结果
6. 债权转让合同纠纷	杭州崇和	通化钢铁	因宋都基业对通化钢铁的债权转移给杭州崇和,通化钢铁对宋都基业的2771287.37元欠款应支付给原告	通化市二道江区人民法院作出(2015)二钢民初字第161号民事判决	债权转让未能通知通化钢铁,驳回债务人宋都基业支付给原告诉讼请求	通化市中级人民法院(2016)吉05民终字第113号民事判决	驳回上诉,维持原判	—	—
7. 债权转让合同纠纷	杭州崇和	鞍钢公司、宋都基业	因宋都基业对鞍钢公司的债权转移给杭州崇和,鞍钢公司对宋都基业的1232127.98元欠款应支付给原告	杭州市江干区人民法院(2016)浙0104民初字第5798号民事判决	鞍钢公司偿付欠款1232127.98元,驳回其他诉讼请求	—	—	—	—
8. 买卖合同纠纷	大连加中	宋都基业	原告已出函同意置换债务由置出资产承接方宋承担,要求偿付钢材货款9973750.29元	沈阳市中级人民法院(2013)沈中民三初字第35号民事判决	因同意函未明确资产接收方,被告返还原告钢材货款9973750.29元	—	—	—	—

沈阳市和平区人民法院做出（2012）沈和民三初字第 00067 号民事判决：一、宋都控股、平安置业、郭轶娟、宋都集团共同赔偿原告损失人民币 2771287.37 元；二、驳回原告其他诉讼请求。

该案上诉至沈阳市中级人民法院，沈阳市中级人民法院认为，宋都控股、郭轶娟对百科投资做出的关于置出资产处置的承诺是其真实意思表示，符合法律规定，承诺有效，宋都控股和郭轶娟应履行其承诺。平安置业并没有对《承诺函》进行签字确认，宋都集团也不是出具《承诺函》的主体，宋都基业承担连带责任没有事实和法律依据，故平安置业、宋都集团、宋都基业不承担责任。作出（2013）沈中民三终字第 00603 号判决：一、撤销沈阳市和平区人民法院（2012）沈和民三初字第 00067 号民事判决第二项；二、变更沈阳市和平区人民法院（2012）沈和民三初字第 00067 号民事判决第一项为"宋都控股、郭轶娟于本判决生效之日起 10 日内共同赔偿百科投资债权损失人民币 2771287.37 元"；三、驳回百科投资的其他诉讼请求。

2. 百科投资与宋都控股、平安置业、郭轶娟、宋都集团和宋都基业与公司有关的纠纷

百科投资起诉宋都控股、平安置业、郭轶娟、宋都集团和宋都基业，根据《承诺函》，置出资产账面存款为 29706600.71 元，应由被告支付给原告。

宋都控股、郭轶娟认为，百科投资主张的现金在交割日之前已经实际用于归还置出资产范围内债务，现金均基本偿付完毕，至今仍有与置出资产有关的巨额债务尚未清偿。

沈阳市中级人民法院认为，宋都控股、郭轶娟对百科投资做出的关于置出资产处置的承诺是其真实意思表示，应履行其承诺。置出资产在重组前属宋都基业所有，重组后，置出资产应属宋都控股、郭轶娟、平安置业所有。百科投资留存在上市公司的账面款属置出资产，宋都控股、郭轶娟应交付给百科投资。平安置业并没有对《承诺函》进行签字确认，宋都集团也不是出具《承诺函》的主体。做出（2011）沈中民三初字第 110 号民事判决：一、宋都控股、郭轶娟于本判决生效后 10 日内共同给付百科投资账面存款人民币 24495668.79 元；二、宋都控股、郭轶娟按中国人民银行同期贷款利率给付百科投资利息；三、驳回百科投资的其他诉讼请求。

百科投资、宋都控股和郭轶娟向辽宁省高级人民法院提起上诉。

二审法院认为，拟置出资产系指上市公司拟置出的全部资产及负债，上市公司必须保证拟置出资产交割给宋都控股、平安置业、郭轶娟或其指定的第三方。《承诺函》载明，置出资产无偿赠予给百科投资。《资产置换及发行股份购买资产协议》及《承诺函》均为各方当事人的真实意思表示，故宋都控股、郭轶娟在取得拟置出资产所有权后，应按照其承诺履行将拟置出资产无偿赠予百科投资的义务。该承诺不同于合同法意义上的赠予，不能任意撤销。平安置业不是《承诺函》的出具主体，虽然是《资产置换及发行股份购买资产协议》的签约主体，但百科投资并不是《资产置换及发行股份购买资产协议》的签约主体；宋都集团不是《资产置换及发行股份购买资产协议》《承诺函》的签约主体；宋都基业虽然是《资产置换及发行股份购买资产协议》的签约主体，但百科投资并不是该协议的签约主体，且宋都基业亦不是《承诺函》的出具主体，故三者均不承担责任。

拟置出资产是指上市公司拟置出的全部资产及负债，拟置出资产评估报告载明，净资产账面评估价值为291305290.99元，货币资金账面价值为125111511.45元，包括银行存款评估值为81256885.39元。故拟置出资产的范围和价值在《资产置换及发行股份购买资产协议》各方当事人约定的实际交割日交割置出资产时，该价值不得减损。辽宁高院做出（2015）辽民二终字第00006号民事判决：驳回上诉，维持原判。

宋都控股与郭轶娟不服，向最高人民法院申请再审，最高人民法院做出（2015）民申字第2121号民事裁定：驳回宋都控股、郭轶娟的再审申请。

3. 百科投资与宋都基业、宋都控股、平安置业、郭轶娟和宋都集团与公司有关的纠纷

百科投资起诉宋都基业、宋都控股、平安置业、郭轶娟和宋都集团，共同承担赔偿置出资产对本钢板材拥有的785.857808万元债权损失。

沈阳市中级人民法院做出（2012）沈中民三初字第43号民事判决：一、宋都控股、平安置业、郭轶娟及宋都集团于该判决生效之日起10日内共同赔偿百科投资损失785.857808万元；二、驳回各方其他诉讼请求。

百科投资、宋都控股、平安置业、郭轶娟、宋都集团均不服，提起上诉。

辽宁省高级人民法院认为：宋都控股、郭轶娟、平安置业作为宋都基业的控股股东，明知百科板材系承接上市公司拟置出资产的标的公司，却促使宋都基业将百科板材拍卖给杭州崇和，并会同宋都基业将置出资产转移给杭州崇和；宋都集团未依《框架协议》约定，将置出资产无偿返还给百科投资，均属资产重组项下的重大违约行为。因此，四上诉人应向百科投资共同承担违约赔偿责任，辽宁省高级人民法院做出（2012）辽民二终字第143号民事判决：驳回上诉，维持原判。

宋都控股、宋都集团、宋都基业、郭轶娟、平安置业不服二审判决，向最高人民法院申请再审。最高人民法院做出（2013）民申字第1165号股权纠纷再审审查民事裁定书：提审本案。

最高人民法院认为，根据《承诺函》的约定，宋都控股、郭轶娟应在交割日向百科投资交付置出资产，但宋都控股、郭轶娟违反约定，在交割日将本应交付百科投资的包含该笔债权在内的置出资产交付案外人杭州崇和。该笔债权被交付杭州崇和后，必然导致百科投资因无法主张该笔债权而遭受相应的损失。最高人民法院做出（2014）民提字第6号民事判决：一、撤销辽宁省高级人民法院（2012）辽民二终字第143号、辽宁省沈阳市中级人民法院（2012）沈中民三初字第43号民事判决；二、宋都控股、郭轶娟于本判决生效之日起10日内共同赔偿百科投资损失765.236734万元；三、驳回百科投资其他诉讼请求。

4.百科投资与宋都控股、平安置业、郭轶娟、宋都集团和宋都基业股权转让纠纷

百科投资以宋都基业将其全资子公司百科板材的出资份额以500万元拍卖给杭州崇和为由，起诉要求宋都控股、平安置业、郭轶娟、宋都集团共同赔偿其损失人民币500万元，宋都基业承担连带责任。

沈阳市中级人民法院认为，宋都集团、宋都控投、平安置业、郭轶娟及其控制下的上市公司应该按照约定将百科板材的出资份额全部无偿转让给百科投资，现宋都控股、平安置业、郭轶娟及宋都集团未按照约定移交百科板材的经营权，且该公司的出资份额已由上市公司转卖他人，故宋都控股、平安置业、郭轶娟及宋都集团应当承担违约赔偿责任。百科板材承担连带责任

无法律依据。做出（2012）沈中民三初字第 44 号民事判决：一、被告宋都控股、平安置业、郭轶娟及宋都集团共同赔偿百科投资损失人民币 500 万元；二、驳回各方其他诉讼请求。

宋都控股、平安置业、郭轶娟、宋都集团提起上诉。辽宁省高级人民法院认为，四方上诉人与百科投资在完成上市公司资产重组过程中所签订的一系列协议合法有效，四方上诉人违反约定，导致重组后的上市公司擅自处分百科板材，给百科投资造成损失，应共同承担赔偿责任。做出（2012）辽民二终字第 144 号民事判决，驳回上诉，维持原判。

宋都控股、平安置业、郭轶娟、宋都集团、宋都基业向最高人民法院申请再审，最高人民法院做出（2013）民申字第 375 号再审审查民事裁定，提审本案。最高人民法院经审理做出（2013）民提字第 192 号民事判决：一、撤销辽宁省高级人民法院（2012）辽民二终字第 144 号民事判决；二、变更辽宁省沈阳市中级人民法院（2012）沈中民三初字第 44 号民事判决第一项为：宋都控股、郭轶娟于本判决生效之日起 10 日内共同赔偿百科投资损失 500 万元；变更该判决第二项为：驳回百科投资其他诉讼请求。

5. 百科投资与宋都控股、宋都基业股权转让纠纷

百科投资起诉宋都控股欠 5000 万元购股款，宋都基业承担连带责任。辽宁省高级人民法院认为，宋都控股对百科投资未将解押后的土地抵押给宋都基业的事实是接受并认可的，所以，百科投资未有在先义务未履行，宋都控股也不具有先履行抗辩权。故宋都控股应履行给付百科投资剩余的 5000 万元股权转让款。

辽宁省高级人民法院做出（2011）辽民二初字第 34 号民事判决：一、宋都控股于该判决生效之日起十五日内给付百科投资股权转让款人民币 5000 万元；二、驳回百科投资的其他诉讼请求。

宋都控股、宋都基业向最高人民法院上诉。最高人民法院认为，宋都控股因何支付该 5000 万元，在没有其他证据的情况下，推定其放弃了该 5000 万元部分的先履行抗辩权，并进而推定其亦放弃了尚未支付 5000 万元的先履行抗辩权显属不当。宋都控股在本案中主张先履行抗辩权，表明宋都控股并未放弃其尚未支付的 5000 万元股权转让款的先履行抗辩权。《保证合同》

约定，百科投资和潘广超的保证范围为《资产置换及发行股份购买资产协议》约定的应由宋都基业承担的宋都基业未披露负债和或有负债等所产生的责任。抵押是百科投资及潘广超履行《保证合同》的担保形式之一。宋都控股主张先履行抗辩权有合同及法律依据，其并未放弃先履行抗辩权，百科投资拒不履行其在先合同义务的理由不能成立，故宋都控股主张先履行抗辩权应予支持，百科投资关于宋都控股、宋都基业连带向其支付 5000 万元欠款及违约金的主张没有事实和法律依据。最高人民法院做出（2013）民二终字第 26 号民事判决：一、撤销辽宁省高级人民法院（2011）辽民二初字第 34 号民事判决；二、驳回百科投资的诉讼请求。

百科投资向最高人民法院申请再审，最高人民法院（2013）民申字第 1211 号再审审查民事裁定：驳回百科投资的再审申请。

6. 杭州崇和与通化钢铁债权转让合同纠纷

杭州崇和起诉通化钢铁，因宋都基业对通化钢铁的债权转移给杭州崇和，通化钢铁对宋都基业的 2771287.37 元欠款应支付给原告，通化市二道江区人民法院做出（2015）二钢民初字第 161 号民事判决，认为：杭州崇和主张公告即对债务人发生法律效力，无法律依据。杭州崇和提供的邮寄单收寄人、收件人签字处为空白并不能证明宋都基业函告通化钢铁的邮件寄给了通化钢铁，故现有证据不能证明双方的债务转让已经通知债务人，对债务人通化钢铁不发生法律效力，驳回诉讼请求。杭州崇和上诉，通化市中级人民法院（2016）吉 05 民终字第 113 号民事判决，驳回上诉，维持原判。

7. 杭州崇和与鞍钢公司、宋都基业债权转让合同纠纷

杭州崇和起诉鞍钢公司、宋都基业，因宋都基业对鞍钢公司的债权转移给杭州崇和，要求二被告支付鞍钢公司对宋都基业的 1232127.98 元欠款。杭州市江干区人民法院做出（2016）浙 0104 民初字第 5798 号民事判决：鞍钢公司偿付欠款 1232127.98 元，驳回原告其他诉讼请求。

8. 大连加中与宋都基业买卖合同纠纷

大连加中起诉宋都基业，要求偿付宋都基业前身百科集团欠付的钢材货款 9973750.29 元。沈阳市中级人民法院作出（2013）沈中民三初字第 35 号民事判决，被告返还原告钢材货款 9973750.29 元。

五 对系列诉讼案件的法律分析①

本次借壳交易主体出卖方是百科投资，购买方是宋都控股、平安置业和郭轶娟，标的物是上市公司净壳资源——宋都基业前身百科集团上市资格。借壳是由多个交易组合而成，属于集合交易。《框架协议》统领《股权转让协议》《资产置换及发行股份购买资产协议》《关于资产置出工作的补充协议》《保证合同》《承诺函》等各项协议（以下简称其他协议）。其他协议设定不同阶段各主体间的权利义务，每一个具体协议履行完毕，则达到《框架协议》的最终目的。《框架协议》与其他协议是不可分离的有机整体，各具体协议的权利义务均是为《框架协议》服务的，不因各签约主体在后续阶段各个具体协议的履行而否认《框架协议》的效力存续。

本次交易文本、签约主体和交易客体如表4所示。

1. 资产置出的法律性质和本次交易的主体

资产置出本质上是营业转让，与股权转让、转投资以及合并、分立一样，都是法律为商事主体调整经营所提供的制度工具。营业转让是指一个经营实体将其生产要素组合作为一个有机整体转让的行为，营业的外延要远远宽于财产，不仅包括营业资产，也包括经营关系；不仅包括资产，也包括负债。② 我国虽然没有"营业转让"的法律规定，但在《企业破产法》和《反垄断法》中提到营业转让。《企业破产法》第69条第1款第（三）项规定，管理人实施"全部库存或者营业的转让"，应当及时报告债权人委员会；《反垄断法》第48条规定："经营者违反本法规定实施集中的，由国务院反垄断执法机构责令停止实施集中、限期处分股份或者资产、限期转让营业以及采取其他必要措施恢复到集中前的状态……"国家体改委等四部委

---

① 关于百科投资起诉宋都控股欠5000万元购股款案，其裁判要旨和分析详见最高人民法院民事审判第二庭编《最高人民法院商事审判指导案例（2014）》（中国民主法制出版社，2015，第46~58页），本文不再赘述。

② 参见郑杰《并购重组视野下的营业转让及其法律规制需求》，《金融法苑》2014年第1期；王文胜《论营业转让的界定与规制》，《法学家》2012年第4期；郭亚丽《"金蝉"不再"脱壳"——论营业转让中债权人的利益保护》，《河北法学》2012年第2期。

于 1989 年颁布的《关于企业兼并的暂行办法》中就规定了企业兼并的主要形式，其中购买式即"兼并方出资购买被兼并方企业的资产"属于营业转让的典型情形之一。

表 4　借壳系列交易

交易文本		签约主体	交易客体	交易标的	交易对价
《框架协议》		百科投资—宋都控股、平安置业、郭轶娟	百科集团的"净壳"（上市资格）	百科投资给付"净壳"（加控制权）	
《股权转让协议》		百科投资—宋都控股	百科集团股权	百科投资支付百科集团 17.53% 股权即 27896521 股股份	宋都控股支付 3 亿元
《资产置换及发行股份购买资产协议》	资产置换	百科投资—宋都控股、平安置业、郭轶娟	百科集团的资产（净资产）与宋都集团股权	百科集团净资产 291305290 元	宋都控股、平安置业和郭轶娟所合计持有的宋都集团价值 291305290 元的股权
	发行股份	百科投资—宋都控股、平安置业、郭轶娟	百科集团的股票与宋都集团股权	百科集团发行股票 377709359 股，价值 3259631773 元	宋都控股、平安置业和郭轶娟所合计持有宋都集团 100% 股权（3550937063 元）差额部分 3259631773 元

资料来源："巨潮资讯网"宋都控股 2010 年 4 月公告《收购报告书》。

营业转让合同是出让人将其对营业财产的权利转移给受让人，受让人支付价款的合同。营业转让合同属于无名合同，除了交易客体的特殊性外，在权利义务的法律适用上与买卖合同相同。

公司是企业法人，有独立的法人财产，享有法人财产权，而公司的股东对公司所享有的权益通过股权行使，股东所能转让的只能是股权，企业所能转让的则是企业的财产。我国法律实践上的"营业转让"，是企业的投资人对企业所享有权益的转让，还是企业营业财产的转让，即出让主体是股东还是公司？无论我国还是日本学者，都认为营业转让既包括公司取得对价也包括股东取得对价的情形。①

本次交易中的营业转让交易主体是百科集团还是百科投资？从表面上看交易客体是百科集团的资产，属于资产交易，实质上营业转让不同于一般的资产交易，交易主体可以是营业所在公司的股东，营业整体置出，置出资产由于其生产要素组合（资产、负债、人员、业务）与公司法人格脱离，营业的权利主体发生变化，已经不是完全意义上的公司法人财产，而是公司股东将该部分营业作为对价做出交换，因此公司本身不是交易一方，交易主体应是营业公司的股东。本次交易营业转让是百科投资与宋都控股、平安置业、郭轶娟之间的交易，营业转让取得对价的主体是百科投资（股东）而不是百科集团（公司）。宋都控股和郭轶娟承诺将置换所得的资产再返还（赠送）给百科投资的意思表示，恰恰证明置出资产的主体并不是百科集团，而是百科投资。

宋都集团和上市公司在交易中的地位并不是交易主体。宋都集团的股权系交易对价支付方式，交易完成宋都集团成为上市公司的全资子公司，其地产业务将置入上市公司，是间接交易客体，而百科集团的上市资格和控制权（壳）系直接交易客体，二者均不是壳交易的交易主体。只有确定了交易主体后，才能厘清责任承担主体。由此，在基于《承诺函》要求支付账面款项和债权的三个案件中，百科投资起诉的都是宋都控股、平安置业、郭轶娟、宋都集团和宋都基业五个被告，但沈阳市中级人民法院（2013）沈中民三终字第 00603 号判决、辽宁省高级人民法院（2015）辽民二终字第00006 号判决和最高人民法院（2014）民提字第 6 号判决最终认定的责任承担主体只有宋都控股和郭轶娟，而将作为交易客体的宋都基业和宋都集团排除在外。由于《承诺函》没有平安置业的签章，根据合同相对性原则，平安置业得以在系列诉讼中免除向百科投资支付置出资产账面资金和相关债权的责任。

从上述判决可以看出，法院最终的判决结果均判令宋都控股和郭轶娟承担赔偿责任，系从交易主体和承诺主体两方面考量的结果。

---

① 〔日〕刘小勇：《国外营业转让规制及其在我国的引入》，《山东大学学报》2010 年第 2 期。

2. 置出资产赠予一方的约定是否有效

本次交易中，双方约定置出资产不属转让范围，这种约定是否有效呢？众所周知，股权转让合同中处分公司财产的条款无效，"这种处分公司资金、实物及无形资产的约定违反了法律的强制性规定，应属无效。股权转让合同中关于公司的某项资产归属一方当事人的约定，正是属于股东非法转移公司财产、侵害公司利益的行为。如果允许这一行为存在，就会侵害公司的法人财产，影响公司的对外偿债能力，动摇公司的独立法人地位，造成债权人及其他股东的损失。同时这种行为也属于违反社会基本商业道德、破坏市场公平秩序的行为。因此，这样的约定违反了公司法中的强制性规范，根据《合同法》第 52 条第（5）项之规定，应属无效。"①

不同于股权转让交易中股东处分公司资产，借壳交易中上市公司资产置出是为了优质资产的置入，这是购买上市公司净壳的商业目的所在；再则资产置入并没有导致公司净资产的减少；最后，这种交易安排并没有损害公司和债权人利益。因此，股东整体处分公司经营并不违反公司资本确定、资本维持和资本不变原则，应属有效约定。

通过交换，将本属于自己的置出资产又返赠给交易对手，宋都控股和郭轶娟向百科投资出具了《承诺函》，承诺赠予的真实意思表示是什么？

通过表 4 可以看出，《框架协议》约定百科投资交付宋都控股、平安置业和郭轶娟上市公司的"净壳"（上市资格加控制权），但没有约定交易对方给付"壳费"的对价。在此类借壳交易中，一般都有壳费的价格，壳费的支付手段包括低价或免费向原大股东转让置出资产、溢价收购、股份转赠等方式。本次交易中宋都控股和郭轶娟向百科投资承诺：将本次交易中的拟置出资产无偿赠予百科投资，该承诺实质是购壳一方支付壳费的意愿表达，该赠予是变相支付壳费的一种方式。正如最高人民法院（2015）民申字第 2121 号民事裁定认为："《承诺函》作为宋都控股、郭轶娟的真实意思表示，涉及对置出资产的处置，系当事人在《股权转让协议》之外对实体权利的

---

① 吕红兵、尹秀超、李继泉、吴春岐编著《公司法适用疑难问题通览——法律原理观点实例及依据》，人民法院出版社，2013。

处分达成的合意，此《承诺函》名为无偿赠予，实是双方当事人经协商达成的商业交易对价，故该承诺不同于合同法上的赠予，不能任意撤销。"该判决虽没有直接认定赠予置出资产系支付壳费的对价，实际也认为是双方当事人经协商达成的商业交易对价。因此，该赠予不同于一般民事赠予，是有商业意义的对价支付方式。是双方的合意，是宋都控股、平安置业和郭轶娟取得净壳的对价，也可以说是对出让方的补偿，没有损害国家、集体、第三人利益，也没有违反法律、行政法规的强制性规定，因此该承诺是有效承诺。

《承诺函》所涉置出资产赠予百科投资的效力问题，沈阳市中级人民法院、辽宁省高级人民法院和最高人民法院均认定赠予有效。

从上述案件中各级法院的态度可以看出，不同于股权转让中对标的公司的资产处分，在借壳交易中，法院是认可股东间对标的资产整体处分的，并对壳交易支付对价的方式采取开放的态度，只要不违反法律规定，均认可有效。

3. 百科投资诉讼请求应为上市公司账面款的等额款项，而不是留存在上市公司账面的款项

在诉请赔偿上市公司账面款项一案中，百科投资的诉讼请求是判令"宋都基业、宋都控股、郭轶娟、平安置业、宋都集团共同给付百科投资留存在上市公司账面款，并按同期银行贷款利率支付违约金"，该诉请是请求判令对方支付留存在上市公司账面款即 29706600.71 元的款项，还是请求判令对方支付留存在上市公司账面款即 29706600.71 元的等额款项？根据宋都控股和郭轶娟的答辩内容："百科投资主张的现金在交割日之前已经实际用于归还置出资产范围内债务等，例如：归还银行贷款、股票期货投资损失等各种与置出资产有关的债务。现金均基本偿付完毕，根据天健审（2011）5039 号《审计报告》（以下简称《5039 号审计报告》），至 2011 年 9 月 30 日账面货币资金余额只余 41 万余元。原判忽略了置出资产在重组期间的重大变化与本案的标的物有关，至今仍有与置出资产有关的巨额债务尚未清偿。"宋都控股、郭轶娟主张同时履行抗辩权，即主张百科投资要求账面款的同时应该履行债务承担义务。这些抗辩表明，宋都控股和郭轶娟理解原告的诉请为要求支付留存在上市公司的账面款项 29706600.71 元。最高人民法院（2015）民申字第 2121 号民事裁定这样表述："从其诉讼请求来看，百

科投资提起的诉讼为给付之诉，即一方当事人请求法院判令对方当事人履行一定民事义务，而该民事义务指向的对象即为留存账面款29706600.71元及相应违约金。"但该裁定同时指出："依照《资产置换及发行股份购买资产协议》的约定，其数额的认定应当以《83号评估报告》为依据。《83号评估报告》确定拟置出资产的范围和价值后，除非各方当事人对该资产价值另行达成明确约定，否则其已确定状态不得改变。《5039号审计报告》作为对拟置出资产期间的损益进行审计的报告，亦不能产生变更已确定的拟置出资产数额之效力。"该段表述应该理解为要求支付留存账面款29706600.71元的等额款项。

公司的现金资产和负债是流动的，账面款是评估日当日的静态数据，该"资产价值的确定状态不得改变"，以评估日当日的静态数据——留存账面款数额等额的款项作为给付义务，而不是以留存在上市公司的账面款项为给付义务。且诉讼之时，置出资产已经置入新的公司，该置入资产属于公司法人财产，承接方在法律规定范围内享有对置入资产的独占性支配权利，如果理解以"账面款"作为民事义务指向对象，则百科投资应向承接方主张债权，而不应向承诺方主张债权。该案一审法院沈阳市中级人民法院（2011）沈中民三初字第110号民事判决表述为"宋都控股、郭轶娟给付百科投资账面存款29706600.71元"并不准确，而应表述为"宋都控股、郭轶娟给付百科投资账面存款等额款项29706600.71元"。

4. 第三人侵害债权，债权人只能对债务人提起违约之诉

该案百科投资起诉的逻辑是：宋都基业出资500万元成立百科板材，系宋都基业转投资，转投资获得的股权仍然是宋都基业资产的组成部分，该500万元属于宋都基业的财产，是以股权形态表现出来的企业价值。由于该500万元转投资属于宋都基业置出资产的范围，而置出资产已经赠予给百科投资。因此，这500万元出资股权属于百科投资的财产，唯一能实现上述交易安排的做法是：宋都基业将持有百科板材的股权无偿转让给百科投资，由此百科投资可以行使股东对百科板材的法定权利，同时满足赠予置出资产的商业合意。

百科投资起诉宋都控股和郭轶娟，包括平安置业，系根据合同相对性原则。而起诉宋都基业，则类似于第三人侵害债权之诉。宋都基业并没有将持

有的百科板材的股权无偿转让给百科投资，而是转让给了杭州崇和，侵犯了百科投资对置出资产拥有所有权的期待权，同时也是百科投资对宋都控股、郭轶娟的债权。第三人侵害债权是指合同当事人以外的第三人故意实施的旨在侵害债权人的利益并造成债权实际损害的行为。1998 年提交全国人大常委会讨论的《合同法（草案）》第三次审议稿第 122 条规定，第三人明知当事人之间的债权债务关系，采用不正当手段，故意妨碍债务人履行义务，侵害债权人权利的，应当向债权人承担损害赔偿责任。但最终通过的《合同法》并没有采纳第三人侵害债权理论，将草案中的第 122 条删除。《合同法》第 121 条规定，当事人一方因第三人原因造成违约的，应当向对方承担违约责任。当事人一方和第三人之间的纠纷，依照法律规定或者按照约定解决。该条严格地维护合同相对性原则。按照《合同法》的规定，对于第三人侵害标的物的情况，债权人只能对债务人提起违约之诉，换言之，百科投资只能起诉宋都控股、平安置业与郭轶娟，不应起诉宋都基业，而平安置业非承诺主体，宋都集团为交易客体，因而最高人民法院（2013）民提字第 192 号民事判决改变了辽宁省高级人民法院认定的承担责任主体，判决由宋都控股和郭轶娟承担责任。

5. 置出资产债务应由谁承担

营业转让合同中被转让的客体是组织化了的有机整体，不仅包括营业财产所包含的各个组成部分的价格总和，也包括其历史负债。营业转让制度的一个核心问题是受让人是否需要承担历史负债。根据理论界的通说，营业的构成要素包括负债，既然债务包含于营业，而营业又具有有机整体性和独立性，由此得出一个非常明确的结论：原营业上的债务应随营业的转让而随之转让，受让人应当承担原营业上的债务。[1]《最高人民法院关于审理与企业

---

[1] 营业转让中原债务应由转让方承担还是受让方承担，各国法律处理规则并不相同，主要存在着不继受、附条件继受和当然继受三种模式。法国规定受让人不继受原营业债务；我国澳门地区采用继受者强制承担债务的立法模式；德、日、韩采用了附条件承担模式，即受让人仅在继续使用营业转让人的商号时才对转让人在营业中设定的债务负清偿责任。续用商号时，受让人原则上应承担债务，除非依法及时进行了不承担债务的登记公告或者将不承担债务的意思及时通知了债权人。参见张民安《商法总则制度研究》，法律出版社，2007，第 327 页。周玉华：《韩国民商事法律汇编》，金万红等译，人民法院出版社，2008，第 285 页。

改制相关的民事纠纷案件若干问题的规定》规定了国有小型企业出售后债务由买受人承担或由新注册的企业法人承担的三项规则，即"债务跟着财产走"的原则，由受让人承担债务。

本次交易双方约定置出资产置入百科板材，由此，应由百科板材承担负债，基于双方的赠予目的，宋都基业持有的百科板材股权应无偿转让给百科投资，百科投资基于股权收益实现受赠的目的。无论该股权是否转让给百科投资，不分转让前后，置出资产的负债均应由百科板材承担。

如果宋都基业仅将股权出卖给杭州崇和，置出资产的债务一样应由百科板材承担，杭州崇和通过对百科板材的持有股权进行收益，但宋都基业不但将股权出让给杭州崇和，而且将置出资产一并转让给了杭州崇和，杭州崇和取代百科板材成为置出资产的接收方，因此营业转让的历史债务应由杭州崇和承担。

但沈阳市中级人民法院（2011）沈中民三终字第 595 号、第 672 号，[①]（2013）沈中民三初字第 35 号判决均判令宋都基业承担原债务，没有让资产实际接收方杭州崇和承担，而是由资产置出方承担债务。（2013）沈中民三初字第 35 号大连加中诉宋都基业案件中，宋都基业提交了大连加中的同意函：如本次资产重组得以完成，则本公司（大连加中）同意宋都基业应付本公司的款项共计人民币 21382171.89 元转由宋都控股、平安置业、郭轶娟或其指定的第三方承担。沈阳市中级人民法院认为，因在该同意函中原告大连加中并没有明确确定债务的承担者，且原告大连加中诉求返还的9973750.29 元款项属于被告宋都基业拟置出资产负债范畴，被告宋都基业资产重组已经完成，拟置出资产应归原控股股东百科投资所有，但现百科投资并没有实际得到被告宋都基业拟置出资产，故根据合同相对性原则，被告宋都基业应返还原告大连加中 9973750.29 元钢材货款。该判决以债务接受方约定不明和百科投资未实际取得置出资产为由，判决宋都基业承担，忽略了置出资产实际接受方杭州崇和的偿债义务。

宋都基业营业转让中，宋都基业和置出资产接收方杭州崇和约定：拟置出资产的全部盈亏及相应的权利、义务由杭州崇和享有和承担。其中的债务

---

① 该两份判决书未检索到，无法知晓判决未让杭州崇和承担而让宋都基业承担的理由。

转移尚需征得债权人同意，如果债权人大连加中同意，则大连加中应向杭州崇和主张债权，而不应向宋都基业主张。其中的债权转移则需要通知债务人，债权可由杭州崇和主张。

6. 置出资产的债权应由谁主张

置出资产性质上属于营业转让，接收方享有权利，因此，杭州崇和享有对置出资产债权的追偿权。杭州崇和先后起诉通化钢铁和鞍钢公司。通化钢铁一案中，杭州崇和要求通化钢铁支付 2771287.37 元欠款，法院以债权转让未能通知债务人通化钢铁为由，驳回了杭州崇和的诉讼请求。如果债权转让通知到债务人，法院应判决支持杭州崇和的诉请。如杭州市江干区人民法院做出（2016）浙 0104 民初字第 5798 号民事判决，就支持了杭州崇和请求鞍钢公司偿付欠款的诉请。同一笔债权，百科投资要求宋都控股、平安置业、郭轶娟、宋都集团、宋都基业共同赔偿债权损失 2771287.37 元，该案请求权的基础，不是基于营业转让中的债权转让，而是第三方侵害债权，基于合同违约提起的诉讼，法院最终支持了百科投资的诉讼请求。

百科投资既然可以基于对方违约享有置出资产的账面款和债权，根据权利义务相一致原则，则置出资产的负债亦应由百科投资承担，不应将之根据营业财产所包含的权利和义务进行分割。但考察交易双方赠予置出资产的真实意思表示，系借壳方给予百科投资的"净壳"对价或补偿，因此，应理解为百科投资对置出资产享有正资产权利，而不应包括负资产——负债。

结　语

本次交易借壳双方对置出资产的安排欠妥，由此产生了系列纠纷。净壳对价——置出资产约定由百科集团的子公司承接，而交易完成，百科集团的控制权已经发生变更，因此，极易出现违约情形。本案中，交易双方约定置出资产的承接方是百科板材，百科板材由百科集团出资成立，本次交易完成后，控制权变更，宋都控股等三股东间接控制置出资产，成为置出资产的法定权利主体，势必造成受赠方百科投资与宋都控股等三股东对置出资产控制权和收益权的冲突，除非宋都控股等三股东通过股东会决议方式将百科集团持有的百科板材股权无偿转让给百科投资，以实现股东法定权利与交易双方约定权利的统一，而一旦宋都控股违约，则百科投资将无法实现获得"净壳"对价的目的。

从经济学角度看，借壳交易可达到调整经营结构、优化资源配置、节约时间与费用、促进多元化经营等目的，但从本交易来看，交易安排失当及一方违约产生系列纠纷。通过本次交易产生的系列诉讼检讨，我们发现并购重组交易细节安排的重要性以及诉讼裁判规则，因此有必要在交易细节上考虑商业目标实现的可能性。而立法层面，营业转让为商主体进行扩张发展提供了一个重要的制度工具，有助于商法对于效率的追求。我国法律关于营业转让的规则阙如，需要通过立法或其他方式予以填补。

第三部分 借壳交易失败后的违约责任求偿

正如上文所述，借壳交易最核心的标的是"壳"，如何将一个具有上市或挂牌地位的主体交易成"壳"，然后再进行买卖，实际上构成整个借壳交易的基础。因此，从商事交易风控角度，该壳交易失败后如何救济，在整个借壳纠纷中，具有基础性指导意义。HX 借壳 BGGF 失败案［案号：（2015）一中民（商）初字第 9140 号］即是典型一例。

一　问题提出

（一）如何界定合同性质

由于借壳交易融合了重大资产重组和 IPO 行为，就系列交易而言，对于规制之合同往往包罗万象，其性质很难就交易的某一环节来确定该合同究竟是股权转让合同，还是资产转让合同等，但从纠纷司法救济的角度，若无法对合同类型进行准确的界定，就难以确定交易主体之间是何种关系，关系无法确定，诉求基础就无从建立。因此，界定合同类型（有名还是无名，有名再行归入具体等），对于司法救济中案由的选择、请求权基础设定、证据组织以及法律适用均具有基础性地位。

（二）如何界定法律责任

纠纷的终局判断或司法裁判，落锤于归责，即谁基于何因承担何种责任，就是通常意义上所说的定纷止争的"定纷"；实践中，对于合同性质确定之后，责任往往存在缔约过失、违约甚或担保责任等归属之争，进而因由归属不同决定着相应责任的有无、大小或先后。如果说，合同的定性对于借壳纠纷主体而言还带有你中有我的温度的话，那么，责任的定性则体现互不相容的烈度。因此，归责之争实属直接的利益之争。

（三）如何设定求偿金额

违约金数额如何确定，是一个难以抉择的问题。借壳磋商及履行阶段，不仅是衡量双方的诚意和决心，还要考量违约成本；在争议解决期间，根据法律规定违约金的功能是补偿为主、惩罚为辅，可归为法官自由裁量范畴。但受法律保护之违约金以实际损失为基数，守约方往往难以举证，尤其是对预期利益的主张。对于借壳失败所致纠纷，鉴于借壳交易本身期待利益大，数据公开，使得违约金设定和求偿具有一定典型性。

（四）借壳交易中的不特定性因素

借壳交易的核心在于"清壳"，即根据已有法律结构将上市公司变更为"无资产、无负债、无人员"的净壳。设若能筛选到无国资、无法人股、无涉外资本之壳资源，清壳相对容易得多，对于借壳方而言更为重要。在中国大陆地区，涉国资属性或法人股属性或涉外属性的上市公司较多，其交易或关联交易往往局限于复杂多重的法律、行政法规及其他规范性法律文件规制。比如涉国资借壳交易，除遵循证监会一般交易规则外，还需符合国有资产处分相关规则，如涉国资监管及评估、交易等。而 HX 借壳 BGGF，恰好涉国资，也正是因为国有成分资产的处分问题未能妥善解决，最终导致借壳失败。

二　HX 借壳 BGGF 的过程

根据北京市第一中级人民法院（2015）一中民（商）初字第 9140 号民事判决书查明事实，可对 HX 借壳 BGGF 的交易细节及争议发生过程窥见一斑。

2014 年 12 月，BGGF 的第一大股东北京 RCH 公司及实际控制人 YTF 共同作为甲方，与乙方 HX 公司及 LHL 先生签订一份《框架协议》，主要内容如下。鉴于：1. BGGF 为一家依据中国法律设立并在上海证券交易所挂牌上市的股份有限公司（股票代码：600379，股票简称：BGGF），截至本协议签署日，YTF 控制的 RCH 公司为 BGGF 第一大股东，BG 集团（国资 100%）为 BGGF 第二大股东；2. HX 公司系 HX 公司控股股东，LHL 是实际控制人；3. 各方经协商一致，就 BGGF 拟开展的重大资产重组事项达成初步意见。本次重组方案的主要内容包括：2.1 本次重大资产出售的主要内容为：上市公司将全部资产和负债出售给 BG 集团或甲方指定的第三方（以下简称资产承接方），资产承接方以现金进行购买，甲方保证，资产承接方将按照本协议相关约定与 BGGF 签署正式《重大资产出售协议》，以现金形式购买 BGGF 全部资产和负债，并负责承接 BGGF 全部业务及人员，保证 BGGF 将成为无资产、无负债、无人员的净壳（BGGF 通过本次资产出售获得的现金除外）。2.2 甲方承诺，甲方就资产承接方本次承接置出资产事宜承担担保责任，如果资产承接方拒绝按照本协议约定与 BG 集团签署《重大资产出售协议》，或者资产承接方未能按照本协议约定承接上市公司置出资产，甲方将无条件同意自行以现金方式收购置出资产并负责与置出资产相关的债务处理、业务衔接、人员安置等全部事宜，保证 BGGF 重大资产出售及发行股份购买资产事宜能够顺利推进。……3.4 各方确认，HX 100% 股份的预估值约为 350000 万元，HX 100% 股份最终交易价格以具有证券业务资格的评估机构出具的评估报告中载明的评估值为准，由交易各方后续协商确定，乙方承诺，HX 2015 年度经审计的扣除非经常性损益后归属于母公司所有者的净利润不低于 25000 万元。……9.1 本协议签署后，除不可抗力因素外，任何一方如未能履行其在本协议项下之义务或承诺或所做出的陈述或保证失实或严重有误，则该方应被视作违约，违约方应当根据守约方的要求继续履行义务、采取补救措施或向守约方支付全部和足额的赔偿金。9.2 本协议签署后，除因不可抗力或监管机构不予核准本次重组交易外，任何一方如主动放弃本次重组交易，视为违约；……9.4 任何一方存在本协议第 9.2 条规定的违约情形或者任何一方违约行为构成实质性违约而导致本次重组失败的，应向守约方支付 5000 万元违约金，若上述违约金不足以弥补守约方届时遭受的损失，违约方还应继续向守约方赔偿相关损失。

2015 年 4 月 9 日，BGGF 收到 HX 公司出具的《关于 BG 重大资产重组出现重大不确定性事项的有关说明》（以下简称《说明》），其中载明：BG集团控股股东 RCH 公司方面提出单方终止重组，造成本次重大资产重组存在重大不确定性。据了解，主要分歧为：作为本次重大资产重组的资产出售交易对方 BG 集团提出总金额共计 7161 万元的补偿金额，作为其签订《BGGF 与 BG 集团之重大资产出售协议之补充协议》的附加条件，RCH 公司认为该补偿金额无法接受，不愿意继续推进本次重组。对于 RCH 公司的上述草率行为，HX 公司无法接受，特此申明如下：1. BG 集团所提出的补偿金数额在 4 月 2 日的谈判中，交易各方已对框定为 2500 万元左右达成初步共识，但 4 月 5 日 BG 集团又突然将补偿金金额提升至 7161 万元，基于这一数额，交易各方尚未启动正式谈判，RCH 公司以此为由提出终止本次重组，严重损害了本次重组交易各方的利益；2. 根据此前本次重组交易各方签署的相关协议，RCH 公司向 BG 集团支付上述补偿金额是其法定义务，为表达重组的诚意，HX 公司承诺：如 RCH 公司确实缺乏支付能力，为保证本次重组的顺利推进，HX 公司愿意代 RCH 公司先行垫付，并保留向 RCH公司追索上述垫付补偿金的权利；3. 本次重组的其他各项工作仍在有序推进，交易各方虽存在分歧，但不足以对本次重组构成实质性障碍，HX 公司恳请监管部门介入调查了解 RCH 公司单方面终止本次重组的真实意图，以维护上市公司重组的严肃性，保障中小投资者的利益。

同日，BGGF 向上海证券交易所申请对其股票进行临时紧急停牌。

2015 年 4 月 10 日，上海证券交易所向 BGGF 出具上证公函［2015］

0330 号关于 BGGF 重大资产重组有关事项的监管工作函，其中载明："你公司于 2014 年 12 月 29 日披露了重大资产重组预案，并每月披露相关进展公告。2005 年 4 月 9 日，你公司公告称，收到相关方提出终止重大资产重组动议，同时以本次重组存在重大不确定性为由申请公司股票连续停牌。4 月 10 日，重组交易对方 HX 公司向你公司发送了对拟终止重组事项提出异议的函件。"

2015 年 4 月 16 日，BGGF 董事会发布终止重大资产重组公告。经过充分的讨论和研究，董事会经过慎重考虑认为：1. 自本次重组以来，资产置入方和财务顾问未能按规定认真履行职责，交易相关方没有也无法向上市公司董事会提供交易进程备忘录及资产置入方的相关材料，重组工作存在严重问题，广大股东的利益无法得到保障。2. 交易各方（包括 HX 公司、RCH 公司、BG 集团、上市公司）及财务顾问之间已失去了彼此互相合作、共同推进本次重组的基础。综上所述，董事会认为本次重大资产重组确实已经无法继续实施下去，如果长期拖延，必将无法按期召开董事会会议和股东大会审议正式的重组方案。董事会考虑到如果在明知重组必将失败的前提下，仍不及时终止重组，将对广大中小股东的切身利益造成严重伤害，将违背上市公司的诚信原则，必将面临巨大的诚信危机和中小股东的追偿责任甚至证券监管机构的监管稽查，在此严峻的形势下，上市公司董事会经研究决定立即终止本次重大资产重组，本次会议审议并通过了《关于终止重大资产重组事项的议案》。

同日，独立财务顾问长城证券做出《核查报告》，其中载明："二、终止前本次重组工作的最新进展说明：1. 本次重组出售资产方面的审计工作已经完成，评估工作已近尾声，待签发正式评估报告；2. 本次重组购买资产方面的审计、评估工作已近尾声，待签发正式审计、评估报告；3. 本次重组之《法律意见书》已完成律师事务所合伙人初审工作；4. 本次重组之《重组报告书》《独立财务顾问报告》文本起草工作已完成，并经由内部预审，补充完善工作已近尾声，正在准备上报内核会审核材料；5. 本次重组的其他配套文件已处于待签发或齐备状态，包括不限于如下文件：涉及出具的有关拟购买资产方面的《内控鉴证报告》、最近三年原始报表、最近三年纳税申报表、《申报财务报表与原始财务报表的差异比较表专项说明》《主要税种纳税及税收优惠情况的专项说明》《非经常性损益明细表的专项说明》，以及交易各方出具的相关证明承诺文件；6. 发行股份购买资产发行对象的内部决策流程已履行完毕；7. 发行股份购买资产发行对象对于《发行股份购买资产协议之补充协议》《业绩补偿协议》的约定条款无异议。截至本次重组终止前尚未完成的工作：1. BGGF 尚未召开职工代表大会表决《职工安置方案》；2. BGGF 尚未完整取得债权人（尤其是银行债权人）对本次重组后相关债务承继安排的同意函，亦未取得 B 集团出具的《关于承担债务的承诺函》；3. BG 集团尚未对本次重组涉及的重大资产出售事项完成内部决策流程。……五、本次重组终止的原因：通过对整个交易进展过程的核查以及根据上市公司发布的公告，本独立财务顾问认为交易各方关于终止本次重大资产重组的理由分歧较大。其中，RCH 公司及上市公司董事会关于终止本次重组的主要原因归结为以下三点：1. BG 集团要求 RCH 公司向其支付 7161 万元的补偿金，以此作为上市公司资产出售正式协议的前提条件，而 RCH 公司未能与 BG 集团就补偿金事宜取得一致；2. RCH 公司及上市公司董事会长期处于重组信息的缺失状态，无法了解交易的最新进展；3. RCH 公司及上市公司与重组方 HX 公司失去互信合作的基础。HX 公司对以上三点均不予认可，HX 公司认为：1. 根据《框架协议》，HX 公司不负有支付补偿金的义务，但为表达推进重组的诚意，HX 公司已通过致函上市公司、法定代表人承诺等方式愿意承接补偿金支付义务，补偿金的支付问题已不构成本次重组的障碍；2. 在本次重组中，HX 公司以及包括独立财务顾问在内的各中介机构勤勉尽责，全力推进各项准备工作，与上市公司及其实际控制人一直保持着紧密的邮件、电话沟通，截至目前，涉及购买、出售资产的审计评估工作已基本完成，除 BGGF 尚未召开职工代表大会表决安置方案外，本次重组涉及的相关事宜已基本具备上独立财务顾问内核会的条件；3. 上市公司在 4 月 9 日发布停牌公告之前，交易各方沟通顺畅、友好，并未发生失去互信的情形。综上所述，自《框架协议》签署后到 7161 万元补偿金问题发生之前，本次重组的交易各方从未发生不可调和的矛盾，本独立财务顾问认为本次重组终止的客观理由不充分"。

随后，HX 公司、LHL 依据《框架协议》对北京 RCH 公司及 YTF 启动违约追索诉讼，即 （2015）一中民（商）初字第 9140 号案。HX 公司及 LHL 以"合同纠纷"为案由，并索赔 5000 万元违约金，最终得到法院支持。该案争议解决的求偿策略确定，角度选择，理由阐述等具有一定示范意义，需逐一进行法律分析。

三 法律分析

（一）将起诉案由确定为"合同纠纷"

最高人民法院 1996 年 1 月 13 日在对江苏省高级人民法院《最高人民法院关于经济合同的名称与内容不一致时如何确定管辖权问题的批复》（法复 [1996] 16 号）中明确："当事人签订的经济合同虽有明确、规范的名称，但合同约定的权利义务内容与名称不一致的，应当以该合同约定的权利义务内容确定合同的性质，从而确定合同的履行地和法院的管辖权。"本案《框架协议》并非《合同法》分则规定之有名合同，故对该协议性质之认定，需建立在准确厘清当事人权利义务内容的基础之上。

本案中，《框架协议》主要包括如下步骤。

（1）"重大资产出售"。重组伊始，BGGF 并非无资产、无负债、无人员之净壳，相反是正常经营之上市公司。重组各方要实现"借壳上市"目的，需先把 BGGF 变更为"净壳"，这就需要把上市公司已有资产和负债全部置出。根据《框架协议》约定，出让方是上市公司，承接方是 BGGF 第二大股东，两者均非《框架协议》主体，资产出售协议能否签订、以何种条件签订、何时签订、能否履行等，均非 HX 公司及 RCH 公司所能完全掌控。但对 HX 公司而言，其目的系为取得"净壳"，因此按照一般交易惯例，净壳义务需由上市公司大股东即 RCH 公司负责。但 RCH 公司又不能直接参与"重大资产出售"具体法律行为，HX 公司更无法参与和掌握，故对于该种不确定性由 RCH 公司向 HX 公司提供保证，即 RCH 公司保证上市公司能够签订并履行"重大资产出售协议"，否则 RCH 公司自己承接上市公司全部资产。

（2）"发行股份购买资产"及"募集资金"。在 BG 集团成为无资产、无负债、无人员的"净壳"之后，即"在本次重大资产出售的基础上，上市公司向 HX 公司全体股东发行股份购买其持有的 HX 公司 100% 股权，本次发行股份购买资产完成后，上市公司将持有 HX 公司 100% 的股权"。"发行股份购买资产"中的"资产"为 HX 公司 100% 股权，"购买"的买方为上市公司，卖方为 HX 公司全体股东，"发行股份"则是卖方向买方支付股权转让对价款的一种特殊方式。"发行股份购买资产"实质包括"发行股份"和"购买资产"两个法律关系，前者是上市公司依据《公司法》及有关规定发行股份募集资金行为，后者则是典型的"股权转让"行为。

（3）RCH 公司负有清壳义务。合同具有相对性，《框架协议》内容仅能约束合同主体，即 HX 公司与 RCH 公司。换句话讲，该《框架协议》并不能约束上市公司、上市公司其他股东以及资产承接方。因此，为规避各自风险并促成重组完成，《框架协议》第 2.2 条对 RCH 公司义务做出明确约定，"甲方（RCH 公司及 YTF）就资产承接方本次承接置出资产事宜承担担保责任，如果资产承接方拒绝按照本协议约定与 BG 集团签署《重大资产出售协议》，或者资产承接方未能按照本协议约定承接上市公司置出资产，甲方（RCH 公司及 YTF）将无条件同意自行以现金方式收购置出资产并负责与置出资产相关的债务处理、业务衔接、人员安置等全部事宜，保证 BGGF 重大资产出售及发行股份购买资产事宜能够顺利推进"。

这里的"担保责任"并非《担保法》规定的担保责任，因为既不存在主债务人和主债务，HX 公司也非基础债务合同之债权人，担保法律关系并不成立。基础债务合同是上市公司与资产承接方签订的《重大资产出售协议》，如果该协议不能签订或资产承接方不能履约，RCH 公司向 HX 公司（而非上市公司）保证将以现金方式收购置出资产。结合双方合作目的及交易背景，这里约定的"担保责任"实质就是"清壳义务"，即由 RCH 公司负责"清壳"，不管是以资产承接方整体承接方式，还是由 RCH 公司以现金购买方式，抑或是 RCH 公司运作第三方以其他方式收购，只要在规定时间内让上市公司成为无资产、无负债、无人员之"净壳",即视为 RCH 公司履行清壳义务。

综上可以看出,《框架协议》项下各方当事人的权利义务关系极为复杂,合同目的实现有明确先决条件,不属于《合同法》分则规定的有名合同,应界定为无名合同。其具体内容也无法与《民事案件案由规定》第 66～127 项二级案由及三级案由匹配。

由于 HX 公司仅为《框架协议》主体,故依据合同相对性只能据该协议提起诉讼,因而对该案案由确定应当限于《框架协议》约定内容及履行情况,不能超出《框架协议》约定直接适用和约束"重大资产出售协议"及"发行股份购买资产"相关协议的内容和缔约主体。

《最高人民法院关于印发修改后的〈民事案件案由规定〉的通知(2011)》规定:"第一审法院立案时应当根据当事人诉争法律关系的性质,首先应适用修改后的《民事案件案由规定》列出的第四级案由;第四级案由没有规定的,适用相应的第三级案由;第三级案由中没有规定的,适用相应的第二级案由;第二级案由没有规定的,适用相应的第一级案由。"既然本案争议的《框架协议》内容比较复杂,属于复合型的无名合同,也有着上市公司借壳上市的特殊性,无法与具体二级案由匹配,故应当适用一级案由,即"合同纠纷"为宜。

(二)《框架协议》就是无名合同、本约合同

《框架协议》名称包含"框架"二字,"借壳上市"目的实现也依赖于《重大资产出售协议》及《发行股份购买资产协议》等相关具体协议签订及履行。因此案涉《框架协议》之效力,究竟为预约合同还是本约合同存在探讨空间。诉讼中 RCH 公司也提出抗辩,"本协议的性质是预约,是框架性协议,是为了签订之后的协议而签订的,违反预约应当承担缔约过失责任,而不是违约责任。"

不仅本次借壳上市纠纷涉及对这个问题的讨论,基本上在绝大多数重大资产重组项目中,当事各方都选择先通过签订《框架协议》明确合作步骤,再根据《框架协议》签订具体协议操作落实。因此有必要就《框架协议》

的性质及效力进行探讨。

1. 预约合同的性质及效力

依传统民法理论，当事人之间签订的合同可以分为预约合同和本约合同，预约合同的目的在于当事人对将来签订特定合同的相关事项进行规划，其主要意义就在于为当事人设定了按照公平、诚信原则进行磋商以达成本约合同的义务，本约合同则是对双方特定权利义务的明确约定。预约合同既可以是明确本约合同的订约行为，也可以是对本约合同的内容进行预先设定，其中对经协商一致设定的本约内容，将来签订的本约合同应予直接确认，其他事项则留待订立本约合同时继续磋商①。

（1）预约合同性质。在交易和审判实践中，预约与本约的关系经常被混淆，对于预约合同的法律性质主要有四种观点。第一，前契约说。该说认为，预约处于本约成立前的前契约阶段，是本约成立的一个过程，因此不构成合同。第二，从合同说。该说认为，预约是本约之铺垫，本约的成立不以预约的存在为条件，故预约是本约的从合同。第三，附停止条件本约说。该说认为，预约实质为附停止条件的本约。如预约中规定以开发商取得商品房销售许可证为签订本约的条件，条件成就时商品房买卖合同成立并生效。第四，独立契约说。该说认为，预约为独立的合同，其既有预设的本约合同中的民事权利义务关系，同时也有预约合同本身的标的即双方负有订立本约合同的权利义务。其在《合同法》中虽系无名合同，但完全符合《合同法》的规范并受其调整，故预约合同和本约合同均为各具效力之独立契约。

对于这四种观点，最高人民法院采纳了独立契约说，即认为预约与本约之间既相互独立又相互关联，两者之间是手段和目的的关系。预约的目的在于订立本约，预约的标的须是在一定期限内签订本约，履行预约合同的结果是订立本约合同②。这主要体现在最高人民法院印发的相关司法解释中。

---

① 见《最高人民法院公报》2012 年第 11 期（总第 193 期）刊登案例，"张励与徐州同力创展房地产有限公司商品房预售合同纠纷案"。

② 宋晓明、张勇健、王闯：《解读〈关于审理买卖合同纠纷案件适用法律问题的解释〉》，载杜万华主编《解读最高人民法院司法解释、指导性案例·民事卷》，人民法院出版社，2016，第 575 ~ 576 页。

（2）预约合同效力。对于预约合同之效力，一般而言有必须磋商说、应当缔约说、内容决定说、视为本约说四种观点。第一，必须磋商说。该说认为，"当事人之间一旦缔结预约，双方在未来某个时候对缔结本约进行了磋商就履行了预约的义务，是否最终缔结本约则非其所问"①。第二，应当缔约说。该说认为，当事人仅为缔结本约而磋商是不够的，除法定事由外，还应当达成本约，否则预约毫无意义。第三，内容决定说。该说认为，预约的效力不能一概而论，应考察预约的内容。若预约中已具备本约的主要条款，则产生应当缔约的效力，否则产生必须磋商的效力。第四，视为本约说。该说认为，如果预约实际上已具备本约之要点而无须另订本约者，应视为本约。

最高人民法院最终采纳应当缔约说，其理由在于：第一，必须磋商说存在严重缺陷。设立预约制度之目的在于缔结本约，而非促使双方进行磋商。磋商仅是缔约的必经阶段和手段，而不是目的，由于完成磋商义务非常容易，若一方当事人根本没有缔结本约的意思，磋商只能流于形式，不利于对诚信守约人之利益保护。第二，内容决定说缺乏实务可操作性。该说的逻辑起点在于从预约的内容去探求当事人应当缔约或必须磋商的本意，以充分体现意思自治原则。然而，若当事人缔结预约只是为了将来进一步磋商，则磋商本身几无社会价值；不同性质的合同内容差异甚大，何为本约的主要条款？立法和司法解释不可能完全涵盖，因此以是否具备本约的主要条款来判断当事人是否必须缔约的真意，容易导致司法实践中的混乱。第三，采纳应当缔约说不仅可以保护当事人为预约而付出的成本，而且有利于引导当事人谨慎从事缔约行为，加大对恶意预约人的民事制裁力度，更能体现预约制度的法律价值。

（3）相关司法解释规定。《最高人民法院印发〈关于人民法院为企业兼并重组提供司法保障的指导意见〉的通知》（法发〔2014〕7号）第6条规定："要严格依照合同法第五十二条关于合同效力的规定，正确认定各类兼并重组合同的效力。结合当事人间交易方式和市场交易习惯，准确认定兼并

---

① 王利明：《合同法研究》（第一卷），中国人民大学出版社，2002，第482页。

重组中预约、意向协议、框架协议等的效力及强制执行力。要坚持促进交易进行，维护交易安全的商事审判理念，审慎认定企业估值调整协议、股份转换协议等新类型合同的效力，避免简单以法律没有规定为由认定合同无效。要尊重市场主体的意思自治，维护契约精神，恰当认定兼并重组交易行为与政府行政审批的关系。要处理好公司外部行为与公司内部意思自治之间的关系。……"

《最高人民法院关于审理买卖合同纠纷案件适用法律问题的解释》（法释［2012］8号）第2条规定："当事人签订认购书、订购书、预订书、意向书、备忘录等预约合同，约定在将来一定期限内订立买卖合同，一方不履行订立买卖合同的义务，对方请求其承担预约合同违约责任或者要求解除预约合同并主张损害赔偿的，人民法院应予支持。"

《最高人民法院关于审理商品房买卖合同纠纷案件适用法律若干问题的解释》（法释［2003］7号）第5条规定："商品房的认购、订购、预订等协议具备《商品房销售管理办法》第十六条规定的商品房买卖合同的主要内容，并且出卖人已经按照约定收受购房款的，该协议应当认定为商品房买卖合同。"

2. 违反《框架协议》应承担违约责任而非缔约过失责任

对于违反《框架协议》所承担民事责任是缔约过失责任，还是违约责任，主要依赖于对《框架协议》性质及效力的认定，即对《框架协议》内容之认定。根据前述分析，不论是预约合同，还是本约合同，只要约定具体内容即对当事人产生约束力。即使是预约合同，由于属于独立契约，当事人违反预约合同约定义务的，亦应承担违约责任。

而缔约过失责任，则是指合同未成立的情况。《合同法》第42条规定："当事人在订立合同过程中有下列情形之一，给对方造成损失的，应当承担损害赔偿责任：（一）假借订立合同，恶意进行磋商；（二）故意隐瞒与订立合同有关的重要事实或者提供虚假情况；（三）有其他违背诚实信用原则的行为。"

就本案而言，尽管"借壳上市"的目的因RCH公司违约未能最终实现，具体的《重大资产出售协议》《发行股份购买资产协议》等均未签订，亦不可能履行。但就《框架协议》本身而言，已成立生效，并非"假借订立合同恶意进行磋商的行为"，至于违反诚实信用原则的问题，也是在《框架协议》履行过程中的违约行为。因此，本案并不存在缔约过失责任的适用空间，RCH 公司违反《框架协议》约定承担违约责任。

"缔约过失责任纠纷"为"合同纠纷"下二级案由，相较于违约责任而言，缔约过失责任的举证义务更重，赔偿范围更小。笔者认为，《框架协议》尽管包括"框架"二字，但根据其具体内容，RCH 公司负有"清壳义务"的约定明确。在上市公司不能与资产承接方签订《重大资产出售协议》，并完成清壳情况下，RCH 公司负有"将无条件同意自行以现金方式收购置出资产并负责与置出资产相关的债务处理、业务衔接、人员安置等全部事宜，保证 BGGF 重大资产出售及发行股份购买资产事宜能够顺利推进"之义务。

该约定明确具体，实际上该次重组失败原因也是 RCH 公司不愿履行上述义务所致。再具体一些，就是 RCH 公司不愿向资产承接方支付 7161 万元补偿款，未积极促成《重大资产出售协议》签订，因此 RCH 公司应按照《框架协议》约定承担违约责任。

3. 直接违约责任还是保证责任

RCH 公司承担独立"清壳义务"，还是对 BG 集团"清壳义务"承担保证责任也是对《框架协议》内容理解的争议点。我们认为 BG 集团并无约定和法定"清壳义务"，在 BG 集团未与资产承接方签订《重大资产出售协议》的情况下，HX 公司追索 BG 集团违约责任缺乏事实基础，只有在 RCH 公司不以现金方式收购置出资产情况下，由 HX 公司据《框架协议》向 RCH 公司追索违约责任。具体而言有如下几点理由。

（1）BGGF 并无法定清壳义务。《框架协议》涉及的"资产重组"实质是股权重组，即通过一系列运作，使得原告最终成为 BGGF 的第一大股东及实际控制人。BGGF 作为被重组方属于标的公司，在整个重组过程中不可避免地需要以自己名义签署相关协议，但这只是清壳程序要求，并不能据此认定 BGGF 具有"清壳"义务，实质上 BGGF 不可能且法规不允许自清己壳。这跟有限责任公司股东转让股权后，由标的公司前往工商登记机关办理变更手续是同样道理。

（2）合同具有相对性，BGGF并无约定清壳义务。合同权利义务仅对当事人产生拘束力，BGGF并非《框架协议》当事人，清壳义务不具有合同依据。此外，根据《框架协议》履行完毕清壳义务取得2亿元现金及2574万股股份的是RCH公司，而非BGGF。根据权利义务对等原则，清壳的受益者是RCH公司，清壳义务主体也应当是RCH公司，而非BGGF。

（3）"清壳义务"并不等同于《重大资产出售协议》。"清壳"过程必然要求上市公司BGGF与资产承接方签署《重大资产出售协议》，但并不意味着资产出售行为就等同于"清壳"。BGGF资产及负债出售需BGGF以自己名义完成，不能由股东替代。按照《框架协议》约定，BGGF是否愿意清壳、以何种方式清壳、清壳获得多少对价、职工如何安置等，均由RCH公司负责协调完成。BGGF董事会对该次重组的披露仅表明BGGF同意"清壳"，但"清壳"关键不在于卖方而在于资产承接方，如果资产承接方不同意收购，则RCH公司必须自己收购，这也是RCH公司承担"担保责任"的事实依据。

（4）对合同内容理解应当坚持体系解释和目的解释，不能以"担保责任"的文字表述就认定RCH公司承担的仅是担保责任。对《框架协议》第2.2条应该结合整个协议内容及前后文进行体系解释、目的解释，而不能因为出现"担保责任"四个字就将RCH公司的义务解释为保证责任。该2.2条整体要表达的意思，就是由RCH公司负责将BGGF变为净壳，即负责将BGGF的资产及负债全部出售，不管是出售给B集团，还是出售给RCH公司自己。所谓"担保责任"也非《担保法》意义上之担保，而是指"甲方将无条件同意自行以现金方式收购置出资产并负责与置出资产相关的债务处理、业务衔接、人员安置等全部事宜，保证BGGF重大资产出售及发行股份购买资产事宜能够顺利推进"，是RCH公司具体明确又对合同能否继续履行至关重要的合同义务。

综上分析，RCH公司承担的责任并非"担保责任"，而是直接违约责任。该案资产重组涉案金额超过33亿元，RCH公司属于商事主体，对所谓"担保责任"及约定的法律后果当然明知，在这种情况下RCH公司做出"无条件同意"承诺，应承担因此产生的法律后果，即直接违约责任。

（三）约定5000万元违约金并不高

根据《合同法》第107条规定，违约责任承担方式一般包括继续履行、采取补救措施和赔偿损失。鉴于RCH公司违约行为，致使HX公司"借壳上市"目的落空，合同不再具有履行基础，RCH公司也不能及时采取补救措施，故HX公司首先诉请解除《框架协议》，再根据第9.4条约定追索RCH公司违约金。

《框架协议》第9.4条约定"任何一方违约行为构成实质性违约而导致本次重组失败的，应向守约方支付5000万元违约金，若上述违约金不足以弥补守约方届时遭受的损失，违约方还应继续向守约方赔偿相关损失"。HX公司依据该约定追索RCH公司5000万元违约金，本案争议点在于该5000万元违约金是否过高、应否应调减的问题。

1. 调减违约金的相关依据

（1）《合同法》第114条第2款规定："约定的违约金低于造成的损失的，当事人可以请求人民法院或者仲裁机构予以增加；约定的违约金过分高于造成的损失的，当事人可以请求人民法院或者仲裁机构予以适当减少。"

（2）《最高人民法院关于适用〈中华人民共和国合同法〉若干问题的解释（二）》（2009年4月24日）第29条规定："当事人主张约定的违约金过高请求予以适当减少的，人民法院应当以实际损失为基础，兼顾合同的履行情况、当事人的过错程度以及预期利益等综合因素，根据公平原则和诚实信用原则予以衡量，并做出裁决。当事人约定的违约金超过造成损失的百分之三十的，一般可以认定为合同法第一百一十四条第二款规定的'过分高于造成的损失'。"

（3）《最高人民法院关于当前形势下审理民商事合同纠纷案件若干问题的指导意见》（2009年7月7日，法发〔2009〕40号）第6条规定："在当前企业经营状况普遍较为困难的情况下，对于违约金数额过分高于违约造成损失的，应当根据合同法规定的诚实信用原则、公平原则，坚持以补偿性为主、以惩罚性为辅的违约金性质，合理调整裁量幅度，切实防止以意思自治为由而完全放任当事人约定过高的违约金。"第7条规定："人民法院根据合同法第一百一十四条第二款调整过高违约金时，应当根据案件的具体情形，以违约造成的损失为基准，综合衡量合同履行程度、当事人的过错、预期利益、当事人缔约地位强弱、是否适用格式合同或条款等多项因素，根据公平原则和诚实信用原则予以综合权衡，避免简单地采用固定比例等'一刀切'的做法，防止机械司法而可能造成的实质不公平。"

2. 5000万元违约金不属于过高情形

违约金调减原则一般是以实际损失为基础，以约定违约金是否超过实际损失30%为限判定是否过高。违约金的功能还是以补偿为主、以惩罚为辅。调减违约金考量的因素，不仅是实际损失，还应当包括当事人的过错程度、实际履行情况、预期利益等多项因素。笔者认为，本案约定的5000万元违约金不属于过高情形，具体理由如下。

（1）从过错程度来看，HX公司属于无过错方，RCH公司方面对重组失败负主要责任。正是因为RCH公司不愿意促成《重大资产出售协议》的签署，最终导致重组失败，借壳目的落空。

（2）从合同总金额看，本次重组涉及金额高达35亿元（实际交易价格33.1亿元）。相比较于合同总金额，5000万元违约金不过1/70。参照定金责任，《担保法》第91条规定，"定金的数额由当事人约定，但不得超过主合同标的额的百分之二十"，该5000万元约定违约金远远低于定金责任的20%。尽管定金功能以惩罚为主，但亦可作为比较。

（3）从重组成功可获得的预期利益而言，HX公司的预期利益损失近15亿元。根据《框架协议》内容，HX公司主要义务是将HX公司100%股权出售给BG集团，可确定获得的利益是HX公司100%股权对价与33.1亿元资产对应比例的股票及该等股票产生的溢价。

（4）该约定为当事人真实意思表示，RCH公司作为商事主体，对违约金条款的内容及违约的法律后果当然明知，且完全在RCH公司的可预见范围之内。《合同法》第113条第1款规定："当事人一方不履行合同义务或者履行合同义务不符合约定，给对方造成损失的，损失赔偿额应当相当于因违约所造成的损失，包括合同履行后可以获得的利益，但不得超过违反合同一方订立合同时预见到或者应当预见到的因违反合同可能造成的损失。"依据该规定，RCH 公司应向 HX 公司赔偿至少 14.8 亿元的可得利益损失，而 HX 公司仅主张 5000 万元违约金远低于 RCH 公司可预见的范围。

（5）就实际损失而言，HX 公司为本次重组花费的律师费、财务顾问费、差旅费及付给其他中介机构的费用至少也超过 2000 万元。

北京市第一中级人民法院（2015）一中民（商）初字第 9140 号民事判决也持该观点，"相较于《框架协议》如约履行，BGGF 资产重组成功而给双方带来的巨额利益而言，《框架协议》约定的 5000 万元违约金数额并非过高。再次，HX 公司、LHL 提交的其为履行《框架协议》而与中介机构签订的合同及部分付款凭证，可以说明其确为履行《框架协议》支出了数百万元费用。最后，在 BGGF 资产重组终止的原因上，HX 公司、LHL 并无过错。因此根据诚实信用原则以及侧重于保护守约方的原则，本院认为将违约金数额约定为 5000 万元符合双方当事人订立《框架协议》时对任何一方当事人因违约行为而进行制裁的初衷，其目的在于督促、制约任何一方当事人如约履行合同义务"，并判决 "RCH 公司、YTF 于本判决生效后十日内向 HX 公司、LHL 支付违约金五千万元。"

北京市第一中级人民法院的上述处理方式，一定程度上体现了司法实践对于借壳交易违约金数额约定的容忍和尊重，并区别于一般民事合同，也释放出司法信号，在这类涉及上市公司资产重组的标的额巨大的商事协议中，应当尊重当事人关于违约金约定的真实意思表示。

第 二 部 分
投资及私募基金争议解决

对赌条款的效力认定

　　所谓"对赌条款"，在被形象地冠以"对赌"之名前，更加准确的专业名称为"估值调整机制"（Valuation Adjustment Mechanism，VAM）。按目前普遍认知的理解为，"对赌条款"指投资方与融资方（或收购方和出让方）在达成交易协议时，基于标的公司未来相关特定情况的不确定性，预先设定交易估值的变化机制，赋予一方（或双方）在约定的条件出现时，按照经调整后估值重新获取投资权益或对价的权利。从一定意义上来讲，"对赌条款"实际上是一种期权。

　　在境内的投资、并购交易中，以上所指"标的公司特定情况的不确定性"，实践中通常为标的公司的经营业绩或者财务数据，也会与标的公司的特定重大事项（如首次公开发行股票等）相关联。而就特定情况触发后的估值调整方案而言，股权回购及现金补偿是较为常见的做法。"对赌条款"大多作为投资或并购交易协议中的重要组成部分，少数情况下也会以单独的协议形式出现。

　　对赌条款是舶来品，随着我国资本市场的日益发展，对赌条款或类似的协议安排已经被广泛地应用于股权投资、收购并购等交易中。一方面，对赌条款能够在一定程度上降低交易双方的信用风险成本，给予投资人（或买方）更加完善的保护机制；另一方面，将"一锤定音"的交易定价演变为更加灵活的机制，为双方达成交易合意创造更加宽广的维度。

　　而形成戏剧性的鲜明反差的是，对赌条款在中国法律框架下——尤其在司法审判活动中的合法性、受保护性一直存在较大争议，在司法判例中也存在差异化认定。这些争议的核心，即落在对赌条款有效性的相关问题上：对赌条款的效力如何？对赌条款触发时投资方是否可以主张标的公司或目标公司原股东履行估值调整所导致的相关义务？

在最新的司法实践中，对赌条款效力相关问题的争议已逐渐明朗化。笔者注意到，大部分法院基于鼓励意思自治和促进交易的原则，在不违反国家法律、行政法规的禁止性规定的前提下，一般认定投资方与目标公司原股东、实际控制人签订的对赌条款有效，进而认定后者对投资方承担相应的责任。这无疑对于"对赌条款"的适用及规范化均产生了积极的促进作用。

本文将通过对已公布案例的统计分析，结合审判案例，对"对赌条款"的有效性相关问题展开探讨，并为交易实践提供建议。

一 相关法律规定简述

目前，我国关于"对赌条款"尚缺乏明确、系统的成文法规范，法院审理时涉及的相关规定散见于《公司法》《合同法》等法律法规中。

值得注意的是，最高人民法院印发《关于人民法院为企业兼并重组提供司法保障的指导意见》（2014 年 6 月 3 日，法发（2014）7 号）中，有如下规定："要坚持促进交易进行，维护交易安全的商事审判理念，审慎认定企业估值调整协议、股份转换协议等新类型合同的效力，避免简单以法律没有规定为由认定合同无效。"

二 相关案例统计

以数据搜集、统计为基础，我们对包括最高人民法院、部分省高级人民法院、中级人民法院在内的，与"对赌条款"有效性相关的共计 23 个案例进行了分析研究。其中最早的案例判决做出是在 2012 年，最近的则为 2018 年。由最高人民法院判决案例 6 个，省高级人民法院判决案例 10 个，中级人民法院判决案例 7 个。

从用于"对赌"的指标来看，实务中一般会涉及以下三类：一是业绩类，考察公司的业绩水平，比如设置了销售业绩的要求、净利润或者增长率等；二是事件类，比如要求目标公司在指定的时间内完成某一阶段性事件，常见的有关于上市时间的约定；三是其他类，根据公司实际情况或行业特点，设定其他的对赌指标（如互联网公司的活跃用户数等）。上述案例中，仅涉及业绩类的案例有 10 个，仅涉及事件类的案例有 10 个，同时涉及业绩类和事件类的案例有 5 个（见图 1）。

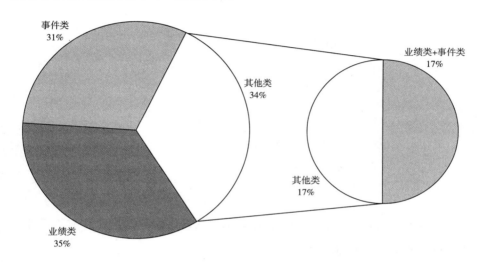

图 1 "对赌" 指标占比

资料来源：中国裁判文书网（http：//wenshn. court. gov. cn）。

从特定事项触发后估值调整方式来看，主要是业绩补偿以及股份回购，其中，涉及业绩补偿的有 5 个，股份回购的有 16 个，兼含业绩补偿和股份回购的有 2 个（见图 2）。

从"对赌条款"（或"对赌协议"）对应责任的承担主体来看，一般情况下权利主体是投资人，义务主体是目标公司或大股东，或者目标公司与大股东承担连带责任，上述案例中约定的义务主体都包括股东，其中 4 个案例的义务主体还包含目标公司。

从判决结果来看，共计 22 个案例均判令目标公司原股东/实际控制人与投资方签订的对赌条款有效，目标公司原股东/实际控制人应对投资方履行业绩补偿或股份回购义务等，且相关法院的裁判思路较为一致。唯一的例外是江苏省高级人民法院审理的（2013）苏商外终字第 0034 号案件，法院认

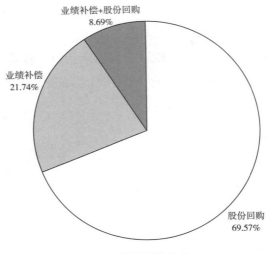

图 2   估值调整方式

资料来源：中国裁判文书网 （ http：//
wenshn. court. gov. cn）。

为中外合资经营这一类型的企业，涉案的股权转让协议均应履行前置报批手
续，审批机关不予批准，故判令对赌条款无效。

从上述案例中可以发现，在最高院审结被誉为"对赌第一案"的"甘肃世
恒有色资源再利用有限公司、香港迪亚有限公司与苏州工业园区海富投资有限
公司、陆波增资纠纷案"后，各级法院的裁判思路已经较为明晰——通常情况
下，投资者与目标公司对赌条款无效，投资者与目标公司原股东对赌条款有效。

目前在司法实践中，最高人民法院对于对赌条款的有效性设定了一个基
本的判定原则，也是后续各级法院在审理类似案件中遵循的主流意见，即充
分尊重当事人意思自治，在相关协议或条款并未违反现行法律规定，也未损
害目标公司债权人以及其他股东利益的情况下，应为合法有效。

另外，值得注意的是，在案例的检索过程中，我们发现个别有关对赌条
款有效性争议的仲裁案例中，存在仲裁机构做出的裁决与人民法院在司法实
践中的主流意见不一致的情形，即仲裁委员会在裁决中认定了投资者与目标
公司的对赌条款合法、有效。由于仲裁案件一般不予公开，因此本文将所能
检索到的仲裁案件结合进行分析，供读者参考。

三 典型案例判决简析

经对相关案例的检索，本文对上述提及的案例的重点要素进行了统计分析，并对主要的典型案例进行了摘录，具体如下。

（一）最高人民法院相关审判意见

从"对赌第一案"经历了一审、二审和再审的程序来看，对于"对赌条款"效力认定的过程也体现了司法机构对此的认知过程。在"对赌第一案"中，最高人民法院认可了投资者与原股东之间有关业绩对赌条款的有效性，认为相关约定并未损害公司及公司债权人的利益，亦不违反法律法规的禁止性约定；但对于标的公司直接与投资者进行业绩对赌的条款的效力予以否定，认为相关约定会损害公司及公司债权人的利益，与《公司法》中规定的公司股东不得滥用股东权利的立法宗旨不符。

经统计的最高人民法院的相关案例如表1所示。

表1 最高人民法院相关案例

序号	案号	裁判单位	案件名称	涉案对赌标的	对赌触发条件	约定责任承担主体	判决结果	是否为终审判决
1	（2012）民提字第11号	最高人民法院	甘肃世恒有色资源再利用有限公司、香港迪亚有限公司与苏州工业园区海富投资有限公司、陆波增资纠纷	业绩补偿	业绩类：利润未达约定目标	股东	有效	是
						目标公司	无效	
2	（2014）民二终字第111号	最高人民法院	蓝泽桥、宜都天峡特种渔业有限公司、湖北天峡鲟业有限公司与苏州周原九鼎投资中心（有限合伙）其他合同纠纷	股份回购	事件类：未能在约定时间内上市；或其他类：被投资方提交的尽职调查等材料存在重大虚假等情形	股东	有效	是；后当事人向最高人民法院申请再审被裁定驳回

续表

序号	案号	裁判单位	案件名称	涉案对赌标的	对赌触发条件	约定责任承担主体	判决结果	是否为终审判决
3	（2016）最高法民再128号	最高人民法院	强静延、曹务波股权转让纠纷	股份回购	事件类：未能在约定时间内上市	股东	有效	是
						目标公司	（判令目标公司对股东回购股份的付款承担连带清偿责任）	
4	（2017）最高法民再258号	最高人民法院	通联资本管理有限公司、成都新方向科技发展有限公司与公司有关的纠纷	股份回购	事件类：未能在约定时间内上市；或其他类：投资方在约定时间点前认为被投资方无法上市等	股东	有效	是

资料来源：中国裁判文书网（http：//wenshn. court. gov. cn）。

经统计的最高人民法院相关主要典型案例摘录如下。

1. 苏州工业园区海富投资有限公司与甘肃世恒有色资源再利用有限公司、香港迪亚有限公司、陆波增资纠纷再审案民事判决书（（2012）民提字第11号）

本院认为：2009 年 12 月，海富公司向一审法院提起诉讼时的诉讼请求是请求判令世恒公司、迪亚公司、陆波向其支付协议补偿款 19982095 元并承担本案诉讼费用及其他费用，没有请求返还投资款。因此二审判决判令世恒公司、迪亚公司共同返还投资款及利息超出了海富公司的诉讼请求，是错误的。

海富公司作为企业法人，向世恒公司投资后与迪亚公司合资经营，故世恒公司为合资企业。世恒公司、海富公司、迪亚公司、陆波在《增资协议书》中约定，如果世恒公司实际净利润低于 3000 万元，则海富公司有权从世恒公司处获得补偿，并约定了计算公式。这一约定使得海富公司的投资可以取得相对固定的收益，该收益脱离了世恒公司的经营业绩，损害了公司利益和公司债权人利益，一审法院、二审法院根据《中华人民共和国公司法》

第二十条和《中华人民共和国中外合资经营企业法》第八条的规定认定《增资协议书》中的这部分条款无效是正确的。但二审法院认定海富公司18852283元的投资名为联营实为借贷，并判决世恒公司和迪亚公司向海富公司返还该笔投资款，没有法律依据，本院予以纠正。

《增资协议书》中并无由陆波对海富公司进行补偿的约定，海富公司请求陆波进行补偿，没有合同依据。此外，海富公司称陆波涉嫌犯罪，没有证据证明，本院对该主张亦不予支持。

但是，在《增资协议书》中，迪亚公司对于海富公司的补偿承诺并不损害公司及公司债权人的利益，不违反法律法规的禁止性规定，是当事人的真实意思表示，是有效的。迪亚公司对海富公司承诺了众星公司2008年的净利润目标并约定了补偿金额的计算方法。在众星公司2008年的利润未达到约定目标的情况下，迪亚公司应当依约应海富公司的请求对其进行补偿。迪亚公司对海富公司请求的补偿金额及计算方法没有提出异议，本院予以确认。

2. 蓝泽桥、宜都天峡特种渔业有限公司、湖北天峡鲟业有限公司与苏州周原九鼎投资中心（有限合伙）合伙协议其他合同纠纷二审民事判决书（（2014）民二终字第111号）

本院经审理认为，本案系投资合同纠纷。一审中，九鼎投资中心虽然起诉蓝泽桥、湖北天峡公司及宜都天峡公司为被告，但并未请求判令宜都天峡公司承担民事责任，一审判决亦未判令宜都天峡公司承担民事责任，故宜都天峡公司在本院二审中不应作为上诉人，而应作为原审被告。根据当事人的上诉与答辩意见，本案二审争议焦点为：一、案涉《投资协议书》和《补充协议》中回购股份条款的法律效力。二、蓝泽桥与湖北天峡公司是否应当承担回购股份的民事责任。九鼎投资中心是否存在违约行为，是否影响本案民事责任的承担结果。三、九鼎投资中心主张权利的起始时间应如何认定。四、原审判决对九鼎投资中心持有的宜都天峡公司股份份额的认定是否正确。五、本案是否存在诉讼程序违法的问题。

一、关于案涉《投资协议书》和《补充协议》中回购条款的法律效力问题。首先，从诉争的两份协议书的内容看，立约各方为达到使宜都天峡公司增资、在中国境内资本市场公开发行股票并上市之目的，先签订了《投资协议书》，约定蓝泽桥、宜都天峡公司以资产及股权增资，九鼎投资中心则以资金注入方式对目标公司宜都天峡公司进行增资，协议包括业绩承诺与股权奖励等条款内容；同日，为保证投资方基本投资利益的实现，各方当事人又签订了《补充协议》，主要包括在一定条件下被投资方股东回购股份的承诺等内容。案涉两份协议系典型的商事合同，《补充协议》系对《投资协议书》的补充约定，二者系同一天达成，共同完整地构成了各方当事人的意思表示。《补充协议》中有关两种情形下被投资方股东应当回购股份的承诺清晰而明确，是当事人在《投资协议书》外特别设立的保护投资人利益的条款，属于缔约过程中当事人对投资合作商业风险的安排。该条款与《投资协议书》中的相关股权奖励条款相对应，系各方当事人的真实意思表示。其次，案涉协议关于在一定条件下被投资方股东回购股份的内容不违反国家法律、行政法规的禁止性规定，不存在《中华人民共和国合同法》第52条所规定的有关合同无效的情形。诉争协议系各方当事人专为此次交易自愿达成的一致约定，并非单方预先拟定或者反复使用，不属于我国《合同法》所规定的格式合同或者格式条款，不存在显失公平的问题。蓝泽桥、湖北天峡公司提出回购股份的条款属于格式条款、有违公平原则的上诉理由缺乏事实与法律依据，不能成立。因此，原审判决认定案涉《投资协议书》与《补充协议》，包括在一定条件下被投资方股东回购股份的承诺等内容合法有效正确，本院予以维持。

二、关于蓝泽桥与湖北天峡公司是否应当承担回购股份的民事责任问题。本案中，宜都天峡公司委托做出的评估报告与该公司自己编制的财务报表显示，宜都天峡公司存在财务虚假，且虚假程度已超过《补充协议》中约定的10%差额上限；宜都天峡公司在2012年出现亏损，湖北天峡公司在《投资协议书》中的相关业绩承诺并未实现，根据《中华人民共和国公司法》《中华人民共和国证券法》等法律法规有关企业公开发行股票并上市的条件规定，宜都天峡公司在2014年12月31日前无法上市已呈事实状态，《补充协议》所约定的股份回购条件业已成就。蓝泽桥与湖北天峡公司应当依约履行自己的合同义务，向九鼎投资中心承担回购股份的民事责任。一审判决认定蓝泽桥与湖北天峡公司应当承担回购股份的民事责任，具有合同与法律依据。

3. 通联资本管理有限公司、成都新方向科技发展有限公司与公司有关的纠纷再审民事判决书（（2017）最高法民再258号）

二审法院认为，本案二审争议的主要问题是：案涉《增资扩股协议》中的股权回购条款是否有效；通联公司要求新方向公司支付股权回购款的条件是否成就及股权回购价格如何确定；久远公司是否应对此承担连带责任。

关于案涉《增资扩股协议》中的股权回购条款的效力问题。案涉《增资扩股协议》为通联公司作为投资方与作为融资方的目标公司久远公司及其原股东新方向公司之间签订的投资协议，该协议中关于"股权回购"的条款，是当事人之间根据企业未来不确定的目标是否实现对各自权利与义务所进行的一种约定，目前在我国资本市场上俗称"对赌协议"。关于由目标公司的股东新方向公司在约定条件出现时按约定价格回购股权的约定，具有与股东之间就特定条件下的股权转让达成的合意相同的法律效果，该约定系当事人的真实、自愿的意思表示，不违反《公司法》的规定，不涉及公司资产的减少，不构成抽逃公司资本，不影响公司债权人的利益，应属合法有效。一审法院仅对涉及新方向公司的股权回购条款做出有效认定，并无不当。

……

本院认为，本案再审审理主要涉及以下问题。

……

《增资扩股协议》中约定新方向公司在约定触发条件成就时按照约定价格回购通联公司持有的久远公司股权，该约定实质上是投资人与目标公司原股东达成的特定条件成就时的股权转让合意，该合意系当事人真实意思表示，亦不存在违反《公司法》规定的情形，二审判决认定新方向公司与通联公司达成的"股权回购"条款有效，且触发回购条件成就，遂依协议约定判决新方向公司承担支付股权回购款本金及利息，适用法律正确，本院予以维持。新方向公司辩称《增资扩股协议》约定的股权回购条款无效，回购条件不成就，没有事实和法律依据，应不予支持。

（二）高级人民法院以及其他法院相关审判意见

基于上述统计的最高人民法院的审判意见，其他省高级人民法院以及各级法院的意见，基本遵循了最高人民法院的裁判规则，相关案例如表 2 所示。

表 2　省高级人民法院以及其他法院相关案例

序号	案号	裁判单位	案件名称	涉案对赌标的	对赌触发条件	约定责任承担主体	判决结果	是否为终审判决
1	（2017）湘民终245号	湖南省高级人民法院	湖南湖大海捷津杉创业投资有限公司与张立忠、柳莉等与公司有关的纠纷	股份回购	事件类：未能在约定时间内上市	股东	有效	是；后当事人向最高人民法院申请再审被裁定驳回
2	（2016）辽民初39号	辽宁省高级人民法院	富象油气技术服务有限公司、朴晶明合同纠纷	股份回购	事件类：未能在约定时间内上市	股东	有效	是；后当事人向最高人民法院申请再审被裁定驳回
3	（2018）粤民终1310号	广东省高级人民法院	深圳市东方汇富创业投资管理有限公司、北京兴业创富创业投资中心股权转让纠纷、买卖合同纠纷	股份回购	事件类：未能在约定时间内上市；或业绩类：未完成约定业绩；或其他类：被投资方实际控制人变更等	股东	有效	是
4	（2013）苏商外终字第0034号	江苏省高级人民法院	国华实业有限公司与西安向阳航天工业总公司股权转让纠纷	股份回购	业绩类：未完成约定业绩	股东	无效（中外合资经营企业,涉案的股权转让协议均应履行前置报批手续,审批机关不予批准）	是
5	（2014）苏商终字第255号	江苏省高级人民法院	阮荣林与刘来宝股权转让纠纷	业绩补偿 / 股份回购	业绩类：未完成约定业绩；事件类：未能在约定时间内上市	股东	有效	是

续表

序号	案号	裁判单位	案件名称	涉案对赌标的	对赌触发条件	约定责任承担主体	判决结果	是否为终审判决
6	（2018）川民终69号	四川省高级人民法院	严俊波、四川玖玖爱食品有限公司与公司有关的纠纷	股份回购	事件类：未能在约定时间内上市；或其他类：被投资方实际控制人变更等	股东	有效	是
7	（2016）鄂民终1316号	湖北省高级人民法院	北京瑞丰投资管理有限公司、华菱津杉（湖南）创业投资有限公司合同纠纷	股份回购	事件类：未能在约定时间内上市；或业绩类：未完成约定业绩	股东	有效	是
8	（2017）吉民终383号	吉林省高级人民法院	仇淑芳与广州市香雪制药股份有限公司及杨昊、抚松长白山人参市场投资发展有限公司公司增资纠纷	股份回购 / 业绩补偿	业绩类：未完成约定业绩	股东	有效	是
9	（2017）青民终113号	青海省高级人民法院	北汽福田汽车股份有限公司与青海洁神装备制造集团有限公司合同纠纷	股份回购	业绩类：未达到约定的分红金额	股东	有效	是；后当事人向最高人民法院申请再审被裁定驳回
10	（2017）闽05民终104号	福建省泉州市人民法院	陈晓龙、王美金股权转让纠纷	股份回购	事件类：未能在约定时间内上市；或业绩类：未完成约定业绩；或其他类：被投资方实际控制人变更等	股东	有效	是；后当事人向福建省高级人民法院申请再审被裁定驳回

序号	案号	裁判单位	案件名称	涉案对赌标的	对赌触发条件	约定责任承担主体	判决结果	是否为终审判决
11	（2015）三中民终字第00923号	北京市第三中级人民法院	鞍山海虹工程机械有限公司等与经纬纺织机械股份有限公司股权转让纠纷	业绩补偿	业绩类：未完成约定业绩	股东	有效	是；后当事人向北京市高级人民法院申请再审被裁定驳回
12	（2016）京01民终4985号	北京市第一中级人民法院	宫俊林上诉湖南华瑞中金投资企业（有限合伙）股权转让纠纷	股份回购	事件类：未能在约定时间内上市	股东	有效	是
13	（2016）沪02民终5418号	上海市第二中级人民法院	张卫东与柏宜照明（上海）股份有限公司、张雷股权转让纠纷	股份回购	事件类：未能在约定时间内于新三板挂牌	股东	有效	是；后当事人向上海市高级人民法院申请再审被裁定驳回（案号：(2017)沪民申207号）
14	（2015）沪一中民四（商）初字第94号	上海市第一中级人民法院	上海谨业股权投资合伙企业（有限合伙）诉刘玄股权转让纠纷	股份回购	业绩类：未完成约定业绩	股东	有效	是
15	（2013）沪一中民四（商）终字第574号	上海市第一中级人民法院	上海嘉悦投资发展有限公司等诉宁波正业控股集团有限公司其他与公司有关的纠纷	业绩补偿	业绩类：净收益低于保底收益	股东	有效	是
16	（2014）厦民初字第137号	福建省厦门市中级人民法院	厦门金泰九鼎股权投资合伙企业与骆鸿、江西旭阳雷迪高科技股份有限公司公司增资纠纷	业绩补偿	业绩类：未完成约定业绩	股东	有效	是
						目标公司	无效	

续表

序号	案号	裁判单位	案件名称	涉案对赌标的	对赌触发条件	约定责任承担主体	判决结果	是否为终审判决
17	(2015)浙温商初字第19号	浙江省温州市中级人民法院	苏州天元东杭九鼎投资中心与浙江华冶矿建集团有限公司、浙江中凯润控股有限公司等股权转让纠纷	股份回购	业绩类：未完成约定业绩；或其他类：出现其他约定事项	股东	有效	是
						目标公司	无效	
18	(2016)浙03民终660号	浙江省温州市中级人民法院	朱立起、连云港鼎发投资有限公司等股权转让纠纷	股份回购	事件类：未能在约定时间内上市	股东	有效	是
19	(2017)粤03民终1659号	广东省深圳市中级人民法院	余江、刘铁山股权转让纠纷、买卖合同纠纷	股份回购	事件类：未能在约定时间内上市	股东	有效	是

资料来源：中国裁判文书网（http://wenshn.court.gov.cn）。

经统计的各级法院主要典型案例摘录如下。

1. 深圳市东方汇富创业投资管理有限公司、北京兴业创富创业投资中心股权转让纠纷、买卖合同纠纷二审民事判决书（（2018）粤民终1310号）

"本院认为，本案系股权转让及回购纠纷。根据《中华人民共和国民事诉讼法》第一百六十八条的规定，第二审案件的审理应当围绕当事人上诉请求的范围进行。结合东方汇富公司的上诉请求及理由，本案归纳争议焦点为：（一）本案是否应当追加中兴牧业公司作为第三人参加诉讼？（二）各方当事人之间签订的《股权回购协议》的效力问题；（三）东方汇富公司是否应当履行《股权回购协议》约定的支付股权回购价款的义务？"

……

（三）关于涉案《股权回购协议》的效力问题。首先，本案中，《投资协议》《补充协议》以及《股权回购协议》，所约定的股权回购义务方均为东方汇富公司。中兴牧业公司于 2013 年 9 月 10 日通过董事会决议，明确由中兴牧业公司通过减资等方式向兴业创富投资中心支付股权回购价款的责任，系中兴牧业公司内部的决议，是公司内部为管理公司事务而进行的表决程序，而非对外意思表示，并不构成当事人之间的协议。且《股权回购协议》签订于 2013 年 9 月 10 日董事会决议之后，协议并未将中兴牧业公司列为股权回购义务方。因此，东方汇富公司以 2013 年 9 月 10 日的董事会决议作为依据，主张涉案《股权回购协议》实际上系投资方与目标公司之间的对赌，应认定为无效，理由不能成立，本院不予采纳。其次，关于涉案股权转让是否需报外商投资企业审批机关批准问题。《最高人民法院关于审理外商投资企业纠纷案件若干问题的规定（一）》第一条的规定，"当事人在外商投资企业设立、变更等过程中订立的合同，依法律、行政法规的规定应当经外商投资企业审批机关批准后才生效的，自批准之日起生效；"第九条规定："外商投资企业股权转让合同成立后，受让方未支付股权转让款，转让方和外商投资企业亦未履行报批义务，转让方请求受让方支付股权转让款的，人民法院应当中止审理，指令转让方在一定期限内办理报批手续。该股权转让合同获得外商投资企业审批机关批准的，对转让方关于支付转让款的诉讼请求，人民法院应予支持。"东方汇富公司依据上述规定，主张本案应中止审理，指令兴业创富投资中心在一定期限内办理报批手续。根据《中华人民共和国中外合资经营企业法》（2016 年修正）第十五条的规定，以及 2016 年 10 月 8 日商务部发布的《外商投资企业设立及变更备案管理暂行办法》的规定，现行法律、行政法规已将不涉及国家规定实施准入特别管理措施的外商投资企业的设立和变更，由审批改为备案管理。本案股权转让的目标公司中兴牧业公司的经营范围为奶牛养殖、自产原料奶销售、畜牧技术咨询服务，并不涉及现行国家规定实施准入特别管理措施的清单范围，因此，不属于《最高人民法院关于审理外商投资企业纠纷案件若干问题的规定（一）》第一条所规定的"依法律、行政法规的规定应当经外商投资企业审批机关批准后才生效的"的情形，东方汇富公司主张本案应中止审理，指令兴业创富投资中心在一定期限内办理报批手续，理由不能成立，本院亦不予采纳。综上所述，涉案《股权回购协议》并未违反法律法规的强制性规定，或者需要经审批后方生效，是当事人之间的真实意思表示，合法有效，各方应依约履行。

2. 张卫东与柏宜照明（上海）股份有限公司、张雷股权转让纠纷再审民事裁定书（（2017）沪民申207号）

张卫东申请再审称：1. 一审认定事实不准确，推理基础不牢靠。《股权协议书》对未来收益做了明确约定，系争合同也并非对赌协议，更不是投资合同，本案合同关系名为投资关系实为借款关系。2. 一审适用法律错误。《股权协议书》约定利息高于法律规定的上限标准，且存在损害国家利益和公共利益的情形，应无效。综上，张卫东依照《民事诉讼法》第二百条第二项、第六项规定申请再审。

张雷提交意见认为：二审认定事实清楚，适用法律正确。1. 《股权协议书》系各方真实意思的表示，不违反法律禁止性规定，也不存在损害国家利益和公共利益的情形，应有效。2. 《股权协议书》详细约定了股权的认购价格、方式、回购条款、违约金等内容，且柏宜公司后续确实进行了挂牌的相关工作。双方间并无借贷的合意。

本院认为，张雷与张卫东、柏宜公司签订的《股权协议书》系基于柏宜公司拟在新三板挂牌上市增发股份，张雷进行认购而签订，之后柏宜公司也实际为新三板上市进行了筹备。张雷对柏宜公司投入了资金，已提前承担了风险且帮助张卫东、柏宜公司解决了融资难题，故各方当事人约定以固定价格回购张雷所认购的股份作为补偿条款亦无不可，张卫东在签约时理应充分判断其自愿承担向张雷支付收益补偿款的责任与后果。张卫东认为《股权协议书》实质是借贷合同且存在损害国家利益和公共利益的情形，缺乏事实和法律依据，本院不予采信。综上，二审认定事实清楚，适用法律正确，所作判决并无不当，张卫东的再审申请不符合《民事诉讼法》第二百条第二项、第六项规定的情形。依照《民事诉讼法》第二百零四条第一款，《最高人民法院关于适用〈中华人民共和国民事诉讼法〉的解释》第三百九十五条第二款之规定，裁定如下：

驳回张卫东的再审申请。

3. 宫俊林上诉湖南华瑞中金投资企业（有限合伙）股权转让纠纷民事判决书（（2016）京01民终4985号）

本院认为，本案华瑞中金企业以股权转让纠纷起诉宫俊林、中成新星公司，请求宫俊林回购其持有的中成新星公司的股权并承担相应的违约责任。本院认为，华瑞中金企业、宫俊林、中成新星公司签订《增资协议》系各方真实意思表示，未违反法律、行政法规的强制性规定，当属合法有效。针对宫俊林主张其回购华瑞中金企业股权须取得中成新星公司的书面同意的上诉理由，本院认为，2014年3月10日中成新星公司、宫俊林向华瑞中金企业出具的《关于〈股权回购通知涵〉的回复函》中明确写明："中成新星及宫俊林本人将通过多种渠道寻找投资人，协商股权回购事宜。"该回复函的落款处有中成新星公司加盖公章。该回复函的内容可以看出中成新星公司表示积极协助办理股权回购事宜，系其对股权回购事宜的明知及认可，故宫俊林现以中成新星公司未以书面形式同意股权回购为由不履行回购义务，没有事实及法律依据，本院不予支持。针对宫俊林主张中成新星公司已经在新三板上市故其不应承担回购股权的责任的上诉理由，本院认为，首先，本案中三方签署《增资协议》的时间是2011年1月20日，宫俊林及华瑞中金企业在二审期间均认可，新三板接收申报的时间晚于各方签订《增资协议》的时间，因此本院认为各方在《增资协议》中写明的公开发行及上市并不指向在新三板上市发行，且宫俊林在二审中亦明确认可，截至2014年1月28日，中成新星公司未完成在中国证券监督管理委员会发审委进行的审核，故本院认为宫俊林的此点上诉理由，亦没有事实及法律依据，本院不予支持。本院认为，根据现有证据，一审判决判决认定宫俊林回购华瑞中金企业股权的条件已经成就，宫俊林应当履行回购义务并按照《承诺函》的约定支付利息正确，本院予以维持。

（三）仲裁裁决意见

如上文所述，截至目前在司法实践中各级人民法院均遵循比较主流的审判意见，即认定通常情况下对赌条款的有效性适用于投资公司与原股东之间的约定，而在以下仲裁案件中，仲裁委员会在裁决中却认定了投资者与目标公司的对赌条款合法、有效。该案例的相关内容摘录如下：

陈桂生等与北京安言信科投资有限公司申请撤销仲裁裁决一审民事裁定书（北京市第二中级人民法院（2015）二中民特字第00014号）

　　申请人陈桂生、广东生之源数码电子股份有限公司（以下简称生之源公司）申请撤销中国国际经济贸易仲裁委员会（以下简称仲裁委员会）于2014年9月10日做出的（2014）中国贸仲京裁字第0779号仲裁裁决（以下简称仲裁裁决）一案，本院受理后，依法组成合议庭进行了审理。本案现已审理终结。

　　申请人陈桂生、生之源公司申请称：

　　……

　　三、仲裁委员会徇私舞弊、枉法裁决，认定事实严重错误，适用法律错误，理由如下：

　　第一，仲裁委员会认定《补充协议》第三条3.1款、3.3款合法、有效是严重错误的，该条款因损害了生之源公司利益和生之源公司债权人利益，违反了法律、行政法规的强制性规定，应当认定为无效。《补充协议》第3条第3.1款、3.3款实为"对赌条款"。这一约定使得安言信科公司的投资可以取得相对固定的收益，该收益实际上脱离了生之源公司的经营业绩，损害了生之源公司的利益和生之源公司债权人的利益。《补充协议》约定由生之源公司对安言信科公司承担补偿责任违反了法律、行政法规的强制性规定，该约定属于无效。然而，仲裁委员会却错误地认定该补偿条款合法、有效。最高人民法院生效的（2012）民提字第11号民事判决书，与本案案情是一致的，该判决认定：对赌协议或者对赌条款中，规定利益目标，约定目标公司给予补偿的条款，因损害了公司利益和公司债权人利益，违反了法律、法规的强制性规定属于无效条款。但是，目标公司的股东自愿承担补偿责任是合法、有效的。根据上述生效判决的认定，本案对赌条款中规定了利益目标，约定目标公司生之源公司给予安言信科公司补偿，自然是无效的。同时，该对赌条款中，并没有约定公司股东申请人陈桂生给予被申请人补偿。然而，仲裁委员会却认定该对赌条款合法、有效。仲裁委员会徇私枉法、枉法裁决。

第二，仲裁委员会认定《补充协议》第三条第 3.5 款、3.6 款合法、有效是严重错误的，该条款约定：未达到利益目标，则生之源公司和创始股东退还部分增资款给安言信科公司，损害了生之源公司利益和公司债权人利益，违反法律、行政法规的强制性规定，应当认定为无效。

本院经审查认为，《最高人民法院关于适用〈中华人民共和国仲裁法〉若干问题的解释》第十七条规定："当事人以不属于仲裁法第五十八条或者民事诉讼法第二百七十四条规定的事由申请撤销仲裁裁决的，人民法院不予支持。"本案系仲裁委员会审理的国内仲裁案件，本院将依据《仲裁法》第五十八条的规定对本案进行审查。

对于陈桂生、生之源公司认为仲裁委员会徇私舞弊，枉法裁决，认定事实错误，适用法律错误一节，本院认为认定事实错误和适用法律错误均是仲裁庭对案件的事实进行判断及认定，是仲裁庭对案件实体处理的问题，不属于《仲裁法》第五十八条规定应予以撤销仲裁裁决的情形。故陈桂生、生之源公司的此项申请理由无事实和法律依据。陈桂生、生之源公司亦无证据证明仲裁庭存在枉法裁决的情形。综上，本案不存在撤销仲裁裁决的情形，陈桂生、生之源公司的申请理由不能成立，对其要求撤销涉案仲裁裁决的请求本院不予支持。

由上述裁定书可以看出，该案件首先经过了中国国际经济贸易仲裁委员会于 2014 年 9 月 10 日做出的（2014）中国贸仲京裁字第 0779 号仲裁裁决，裁决结果认定投资公司与目标公司之间的对赌条款合法、有效，随后申请人向北京市第二中级人民法院申请撤销仲裁裁决，最终该法院对于申请人认为的"仲裁委员会徇私舞弊、枉法裁决，认定事实错误，适用法律错误"事项并没有正面进行答复，而是认为认定事实错误和适用法律错误均是仲裁庭对案件的事实进行判断及认定，是仲裁庭对案件实体处理的问题，不属于

《仲裁法》第 58 条规定应予以撤销仲裁裁决的情形，故申请人的申请理由无事实和法律依据，不予支持。

笔者以为，仲裁委员会本次裁决结果主要反映了对契约精神的推崇与尊重，但是契约精神并非商业往来中评判交易有效性、合法性的唯一准则，其适用同样需要建立在充分考察各交易主体的关系以及不违反其他法律法规规定的基础上，且之后人民法院不予支持申请人关于撤销仲裁裁决的申请也仅是基于对程序问题的审查，并未对该案的实体问题进行论证分析。因此，该案裁决结果后续是否具备普遍适用性存在较大的不确定性。

四 最高人民法院法官学术观点简述

由"对赌条款"引发的争议逐步增加，但在很长时间的审判实践中，对于"对赌条款"法律效力的认定标准不尽统一。对"对赌条款"的效力分析，在立法规范层面，也只能从较宏观的角度进行，缺乏针对性的立法或司法解释作为参考依据。

鉴于此，本文除对近几年有关对赌条款的典型案例进行分析解读外，也对最高人民法院法官相关著述中的重要观点予以关注。最高人民法院法官关于"对赌条款"问题的著述中，民二庭法官王东敏的文章《风险投资的司法保护与"对赌协议"的效力认定》，以及最高人民法院副院长、审判委员会委员、知识产权法庭分党组书记、庭长、二级大法官罗东川和民四庭审判员杨兴业合著的《"对赌协议"纠纷的法律规制及裁判规则》两篇文章，参考价值尤为突出。

现摘录前述文章部分内容如下。

（一）王东敏：《风险投资的司法保护与"对赌协议"的效力认定》，载最高人民法院民事审判第二庭编《最高人民法院商事裁判观点》总第 1 辑，法律出版社 2015 年版。

人民法院认定以公司上市为条件的对赌协议有效，不当然鼓励有对赌协议的公司上市，人民法院关于对赌协议合同效力的裁判对行政监监管机关的上市审批行为不发生影响。

认定对赌协议效力的主要依据是合同法和公司法及其他法律法规。对赌协议中有关公司财务业绩、公司上市、大股东及实际控制人等回购公司股份的约定如未违反公司法及其他法律法规的强制性规定，不构成认定合同无效的要素。

（二）罗东川、杨兴业：《"对赌协议"纠纷的法律规制及裁判规则》，载《人民司法·案例》2014 年第 10 期。

五 "对赌协议"不应成为投机行为

对于选择估值调整机制为融资途径的企业来说，"对赌协议"这个俗称并不能准确反映这一筹集资金方式的法律特征，但是，却能反应相当一部分投资者和融资者的投机心态。融资困难是企业尤其是民营企业在发展过程中经常面临的问题，企业的发展常受融资问题困扰，因而近年来，民营企业在谋求海外上市之外，利用私募资本（PE）的投资也成为重要的融资方式。在这个过程中，急功近利的心态和概念的炒作使得正常的融资现象越来越趋近于投机生意，以致出现了"风投"（风险投资）这一业内特有的现象。在投资过程中，不少融资方和投资方如同炒股者一样，有着赌博的心理，本来目的是降低风险、谋求双赢的 VAM 变成了谋求短期暴富的工具，脱离了其本该具有的融资机制的本意。协议中 VAM 条款本身的设计也越来越简单，投资者省略了很多应当自行调查了解清楚的事项，一味依赖融资者的前景展望和回报补偿条款的简单设计，使得对赌协议的投资风险不断加大。回顾以往"对赌协议"的成功案例，可以发现，投资基金对目标公司的经营是有一定程度的参与的，并非坐收渔利。

在现实中，有些人故意误导 PE 的概念，把它形容得如同保底投资一样，但实际上并非如此。PE 依赖 IPO 成功退出并实现投资回报的成功率并不高，大部分参与对赌的私募投资者会"赌输"。因此私募投资者宣扬其投资"保本无亏"是欺骗公众的行为。"对赌协议"条款本身的目的是规避投资风险，不是一夜暴富的捷径。PE 是重要的投资手段，但对 PE 的过分渲染会导致对投资的放任和草率。作为司法机关，在纠纷发生时，应当引导谨慎投资。要抑制过分投资，防止金融风险。同时对引资的一方也要倡导契约精神，信守承诺，不要借此圈钱。引导投资者，使 PE 回归 VAM 的本原谨慎投资、使融资者诚实守信，是法官在判决类似案件时的基本考量点。

六 "对赌协议"是投资协议，法律上对其没有特殊保护

无论 PE 还是 VAM，都不过是经济现象。它们必须通过一般民事法律行为才能实现。在法律上，其表现为投资的法律关系，并不具有法律意义上的特殊性，因此也不能得到一些私募投资者所希冀的特殊保护。

概念不可能代替本质。投资行为必须遵守法律，在现行的法律框架内进行。"对赌协议"是投资与融资的组合行为，不能要求法律去特别单独应对，也没有这个必要，特别是对于司法行为来说。实际上，在本案中，即使是当事人自己，也没有以 PE 等概念作为诉辩理由，而是实事求是地将争议定位于增资过程中产生的纠纷。

七 判决部分补偿条款无效，并不违反当事人意思自治的原则

当事人意思自治原则包含两方面的内容：一是私法主体有权依自己的意志实施私法行为，他人不得干预；二是在不违法的前提下，私法主体之间达成的协议优先于私法而适用。因此，意思自治需以不违法为前提，违反法律的意思自治是不被承认的。法官依据法律判决某些私法行为无效具有无可辩驳的正当性。司法不是就事论事的行为，在利益平衡的过程中，不仅要考虑案内，还要考虑案外；不仅要考虑当下，还要考虑将来。对于潜在的第三者的利益也要顾及，例如潜在的债权人。在合同之债和侵权之债中，侵权之债更容易偶然发生，股东之间通过特别约定排除债权人实现债权的可能性是存在的。

依据王东敏法官在《风险投资的司法保护与"对赌协议"的效力认定》《公司法审判实务与疑难问题案例解析》等著作中的观点，就"对赌条款"合同效力问题的争议，集中反映在协议中经常约定的以下三个问题：（1）大股东、实际控制人必须回购投资方股份是否为保底条款；（2）以公司上市为对赌条件是否影响合同效力；（3）在投资方以股东身份参与公司经营管理的情形下，以公司业绩对赌，是否违反公平原则。

在王东敏法官看来，第一，对赌条款中的股权回购条款与最高人民法院1990年出台的《关于审理联营合同纠纷案件若干问题的解答》司法解释中出现的"保底条款"有类似的地方，但更有本质的区别。第二，证券监督管理部门对于"对赌条款"的态度，不影响合同本身的效力；当事人在合同中可以约定公司上市为其实现其他民事权利的条件，该等约定并不违反法律及社会公序良俗，不能简单否定其效力。第三，无论是投资方还是原来的大股东、实际控制人、高级管理人员等参与公司的经营管理，甚至是投资方股东享有的特殊股东权利等，只要不违反《公司法》及其他法律的强制性规定，均是公司内部股东的意思自治，是当事人对不可预测的商业风险做出的自愿合理分担，人民法院在司法角度上不予干预比较妥当。

无论是最高人民法院法官在相关著作和文章中的观点论述，还是最高人民法院以及其他各级法院在审判实务中对于对赌条款的效力认定，法院做出的裁判普遍将"对赌条款"或相应条款视作正常的投资协议，并依照现有的法律框架对其进行认定和评价，没有将其"特殊化"，裁判结果也普遍肯定了对赌条款或利益估值条款本身的合理性，对于投资者与目标公司其他股东之间的对赌条款效力也予以认可和肯定。

八 总结

综合相应的观点论述和裁判思路，针对"对赌条款"的有效与否，可以概括得出以下基本结论。

（一）关于对赌条款的约定，充分尊重当事人意思自治，但应当确保当事人意思表示真实，且该等意思自治应以不违法为前提，违反《合同法》

《公司法》及其他法律法规或强制性规定的意思自治是不被承认的，相应的"对赌条款"有可能会被判令无效。

（二）在不违反法律规定及社会公序良俗的前提下，对赌条款中有关公司业绩指标、上市时点、实际控制人回购股份等约定，可以被视为正常的商业约定，不会因此而导致合同被认定无效。

（三）对赌条款或相应条款不应损害目标公司、目标公司债权人及其他股东的利益，这点应当作为考察对赌条款是否有效的重要内容。

因此，虽然在目前的司法实践中，各级人民法院对于对赌条款效力的审判观点已经趋于明朗化，甚至在仲裁案件中更是存在仲裁委员会承认了投资公司与目标公司之间对赌条款合法有效性的裁决案例。即便如此，我们还是建议在实践操作中，应秉持十分审慎的态度。在对"对赌条款"（或"对赌协议"）的起草、协商过程中，对先前判例中所提到的影响"对赌条款"效力的潜在风险点应尽量避免；在不违反其他强制性规定的前提下，尽量采用在股东之间签署对赌条款的方式，可最大限度避免各方在有效性问题上的争论。

上市公司非公开发行股票所涉
"保底协议"条款效力及风险

康晓阳　张　政

一　产生及演化背景

上市公司非公开发行股票，是指上市公司采用非公开方式，向特定对象①发行股票的行为。该行为应当符合相关法律、法规，以及由中国证券监督管理委员会（以下简称中国证监会）、相应证券交易所等证券监管机构颁布施行的其他规范性法律文件所规定的条件，并报中国证监会核准。

相对于股份公司首次公开发行新股（即 Initial Public Offerings，下文简称 IPO），上市公司非公开发行股票的适用条件较宽松，审核期间较短，融资效率相对较高且融资成本更少，是上市公司较非上市公司在融资方面优越性的集中体现。另外，对于看好上市公司业务发展，希望中长期持有上市公司股票的投资者而言，参与非公开发行股票的认购意味着能够以折扣价格一次性购买相当数额的股票，甚至可成为上市公司的战略投资者或主要股东，故而对投资人一直保持相对较强的吸引力。

由于上市公司非公开发行股票通常募资规模较大，而对参与认购对象数

---

① 对于"特定对象"的定义，参见《上市公司证券发行管理办法》（中国证券监督管理委员会令第 30 号）第 37 条："非公开发行股票的特定对象应当符合下列规定：（一）特定对象符合股东大会决议规定的条件；（二）发行对象不超过十名。"

量有严格限制，进而对单体投资者资金实力要求较高。受这些因素影响，参与非公开发行股票认购的投资人以机构投资人为主，这与参与 IPO 认购的投资者结构有很大不同。同时，现行适用规则对于投资者认购的上市公司股票有较长的法定锁定期，而众多的专业化机构投资人多有公开或非公开的募资行为，投资机构管理者对募集的资金背负投资和管理责任。在市场进入长期震荡甚至持续下行的区间时，投资人普遍对于所认购股票解除锁定后的盈利预期的关注和担忧也会随之增加。凭借专业化程度高、掌握资金量大的优势，机构投资人往往在与上市公司以及其实际控制人的博弈中，话语权远高于一般个人投资者，为了在一定程度上保障自身资金的安全性及收益的稳定性，"保底协议" 应运而生。

在市场多角度、全方位的放大作用下，"保底协议" 虽是非公开发行市场中投资方和融资方紧张关系的畸形伴生品，但也无奈地成为非公开发行市场广泛适用的 "潜规则"。它的出现，一方面能够满足投资方 "锁定投资风险" 的诉求；另一方面，成为上市公司或其实际控制人在现有制度体系外吸引募集资金的筹码。

2017 年 2 月 17 日，证监会对《上市公司非公开发行股票实施细则》进行修订，同时发布了《发行监管问答——关于引导规范上市公司融资行为的监管要求》，主要从定价、规模、间隔期等方面对非公开发行的模式进行调整和限制，以非公开发行申请受理函为界，实行新老划断，严控市场过度融资等乱象，俗称 "再融资新规"。前述新规施行后，与上市公司控股股东/实际控制人无关联关系的投资者参与非公开发行的案例及投资额大幅下降（见图 1）。

对于投资者而言，其参与非公开发行的积极性之所以受到 "再融资新规" 的较大影响，主要原因有三点。一是在全新的定价机制下，竞价发行价格趋于市价，甚至溢价。尽管 "再融资新规" 前非公开发行市场折价水平已经降低至 9 折或以上，但观察市场近年非公开发行项目可知，对于法定锁定期为 12 个月的财务投资者而言，折价幅度对其收益率仍有很大的影响。二是中国证监会同期颁布的《上市公司股东、董监高减持股份的若干规定》（中国证监会管理委员会公告（2017）9 号）等 "减持新规" 施行后，投资

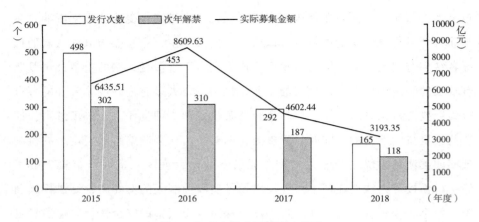

图1 不含大股东及关联方认购

数据来源：Wind 资讯。

者的退出速度受限，解禁后首年如通过集中竞价交易仅能出售 50%，否则只能折价通过大宗交易减持。三是《中国人民银行、中国银行保险监督管理委员会、中国证券监督管理委员会、国家外汇管理局关于规范金融机构资产管理业务的指导意见》（银发（2018）106 号）等"资管新规"的出台一定程度上限制了专业机构投资者参与非公开发行的渠道。

对于上市公司来说，融资需求却是一直存在的，前述新规的出台确实抑制了部分上市公司通过种类繁多的"资本运作"圈钱的节奏，但也着实提高了上市公司通过非公开发行股票进行融资所普遍适用的"门槛"。原有的博弈平衡逐渐倾斜，非公开发行市场上手握资金的投资者话语权越发强大，与保底协议相关的交易安排频现。

一旦发生纠纷，相关"保底协议"或"保底条款"的效力问题即成为争议解决的焦点。

较非上市公司而言，上市公司股东众多、涉及的利益广泛，股份交易流通频繁、融资方面更具优势，也承担更多信息披露义务，对上市公司的问责制度更为严苛，而非公开发行股票本身即为法定的行政许可事项。以上因素，决定了对非公开发行股票中"保底协议"或"保底条款"有效性等相关法律问题的探讨愈加复杂，需综合现行立法框架下《证券法》《合同法》及中国证监会相关部门规章等多层次的法律、法规及规范性文件进行判断。

笔者在本文中将通过对审判案例的分析，针对"保底协议"或"保底条款"是否有效，哪些关键点会对其效力产生影响，协议履行过程中哪些关键点会对保底收益的计算和追回产生影响等相关问题展开探讨，并尝试为与之相关的交易实践提出建议。

二 概念简述及相关法律规定

从实践上看，"保底协议"一般指投资方在认购上市公司非公开发行股票的过程中，与保底承诺人（通常是发行人控股股东/实际控制人）签订协议或在认购协议的补充协议中设置条款，以保证其至少享有一定数额的最低收益的情形。当投资方出售全部所认购股票的净收益低于约定数额甚至为亏损时，保底承诺人同意向投资方支付一定的款项作为补偿，直至投资方投资净收益达到约定数额。

"保底协议"系较为典型的"无名合同"（指法律上并未确定一定的名称及规则的合同）。对"保底协议"能够起到一定规制作用的规定，散见于《合同法》《证券法》等法律法规中。

其中，对"保底"条款效力的认定主要依据如下。

（1）《合同法》（中华人民共和国主席令第15号）第52条："有下列情形之一的，合同无效：（一）一方以欺诈、胁迫的手段订立合同，损害国家利益；（二）恶意串通，损害国家、集体或者第三人利益；（三）以合法形式掩盖非法目的；（四）损害社会公共利益；（五）违反法律、行政法规的强制性规定。"

（2）《最高人民法院关于适用〈中华人民共和国合同法〉若干问题的解释（二）》（法释（2009）5号）第14条："合同法第五十二条第（五）项规定的'强制性规定'，是指效力性强制性规定。"

（3）《证券法（2014年修正）》（中华人民共和国主席令第14号）第10条："……非公开发行证券，不得采用广告、公开劝诱和变相公开方式。"

第26条："国务院证券监督管理机构或者国务院授权的部门对已做出的核准证券发行的决定，发现不符合法定条件或者法定程序，尚未发行证券的，应当予以撤销，停止发行。已经发行尚未上市的，撤销发行核准决定，发行人应当按照发行价并加算银行同期存款利息返还证券持有人；保荐人应当与发行人承担连带责任，但是能够证明自己没有过错的除外；发行人的控股股东、实际控制人有过错的，应当与发行人承担连带责任。"

第 27 条："股票依法发行后，发行人经营与收益的变化，由发行人自行负责；由此变化引致的投资风险，由投资者自行负责。"

三　相关案例统计及内容摘要

如开篇所述，虽在诸多非公开发行中，"保底协议"均被作为整体交易安排的重要部分，但可检索到的相关争议判决案例并不多见。笔者认为，此类协议多被作为"抽屉协议"，且协议通常牵涉多方复杂利益，是导致该等结果的重要原因。在"保底协议"引发争议时，涉事各方大多会"心照不宣"地采取更加积极的态度进行协商，以能够容忍的代价促成和解。

对通过公开数据的搜集所获取的有限资料进行整理，笔者对包括"拓日新能（002218.SZ）2011 年非公开发行""＊ST 东南（002263.SZ）2011年非公开发行""黔轮胎 A（000589.SZ）2013 年非公开发行""保千里（600074.SH）2016 年非公开发行"在内的多个案例判决进行了详细研究。在上述案例中：1 个案例最终判决由最高人民法院做出，1 个案例终审判决由省高级人民法院做出，2 个案例终审判决由中级人民法院做出。

从判决结果来看，该等案例均判令保底承诺人（发行人控股股东/实际控制人）与投资方签订的"保底协议"有效，保底承诺人应对投资方履行保底补偿义务，且相关法院的裁判思路较为一致。具体如下。

（一）最高人民法院相关审判意见

黔轮胎 A（000589.SZ）2013 年非公开发行：明朝勇、贵阳市工业投资（集团）有限公司证券交易合同纠纷二审民事判决书（（2017）最高法民终 492 号）

本院认为，在"保底协议"签订前，案涉非公开发行股票行为已经得到贵阳市国资委的批复同意和证监会核准，该非公开发行股票行为程序合法。虽然 "保底协议" 约定了工投公司 (发行人控股股东) 在一定条件下为明朝勇认购股份的投资本金安全及固定收益提供保证, 但该承诺仅是工投公司与明朝勇之间的内部约定, 并非针对不特定多数人所作, 不属于《证券法》第 10 条规定的公开劝诱形式。而且, 保底承诺的主体系贵阳轮胎公司的股东工投公司, 该约定本质上系目标公司股东与投资者之间对投资风险及投资收益的判断与分配, 属于当事人意思自治范畴。目标公司股东对投资者的补偿承诺并不损害公司及公司债权人利益, 没有明显增加证券市场风险、破坏证券市场稳定性, 不违反法律、行政法规的禁止性规定。《证券发行与承销管理办法》系证监会发布的部门规章, 不属于《合同法》第 52 条第 (5) 项规定的 "法律、行政法规" 范畴。该办法的根本目的在于规范证券发行与承销行为, 保护投资者合法权益。目标公司股东的保底承诺是其为自身利益和目标公司经营发展考虑吸引其他投资者参与公司经营的激励措施, 不损害投资者合法权益。明朝勇亦未提供证据证明工投公司存在操纵股票市场等其他损害投资者权益的违法、违规行为, 其关于 "保底协议" 无效的上诉主张于法无据, 法院不予支持。

本案中, 最高人民法院的裁判思路可以归集如下:

首先, 黔轮胎 A (000589. SZ) 该次非公开发行股票行为的程序合法, 该等发行股票行为没有被撤销, 且募集过程不存在公开劝诱 (发行行为合法的一部分), 认购行为有效;

其次, 明确 "保底协议" 属于协议各方意思自治的范畴, 意思表示应真实;

最后, "保底协议" 中保底承诺人对特定对象做出的补偿承诺不损害上市公司及其债权人利益, 没有明显增加证券市场风险、破坏证券市场稳定性, 没有违反《合同法》第 52 条, 损害国家、集体或者第三人利益, 损害社会公共利益, 违反法律、行政法规的禁止性规定。

(二) 省高院以及其他法院相关审判意见

1. *ST 东南 (002263. SZ) 2011年非公开发行: 李爱娟、浙江大东南集团有限公司合同纠纷二审民事判决书 ((2015) 浙商终字第144号)

因双方约定的保底条款并不违反法律、行政法规的强制性规定, 且承担补偿责任的是大东南股份公司的股东而非大东南股份公司，该补偿并不损害大东南股份公司及其他人利益，故810协议合法有效。李爱娟虽以华宝信托公司名义认购案涉股票，但该履行方式得到了大东南集团公司的认可，且李爱娟在签订及履行相关协议中并无过错，故李爱娟不承担责任，大东南集团公司应对李爱娟的损失承担全额补偿责任。根据810协议的约定，大东南集团公司应当补偿李爱娟的款项数额为：［9.35元/股（实际认购价格）×1.15~6.02元/股（通过大宗交易平台转让的价格）］×1500万股（实际认购股份数）－150万元（持有期间分红）＝6948.75万元。对该款项，根据810协议第二条第（一）款第1项的约定，大东南集团公司应当在2012年9月28日之前予以支付。现大东南集团公司迟延履行该义务，李爱娟要求其支付按照中国人民银行同期同档次贷款基准利率自2012年9月28日起至全部款项付清之日止计算的利息，合法有据，应予支持。

本案中，法院认为保底条款并不违反法律、行政法规的强制性规定，且承担补偿责任的是＊ST东南（002263.SZ）的股东而非上市公司本身，该等补偿并不损害上市公司利益，"保底协议"合法有效。

2. 拓日新能（002218.SZ）2011年非公开发行：宁波正业控股集团有限公司与上海嘉悦投资发展有限公司、陈五奎与公司有关的纠纷民事判决书（（2012）闵民二（商）初字第1832号、（2013）沪一中民四（商）终字第574号①）

一审法院认为，本案的主要争议焦点是原告与被告上海嘉悦、陈五奎所签订协议书中涉及补偿承诺的效力问题。而根据《合同法》第52条第（五）项的规定，违反法律、行政法规的强制性规定的合同无效。而《最高人民法院关于适用〈中华人民共和国合同法〉若干问题的解释（二）》第14条将《合同法》第52条第（五）项规定的强制性规定限缩解释为效力性强制性规定。效力性规定是指法律及行政法规明确规定违反该类规定将导致合同无效，或者虽未明确规定违反将导致合同无效，但违反该规定如使合同继续有效将损害国家利益和社会公共利益的，也应当认定该规定是效力性

---

① 原审判决书对当事人、涉事公司均采取化名处理，为方便阅读，摘录时进行了名称还原。

强制性规定，故只有违反了效力性强制性规定的，才应当认定合同无效。针对此被告援引了《公司法》第 3 条、第 127 条、第 167 条第 3 款，《证券法》第 27 条，《合同法》第 5 条、第 52 条第（三）项等规定作为认定系争协议书无效的法律依据。结合本案具体的投资方式，发行人拓日新能（002218. SZ）通过非公开发行新股的方式进行资金募集，且是向特定对象发出认购邀请书，相对于公开募集而言，该种资金的融资方式即私募，原告也正是专门投资这类基金、股票，且有丰富经验的专业投资者；加之原告投资的是上市公司非公开发行的股票，故本案的具体投资方式应为私募股权投资。以下本院将结合本案系争私募股权投资的方式及其主要特征、协议书中涉及对投资净收益与保底收益之间差价补偿条款的效力进行详细的阐述。

第二，由上述私募股权投资方式引申出投资损失的补偿问题，结合本案即原告与被告上海嘉悦、被告陈五奎所签订协议书第 5 条 "若净收益低于保底收益，被告上海嘉悦承诺补足原告净收益和保底收益之间的差价，被告陈五奎对此补足事宜承担连带责任"，第 8 条 "除甲方自身原因外，其余原因导致本协议无效的，被告上海嘉悦应赔偿原告损失，原告损失为净收益低于保底收益的差额部分，被告陈五奎对被告上海嘉悦的赔偿责任承担连带担保责任"。首先，从该份协议书签订的合同主体来看。原告系发行人非公开发行股票的认购者，而被告上海嘉悦、被告陈五奎系发行人的股东及实际控制人，但应区分该份协议书并非是原告与发行人所签订，即并非是认购人与发行人之间所签订的协议，虽然该份协议书与原告、发行人签订的认股协议存在极大的关联，而从协议书约定的内容来看，该份协议书的主要内容是对于原告私募股权投资可能产生的损失进行了事先约定，即由发行人的股东对原告的投资损失予以补偿，但并非由发行人对原告的投资损失进行补偿，承担赔偿责任的主体是发行人的股东及实际控制人，并非发行人公司本身，这点需要着重明确。即若原告通过私募股权投资成为上市公司发行人的限售股股东，那么该项协议书中的补偿约定，也仅是股东与股东及实际控制人之间补偿约定。既然赔偿主体是发行人的股东及实际控制人，股东及实际控制人作为独立的公司法人及自然人对其自身所做出的承诺而引发的赔偿责任应当独立承担相应的民事责任，上述民事主体即使承担相应的民事责任也并不会损害到发行人的公司利益或发行人公司债权人的利益，并不违反法律、行政法规中的效力性强制性规定，故本院认为原告与被告上海嘉悦、被告陈五奎所签订的协议书体现了各方当事人的真实意思表示，当属有效，对各方当事人均具有合同约束力。其次，被告上海嘉悦、被告陈五奎承诺了若原告净收益低于保底收益，则由被告上海嘉悦承担补足责任，并由被告陈五奎承担连带责任。即被告上海嘉悦系主债务人，且主债务人并没有脱离债的关系，被告陈五奎作为第三人加入原告与被告上海嘉悦的债权债务关系中，属于债务加入，由被告陈五奎与被告上海嘉悦共同向原告承担差价部分的赔偿责任，被告陈五奎与被告上海嘉悦为连带债务人。现原告的净收益确实低于协议书约定的保底收益，而被告上海嘉悦、被告陈五奎对原告请求的补偿金额及计算方法并未提出异议，应予确认。现被告上海嘉悦、被告陈五奎并未能按照协议书的约定履行补偿投资损失的合同义务，该行为显然构成违约，且该违约行为给原告造成了相应的损失，协议书亦对该违约行为约定了明确的违约责任，原告据此主张要求被告上海嘉悦、被告陈五奎承担赔偿责任并支付违约金的诉请于法有据，本院应予以支持。

二审法院认为，宁波正业和上海嘉悦、陈五奎于 2011 年 2 月 25 日签订的协议书第 4 条载明：宁波正业需按协议约定的价格和股数认购本次发行人非公开发行的股票。若净收益低于保底收益，上海嘉悦承诺补足宁波正业净收益和保底收益之间的差价，陈五奎对此补足事宜承担连带责任。该条款对于上海嘉悦和陈五奎的补偿义务做出了原则性的规定，明确了宁波正业若存在损失如何承担的问题。而之后的协议书第 5 条载明：若出现第 4 条所示情况，上海嘉悦承诺在宁波正业或其控制的关联公司出售全部认购股份后 3 个工作日内，以现金方式向宁波正业补足净收益和保底收益之间的差价……逾期支付的，违约方须额外承担应汇金额每天万分之五的违约金。该条款进一步对具体的补偿方式、时间、违约金的承担进行约定。基于以上约定，协议三方继续在第 8 条中明确：除宁波正业自身原因外，其余原因导致本协议无效的，上海嘉悦应赔偿宁波正业损失，宁波正业损失为净收益低于保底收益的差额部分，陈五奎对上海嘉悦的赔偿责任承担连带担保责任。由此可见，协议书的立约三方对于宁波正业就涉案股票的认购若产生损失时该如何进行补偿的意思表示是明确的。根据已经查明的事实，上海嘉悦和陈五奎作为当时寻求定向增发股票的上市公司发行人之股东以及实际控制人，本院有理由相信，出于自身利益考虑促成上市公司发行人完成本次增发事项，上海嘉悦和陈五奎具有向宁波正业承诺补偿的真实意思表示，即上海嘉悦和陈五奎与宁波正业签订上述补偿条款具有一定的合理性。本院亦注意到，系争协议书作为一份合同是独立存在的，并不依附于宁波正业与发行人签订的认购协议，且在本院审理中亦未发现该协议书相关条款存在无效的情形，故在此本院认同原审法院的认定，认为系争协议书中有关上海嘉悦和陈五奎对宁波正业所作之补偿损失承诺为有效。此外，本院需要指出的是，综合系争协议书第4、5、8条的约定，除宁波正业自身原因外，无论协议书是否有效，上海嘉悦和陈五奎均应补足宁波正业净收益和保底收益之间的差价。原审法院依据审理查明的事实，对本案所涉纠纷的定性及处理在原审判决文书中做了详尽的阐述，所做出的结论是正确的，本院对此予以认同。上诉人上海嘉悦和陈五奎的上诉理由均不成立，原审判决认定事实清楚、适用法律正确，应予维持。

在本案中，一审法院对"上市后私募投资"的背景和合理性进行了详细的阐述①，对协议效力的认定成为本案最关键的争议焦点，即"民事主体即使承担相应的民事责任也并不会损害到发行人的公司利益或发行人公司债权人的利益，不违反法律、行政法规中的效力性强制性规定，故法院认为原告与被告上海嘉悦、被告陈五奎所签订的协议书体现了各方当事人的真实意思表示，合法有效"。二审法院对一审法院认定和论述表示了支持，再次确认当事人意思表示真实、协议不存在无效事由。

四 典型案例简析

（一）"保底协议"的有效性

经对上述案例的归纳分析，对于"保底协议"的效力判定，集中在对

---

① 限于篇幅原因，本文没有对其进行摘录，感兴趣的读者可自行查阅判决书。

《合同法》总则及相关司法解释所确立的因合同"损害国家、集体或者第三人利益""损害社会公共利益""违反强制性规定"导致合同无效等原则的适用上。这无疑与本文开篇提到的上市公司非公开发行股票中的发行主体——上市公司，较非上市公司的特殊性以及非公开发行股票对于上市公司乃至证券市场的影响有深层次的联系。

1. 是否损害上市公司及上市公司债权人利益

在"宁波正业控股集团有限公司与上海嘉悦投资发展有限公司、陈五奎与公司有关的纠纷案"中，被告上海嘉悦投资发展有限公司（以下简称上海嘉悦）、被告陈五奎（实际控制人）提出对"保底协议"效力的质疑，理由为"保底协议"违反了《公司法》对于股份公司同股同权的法律强制性规定，且与投资、风险并重这一市场经济原则相悖，应当认定该份协议书无效。

根据《合同法》第52条第（五）项规定，违反法律、行政法规的强制性规定的合同无效；而《最高人民法院关于适用〈中华人民共和国合同法〉若干问题的解释（二）》第14条将《合同法》第52条第（五）项规定的强制性规定限缩解释为"效力性强制性规定"。效力性规定是指法律及行政法规明确规定违反该类规定将导致合同无效，或者虽未明确规定违反将导致合同无效，但违反该规定如使合同继续有效将损害国家利益和社会公共利益的，也应当认定该规定是效力性强制性规定，故只有违反了效力性强制性规定的，才应当认定合同无效。上述判例中，法院认为，"保底协议"没有违反效力性强制性规定。

此案中所谓"保底协议"的主要内容是对原告宁波正业控股集团有限公司私募股权投资可能产生的损失进行事先约定，由发行人（拓日新能）的股东对原告的投资损失予以补偿，承担赔偿责任的主体并非发行人（上市公司）。在这种交易安排下，上市公司股东及实际控制人作为独立的公司法人及有完全民事行为能力的自然人，对其自身所做出的承诺而引发的赔偿责任应当独立承担相应的民事责任，对此也并不会损害到发行人的公司利益或债权人的利益，并不违反法律、行政法规中的效力性强制性规定。法院据此认为，"保底协议"体现了各方当事人的真实意思表示，当属有效。

2. 非公开发行股票行为程序是否合法、是否存在公开劝诱的情形

在 "明朝勇、贵阳市工业投资（集团）有限公司证券交易合同纠纷案" 中，明朝勇主张 "保底协议" 因违反了《证券法》第 10 条和《证券发行与承销管理办法》（2013 年）第 16 条之规定，应当无效。

工投公司辩称，《证券发行与承销管理办法》（2013 年）第 16 条规范的主体为发行人和承销商，不包括明朝勇主张的 "相关人员"。本案亦不存在 "禁止财务资助或补偿" 的适用情形。而且，《证券发行与承销管理办法》（2013 年）系部门规章，不属于《合同法》第 52 条第（五）项规定的 "法律、行政法规" 范围，即使违反该规定，也并不导致合同无效。证券监管部门从未对此类保底承诺并参与分成的约定做出过否定性评价。

法院认为，在 "保底协议" 签订前，案涉非公开发行股票行为已经得到贵阳市国资委的批复同意和证监会核准，该非公开发行股票行为程序合法。虽然 "保底协议" 约定了工投公司（发行人控股股东）在一定条件下为明朝勇认购股份的投资本金安全及固定收益提供保证，但该承诺仅是工投公司与明朝勇之间的内部约定，并非针对不特定多数人所作，不属于《证券法》第 10 条规定的 "公开劝诱" 的情形。

通过对本案及其他诸多案件判决的分析，笔者注意到，是否构成 "公开劝诱" 行为是法院考量 "保底协议" 有效性的重要环节。通过对公开渠道能够获得的共计 16 个涉及 "公开劝诱" 的判决进行对比分析，笔者发现，法院对 "公开劝诱" 的判定主要关注如下方面：是否向不特定对象发行；是否向超过 200 名特定对象发行；是否需借助广告、公告等第三方力量来传递信息。其中，公报案例 "上海市浦东新区人民检察院诉上海安基生物科技股份有限公司、郑戈擅自发行股票一审案" 的裁判意见具备很强的参考指导价值，故在此摘录如下：

"判断公开与非公开方式的标准，是信息沟通渠道是否畅通。非公开发行是指基于相互信任与意思自治原则，双方能够交流获取真实有效的信息，无须借助第三方力量来传递信息达到沟通目的。而公开发行由于面向社会公众且信息不对称，出让方需要借助中介力量，利用广告、公告、广播、电

话、推介会、说明会、网络等方式传递信息，以达到吸引投资方获取资金的目的。本案中，被告单位安基公司与被告人郑戈委托多家中介公司与个人，先采用随机拨打电话的方式，以提供理财帮助为名邀请不特定对象到中介公司，后由业务员介绍并推销股权，对于犹豫不决的客户，业务员反复打电话以动员劝诱。故可以认定涉案股权转让形式属于公开发行"。

回到"明朝勇、贵阳市工业投资（集团）有限公司证券交易合同纠纷案"，法院认为，保底承诺的主体系贵阳轮胎公司的股东工投公司，该约定本质上系目标公司股东与投资者之间对投资风险及投资收益的判断与分配，属于当事人意思自治范畴。目标公司股东对投资者的补偿承诺并不损害公司及公司债权人利益，没有明显增加证券市场风险、破坏证券市场稳定性，不违反法律、行政法规的禁止性规定。《证券发行与承销管理办法》（2013年）系证监会发布的部门规章，不属于《合同法》第52条第（五）项规定的"法律、行政法规"范畴。该办法的根本目的在于规范证券发行与承销行为，保护投资者合法权益。发行人股东的保底承诺是其为自身利益和目标公司经营发展考虑吸引其他投资者参与公司经营的激励措施，不损害投资者合法权益。明朝勇亦未提供证据证明工投公司存在操纵股票市场等其他损害投资者权益的违法、违规行为，其关于"保底协议"无效的上诉主张于法无据，法院不予支持。

值得注意的是，《证券发行与承销管理办法》（2014年修正）[1] 第17条对《证券发行与承销管理办法》（2013年）第16条规定进行了修订："发行人和承销商及相关人员不得泄露询价和定价信息；……不得直接或通过其利益相关方向参与认购的投资者提供财务资助或者补偿……"在此后保千里（600074.SH）2016年非公开发行保底协议纠纷中，并未据此提出协议无效的主张。经数据检索，截至2018年12月31日，未发现监管部门据本条款处罚上市公司或相关方的情形。根据法院的裁判意见，即使上市公司或相关方违反了本条款（面临监管部门行政处罚），但由于《证券发行与承销管理办法》是证监会发布的部门规章，不属于《合同法》第52条第（五）

---

[1]　现行有效《证券发行与承销管理办法》（2018年修正）未对该条款进行修订。

项规定的 "法律、行政法规" 范畴，也不会因此影响 "保底协议" 的有效性。

3. 小结

由此可见，通过对于前述《合同法》框架下相关原则进行适用，目前法院认定 "保底" 条款效力的关注点主要集中于如下两方面。

第一，补偿义务承担主体是否为发行人（上市公司），是否损害发行人及发行人债权人利益。

第二，非公开发行股票行为程序是否合法，是否存在公开劝诱，与非公开发行的本质相违背（股票发行被撤销、投资方认购行为无效）。

在不存在公开劝诱、不损害发行人及发行人债权人利益的前提下，法院认为 "保底" 条款体现了各方当事人的真实意思表示，当属有效。

（二）"保底" 收益的确定、追回及行政监管风险

由相关案例的归纳分析来看，对于确认有效的 "保底协议"，在具体履行中仍然存在一些争议，使投资方无法顺利取得保底收益，这在实践中大大增加了投资方的维权成本。另外，由于上市公司需承担更多信息披露义务，且问责制度更为严苛，即使不影响 "保底协议" 的效力，亦极可能引起证券主管机关的问责。故在此特对公开渠道可获得的案例进行了梳理，并罗列出已发现的争议和风险点，供今后的法律实践参考。

1. 主张权利的条件尚未成就

在 "北京汇盛盈富基金管理中心（有限合伙）与庄敏合同纠纷案"[1]中，汇盛盈富基金以自己或自己指定的机构现金认购庄敏作为实际控制人的保千里（600074.SH）非公开发行股份的10%。庄敏承诺，汇盛盈富基金参与定增的年化保底净收益是10%，即在汇盛盈富基金成功认购定增股后的解禁之日起，汇盛盈富基金有权根据市场行情自主决定时机卖出股份，若汇盛盈富基金出售全部认购股票的收益减去认购成本后的年收益率低于10%时，庄敏同意向汇盛盈富基金支付一定的款项作为补偿，直至相应年收益率

---

[1] （2018）京03民初20号。

达到 10%。

法院认为，汇盛盈富基金主张的权利基础即为上述约定，该项约定的条件是汇盛盈富基金在认购定增股后的解禁之日起出售全部认购股票，但截至本案一审法庭辩论终结时，汇盛盈富基金尚未出售全部认购股票。因此，法院认为，就汇盛盈富基金要求支付补（赔）偿金的诉讼主张而言，主张权利的条件尚未成就，鉴于证券市场具有较大的波动性，目前无法确认汇盛盈富基金认购的定增股是否亏损及亏损的具体数额，亦无法确定庄敏需要按照合同约定条款补偿给汇盛盈富基金的具体金额。故汇盛盈富基金的请求，法院不予支持，其可待合同约定的条件成就时再行主张权利。

2. 保底收益或超额收益计算方式约定不明

在"明朝勇、贵阳市工业投资（集团）有限公司证券交易合同纠纷案"中，各方对按照"资产管理计划"总额还是明朝勇认购的份额计算超额收益和分红存在争议。

法院认为，《协议书》首部约定，明朝勇拟通过发行"资产管理计划"的方式认购贵州轮胎公司非公开发行的股份。明朝勇以该种方式间接认购股份的行为在《协议书》中称"明朝勇认购"。《协议书》第 6 条约定，如明朝勇认购的全部股份的出售或处置所得（包括认购股份在持有期间的现金分红）超过明朝勇认购金额及固定收益，明朝勇应向工投公司支付 20% 的超额收益。从上述约定内容看，由明朝勇以"资产管理计划"方式认购贵阳轮胎公司非公开发行的股票是各方一致认可的投资模式，"明朝勇认购"在《协议书》中有具体明确所指，即明朝勇通过"资产管理计划"方式认购，而非明朝勇本人实际出资，因此，将《协议书》第 6 条"乙方认购"的全部股份，理解为明朝勇通过"资产管理计划"方式认购的全部股份，更符合合同本意。在认购股份的行为中，应当将"资产管理计划"作为一个整体看待，而不宜就具体出资额单独割裂明朝勇最终实际获得的收益。

3. 证券主管机关的行政问责风险

正如本文第一部分所述，由于上市公司较非上市公司具有承担更多信息披露义务、问责制度更为严苛的特点，因此，即使法院认定"保底协议"的有效性，也无法避免证券主管机关依据部门规章或证券交易所规则对相关方进行问责，这一点主要集中在信息披露上。经笔者检索公开渠道信息，相关证券主管机关或证券交易所就前述信息披露问题所做出的问责如下。

2017 年 11 月 29 日，安徽证监局做出《关于对上海中发电气（集团）股份有限公司采取出具警示函措施的决定》：

"经查，你公司于 2014 年 1 月 17 日与上海澜海汇德投资管理有限公司（下称'澜海汇德'）签署《股权认购暨转让合作协议》，就澜海汇德拟参与铜陵中发三佳科技股份有限公司① 2014 年非公开发行股票的保底收益和股票回购等事项进行了约定，后因故未实际履行。你公司未按规定将上述事项及时、准确地告知上市公司履行信息披露义务，违反了《上市公司信息披露管理办法》第三十五条第三款和《上市公司证券发行管理办法》第五十二条第二款的规定。"

2018 年 11 月 30 日，飞利信（300287. SZ）发布《关于收到深圳证券交易所关注函并回复的公告》，交易所就平安信托间接投资 2016 年非公开发行股份问询：

"控股股东与平安信托签订的保底协议的主要条款，是否履行了相应的信息披露义务，以及保底协议的内容是否符合相关监管规定"。

公司答复：

"2016 年，杨振华先生与平安信托签订的保底协议，系控股股东杨振华先生与平安信托直接签署。控股股东与平安信托所签署的保底协议属于个人行为，在签署时及签署后并未通知公司，故公司在实施重大资产重组并配套融资时按照重大资产重组定向增发的内容进行了相应的信息披露，未对杨振华个人与平安信托签订的保底协议进行信息披露。……据悉此类协议是否具有法律效力，关键在于协议是否系双方真实意思表达。如果协议签署时存在强迫、重大误解、显失公平、虚假表示、乘人之危等因素，则可以判定协议并非双方真实意思表达。最终保底协议内容是否具有法律效力需要法院在司法层面进行判定。"

关注函回复后，飞利信及相关涉案人员并未因此收到行政处罚或自律监

---

① 文一科技（600520. SH）曾用名。

管措施。

可见，无论是文一科技还是飞利信，都因为信息披露被监管部门关注。且参考文一科技的案例，证监局虽未认定"保底协议"违反证券发行监管法规而处罚相关人员，但会判定因私下签署"保底协议"而未及时披露违反信息披露规则，并据此对涉案相关人员进行处罚。

4. 小结

基于前述裁判观点和监管案例，法院对约定不明时的判断主要依据合同双方的意思表示，最大限度地还原合同本意。在"保底"条款的实现上，若存在数额、比例、计算方法模糊，或触发主张实现"保底"收益的成就条件不明确或未达到的情形，法院将无法支持当事人诉求主张或重新厘定计算方式，对当事人实现"保底"收益造成一定困难或目的偏离的影响。就目前的证券监管实践，监管部门对非公开发行股票中所存在"保底协议"现象的态度仍不明朗（目前未明令禁止或对相关人员进行高压处罚）。可见，"保底协议"作为非公开发行股票中广泛适用的"潜规则"，在正常履约的前提下暂未大规模引起监管部门的处罚。但需要提请注意的是，"保底协议"的签署方应当及时告知上市公司，披露"保底协议"的存在及具体条款对上市公司的影响，否则，上市公司可能将会因违反信息披露规则而被监管部门处罚。

五　总结及建议

（1）根据案例裁判分析，我们可以看到，法院惯以如下要件，作为判定影响协议效力的一般适用标准：行为人具有相应的民事行为能力；意思表示真实；不违反法律法规（效力性强制性规定）或诚信实用原则，或损害社会公共利益、他人合法利益、公序良俗等。

而针对上市公司非公开发行股票中"保底"条款的有效与否，则要额外对以下方面提起关注：

一是补偿义务承担主体是否为发行人（上市公司），是否损害发行人及发行人债权人利益。

二是非公开发行股票行为程序是否合法，是否存在公开劝诱，与非公开发行的本质相违背（股票发行被撤销、投资方认购行为无效）。

因此，在非公开发行股票行为程序合法、不损害发行人及发行人债权人利益的前提下，法院通常会认定 "保底" 条款体现了各方当事人的真实意思表示，当属有效。

（2）在上市公司非公开发行中设计 "保底协议" 或类似性质的交易安排时，应该精准描述认购投资过程、"保底" 退出数额、比例、计算方法、权利实现方式，尽量避免条款中用词模糊，以免造成合意不明、法院不予支持的情况发生。此外，"再融资新规" 施行后，上市公司非公开发行融资难度加大，"保底协议" 作为非公开发行股票中广泛适用的 "潜规则"，还没有受到 "高压监管" 的影响，但需要特别注意的是，"保底协议" 的签署方应当及时告知上市公司，披露 "保底协议" 的存在及具体条款对上市公司的影响，履行应有的信息披露义务，否则相关方（信息披露义务人）或将因违反信息披露规则而被监管部门处罚。

债券预期违约之司法实践及建议

蒋广辉

【问题提出】

随着我国金融市场领域的不断扩展，债券市场的总规模稳中有升，在不断扩大的债券市场体量及日益严厉的债券监管措施下，债券违约变得越发不容忽视。2018 年债券市场违约事件数量与涉及的债券规模远超往年，单个违约发行人涉及债券规模高，同时高级别违约增加，首次出现 AAA 级发行人违约。债券违约或出现违约风险后，如何通过合理途径进行救济，以期最大化减少损失已成为债券持有人关注的焦点。

在诉讼/仲裁层面，债券持有人可以寻求司法救济，通过司法程序在诉讼/仲裁后以执行的方式获得债务的清偿。特别地，在债券尚未到期时，若预判到发行人在债券到期时难以兑付债券的，持有人可以发行人预期违约为由尽早立案，提出提前还本付息的请求。如此一来，持有人可以最大化地先行保全发行人财产，对于提升债券回收率，不失为一良策。

那么，在提前兑付债券没有合同依据的情况下，如何证明发行人已构成预期违约？如何基于预期违约要求发行人提前兑付债券？本文通过对已公布案例的统计分析，提出相关实践性建议。

【案例统计说明】

经检索，相关案例案由主要为"公司债券交易纠纷"。

涉及最高人民法院 2 个案件，均认定债券发行人构成预期违约，涉诉债券兑付日提前到期。

涉及北京地区 4 个案件，其中北京市高级人民法院 2 个案件，北京市第二中级人民法院 2 个案件，均认定债券发行人构成预期违约，债券交易合同解除，债券发行人还本付息并赔偿损失。

涉及上海地区 4 个案件，其中上海市高级人民法院 1 个案件，上海市第二中级人民法院 2 个案件，上海市浦东新区人民法院 1 个案件。除上海市浦东新区案件认定不构成预期违约外，其余案件均认定债券发行人构成预期违约，债券交易合同解除，债券发行人还本付息并赔偿损失。

另涉及山东省济南市中级人民法院 1 个案件，因诉讼中超过债券兑付日，法院未对是否构成预期违约发表意见。

【法律规定统计说明】

预期违约又称先期违约，是指在合同履行期限到来之前，一方虽无正当理由但明确表示其在履行期到来后将不履行合同，或者其行为表明在履行期到来后将不可能履行合同。

根据检索案例，预期违约认定及法律后果相关规定如下。

《合同法》第 94 条：“有下列情形之一的，当事人可以解除合同：（一）因不可抗力致使不能实现合同目的；（二）在履行期限届满之前，当事人一方明确表示或者以自己的行为表明不履行主要债务；（三）当事人一方迟延履行主要债务，经催告后在合理期限内仍未履行；（四）当事人一方迟延履行债务或者有其他违约行为致使不能实现合同目的；（五）法律规定的其他情形。”

《合同法》第 97 条：“合同解除后，尚未履行的，终止履行；已经履行的，根据履行情况和合同性质，当事人可以要求恢复原状、采取其他补救措施，并有权要求赔偿损失。”

《合同法》第 108 条：“当事人一方明确表示或者以自己的行为表明不履行合同义务的，对方可以在履行期限届满之前要求其承担违约责任。”

【案例统计主流意见】

一 关于预期违约的认定标准

1. 债券发行人向债券持有人明确表示无法履行涉诉债券清偿义务，构成明示预期违约

例如（2016）最高法民终字第 394 号案件中，债券发行人向债券持有人出具回函称：债券发行人经营出现困难，公司发行的 20 亿元的超短期融资券"15 山水 SCP001"已经发生本息违约；其他债券，均被债券持有人根据相关条款宣布提前到期；由于公司现金流严重不足，无法清偿到期债务。法院据此认为，债券发行人已以书面回函的形式表示该公司财务发生严重困难，涉诉到期债券该公司无法清偿，构成预期违约。

2. 债券发行人未依约支付涉案债券利息，且发行的其他债券出现实质违约、信用等级下降又拒绝为涉案债券提供增信措施或者担保，属于以其行为表明不履行债券兑付义务，构成默示预期违约

例如（2018）京民终字第 267 号案件中，债券发行人未支付涉案债券利息，已构成违约。另外，债券发行人发行的其他多期债券均出现到期不能兑付本金、利息的违约事件；因债券发行人不能按照募集说明书约定的时间兑付债券本息，已经被多个债券持有人提起诉讼，有部分案件已经做出判决，判决其向债券持有人兑付债券本息，其资产也被相关法院冻结；联合资信评估有限公司因债券发行人出现多期债券未能按期兑付本息的情况，将公司主体长期信用等级及本案涉案债券信用等级从 AA + 下调至 C；债券发行人未支付任何款项及采取相应补救措施。据此法院认为，债券发行人以其行为表明不履行主要债务（债券兑付义务），构成预期违约。

3. 债券发行人未违反涉案债券主要义务（如依约支付债券利息），即使在其他债券项目中出现实质性违约甚至丧失兑付能力情形，目前仍没有案例支持构成预期违约

例如（2015）浦民六（商）初字第 4310 号案件（上海法院 2016 年度

金融商事审判十大典型案例之一）中，法院认为，尽管债券发行人违反了债券交易合同某些约定，但合同并未赋予债券持有人就此主张提前兑付债券的权利，债券持有人要求提前兑付缺乏合同依据；债券发行人虽对其他债券存在违约行为，但每一项债券的发行和兑付均系独立履约行为，对其中任何一项债券丧失兑付能力并不必然延及其他债券的兑付结果，且债券发行人对涉案债券一直按期付息，无论从主观上还是行为的外化表现上，均未"表明"其将不履行涉案债券的兑付义务。因此，在案证据不足以证明发行人出现了预期违约的情形。

二　关于预期违约的法律后果

1. 根据《合同法》第94条、第97条规定，债券交易合同解除（自提出解除合同诉求之日起终止），债券发行人还本付息并赔偿损失

例如（2018）京民终字第 267 号案件中，关于债券兑付，法院认为债券发行人已构成预期违约。根据《合同法》第 94 条"有下列情形之一的，当事人可以解除合同：……（二）在履行期限届满之前，当事人一方明确表示或者以自己的行为表明不履行主要债务；……"故涉案债券交易合同于起诉之日解除。根据《合同法》第 97 条"合同解除后，尚未履行的，终止履行；已经履行的，根据履行情况和合同性质，当事人可以要求恢复原状、采取其他补救措施，并有权要求赔偿损失"，故债券持有人有权要求发行人立即支付债券本金及已经到期应付未付的债券利息并赔偿损失。

再如（2018）沪民终字第 448 号案件中，债券发行人存在预期违约情形，债券持有人在起诉时未明确做出解除合同的意思表示，在审理中才明确要求解除合同，故法院认定涉案合同自庭审之日解除。

2. 根据《合同法》第108条规定，在债券兑付期限届满前，要求债券发行人承担不能按期兑付债券所产生的违约责任

例如（2016）最高法民终字第 394 号案件中，鉴于债券发行人构成明示预期违约，法院认为债券持有人以《合同法》第 108 条之规定主张涉诉债券兑付日提前到期，应予支持。

再如（2018）沪民终字第 448 号案件一审法院认为，债券发行人存在预期违约的情形；根据《合同法》第 108 条"当事人一方明确表示或者以自己的行为表明不履行合同义务的，对方可以在履行期限届满之前要求其承担违约责任"，可依法要求债券发行人承担违约责任；债券持有人要求发行人承担违约责任的具体形式包括解除合同，提前支付未到期的债券本息等。

3. 债券发行人认可债券提前到期，但双方诉前未明确提前到期具体日期，则债券兑付日提前至起诉之日，发行人兑付债券并自起诉之日起支付逾期利息

例如（2016）最高法民终字第 394 号案件中，债券发行人发函表明无法兑付涉案债券，庭审中又认可债券持有人有理由宣布涉诉金融债券提前到期。一审法院就此认为，债券发行人已经明确认可债券持有人有权宣布其持有的尚未到期的债券提前到期，即等同于认可将《募集说明书》载明的到期兑付日期予以提前；鉴于双方均没有在起诉之前明确表述提前到期的具体日期，债券持有人应当自法院收到起诉状之日起计算逾期利息。

【案例统计表格】

表 1　案例统计

序号	裁判时间	案件名称	债券简称	法院及案号	观点
（1）	2016 年 12 月 17 日	山东山水水泥集团有限公司、招商银行股份有限公司公司债券交易纠纷	14 山水 MTN002	最高人民法院（2016）最高法民终字第 394 号	明示预期违约
（2）	2016 年 12 月 17 日	山东山水水泥集团有限公司、招商银行股份有限公司公司债券交易纠纷	15 山水 SCP002	最高人民法院（2016）最高法民终字第 397 号	明示预期违约
（3）	2018 年 8 月 20 日	平安证券股份有限公司与中国城市建设控股集团有限公司公司债券交易纠纷	15 中城建 MTN001	北京市高级人民法院（2018）京民终字第 267 号	默示预期违约
（4）	2018 年 8 月 28 日	华润深国投信托有限公司与中国城市建设控股集团有限公司公司债券交易纠纷	15 中城建 MTN001	北京市高级人民法院（2018）京民终字第 410 号	默示预期违约
（5）	2017 年 12 月 28 日	华润深国投信托有限公司与中国城市建设控股集团有限公司公司债券交易纠纷	15 中城建 MTN001	北京市第二中级人民法院（2017）京 02 民初字第 263 号	默示预期违约

续表

序号	裁判时间	案件名称	债券简称	法院及案号	观点
(6)	2017年12月28日	平安证券股份有限公司与中国城市建设控股集团有限公司公司债券交易纠纷	15中城建MTN001	北京市第二中级人民法院（2017）京02民初字第264号	默示预期违约
(7)	2018年11月19日	中国城市建设控股集团有限公司与国联安基金管理有限公司公司债券交易纠纷	15中城建MTN001	上海市高级人民法院（2018）沪民终字第448号	默示预期违约
(8)	2017年10月25日	太平洋资产管理有限责任公司与中国城市建设控股集团有限公司公司债券交易纠纷	16中城建MTN001	上海市第二中级人民法院（2016）沪02民初字第637号	默示预期违约
(9)	2017年10月25日	太平洋资产管理有限责任公司与中国城市建设控股集团有限公司公司债券交易纠纷	15中城建MTN001	上海市第二中级人民法院（2016）沪02民初字第638号	默示预期违约
(10)	2017年8月30日	平安银行股份有限公司与山东山水水泥集团有限公司公司债券交易纠纷	14山水MTN001	山东省济南市中级人民法院（2016）鲁01民初字第1496号	审理中到期
(11)	2016年3月29日	宝钢集团财务有限责任公司与保定天威集团有限公司其他证券纠纷	11天威MTN2	上海市浦东新区人民法院（2015）浦民六（商）初字第4310号	不构成预期违约

【附：案例原文摘录】

案例1　（2016）最高法民终字第394号

一审法院认定事实：2015年11月12日，山水公司发布公告，明确表示"15山水SCP001"不能按期足额偿付。2015年12月20日，山水公司向招商银行出具回函称：山水公司经营出现困难，该公司发行的20亿元的超短期融资券"15山水SCP001"已经于2015年11月12日发生本息违约。其他债券均被债券持有人根据相关条款宣布提前到期。由于山水公司现金流严重不足，无法清偿到期债务。

对涉诉14山水MTN002项下的融资债券本金2.4亿元，山水公司没有兑付。山水公司已经支付该期债券的利息至2015年5月12日，此后的期内利息和逾期利息均没有支付。

一审开庭中山水公司认可招商银行有理由宣布涉诉金融债券提前到期。

一审法院认为，山水公司认可其已经发生重大财务困难，认可债券到期无法兑付，认可招商银行有理由宣布涉诉金融债券提前到期。山水公司有义务按照融资债券《募集说明书》中承诺的内容履行义务。关于逾期利息的起算时间，山水公司主张应当自约定的到期日起算逾期利息，招商银行主张应当自其提起该案诉讼之日开始计算逾期利息。该院认为，山水公司在招商银行起诉前已以书面回函的形式表示该公司财务发生严重困难，不能兑付到期债券，山水公司在诉讼中也已经明确认可招商银行有权宣布其持有的尚未到期的债券提前到期，即等同于认可将《募集说明书》载明的到期兑付日期予以提前。鉴于双方均没有在起诉之前明确表述提前到期的具体日期，招商银行主张应当自其起诉状的落款日期开始计算逾期利息，但是招商银行没有在 2016 年 1 月 12 日制作民事起诉状的当日向该院递交起诉状，故山水公司应当自该院收到招商银行起诉状之日即 2016 年 1 月 14 日开始支付逾期利息。

本院认为，招商银行购买山水公司发行的涉诉融资债券，系双方真实意思表示，不违反法律法规的强制性规定，该行为应属有效。山水公司应当按照该融资债券募集说明书的内容向招商银行履行义务。2017 年 5 月 12 日是涉诉融资债券到期兑付日，山水公司在 2015 年 12 月 20 日向招商银行的回函中已表示涉诉 14 山水 MTN002 的到期债务该公司无法清偿。2016 年 2 月 15 日山水公司在本案一审开庭中仍认可招商银行宣布涉诉债券提前到期的理由。所以，二审中山水公司以涉诉债券提前到期系公司前任董事张斌等人所为为由主张对债券提前到期不应认可，缺乏事实基础，本院对其主张不予支持。鉴于山水公司 2015 年 12 月 20 日向招商银行明确表示无法履行本案涉诉债券清偿义务，同时一审审理中还认可招商银行有理由宣布本案涉诉债券提前到期，在此情形下，即使双方在涉诉票据《募集说明书》中未约定涉诉债券可以提前到期，但招商银行以《合同法》第 108 条之规定主张涉诉债券兑付日提前到期，应予支持。

案例 2　（2016）最高法民终字第 397 号（略，见案例 1）

案例 3　（2018）京民终字第 267 号

一审法院认为：中城建公司发布的《募集说明书》、发行公告，是中城建公司真实意思表示，且内容不违反法律及行政法规的强制性规定，合法有效。《募集说明书》、发行公告是中城建公司对债券持有人的承诺，中城建公司应按照其承诺履行己方义务。

平安证券公司共计买入券面总额为 9000 万元的 15 中城建 MTN001 并持有至今。2017 年 7 月 14 日中城建公司应当按照发行公告载明的债券利率 4.93% 向平安证券公司兑付 2016 年 7 月 14 日至 2017 年 7 月 13 日的债券利息。中城建公司在 2017 年 7 月 14 日未向平安证券公司支付债券利息，已构成违约。另，中城建公司发行的 11 中城建 MTN1、12 中城建 MTN1、12 中城建 MTN2、15 中城建 MTN001、16 中城建 MTN001 等多期债券均出现到期不能兑付本金、利息的违约事件；中城建公司因不能按照《募集说明书》约定的时间兑付债券本息，已经被多个债券持有人提起诉讼，有部分案件已经做出判决，判决中城建公司向债券持有人兑付债券本息，中城建公司的资产也被相关法院冻结；联合资信评估有限公司因中城建公司出现多期债券未能按期兑付本息的情况，将中城建公司主体长期信用等级及本案涉案债券信用等级从 AA+ 下调至 C。中城建公司至今未支付任何款项及采取相应补救措施，据此法院认为，平安证券公司关于中城建公司以其行为表明不履行主要债务，构成预期违约的主张，具有事实及法律依据，法院予以采纳。

《合同法》第 94 条规定："有下列情形之一的，当事人可以解除合同：（一）因不可抗力致使不能实现合同目的；（二）在履行期限届满之前，当事人一方明确表示或者以自己的行为表明不履行主要债务；（三）当事人一方迟延履行主要债务，经催告后在合理期限内仍未履行；（四）当事人一方迟延履行债务或者有其他违约行为致使不能实现合同目的；（五）法律规定的其他情形。"平安证券公司要求确认，平安证券公司与中城建公司就 15 中城建 MTN001 达成的债券交易合同于 2017 年 9 月 8 日向法院提起本案诉讼时解除，符合前述法律规定，法院予以确认。

《合同法》第97条规定："合同解除后，尚未履行的，终止履行；已经履行的，根据履行情况和合同性质，当事人可以要求恢复原状、采取其他补救措施，并有权要求赔偿损失。"根据前述法律规定，对平安证券公司要求中城建公司立即支付债券本金9000万元及已经到期应付未付的债券利息4437000元的请求，法院予以支持。……

本院认为，中城建公司未能按《募集说明书》约定向债券持有人付息，且以其行为表明不履行主要债务，构成预期违约。一审法院据此认定平安证券公司与中城建公司就15中城建MTN001达成的债券交易合同于2017年9月8日解除。《合同法》第97条规定："合同解除后，尚未履行的，终止履行；已经履行的，根据履行情况和合同性质，当事人可以要求恢复原状、采取其他补救措施，并有权要求赔偿损失。"因此，平安证券公司有权要求中城建公司承担还本付息的责任并赔偿损失。

案例4　（2018）京民终字第410号

一审法院认为：中城建公司发布的《募集说明书》、发行公告，是中城建公司真实意思表示，且内容不违反法律及行政法规的强制性规定，合法有效。《募集说明书》、发行公告是中城建公司对债券持有人的承诺，中城建公司应按照其承诺履行己方义务。

华润信托公司共计买入券面总额为11000万元的15中城建MTN001债券并持有至今。2017年7月14日中城建公司应当按照发行公告载明的债券利率4.93%向华润信托公司兑付2016年7月14日至2017年7月13日的债券利息。中城建公司在2017年7月14日未向华润信托公司支付债券利息，已构成违约。另，中城建公司发行的11中城建MTN1债券、12中城建MTN1债券、12中城建MTN2债券、15中城建MTN001债券、16中城建MTN001债券等多期债券均出现到期不能兑付本金、利息的违约事件；中城建公司因不能按照《募集说明书》约定的时间兑付债券本息，已经被多个债券持有人提起诉讼，有部分案件已经做出判决，判决中城建公司向债券持有人兑付债券本息，中城建公司的资产也被相关法院冻结；联合资信评估有限公司因中城建公司出现多期债券未能按期兑付本息的情况，将中城建公司主体长期信用等级及本案涉案债券从 AA＋下调至 C。中城建公司至今未支付任何款项及采取相应补救措施，据此一审法院认为，华润信托公司关于中城建公司以其行为表明不履行主要债务，构成预期违约的主张，具有事实及法律依据，一审法院予以采纳。

《合同法》第 94 条规定："有下列情形之一的，当事人可以解除合同：（一）因不可抗力致使不能实现合同目的；（二）在履行期限届满之前，当事人一方明确表示或者以自己的行为表明不履行主要债务；（三）当事人一方迟延履行主要债务，经催告后在合理期限内仍未履行；（四）当事人一方迟延履行债务或者有其他违约行为致使不能实现合同目的；（五）法律规定的其他情形。"华润信托公司要求确认，华润信托公司与中城建公司就 15中城建 MTN001 债券达成的债券交易合同于 2017 年 9 月 8 日向一审法院提起本案诉讼时解除，符合前述法律规定，一审法院予以确认。

《合同法》第 97 条规定"合同解除后，尚未履行的，终止履行；已经履行的，根据履行情况和合同性质，当事人可以要求恢复原状、采取其他补救措施，并有权要求赔偿损失。"根据前述法律规定，对华润信托公司要求中城建公司立即支付债券本金 11000 万元、已经到期应付未付的 2016 年 7 月 14 日至 2017 年 7 月 13 日的债券利息 5423000 元的请求，一审法院予以支持。……

本院认为，《合同法》第 107 条规定，当事人一方不履行合同义务或者履行合同义务不符合约定的，应当承担继续履行、采取补救措施或者赔偿损失等违约责任。中城建公司未能按《募集说明书》约定向债券持有人付息，且在多宗债券出现实质违约的情况下，拒绝为本案的债券提供增信措施或者担保，通过行为表明其不履行合同义务，华润信托公司有权要求中城建公司承担还本付息并赔偿损失的违约责任。

案例 5（2017）京 02 民初字第 263 号（略，见案例 4）

案例 6（2017）京 02 民初字第 264 号（略，见案例 3）

案例 7　（2018）沪民终字第 448 号

一审法院认为，本案系公司债券的发行人与持有人之间的债券兑付纠纷。《募集说明书》系中国城建作为发行人对涉案债券募集所做出的承诺及说明，对中国城建具有约束力，同时根据《募集说明书》提示，凡通过合法手段取得涉案债券的主体，均视同自愿接受《募集说明书》对各项权利义务的约定，国联安基金系涉案债券的合法持有者，故《募集说明书》是涉案债券发行中约定本案双方当事人权利与义务之载体，构成双方之间的有效合同。根据中国城建发布的《中国城建 2015 年度第一期中期票据未按期足额付息的公告》，中国城建应当于 2017 年 7 月 14 日向国联安基金支付 2016 年 7 月 14 日至 2017 年 7 月 13 日期间的债券利息，但中国城建未按时支付，构成违约，国联安基金有权向中国城建主张该期间的债券利息。

关于债券本金以及自 2017 年 7 月 14 日起的利息，因尚未届履行期，本案当事人双方亦无关于提前到期的约定，故本案的争议焦点即在于中国城建是否存在默示预期违约的行为，国联安基金据此可在履行期限届满之前要求中国城建承担违约责任。一审法院认为，《合同法》第 108 条约定："当事人一方明确表示或者以自己的行为表明不履行合同义务的，对方可以在履行期限届满之前要求其承担违约责任。"首先，本案中，中国城建对于已经到期的利息不能支付，已经存在实际违约行为，对未到期债务无法确保能如期支付，也不能提供进一步的保证措施，国联安基金认为中国城建存在预期违约的行为，具有事实依据。其次，国联安基金基于中国城建存在预期违约的情形，可依法要求中国城建承担违约责任，因违约责任的承担存在多种方式，国联安基金在审理中明确要求中国城建承担违约责任的具体形式为解除合同，提前支付未到期的债券本息，系当事人对违约责任承担方式的选择，亦无不可。最后，《合同法》第 94 条第（二）项规定，在履行期限届满之前，当事人一方明确表示或者以自己的行为表明不履行主要债务，另一方可以解除合同。即判断当事人能否行使解除权，还应审查违约方是否不能履行"主要债务"。本案中，国联安基金购买中国城建发行的涉案债券，中国城建的主要义务即按期支付利息，国联安基金购买涉案债券的主要目的亦在于获得稳定的利息收益，中国城建未能支付利息的行为实际违反合同的主要义务，也使国联安基金的合同目的不能实现，故国联安基金主张解除合同，于法有据。关于合同解除日，国联安基金主张自其起诉之日，即 2017 年 7 月 27 日合同解除，但国联安基金在起诉状中并未明确做出解除合同的意思表示，故一审法院认定本案双方当事人之间的涉案合同自庭审之日，即 2018 年 4 月 10 日解除。据此，国联安基金有权要求中国城建偿付本金及截至 2018 年 4 月 10 日的利息，并赔偿自 2018 年 4 月 11 日至实际清偿日的损失（按涉案债券约定利率计算）。……

本院认为，《中国城建 2015 年度第一期中期票据募集说明书》（以下简称《募集说明书》）系涉案债券发行中约定当事人双方权利与义务的载体，系当事人真实意思表示，各方当事人均应恪守。国联安基金系涉案债券的合法持有人，中国城建未能按约支付涉案债券的利息，显属违约，理应承担相应的违约责任。根据《合同法》第 97 条的规定："合同解除后，尚未履行的，终止履行；已经履行的，根据履行情况和合同性质，当事人可以要求恢复原状、采取其他补救措施，并有权要求赔偿损失"。故涉案合同解除后，国联安基金有权要求中国城建返还 2015 年度第一期中期票据本金 7000 万元，并赔偿相应的损失。

案例 8　（2016）沪 02 民初字第 637 号

本院认为，本案系公司债券的发行人与持有人之间的债券兑付纠纷。系争《募集说明书》系被告公开发布，对被告具有法律约束力，同时按照《募集说明书》的提示，认购、受让债券的持有人视同接受《募集说明书》的约束，遵守各项权利义务约定。因此，《募集说明书》是涉案债券发行中原告和被告权利义务主要内容的依据。根据《募集说明书》的相关条款，被告中城建公司理应于兑付日即 2017 年 3 月 1 日向原告偿付利息，现被告至今未能支付相应的利息，已构成违约，应依约承担相应的违约责任。故原告要求被告支付 2017 年 3 月 1 日到期的利息，于法有据，应予支持。对于涉案债券的本金及 2017 年 3 月 1 日以后的利息，尚未届履行期，原、被告双方亦无关于提前到期的约定，故本案的争议焦点即在于被告是否存在默示预期违约的行为，原告能否据此解除合同要求被告提前兑付。首先，默示预期违约应符合一方预见另一方在履行期限到来时将不履行或不能履行合同，该预见有确切的证据，被要求提供履行保证的一方不能在合理的期间内提供充分的保证等条件。本案中，被告对于已经到期的利息不能支付，已经存在实际违约行为，对未到期债务无法确保能如期支付，也不能提供进一步的保证措施，原告认为被告存在预期违约的行为，具有事实依据。其次，《合同法》第 108 条规定，当事人一方明确表示或者以自己的行为表明不履行合同义务的，对方可以在履行期限届满之前要求其承担违约责任。原告基于被告存在预期违约的情形，可依法要求被告承担违约责任，因违约责任的承担存在多种方式，原告在审理中明确要求被告承担违约责任的具体形式为解除合同，提前支付未到期的债券本息，系当事人对违约责任承担方式的选择，亦无不可。最后，《合同法》第 94 条第（二）项规定，在履行期限届满之前，当事人一方明确表示或者以自己的行为表明不履行主要债务，另一方可以解除合同。即判断当事人能否行使解除权，还应审查违约方是否不能履行"主要债务"。本案中，原告购买被告发行的涉案债券，被告的主要义务即按期支付利息，原告购买涉案债券的主要目的亦在于获得稳定的利息收益，被告未能支付利息的行为实际违反合同的主要义务，也使原告的合同目的不能实现，故原告主张解除合同，于法有据。

《合同法》第 107 条规定，当事人一方不履行合同义务或者履行合同义务不符合约定的，应当承担继续履行、采取补救措施或者赔偿损失等违约责任。本院审理中，原告明确于开庭当日向被告提出合同解除的主张，即 2017 年 10 月 25 日，要求被告偿付本金及截至 2017 年 10 月 25 日的利息，赔偿 2017 年 10 月 25 日之后的损失（按涉案债券约定利率计算），原告的上述请求符合法律规定，本院亦予以支持。

案例 9　（2016）沪 02 民初字第 638 号（略，见案例 8）

案例 10 （2016）鲁 01 民初字第 1496 号

平安银行向本院提出诉讼请求：1. 判令被告兑付 2014 年度第一期中期票据（产品代码为 101458004、产品简称为 14 山水 MTN001）本金 5000 万元；2. 判令被告向原告兑付前述票据本金 5000 万元自 2016 年 2 月 28 日起至本金全部兑付完毕止，按年利率 6.1% 标准计算的利息，其中至 2016 年 5 月 23 日止为 1036164 元，以上合计 5103.6164 万元；3. 案件受理费、财产保全费由被告负担。事实与理由：……2016 年 4 月 8 日，被告在上海清算所官方网站发布公告，称因债券违约等导致部分债权人和供应商对公司提起诉讼，共计 96 件案件，标的额 49 亿多元，部分案件已经判决，公司需履行金钱给付义务，但根据目前公司资金状况，很难履行。原告持有的 14 山水 MTN001 中期票据虽未到本金兑付日期，但 2015～2016 年度利息迟延到 2016 年 2 月 29 日才兑付，且被告违反《募集说明书》的约定和非金融企业债务融资工具存续期信息披露表格体系的要求，未披露 2015 年报和 2016 年一季报，被告已构成违约。被告目前已另有多期到期债券无法兑付本息，仅本金就达近 50 亿元，而已兑付的利息也是由大股东代付，被告财务状况持续恶化，为保障原告权益，特提起诉讼，请求判如所请。……

本院认为，山水公司发行了"14 山水 MTN001"中期票据，平安银行合计持有山水公司数额为 5000 万元的上述中期票据，以上行为符合法律规定，合法有效。

案涉票据《募集说明书》虽然没有约定债券持有人可以提前兑付的情形，但是案涉中期票据在本案审理过程中已经超过了约定的兑付日，因此平安银行有权要求山水公司兑付案涉票据本金 5000 万元并支付相应利息。根据《募集说明书》的约定，案涉票据逾期兑付的，山水公司应当按照每日 0.21‰ 的标准支付逾期付款违约金，平安银行主张按照年利率 6.1% 期内利率标准计算逾期付款利息，系对其民事权利的合法处分，应予支持。

案例 11　（2015）浦民六（商）初字第 4310 号

本院认为，被告依法发行企业债券 11 天威 MTN2，原告通过合法方式购买并持有该债券，双方依法形成有效的合同法律关系。企业债券虽系有价证券，由发行人于证券交易市场公开发行并流通，但其实质仍系发行人与债券持有人之间就该债券在一定期限内进行还本付息的约定，应当受到合同法律规范的约束，故被告关于本案系有价证券纠纷而不适用《合同法》的辩称，本院不予采纳。

本案的争议焦点在于，被告是否存在《合同法》第 108 条规定的预期违约行为。原告认为，被告就 11 天威 MTN1 未能按期兑付利息，同时又涉及多起诉讼，由此足以表明其届时将无法兑付涉案债券 11 天威 MTN2，属于《合同法》第 108 条规定的"以自己的行为表明不履行合同义务"的情形，已构成预期违约，故应当承担违约责任。被告辩称，其一直按期履行涉案债券 11 天威 MTN2 的兑付义务，也从未表示过到期将不履行相应义务，因此其不存在任何已经发生的或预期的违约行为。对此本院认为，首先，从双方合同的约定来看，尽管被告发生了《募集说明书》约定下的"违约事件"，但合同并未赋予原告就此主张被告提前兑付的权利。《募集说明书》第十一章第 2 条约定，原告只有在涉案债券到期未予兑付的情况下，才能依约主张违约责任，故原告的主张缺乏相应的合同依据。其次，从《合同法》的规定来看，原告主张的被告经营状况恶化、涉及多起诉讼从而可能丧失兑付能力的情形，是我国《合同法》上关于不安抗辩权行使的前提。既然原告主张被告预期违约，则应根据预期违约的构成条件进行判断。被告虽对其他债券存在违约行为，但每一项债券的发行和兑付均系被告的独立履约行为，对其中任何一项债券丧失兑付能力并不必然延及其他债券的兑付结果，且被告对涉案债券一直按期兑付利息，无论从主观上还是行为的外化表现上，均未"表明"其将不履行涉案债券的兑付义务。因此，在案证据不足以证明被告出现了《合同法》第 108 条规定的预期违约的情形，被告关于其不构成预期违约的辩称成立。原告的该项主张缺乏法律和合同依据，本院不予采纳。

原告起诉时涉案债券虽未到期，但因被告的重整申请已于 2016 年 1 月 8 日被法院裁定受理，根据《企业破产法》的规定，"未到期的债权，在破产申请受理时视为到期"，故原告对被告就涉案债券形成的债权于 2016 年 1 月 8 日视为到期，原告要求确认对被告享有债权本金 5000 万元及相应利息的主张，本院予以支持。

结　尾

前几年市场上各主体通过不同的形式和渠道争相利用发债工具进行融资，利用当时的高评级、高估值提前透支了未来的盈利，伴随着国家金融去杠杆的调控措施，债权领域出现大面积到期不能兑付的违约情形。可是，一旦债券的发行主体出现债务危机，不能兑付到期债权时，此时的债券发行人大部分已经严重资不抵债，债券持有人走完漫长的诉讼/仲裁程序后，也很难全部收回投资，保障自身的资金安全和合法利益。

可见，对于债券的发行人和持有人来讲，如何把握和判断逾期违约的情节就显得十分重要。因此，笔者认为，应从债券发行人的下述几个情节予以综合考量。

（1）债券发行人是否出现未按照募集说明书的约定按期足额支付债券利息的情形；

（2）债券发行人发行的其他债券是否出现到期不能兑付本金、利息的违约事件；

（3）债券发行人的主体评级及信用等级是否存在被评级机构下调的情形；

（4）债券发行人出现其他债务危机、大额资产损失、大额应收账款不能回收的风险；

（5）债券发行人是否存在因其他债务纠纷，导致其资产被司法机关查封冻结的情形。

笔者曾参与或主办超日债、华业资本债的处理事宜，通过对上述情节的考量和判断，无论是债券发行人还是持有人，均应提前做出防范措施和预案，合法合理地维护自身的合法权益。

私募基金争议解决的主要方式

霍进城　邵　岳

　　根据中国证券投资基金业协会 2019 年 2 月 26 日公布的《私募基金管理人登记及私募基金产品备案月报》（2019 年第 1 期），截至 2019 年 1 月底，已备案各类私募基金合计 75178 只，基金总规模 127412 亿元（见表 1）。

表 1　不同基金类型私募基金备案情况

基金类型	基金数量（只）	较上月变化（只）	基金规模（亿元）	较上月变化（亿元）
私募证券投资基金	35843	155	21258	−1133
私募股权投资基金	27468	292	78427	1314
创业投资基金	6667	159	9191	279
其他私募投资基金	5200	−70	18536	−830
合计	75178	536	127412	−370

资料来源：《私募基金管理人登记及私募基金产品备案月报》（2019 年第 1 期）。

　　而通过最高人民法院"中国裁判文书网"，截至 2019 年 2 月底公开地与私募基金有关的争议解决案件约 2700 件，其中 2016 年 300 余件，2017 年 800 余件，2018 年 1000 余件，呈急剧上升趋势。

　　在此情况下，为避免争议产生或更好地解决争议，私募基金中的任何一方主体，根据自身地位，了解、熟悉进而选择比较适当的解决方式，即具有比较现实的意义。

　　本文通过已公开的争议解决案例，对私募基金争议解决的四种主要方式——"刑事、行政、民事诉讼、仲裁"进行客观分析，以供私募基金的各方参考。

一　刑事

截至 2019 年 2 月底，互联网公开可查询的、与私募基金有关的刑事案件，数量为 600 余件。本文通过大数据，对其中关键性内容进行如下分析。

1. 涉及的主要罪名

经大数据检索，600 余件刑事案件中，涉及案件数量较多的罪名有：非法吸收公众存款罪（《刑法》第 176 条①），有 400 余件；诈骗罪②，80 余件；集资诈骗罪③，30 余件；合同诈骗罪，20 余件；组织、领导传销活动罪，20 余件。

由此可见，非法吸收公共存款罪占据绝对主要比例，站在投资人立场，如以非法吸收公众存款罪主张，更容易得到公检法机关的认可；站在投资人对方的立场，应尽量避免发生非法吸收公众存款罪的行为。

此外，需要特别关注的是，非法吸收公众存款罪的最高刑罚是 10 年以下有期徒刑，而诈骗罪、集资诈骗罪、合同诈骗罪的最高刑罚均是 10 年以上有期徒刑甚至无期徒刑。即非法吸收公众存款罪较诈骗类犯罪要轻，如犯罪嫌疑人或被告人已涉嫌刑事犯罪，非法吸收公众存款罪是一种罪轻辩护。

2. 涉及的主要地域

经大数据检索，600 余件刑事案件中，涉及案件数量较多的省市有：北京市 141 件，河南省 82 件，浙江省、广东省各 50 余件，上海市 40 件（见

---

① 《刑法》第 176 条："非法吸收公众存款或者变相吸收公众存款，扰乱金融秩序的，处三年以下有期徒刑或者拘役，并处或者单处二万元以上二十万元以下罚金；数额巨大或者有其他严重情节的，处三年以上十年以下有期徒刑，并处五万元以上五十万元以下罚金。单位犯前款罪的，对单位判处罚金，并对其直接负责的主管人员和其他直接责任人员，依照前款的规定处罚。"

② 《刑法》第 266 条："诈骗公私财物，数额较大的，处三年以下有期徒刑、拘役或者管制，并处或者单处罚金；数额巨大或者有其他严重情节的，处三年以上十年以下有期徒刑，并处罚金；数额特别巨大或者有其他特别严重情节的，处十年以上有期徒刑或者无期徒刑，并处罚金或者没收财产。本法另有规定的，依照规定。"

③ 《刑法》第 192 条："以非法占有为目的，使用诈骗方法非法集资，数额较大的，处五年以下有期徒刑或者拘役，并处二万元以上二十万元以下罚金；数额巨大或者有其他严重情节的，处五年以上十年以下有期徒刑，并处五万元以上五十万元以下罚金；数额特别巨大或者有其他特别严重情节的，处十年以上有期徒刑或者无期徒刑，并处五万元以上五十万元以下罚金或者没收财产。"

图1）。

由此可见，北京市是私募基金刑事案件的高发区，私募基金各方当事人应给予特别关注。

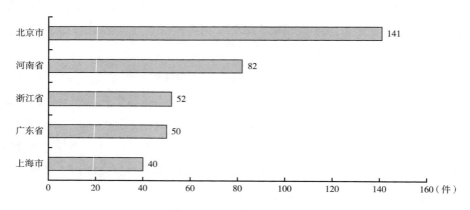

图1 私募基金犯罪发生地域分析

资料来源：根据中国裁判立书网大数据检索数据用 Excel 输入数据后制作的表格。

3. 涉及的主要刑罚

经大数据检索，600 余件刑事案件中，判处无期徒刑、有期徒刑约 500 件；判处缓刑、拘役的约 130 余件，判处财产刑（罚金、没收财产）的 500 余件。

2019 年 1 月 30 日，最高人民法院、最高人民检察院、公安部印发《关于办理非法集资刑事案件若干问题的意见》（高检会（2019）2 号）明确规定："根据有关规定，查封、扣押、冻结的涉案财物，一般应在诉讼终结后返还集资参与人。涉案财物不足全部返还的，按照集资参与人的集资额比例返还。退赔集资参与人的损失一般优先于其他民事债务以及罚金、没收财产的执行。"

由此可见，涉及私募基金的刑事案件，判处"实刑"的比例更高。同时，法院也一般会判决没收财产或罚金，在一定程度上挽回投资人的损失。

二 行政

根据中国证券监督管理委员会（以下简称证监会）网站 2019 年 1 月 4

日公布的《2018 年证监会行政处罚情况综述》，私募基金领域违法案件处罚 10 起①。此外，经查询最高人民法院中国裁判文书网，直接以"行政"案由分类，涉及私募基金的公开案件为 10 件左右。

上述证监会已做出行政处罚的案件、最高人民法院中国裁判文书网已公开的案件，当然具有参考意义。但除此之外，在私募基金的争议解决过程中，还有很多并未最终形成处罚的案件，这些案件对于私募基金争议的最终解决，也具有至关重要的作用。

1.民事、刑事案件中涉及的行政案件统计

经大数据检索，在已公开的私募基金案件中，涉及"监管局"做出决定的案件 100 余件。该 100 余件案件中，有 30 余件涉及"非法吸收公众存款"刑事犯罪，20 件左右涉及"侵权赔偿案件"。

经大数据检索，在已公开的私募基金案件中，涉及行政领域"信访事项"的案件 40 余件。该 40 余件案件涉及的"侵权赔偿案件"近 30 件。

经大数据检索，在已公开的私募基金案件中，涉及"行政处罚"的案件 80 余件。该 80 余件案件中，有近 20 件涉及"非法吸收公众存款"刑事犯罪，30 件左右涉及"侵权赔偿案件"或"信托案件"。

由此可见，民事案件、刑事案件中，融合了很多行政程序，包括但不限于"信访""复议"等。

---

① 2019 年 1 月 4 日公布的《2018 年证监会行政处罚情况综述》原文："私募基金领域违法案件处罚 10 起。其中，拓璞公司投资总监文宏、凡得基金刘晓东等人利用所知悉的基金账户交易信息，实施'老鼠仓'交易，严重背弃受托人信赖和职业操守，被我会依法适用《证券投资基金法》进行处罚。通金投资控制利用其发行的私募基金账户及其他账户操纵了'永艺股份'股价；富立财富在其发行私募基金持有上市公司股份比例达到 5% 时未依法进行披露和报告；鑫申财富在鑫托宝一号募集资金未到位的情况下，提供虚假信息和材料进行备案，均被我会依法查处。近年来，私募基金行业迅猛发展的同时，相关违法违规案件也屡见不鲜，部分私募机构及从业人员合规意识缺失，诚信观念淡漠，背离价值投资，追求短期投机，经营行为屡屡突破法律底线，更有甚者借助基金产品实施市场操纵、内幕交易、利用未公开信息交易等违法行为，严重扰乱市场秩序。我会持续加强对私募基金监管力度，通过对各类私募基金领域违法违规行为的严厉打击，坚决遏制违法违规多发态势，督促私募机构及从业人员塑造成熟稳健的机构投资者文化，坚持依法诚信经营，增强风险控制能力，树牢合规守约意识，提升行业服务实体经济能力。"

2. 行政程序对民事侵权赔偿案件的影响

如上所述，在已公开的私募基金案件中，涉及行政领域"信访事项"的案件 40 余件中，有近 30 件是"侵权赔偿"案件，本文将该近 30 件案件进一步统计如下（见表 2）。

表 2　私募基金案件既涉及行政领域又涉及侵权赔偿案件

序号	案件名称	裁判结果
1	华宝证券有限责任公司诉梁惠娟财产损害赔偿纠纷二审民事判决书	驳回上诉，维持原判。二审案件受理费人民币 7300 元，由华宝证券有限责任公司负担
2	华宝证券有限责任公司诉史文仪财产损害赔偿纠纷二审民事判决书	驳回上诉，维持原判。二审案件受理费人民币 14880 元，由上诉人华宝证券有限责任公司负担
3	华宝证券有限责任公司诉张慧琍财产损害赔偿纠纷二审民事判决书	驳回上诉，维持原判。二审案件受理费人民币 6100 元，由上诉人华宝证券有限责任公司负担
4	华宝证券有限责任公司诉张慧珍财产损害赔偿纠纷二审民事判决书	驳回上诉，维持原判。二审案件受理费人民币 8500 元，由上诉人华宝证券有限责任公司负担
5	华宝证券有限责任公司与李杰逊财产损害赔偿纠纷一审民事判决书	被告华宝证券有限责任公司应于本判决生效之日起十日内赔偿原告李杰逊本金损失 200 万元
6	华宝证券有限责任公司与梁惠娟财产损害赔偿纠纷一审民事判决书	被告华宝证券有限责任公司应于本判决生效之日起十日内赔偿原告梁惠娟损失 40 万元
7	华宝证券有限责任公司与史文仪财产损害赔偿纠纷一审民事判决书	被告华宝证券有限责任公司应于本判决生效之日起十日内赔偿原告史文仪损失 112 万元
8	华宝证券有限责任公司与王佳财产损害赔偿纠纷一审民事判决书	被告华宝证券有限责任公司应于本判决生效之日起十日内赔偿原告王佳损失 960 万元
9	华宝证券有限责任公司与张慧琍财产损害赔偿纠纷一审民事判决书	被告华宝证券有限责任公司应于本判决生效之日起十日内赔偿原告张慧琍损失 32 万元
10	华宝证券有限责任公司与张慧珍财产损害赔偿纠纷一审民事判决书	被告华宝证券有限责任公司应于本判决生效之日起十日内赔偿原告张慧珍损失 48 万元
11	华宝证券有限责任公司与中山敏枝财产损害赔偿纠纷一审民事判决书	被告华宝证券有限责任公司应于本判决生效之日起十日内赔偿原告中山敏枝（NAKAYAMATOSHIE）损失 48 万元
12	平安银行股份有限公司深圳福虹支行、石本全与陈耳财产损害赔偿纠纷二审民事判决书	驳回上诉，维持原判。本案二审案件受理费 8260 元，由上诉人陈耳负担
13	深圳盛泽按揭代理有限公司与邓红梅财产损害赔偿纠纷二审民事判决书	被上诉人深圳盛泽按揭代理有限公司应于本判决生效之日起十日内赔偿上诉人邓红梅 20 万元及相应利息
14	深圳盛泽按揭代理有限公司与董晓玲财产损害赔偿纠纷二审民事判决书	被上诉人深圳盛泽按揭代理有限公司应于本判决生效之日起十日内赔偿上诉人董晓玲 128 万元及相应利息

续表

序号	案件名称	裁判结果
15	深圳盛泽按揭代理有限公司与马国佑财产损害赔偿纠纷二审民事判决书	被上诉人深圳盛泽按揭代理有限公司应于本判决生效之日起十日内赔偿上诉人马国佑40万元及相应利息
16	深圳盛泽按揭代理有限公司与徐燕财产损害赔偿纠纷二审民事判决书	被上诉人深圳盛泽按揭代理有限公司应于本判决生效之日起十日内赔偿上诉人徐燕60万元及相应利息
17	深圳盛泽按揭代理有限公司与袁艺财产损害赔偿纠纷二审民事判决书	被上诉人深圳盛泽按揭代理有限公司应于本判决生效之日起十日内赔偿上诉人袁艺80万元及相应利息
18	兴业银行股份有限公司深圳分行、兴业银行股份有限公司与蔡文财产损害赔偿纠纷二审民事判决书	上诉人兴业银行股份有限公司深圳分行于本判决发生法律效力之日起三十日内对附表三仲裁裁决中深圳杏石投资管理有限公司、徐永斌应支付给本十五案上诉人（原审原告）王小丹等十五人未收回的投资本金及利息［利息按中国人民银行规定的一年期贷款基准利率（以不超过6%为限），自本十五案上诉人（原审原告）王小丹等十五人转入投资本金之日起计至付清之日止］承担补充清偿责任（具体未收回的本金金额及转入时间详见附表二）；被上诉人兴业银行股份有限公司对上诉人兴业银行股份有限公司深圳分行的上述债务承担补充清偿责任
19	兴业银行股份有限公司深圳分行、兴业银行股份有限公司与陈莉财产损害赔偿纠纷二审民事判决书	
20	兴业银行股份有限公司深圳分行、兴业银行股份有限公司与陈瑞琼财产损害赔偿纠纷二审民事判决书	
21	兴业银行股份有限公司深圳分行、兴业银行股份有限公司与郭仕源财产损害赔偿纠纷二审民事判决书	
22	兴业银行股份有限公司深圳分行、兴业银行股份有限公司与赖素芳财产损害赔偿纠纷二审民事判决书	
23	兴业银行股份有限公司深圳分行、兴业银行股份有限公司与黎万策财产损害赔偿纠纷二审民事判决书	
24	兴业银行股份有限公司深圳分行、兴业银行股份有限公司与王小丹财产损害赔偿纠纷二审民事判决书	
25	兴业银行股份有限公司深圳分行、兴业银行股份有限公司与张静财产损害赔偿纠纷二审民事判决书	
26	兴业银行股份有限公司深圳分行、兴业银行股份有限公司与钟思东财产损害赔偿纠纷二审民事判决书	
27	兴业银行股份有限公司深圳分行、兴业银行股份有限公司与赵明兴财产损害赔偿纠纷二审民事判决书	

资料来源：中国裁判文书网（http://wenshn.court.gov.cn）。

由此可见，上述 27 份判决中，行政领域的"信访"涉及了兴业银行、华宝证券、平安银行、盛泽按揭代理有限公司四家主体，只有平安银行一份判决没有承担民事责任。行政程序对民事案件的判决还是具有比较重要的影响，应给予充分关注。

3. 行政程序对刑事案件的影响

2019 年 1 月 30 日，最高人民法院、最高人民检察院、公安部印发《关于办理非法集资刑事案件若干问题的意见》（高检会（2019）2 号）做出了明确规定，具体内容如下。

第一，行政主管部门制定的部门规章或者国家有关金融管理的规定、办法、实施细则等规范性文件的规定，是刑事案件中认定"非法性"的依据。（第 1 条）

第二，受到行政处罚是认定主观故意的依据之一。（第 4 条）

第三，综合运用刑事手段和行政手段处置和化解风险。（第 6 条）

第四，行政执法与刑事司法相互衔接及移送。（第 11 条）

由此可见，行政的争议解决方式，与刑事方式密切相关，并具有重要影响。私募基金的各方，均应给予充分的关注。

三　民事诉讼及仲裁程序

私募基金发生后，提起诉讼或仲裁是最为直接的方式。选择哪些主体提起诉讼、以什么案由提起诉讼，后续将做专项分析。本文的重点内容是，私募基金合同一般会约定仲裁条款，在此情况下是否必须选择仲裁还是可以选择诉讼。

1. 可以提起诉讼、规避仲裁的案例

依据下述案例，在有仲裁条款的情况下，仍可提起诉讼、规避仲裁的核心意见为：（1）侵权行为本身超出了合同权利义务的调整范畴；（2）侵权方超出了合同当事人，即超出了仲裁条款约束的当事人；（3）侵权责任不是与违约责任的竞合。相关案例摘选如下。

案例 1　2015 年 5 月 26 日，最高人民法院（2015）民四终字第 15 号，

厦门豪嘉利商贸发展有限公司与洋马发动机（上海）有限公司、洋马株式会社管辖裁定书

（二）关于本案纠纷是否属于仲裁条款范围的问题。

仲裁条款是当事人围绕争议解决方式而订立的合同，因此判断当事人关于仲裁事项的合意时，应当遵循合同解释的基本原则。从本案仲裁条款使用的措辞看，其约定的仲裁事项为"因协议或协议项下进行交易而产生的任何或所有争议"，采取的是概括性约定仲裁事项的方式。依照通常理解，该条款约定了两方面的条件：一是提交仲裁的争议性质为任何争议，即不仅限于合同争议，也包括非合同性质的侵权争议或其他争议；二是提交仲裁的争议必须是因《出口和分销协议》或该协议项下进行交易而产生的。即争议应当基于《出口和分销协议》权利义务关系而产生，与该协议项下的权利行使或义务履行有关。洋马公司上诉认为，本案诉称侵权行为与《出口和分销协议》的解除行为具有实质关联，两者密不可分，实质仍属于《出口和分销协议》而产生的纠纷。但从豪嘉利公司起诉主张看，其诉称的侵权行为是洋马公司在解除《出口和分销协议》后，向豪嘉利公司的业务网络成员即合同以外的当事人传递豪嘉利公司已被解除分销权等不实信息。上述诉称行为虽然与洋马公司的解除合同行为有一定的事实关联，但上述行为本身并不属于《出口和分销协议》合同权利义务的调整范畴，也不是因该协议项下权利的行使或义务的履行而产生的，而是一项独立的民事行为。因上述行为所产生的名誉侵权责任，与《出口和分销协议》项下的违约责任并无竞合关系，不存在重复审理的问题。因此，福建省高级人民法院认定本案纠纷不属于涉案仲裁条款约定的仲裁事项，并无不当，本院予以维持。需要指出的是，在解释仲裁条款范围时，如侵权争议因违反合同义务而产生，违约责任和侵权责任有竞合关系，则原告即使选择以侵权为由提出诉讼，仍应受到合同仲裁条款的约束，不应允许当事人通过事后选择诉因而逃避仲裁条款的适用。且即便原告提起诉讼时增列了未签订仲裁协议的其他被告，亦不影响有仲裁协议的原被告之间的纠纷适用仲裁协议。因此，福建省高级人民法院认为对仲裁协议范围的认定不涉及请求权竞合的审查，其关于法律适用的表述欠准确，本院予以纠正。

案例 2　2017 年 5 月 31 日，最高人民法院（2017）最高法民辖终 12 号，中能源电力燃料有限公司、内蒙古长青煤炭经销有限公司二审民事裁定书

中北公司、淮矿西部公司、淮南矿业公司还上诉认为，《股权转让协议》《合资合同》以及为解除《股权转让协议》而签订的《协议书》均含有仲裁条款，应排除法院受理。但是根据合同相对性原则，上述仲裁条款只能约束上述三份协议的当事人即澳莱朵公司、长青公司、中北公司、中能源公司。而不能约束上述三份协议以外的当事人，淮南矿业公司和淮矿西部公司并非上述三份协议的当事人。但由于澳莱朵公司提起本案侵权之诉是以中能源公司、长青公司、中北公司、淮矿西部公司、淮南矿业公司为共同被告的，包含不受仲裁条款约束的多个当事人，且仲裁条款的当事人中能源公司、长青公司亦提出管辖权异议，请求本案由其他法院管辖，即在本案中已放弃仲裁条款，本案无法由诉讼和仲裁分别审理，无法分割。因此本案的仲裁条款不能约束上述三份协议书以外的当事人，且中能源公司、长青公司主张本案由其他法院管辖，未主张仲裁条款。因此原审法院认定本案澳莱朵公司与五方上诉人之间的侵权纠纷不受上述三份协议中的仲裁条款约束是正确的，其认定事实以及适用法律并无不当之处。中北公司、淮矿西部公司、淮南矿业公司提出本案存在仲裁条款应排除法院受理管辖的上诉理由不能成立，本院不予支持。

2. 不可以提起诉讼、只能仲裁的案例

依据下述案例，在有仲裁条款的情况下，不可提起诉讼、只能仲裁的核心意见为：（1）侵权行为是否存在，仍需根据合同约定的权利义务进行审查；（2）侵权责任是与违约责任的竞合；（3）仲裁条款约定"双方产生的所有争议"，该争议包括了合同争议，也包括了因合同产生的侵权争议及其他争议。相关案例摘选如下。

案例1　2016年3月16日，最高人民法院（2015）民监字第60号，庄忠范与上海凯石投资管理有限公司财产损害赔偿纠纷申请再审民事裁定书

案涉《信托合同》第18条约定："本协议未尽事项或与本协议有关的争议，应通过友好协商解决，协商不成的，任何一方均有权将争议提交北京仲裁委员会，按照北京仲裁委员会届时有效的仲裁规则进行仲裁。仲裁裁决是终局的，对双方均有约束力。……"该仲裁条款内容明确，符合《仲裁法》第16条的规定，系有效条款。根据该仲裁条款，因《信托合同》发生的或与《信托合同》有关的争议均应通过仲裁方式解决，庄忠范就合同当事人在签订和履行《信托合同》过程中发生的纠纷以侵权为由向人民法院提起诉讼的，人民法院不享有管辖权。庄忠范诉请"确认凯石公司越权操作信托股票账户侵害庄忠范财产权益"，须审查凯石公司的操作行为是否构成越权操作或无权操作，即其行为是否超出了《信托合同》第4条、第7条、第8条、第9条等约定的凯石公司的权限范围。故庄忠范主张的凯石公司的侵权行为，系执行《信托合同》有关的争议，与《信托合同》具有密切关联性。原裁定据此认定本案属于因履行《信托合同》引起的侵权纠纷，庄忠范应提交仲裁裁决而不得向人民法院起诉，并无不当。

案例2　2017年11月24日，最高人民法院（2017）最高法民辖终247号，中国工商银行股份有限公司浙江省分行、阜阳颍东农村商业银行股份有限公司侵权责任纠纷二审民事裁定书

关于颍东农商行与工行浙江分行之间的争议是否属于人民法院管辖的问题。根据《合同法》第122条之规定，产生侵权责任和合同责任竞合的前提是双方是合同的当事人且合同当事人一方存在违约行为。本案中各方当事人之间存在多个性质不同、合同相对方不同的合同，其一是颍东农商行与浦发银行合肥分行之间的《委托资产管理合同》，其二是浦发银行合肥分行与迪瑞公司、工行浙江分行之间的《2号基金合同》，其三是迪瑞公司与新浙公司之间的《票据资产受益权转让合同》。因此颍东农商行基于何合同对谁行使侵权责任请求权，直接影响本案管辖权的确定。颍东农商行可以基于《委托资产管理合同》对浦发银行合肥分行选择行使侵权责任请求权；在没有成为《2号基金合同》主体情况下，颍东农商行不能依照《合同法》第122条的规定选择对迪瑞公司、工行浙江分行行使侵权责任请求权。但是颍东农商行在起诉状中陈述称，各方当事人履行上述合同过程中，迪瑞公司、工行浙江分行知晓颍东农商行与浦发银行合肥分行存在委托理财关系，或者因为颍东农商行在起诉状中已披露其委托浦发银行合肥分行与迪瑞公司、工行浙江分行签订《2号基金合同》之事实，根据《合同法》第402条、第403条之规定，《2号基金合同》直接约束颍东农商行。因此，颍东农商行选择对迪瑞公司、工行浙江分行行使侵权责任请求权并不违反法律规定。由于《2号基金合同》约定："因本合同而产生的或与本合同有关的一切争议……应当提交杭州金融仲裁院根据该院当时有效的仲裁规则进行仲裁。"因此当事人在签订和履行合同的过程中发生的合同纠纷与侵权纠纷均应通过仲裁解决，人民法院对此不享有管辖权。本案中，颍东农商行向迪瑞公司、工行浙江分行主张侵权责任请求权而形成的纠纷应根据前述合同的约定，由杭州金融仲裁院解决。依照《最高人民法院关于适用〈中华人民共和国合同法〉若干问题的解释（一）》第30条关于"对方当事人提出管辖异议，经审查异议成立的，人民法院应当驳回起诉"的规定，应驳回颍东农商行对迪瑞公司、工行浙江分行提起的本案诉讼。

3. 相对确定性意见

依据上述案例统计，可以得出如下相对确定的意见。

（1）《合同法》第122条规定"因当事人一方的违约行为，侵害对方人身、财产权益的，受损害方有权选择依照本法要求其承担违约责任或者依照其他法律要求其承担侵权责任"，据上述规定，侵权行为如果是基于违约行为，会产生侵权责任与违约责任的竞合。

（2）如侵权争议因违反合同义务而产生，违约责任和侵权责任有竞合关系，则原告即使选择以侵权为由提出诉讼，仍应受到合同仲裁条款的约束。

（3）原告提起诉讼时增列了未签订仲裁协议的其他被告，一般不影响有仲裁协议的原被告之间的纠纷适用仲裁协议。

四　民事诉讼与刑事程序

1. 因涉及刑事案件，驳回对民事案件起诉

据大数据检索，私募基金类的民事案件约 2000 件，其中涉及刑事案件约 350 件，其中因涉及刑事犯罪对民事案件不予审理（不予立案或驳回起诉）的案件 90 余件。

经大数据检索，此类案件法院一般观点为："根据《最高人民法院关于在审理经济纠纷案件中涉及经济犯罪嫌疑若干问题的规定》第 11 条的规定，人民法院作为经济纠纷受理的案件，经审理认为不属经济纠纷案件而有经济犯罪嫌疑的，应当裁定驳回起诉，将有关材料移送公安机关或检察机关。本院在审理过程中查明，该保证合同所担保的 ×× 项下的资金涉及以设立私募股权基金为手段，向社会公众揽取资金，涉嫌刑事犯罪，×× 市 ×× 分局已经以涉嫌非法吸收公众存款为由，对该中心的普通合伙人立案侦查，现案件正在预审阶段。本案原告主张的保证责任无法与该私募投资基金涉嫌非法吸收公众存款单独割裂，本案亦存在经济犯罪嫌疑，故对原告的起诉，本院予以驳回"。

由此可见，私募基金类案件，如果基金主体涉嫌刑事犯罪，法院通常做法为"以驳回起诉为原则，以继续审理为例外"。这与其他民事诉讼案件有显著不同。

2. 驳回民事案件起诉的法律依据

经大数据检索，此类案件所有被援引的高频法条如表 3 所示。

表3　民事案件驳回起诉高频法条

序号	法规名称	条目数
1	《最高人民法院关于在审理经济纠纷案件中涉及经济犯罪嫌疑若干问题的规定》	第11条
2	《最高人民法院关于审理民间借贷案件适用法律若干问题的规定》	第8条
3	《最高人民法院、最高人民检察院、公安部关于办理非法集资刑事案件适用法律若干问题的意见》	第7条
4	《中华人民共和国合同法》	第206条
5	《最高人民法院关于在审理经济纠纷案件中涉及经济犯罪嫌疑若干问题的规定》	第10条
6	《中华人民共和国合同法》	第8条
7	《中华人民共和国合同法》	第60条
8	《最高人民法院关于审理民间借贷案件适用法律若干问题的规定》	第5条
9	《中华人民共和国合同法》	第107条
10	《中华人民共和国担保法》	第18条

资料来源：中国裁判文书网（http：//wenshn. court. gov. cn）。

上述高频法条中，比较有代表性的法条如下。

《最高人民法院关于在审理经济纠纷案件中涉及经济犯罪嫌疑若干问题的规定》第11条规定"人民法院作为经济纠纷受理的案件，经审理认为不属经济纠纷案件而有经济犯罪嫌疑的，应当裁定驳回起诉，将有关材料移送公安机关或检察机关。"

《最高人民法院关于审理民间借贷案件适用法律若干问题的规定》第5条规定："人民法院立案后，发现民间借贷行为本身涉嫌非法集资犯罪的，应当裁定驳回起诉，并将涉嫌非法集资犯罪的线索、材料移送公安或者检察机关。公安或者检察机关不予立案，或者立案侦查后撤销案件，或者检察机关做出不起诉决定，或者经人民法院生效判决认定不构成非法集资犯罪，当事人又以同一事实向人民法院提起诉讼的，人民法院应予受理。"第6条规定："人民法院立案后，发现与民间借贷纠纷案件虽有关联但不是同一事实的涉嫌非法集资等犯罪的线索、材料的，人民法院应当继续审理民间借贷纠纷案件，并将涉嫌非法集资等犯罪的线索、材料移送公安或者检察机关。"

《最高人民法院、最高人民检察院、公安部关于办理非法集资刑事案件适用法律若干问题的意见》第 10 条规定："……集资参与人可以推选代表人向人民法院提出相关意见和建议；推选不出代表人的，人民法院可以指定代表人。人民法院可以视案件情况决定集资参与人代表人参加或者旁听庭审，对集资参与人提起附带民事诉讼等请求不予受理。"

由此可见，在私募基金民事案件中，如涉及刑事犯罪，法院一般会驳回起诉移送公安机关，主要原因是私募基金案件通常与非法集资相关，而这类案件法律明确规定应移送公安机关处理。

五　私募基金争议解决方式小结

通过上述案例大数据检索，私募基金争议解决方式小结如下：

（1）行政方式（信访、申诉等）是成本较低、相对有效的方式；对此，投资人及托管人或管理人均应给予充分关注；

（2）如果涉及人数较多，一般以"非法吸收公众存款罪"或诈骗类犯罪进行处理，二者比较，"非法吸收公众存款罪"较轻；

（3）私募基金合同一般涉及仲裁条款，在特定情况下，可通过技术操作突破仲裁条款，请求法院审理；

（4）民事诉讼中，一定特别关注是否涉嫌刑事犯罪，以及是否因刑事犯罪会驳回民事案件起诉。

私募基金民事诉讼的主要类型及责任

霍进城　邵岳

一般而言，私募基金包括"基金募集（融）""基金投资（投）""投资管理（管）""基金退出（退）"四个阶段。目前已发生的及潜在的诉讼纠纷，主要集中于"基金募集（融）"及"基金退出（退）"两个阶段。其中，"基金退出（退）"的主要争议包括业绩（上市）对赌、回购、担保等，本文将另行探讨。本文主要就"基金募集（融）"阶段，民事诉讼的主要类型（案由）及责任主体做数据统计分析，以供投资者、基金管理人、基金销售机构（含银行）相关人士参考。

一　民事诉讼的主要类型（案由）

1. 六种主要类型（案由）及所占比例

通过中国裁判文书网等信息查询与"私募基金"相关的公开案例，并经进一步筛选"基金募集（融）"阶段公开案例，并逐一阅读核查，"私募基金—募集阶段"民事诉讼的主要类型（案由）包括如下六种。

（1）保证合同纠纷，即投资人要求基金相关方承担责任，相关方进行抗辩。

（2）合伙纠纷，即法院最终认定基金各方系合伙关系，并根据该法律关系认定各方责任。

（3）借款合同（含民间借贷）纠纷，即法院最终认定基金各方属于借贷关系，并根据该法律关系认定各方责任。

（4）财产损害赔偿（含侵权）纠纷，主要是投资人要求基金销售方承担赔偿责任，销售方进行抗辩。

（5）委托理财合同纠纷，即法院最终认定基金各方系委托理财法律关系，并根据该法律关系认定各方责任。

（6）证券纠纷，即法院最终认定各方系与证券有关的法律关系，并根据该法律关系认定各方责任。

上述六种类型（案由）所占比例如图1所示。具体而言，保证合同纠纷案件和合伙纠纷案件最多，按照数量多少排序为：保证合同纠纷/合伙纠纷、借款合同（含民间借贷）纠纷、财产损害赔偿（含侵权）纠纷、委托理财合同纠纷、证券纠纷。

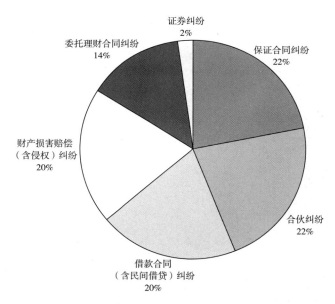

图1　私募基金纠纷主要案由统计

资料来源：中国裁判文书网（http：//wenshn. court. gov. cn）。

2. 六种类型（案由）产生的原因及本文的核心价值

上述六种类型（案由），其实质是六种不同的权利主张及抗辩方式。基于同样的"私募基金—募集阶段"，基于几乎相同的合同，为什么会产生六种不同的权利主张方式及法律关系认定？

经进一步分析统计，上述六种类型（案由）的产生，与当事人的诉求、委托律师的认知、法院的认定、案件具体事实、合同的具体主体及条款密切相关。

本文的核心价值及意义在于：通过统计分析六种类型（案由），便于基金相关各方人士根据自身的基金实际情况（一般性及特殊性），选择合理的权利主张及抗辩事由。

二 借款合同（含民间借贷）纠纷

1. 裁判结果分析

借款合同（含民间借贷）纠纷案件，共查询密切相关的案件 55 件，其中判令合伙企业承担责任的案件 15 件，基金管理人（普通合伙人，即 GP）承担责任的案件 46 件，驳回诉讼请求的案件 3 件，移送公安机关驳回起诉的案件 4 件（见图 2）。

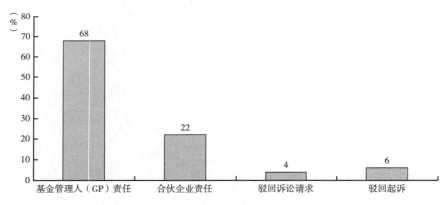

图 2　借款合同（含民间借贷）纠纷裁判结果分析

资料来源：中国裁判文书网（http://wenshn. court. gov. cn）。

律师意见：据上述数据统计分析，私募基金纠纷中，如果以借款合同纠纷为由提起诉讼且被法院认可，如果不因涉嫌刑事犯罪而移送公安机关，基金管理人或合伙企业被判决承担责任的可能性较大。

2. 基金管理人与合伙企业承担责任分析

如上所述，私募基金争议解决中，在借款合同（含民间借贷）纠纷案中，有些案件判令基金管理人承担责任，有些判令合伙企业承担责任，有些判令合伙企业与基金管理人共同承担责任，具体如下。

投资人与基金管理人签订合同

此类案件，因投资人仅与基金管理人签订了合同，合伙企业并非一方当事人，如以借款合同纠纷为由审理本案，一般认定基金管理人承担责任。

（2016）京 0105 民初 4724 号判决认定："本院认为，虽然刘梅与嘉瑞公司等签订的协议名为投资基金合伙协议——私募股权基金有限合伙协议，但嘉瑞公司出具的出资确认函约定了投资期限和年化收益率，同时刘梅与嘉瑞公司签订回购协议约定嘉瑞公司按照年化收益率和认购金额的价格到期回购刘梅的权益，而根据工商查询信息显示，刘梅亦未被登记为合伙企业的有限合伙人，由此可知，刘梅不承担投资风险及亏损，而是享有到期本金和固定收益返还。综上，刘梅与嘉瑞公司之间的法律关系实为借款合同关系，该合同关系未违反国家有关法律、行政法规的强制性效力性规定，当属有效。"

投资人与合伙企业签订合同

此类案件，一般有两种结果：（1）仅合伙企业承担责任；（2）合伙企业与基金管理人（GP）共同承担责任。

关于"仅合伙企业承担责任"，（2015）海民（商）初字第 41954 号判决书认定："本院认为，闫爱明与中金资产中心签订的《山东国际信托＊紫御湾担保—资金信托中金信国私募基金》文件，包括合伙协议、入伙协议等文件，从协议的内容看，闫爱明仅到期收取固定收益，不承担合伙企业的经营风险。故协议名为合伙，实为民间借贷法律关系。该借贷关系未违反国家法律和行政法规的强制性规定，应属有效。闫爱明已向中金资产中心提供了 150 万元借款。借款人应当按照约定的期限返还借款。现协议约定的投资期限已届满，中金资产中心应向闫爱明返还尚欠的借款本金。2013 年 11 月 12 日，闫爱明与中金资产中心签订的《协议书》，双方对中金资产中心的应还款数额和时间进行了重新约定，该约定应属有效。中金资产中心未向闫爱明支付 1445373 元，已构成违约。"

关于"合伙企业与基金管理人共同承担责任"，（2016）京 0105 民初 6841 号判决书认定"一审法院认为：原告与被告信泽管理中心签订的《信泽·云新矿业股权收益权项目投资基金管理计划之基金投资合同》系双方当事人真实的意思表示，且不违反法律、行政法规的禁止性规定，故合法有效，双方均应恪守履行。根据入伙协议的约定，原告享受固定收益，不承担合伙企业风险，故原告名为被告信泽管理中心的合伙人，但其与被告信泽管理中心之间实为借贷关系。……而被告信泽基金公司作为被告信泽管理中心的普通合伙人，依照《合伙企业法》第2条第3款：'有限合伙企业由普通合伙人和有限合伙人组成，普通合伙人对合伙企业债务承担无限连带责任，有限合伙人以其认缴的出资额为限对合伙企业债务承担责任'的规定，其应对被告信泽管理中心的前述给付金钱内容承担无限连带责任。"

投资人与合伙企业、基金管理人共同签订合同或出具函件

此类案件，因投资人与合伙企业、基金管理人共同签订了合同，或共同出具了函件，合伙企业与基金管理人一般共同承担责任。

（2017）京0105民初74411号判决书认定："本院认为：本案争议的焦点为嘉杰公司与永安信和中心、永安信天津公司之间系投资关系还是民间借贷关系。本案中，嘉杰公司与永安信和中心、永安信天津公司就壹家园项目一事并未签订书面合同，但永安信天津公司向嘉杰公司出具了投资报告、投资简报，上述文件中明确写明了投资期限、投资回报率等，上述文件应视为要约，嘉杰公司以行为接受了上述条款，并实际向永安信和中心支付了300万元及3万元管理费，应视为嘉杰公司承诺接受了投资报告、投资简报的条款，故三方之间形成了合同关系。"

律师意见：因《合伙企业法》第2条第3款"普通合伙人对合伙企业债务承担无限连带责任"的规定，无论合伙人是否与投资人签订合同，只要合伙企业承担责任，普通合伙人均需承担责任。因此，只要不存在普通合伙人失联、影响诉讼进程的情况，实际仅存在"管理人承担责任"及"管理人与合伙企业共同承担责任"两种情形。

3. 驳回起诉及驳回诉讼请求事由分析

驳回起诉，一般均是因案件涉及刑事犯罪，法院将案件移送公安机关。该类案件意见比较一致。比如（2017）京0105民初10635号判决书认定："本院认为，根据双方当事人提交的证据材料以及邯郸市公安局经侦支队就相关案情向石家庄市桥西区人民法院的回函，本案涉嫌非法集资犯罪，符合《最高人民法院关于审理民间借贷案件适用法律若干问题的规定》第5条第1款'人民法院立案后发现民间借贷行为本身涉嫌非法集资犯罪的，应当裁定驳回起诉，并将涉嫌非法集资犯罪的线索、材料移送公安或者检察机关'的规定。如果本案移送后，公安或检察机关不予立案，或者立案侦查后撤销案件，或者检察机关作出不起诉决定，或者经人民法院生效判决认定不构成非法集资犯罪，当事人可以再向人民法院提起诉讼。"

驳回诉讼请求，一般是因为投资人主张是借款关系，但法院认定是合伙关系，法院向投资人释明后投资人仍不变更诉讼主张。如（2017）1110903民初2133号判决书认定："本院认为，原、被告双方对于原告陆续向被告福彩地公司转款1700000元无异议，本案的争议焦点为：原、被告双方为何种法律关系，系合伙关系还是民间借贷关系。从原、被告双方出示的证据以及庭审过程可以看出，原告母亲夏先凤对案件始末十分熟悉，其代理原告夏俪玲参与了整个过程。基于其与夏俪玲的特殊关系，夏先凤代原告对外签署的文书及行为的效力应当对夏俪玲有约束力。原、被告双方签订的《成都市金福泰达股权投资基金合伙企业（有限合伙）入伙意向协议》《股东出资认缴书》约定的内容，符合私募基金发起人设立合伙企业的一般特征。并且原告及其母亲也积极参与了合伙事务，领取合伙利润。原、被告双方虽未签订有关金福印象合伙企业的入伙协议书、合伙协议等，但通过从开始投入资金至2016年5月期间，夏先凤作为原告代理人积极参与金福印象合伙企业合伙事务，分配相应的合伙利润，可以认定原、被告双方系合伙关系。原告认为本案系民间借贷纠纷，经本院释明后，其依然坚持其诉讼主张。因原告的主张，与本案查明的事实不符，故对于原告的诉讼请求，本院不予支持。"

律师意见：案件涉及刑事犯罪或法律关系认识错误，均可能导致诉讼无法成立。此时，各方主体需要根据法院的释明，及时调整诉讼策略。

4.借款合同核心争议：合伙关系还是借款关系

如前所述，借款合同（含民间借贷）纠纷案件，共查询到密切相关的案件55件，全部包括了"借款关系"和"合伙关系"的抗辩。法院认定借款关系还是合伙关系，关注要件一般包括是否存在如下要素：（1）"保本及固定收益"；（2）是否基金备案；（3）是否登记为合伙人；（4）是否实际参与合伙企业事务或管理；（5）是否有回购条款等。

经进一步分析，已认定为借款合同纠纷关系的案件中，几乎全部存在"保本及固定收益"条款，即"保本及固定收益"是认定借款关系的最关键要件。同时，已认定为借款合同关系的案件中，有近40%的基金产品未进行基金备案、未在工商登记手续中登记投资人为合伙人（见图3）。也就是说，如果基金产品未备案、工商登记手续未完善，更容易被认定为借款合同纠纷。

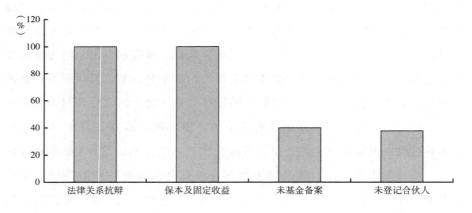

图3　借款关系争议及认定

资料来源：中国裁判文书网（http://wenshn.court.gov.cn）。

关于保本及固定收益的典型认定

（2016）京0105民初69621号判决书认定："本院认为，合伙行为最典型的特征是共同出资、合伙经营、共享收益、共担风险，而上述《合伙协议》《股权收购协议书》《投资确认函》均约定原告有明确的预期收益，第三人每半年向原告支付预期收益，一年后归还本金且在未能达到最低预期情况下，进行"回购"以兑现原告投入的本金和收益，该协议具有原告只享受利益，而不参与经营管理及承担风险的特征，故该协议不符合合伙的实质要件。因此，上述协议名为投资合伙，实为借贷。"

关于未履行基金备案手续及未登记合伙人的典型认定

（2016）京 0105 民初 4724 号判决书认定："本院认为，虽然刘梅与嘉瑞公司等签订的协议名为投资基金合伙协议——私募股权基金有限合伙协议，但嘉瑞公司出具的出资确认函约定了投资期限和年化收益率，同时刘梅与嘉瑞公司签订回购协议约定嘉瑞公司按照年化收益率和认购金额的价格到期回购刘梅的权益，而根据工商查询信息显示，刘梅亦未被登记为合伙企业的有限合伙人，由此可知，刘梅不承担投资风险及亏损，而是享有到期本金和固定收益返还。综上，刘梅与嘉瑞公司之间的法律关系实为借款合同关系，该合同关系未违反国家有关法律、行政法规的强制性效力性规定，当属有效。"

深圳某法院案例中引用的《人民司法》实务文章意见

（2015）深前法商初字第 165 号判决书认定："本院认为，关于本案属于投资纠纷还是民间借贷纠纷的问题。滕某军在 2014 年第 10 期《人民司法·案例》发表《名为借款但参与经营管理的应认定为投资》的文章，其指出在司法实践中存在若干名为投资、实为借贷的情形，主要表现为：（1）虽名为投资，但所有物的所有权发生了转移，不能行使对该物的使用权如管理、经营权，有的甚至连知情权也没有，则无论取得收益否，应视为借贷。（2）虽名为投资，但投资协议中或实际上并未参与经营或管理，而且对收益有明确的约定，则实为借贷。（3）虽名为投资，在自己的账目处理上只有所有物所有权的转移，被投资方却没有资本金形成的，则应为借贷。（4）投资协议中规定了投资收回的期限，而且还有担保的，则应视为借贷。（5）投资者一般享有对投资项目的收益、表决和知情权等权利，而借贷一般不享有此权利。总之，对投资项目的实际经营管理权或参与经营管理权的判别是解决真假投资与借贷的关键。"

律师意见：融资阶段的基金合同产生争议，经常发生"借款关系"及"合伙关系"之争。当基金产品下行时，无法兑付股东收益甚至本金，在此情况下，借款关系与合伙或投资关系最大的不同是，借款关系不存在本金损失，而合伙或投资则存在本金损失。因此，投资人以借款关系主张，可最大程度保护本金不受损失，而基金管理人以合伙或投资关系抗辩，可以"市场风险"为由减轻或免除责任。而"借款关系"及"合伙关系"之争，除了固定收益与保本条款外，基金是否进行了登记、合伙人是否进行了工商变更，均是法院认定的核心要素。而在基金产品上行时，往往产生超额收益，则投资人会主张投资关系而非借款关系。

三　合伙纠纷

1. 裁判结果分析

合伙纠纷案件，共检索到密切相关的案件 54 件，其中判令合伙企业承担责任的案件 9 件，基金管理人（普通合伙人）承担责任的案件 36 件，驳回诉讼请求的案件 8 件，移送公安机关驳回起诉的案件 9 件。

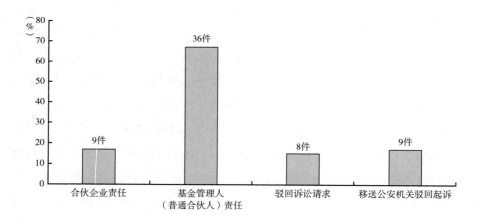

图 4　合伙纠纷裁判结果分析

需要重点说明的是，在上述判令基金管理人（普通合伙人）承担责任的 36 个案件中，有 21 个案件系基于同一基金产品产生的系列诉讼。即如果不考虑雷同案件，判令基金管理人（普通合伙人）承担责任的案件，将降低至 15 件。

律师意见：合伙纠纷案件中，判令基金管理人（普通合伙人）、合伙企业承担责任，与驳回诉讼请求、移送公安机关驳回起诉案件相比，并不占据绝对优势。即以合伙企业纠纷提起诉讼，无论是投资人还是基金管理人（普通合伙人）、合伙企业，都有极大的诉讼空间。

2. 基金管理人（普通合伙人）承担责任的事由分析

经对案例的数据检索，判令基金管理人（普通合伙人）承担责任的共36 个案件，其涉及的主要事实理由及数量为：（1）基金管理人（普通合伙人）出具了"回购或兑付协议或承诺"，数量为 10 件；（2）基金管理人（普通合伙人）未履行合同约定或法定职务，数量为 22 件（21 件系基于同一基金产品）；（3）基金管理人（普通合伙人）作为普通合伙人对合伙债务承担连带责任，数量为 3 件。

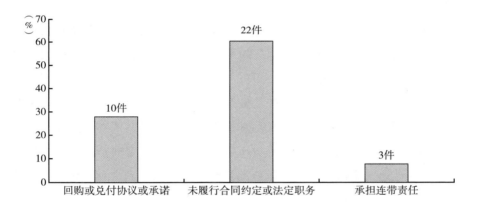

图 5　基金管理人（普通合伙人）承担责任事由分析

资料来源：中国裁判文书网（http：//wenshn. court. gov. cn）。

基金管理人（普通合伙人）出具"回购或兑付协议或承诺"的裁判事由

（2017）京 0105 民初 66467 号判决书比较具有典型性，具体如下。"本院认为：中投永信公司与党振江所签锦萍福生中心《合伙协议书》及《权益回购协议书》、中达融通公司出具的《履约担保函》均系各方当事人的真实意思表示，内容不违反法律、行政法规的强制性规定，应属合法有效。但需要指出的是，中投永信公司与党振江约定以进行投资活动为目的设立有限合伙企业、资产由管理人也是普通合伙人进行管理，在明确约定有限合伙人对合伙企业债务以其出资额为限承担有限责任的同时，又明确规定普通合伙人要对有限合伙人持有的权益（包括投资本金和约定收益）进行回购，其实质是对有限合伙人保本保收益，这有悖于中国证券监督管理委员会（以下简称证监会）于 2014 年 8 月 21 日公布的规章《私募投资基金监督管理暂行办法》（以下简称《暂行办法》）中关于私募基金管理人、私募基金销售机构不得向投资者承诺投资本金不受损失或者承诺最低收益的规定。此外，中投永信公司既是管理人，也是普通合伙人，虽然法律、法规没有禁止普通合伙人对有限合伙人做出保本保收益的承诺，但是中投永信公司被核准的经营范围中明确禁止其向投资者承诺投资本金不受损失或者承诺最低收益。企业经营中应杜绝有违规章、行政管理性规定的行为。……锦萍福生中心虽然不是《合伙协议书》签约主体，但根据该合同记载，签约主体一方中投永信公司不仅仅是基金发行人，更是锦萍福生中心的执行事务合伙人、普通合伙人，投资人的投资款是作为对锦萍福生公司的认缴出资，合伙资金要入到锦萍福生中心账户，普通合伙人汇集资金后运作基金并在资金按期回笼后向投资人发还并分配收益。按照《暂行办法》的规定，私募基金管理人不得将其固有财产或者他人财产混同于基金财产从事投资活动，不得侵占、挪用基金财产。因此中投永信公司签订上述《合伙协议书》融取的资金实际应归入到锦萍福生中心，该资金最终也应回笼到锦萍福生中心后，再由中投永信公司按约定向投资人发还分配。鉴于此，中投永信公司有关基金封闭期满办理赎回、基金到期进行清算等承诺，应认为是以锦萍福生中心执行事务合伙人身份给锦萍福生中心设定义务，这符合权利义务对等原则，锦萍福生中心应受此条款约束。"

（2018）京 0102 民初 4709 号判决书也比较具有典型性，具体如下。"原、被告双方于 2015 年 6 月 18 日签订的《合作协议书》第 7 条第 3 款的约定，如果自该协议签署之日起两个月内，星顾投资中心仍未完成对高良科技公司的增资手续及变更登记，原告有权要求被告即时全额退回原告及其认可的有限合伙人的出资。被告上海星普公司主张该条款无效……对此本院认为，涉案《合作协议书》的主要内容是投资方万丰兴业公司与融资方上海星普公司以增资改组方式进行入伙投资，再通过合伙企业对外股权投资实现合伙企业资产的保值增值，从而实现合伙人自身资产的保值增值。双方争议的条款在性质上属于俗称的对赌协议范畴，投资方与融资方之间的对赌属当事人之间的意思自治范畴，且不违反国家法律法规的效力性强制性规定，应属合法有效。而投资人与融资方之间的对赌，其在本质上是融资方的经营行为，是融资方在经营过程中签订的合同，应主要从《合同法》的角度来审视各方之间的法律关系。投资权益估值调整机制、投资方的退出机制、损益分担方式等是当事人之间协商一致的结果，是各方基于投融资方对目标企业经营状况、盈利能力的信息不对称，融资方对资金的需求程度，各方对企业发展的预期等因素，综合权衡、相互妥协的结果。上海星普公司作为私募基金管理人，对于该合同条款的风险应当具有充分的认知。投资方合伙人身份的取得是合同签订并履行的结果，带来《合同法》与《公司法》《合伙企业法》对各方之间关系的交叉调整。但该约定并未违反《公司法》及《合伙企业法》的禁止性规定，因此，不宜从协议违反风险共担的角度否认投资方与融资方对赌的法律效力，故争议条款应属合法有效，对各方当事人具有法律约束力。被告主张《股权转让协议》第7.2条、7.3条的约定违反法律的强制性规定，缺乏事实和法律依据，本院对此不予采信"。

基金管理人（普通合伙人）未履行合同约定或法定职务的法院认定

（2017）粤03民终22174号判决书认定："陈建云作为投资人愿意通过投资方式加入创赢企业成为有限合伙人的目的，就是通过创赢企业向平安信托计划投资的方式获得投资收益，这个目的是专属、特定、唯一的，且限定于《合伙协议书》之中，故无论是创赢企业还是合伙事务执行人新富公司，均应将陈建云等有限合伙人的投资款用于平安信托计划而履行合伙事项，这既是《合伙协议书》的约定，亦是陈建云等有限合伙人愿意将其款项投资给创赢企业的信赖利益基础。然而新富公司在收到陈建云的投资款后，并未按《合伙协议书》的约定将投资款投资于平安信托计划，而是投资于其他项目，违反了《合伙协议书》的该项约定。据此，新富公司在既未履行《合伙企业法》规定的变更合伙协议的程序，也未满足全体合伙人一致同意之实质要件的情况下，擅自将创赢企业的款项转投云南信托项目，违反了各合伙人在订立《合伙协议书》时的意思表示合意，构成根本违约，陈建云主张其承担相应的违约责任，有事实和法律依据，本院予以支持。"

（2018）苏 01 民终 57 号判决书认定："《合伙企业法》第 97 条规定：合伙人对本法规定或者合伙协议约定必须经全体合伙人一致同意始得执行的事务擅自处理，给合伙企业或其他合伙人造成损失的，依法承担赔偿责任。本案中，合伙合同明确约定对合伙企业财产设置的预警线为 0.8，合伙企业财产净值触及 0.8 时，执行事务合伙人需通知全体合伙人，召集合伙人大会决定是否继续操作。但超沅公司作为执行事务合伙人，直接控制、管理、执行合伙企业的投资业务，未遵守合同约定，不仅投资了高风险的分级基金 B，而且在基金净值触及 0.8 预警线后擅自决定继续操作，最终致使基金净值下跌至 0.3003，其行为违反了合同约定和法律规定，依法应对其他合伙人因此受到的损失承担赔偿责任"。

律师意见：据上述案例分析，"回购或兑付协议或承诺"仍是基金管理人（普通合伙人）承担责任的主要裁判事由。

3. 驳回诉讼请求的事由分析

驳回诉讼请求的案例共 8 件，其具体事由种类及数量包括：（1）主体不适格（不具备原告主体资格或被告主体资格错误）2 件；（2）法律关系错误（以借款关系主张但法院认定为合伙关系）2 件；（3）合同应继续履行且无回购或兑付条款 3 件，其他事由 1 件。

主体不适格（不具备原告主体资格或被告主体资格错误）

（2016）京 03 民终 6000 号判决书认定"本院经审查认为：本案中，王占苹起诉要求确认涉案《合伙协议》《入伙协议》无效，现宝金中富中心系王占苹与宝金国际公司之间合伙组建的合伙企业，姚晓宏、钟冬梅和广东兴邦公司与王占苹之间并无合伙关系，宝金中富中心、姚晓宏、钟冬梅和广东兴邦公司均不是《合伙协议》《入伙协议》的合同相对方。宝金中富中心、姚晓宏、钟冬梅、广东兴邦公司并非本案适格被告"。

法律关系错误（以借款关系主张但法院认定为合伙关系）

（2015）浦民二（商）初字第 4209 号判决书认定："本院认为，当事人对自己提出的诉讼请求所依据的事实或者反驳对方诉讼请求所依据的事实有责任提供证据加以证明。本案原告的行为不属于购买证券投资基金的行为，不应适用与该等行为相关的法律规定。原告以与被告红樟上海公司存在借款关系为由，提出本案诉讼请求，本院认为，对借款关系一节事实的存在，原告应当承担举证责任，然从原告提供的书面协议来看，并无法得出被告红樟上海公司向原告借款的结论，被告红樟上海公司并未与原告签署过借款协议，原告向被告嘉兴红樟企业的付款也是为了履行其投资的协议，因此，原告的主张与双方之间的事实不符，本院不予支持。根据审理中的情况显示，原告已成为被告嘉兴红樟企业的合伙人，如符合相关约定，原告有权要求退伙，但原告在本案中明确表示并非主张退伙，因此，本案对于原告是否符合退伙条件并取回相关权益不予处理，原告可另行主张。根据原告提交的书面合同，被告红樟上海公司并不负有直接向原告返还出资本金和收益的义务，如原告认为被告红樟上海公司作为基金管理人或执行事务合伙人存在损害原告利益的行为，原告可以另行主张。"

合同应继续履行且无回购或兑付条款

（2017）苏 0116 民初 1854 号判决书认定："本案中，从《合伙份额认购协议》的签订到履行情况看，并无《合同法》所规定的无效情形，故对原、被告签订的《合伙份额认购协议》应认定为有效协议。陈祖荣主张原、被告签订的《合伙份额认购协议》适用《证券投资基金法》等相关法律规定为无效协议，依据不足，本院不予支持。……关于第二个争议焦点聚隆公司应否返还陈祖荣 600000 元及利息，本院上述已经认定原、被告签订的《合伙份额认购协议》为有效协议，原、被告双方均应遵守，聚隆公司也已按协议约定将陈祖荣的投资款交至被投资方上海牧粮公司，陈祖荣因此取得红利和股权证。据此，陈祖荣再行主张聚隆公司返还 600000 元及利息，无事实和法律依据，本院不予支持。"

（2018）沪 0115 民初 25532 号判决书认定"原告汇入春播秋收中心的 100 万元，应视为原告作为有限合伙人对春播秋收中心的出资款。有关有限合伙人出资款的处理应当以《上海春播秋收股权投资基金管理中心（有限合伙）合伙协议》为依据，春播秋收中心仍在存续期间，故原告要求被告退还 100 万元，无法律依据，本院不予支持。原告提供的募资说明书没有证明是被告做出的，故不能证明被告对原告进行过收益承诺，故原告要求被告支付收益及利息，无事实依据，本院不予支持。"

律师意见：合伙纠纷案件中，如果合伙企业或者基金管理人签署或出具了回购或兑付协议或承诺，一般认定该类条款有效，并需承担责任；反之，一般认定协议有效、履行中退回投资的主张难以成立。

四 委托理财合同纠纷与证券纠纷

1. 裁判结果分析

委托理财合同纠纷与证券纠纷案件，共检索到密切相关的案件 39 件，其中判令合伙企业承担责任的案件 9 件，基金管理人（普通合伙人）承担责任的案件 10 件，银行承担责任的案件 4 件，驳回诉讼请求的案件 7 件，移送公安机关驳回起诉的案件 16 件，具体如图 6 所示。

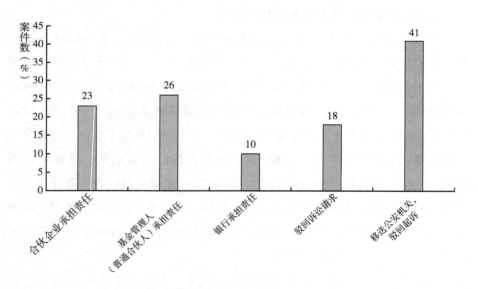

图 6 委托理财合同纠纷判决结果分析

资料来源：中国裁判文书网（http://wenshn. court. gov. cn）。

律师意见：经统计，委托理财合同纠纷案件中，判令合伙企业、基金管理人（普通合伙人）、银行承担责任的案件共计 18 件，而判决驳回起诉案件及驳回诉讼请求案件合计 23 件。即在私募基金争议解决中，相比较借款合同纠纷案由、合伙纠纷案由中大多支持投资人诉讼请求，委托理财合同纠纷中投资人的诉讼请求支持比例显著降低。

2. 承担责任事由分析

在合伙企业、基金管理人（普通合伙人）、银行承担责任的 18 件案件中，其中有 10 件是因为回购或承诺兑付条款，有 6 件是认定责任主体存在过错责任（见图 7）。

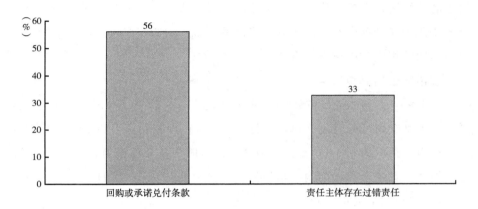

图 7 责任承担事由分析

资料来源：中国裁判文书网（http：//wenshn. court. gov. cn）。

回购或兑付协议或承诺的典型认定

（2018）京 03 民终 11826 号判决书认定"庭审中，双方均认可本案系委托理财合同纠纷。委托理财，是指委托人和受托人约定，受托人将其资金、证券等金融性资产委托给受托人，由受托人在一定期限内管理、投资于证券、期货等金融市场，并按期支付给委托人一定比例收益的资产管理活动。本案中，各方依据《合伙协议》《认购确认书》依法设立了合伙企业，办理了合伙登记，对相应合伙事务进行了规定，并依照合伙企业设立之目的和要求投资了目标私募基金。因而，本案实际系张小海作为委托人/投资人、平安基金公司作为受托人通过成立有限合伙企业形式进行委托理财。关于《股权回购协》是否构成对委托理财合同的保本保收益的承诺？该承诺是否必然会导致《合伙协议》《认购确认书》无效？法院认为，《股权回购协议》约定'如果被收购方的该项投资在到期日未能达到最低预期，收购方同意收购被收购方初始入资金额所对应的股权，以兑现被收购方入资所应产生的本金和利益，被收购方同意对应股权转让给收购方'，即投资方张小海在投资期到期日如果没有取得预期收益，则平安基金公司作为收购方应当履行收购义务。该条款约定的回购条件是'到期日未能达到最低预期'，即合同中约定的投资目标无法实现时，对投资人的股权进行回购；同时，该条款约定的履行回购义务主体为合伙企业的普通合伙人平安基金公司，而非目标合伙企业平安管理中心。该协议对将来发生事实的约定未违反法律、行政法规的强制性规定，应属合法有效。"

过错责任的典型认定

（2018）京 03 民终 11785 号判决书认定："本案中，根据《资金合同》第十二项基金财产的管理、运用和处分'（四）预警和止损约定'，'股票基金单位净值估值为 0.9400 元，设为预警线。股票基金单位为 0.9000 元，设为止损线。在基金存续期内，当估值结果显示某交易日（T 日）收盘时单位净值不高于 0.91 元时，该基金全体参与人需做相应决策（同意提高止损线），否则无论（T + 1）日是否能恢复至 0.91 元之上，管理人须于 T + 1 日开盘时根据市场情况择机进行止损操作（于收盘前将基金全部变现），基金提前结束。'在合同实际履行的过程中，在股票基金单位达到预警线 0.94 元以及止损线 0.9 元，王霄燕并未同意提高止损线的情况下，锋达中心并未按照合同约定及时进行预警操作，亦未进行相应的止损操作（于收盘前将基金全部变现），将涉案基金提前结束。锋达中心怠于履行合同义务及管理人职责，直接导致了王霄燕的相应经济损失。从合同约定的内容看出，锋达中心的止损操作不以王霄燕提出申请为必要前提，亦非其主张的巨额赎回认定范畴，且王霄燕之夫李某于 2015 年 8 月 3 日向锋达中心发送邮件的行为，并不当然免除锋达中心按照合同约定履行止损操作的义务。据此，王霄燕的损失数额应当以当股票基金单位为 0.9 元时的基金总份额为基数予以计算，一审法院以王霄燕的基金总份额为 196 万份，其总投资金额为 196 万元予以计算损失，依据充分，本院予以维持。"

律师意见：私募基金争议解决中，委托理财纠纷中如果存在回购条款，一般不会影响合同效力，回购主体一般需要承担责任。

3. 不承担责任（驳回投资人诉讼请求）事由分析

（2018）内 0102 民初 3575 号判决书认定："第一，相关法律、法规、规范性文件及本集合计划合同，均未规定被告有义务将产品尽职调查报告作为法律文件向监管机构备案、向原告提交或披露，且备案材料证实本集合计划已通过全面的合规审查，并已在中国证券投资基金业协会依法合规备案。第二，本集合计划委托人在被告证券交易网上填写个人信息开户后，以电子签名方式点击确认相关文书完成购买行为，与签署相应纸质文书具有同等法律效力。被告在其交易系统，通过原告在网上开户填写个人信息，完成《客户风险承受能力调查问卷》，签署《电子签名约定书》《资金来源说明》《风险揭示书》《产品说明书》《合格投资者承诺书》《定增 1 号合同》等等文件，对委托人履行了法律、法规及合同约定的了解客户、适当性管理、告知说明和文件交付等等义务，并在本集合计划合同的第 2、5、25 部分及相关文件中多处、多次、反复提示：产品为高风险产品、有存在挂牌不成功的可能，从而导致原告的投资受损的风险，被告不承诺最低收益率，也不承诺原告本金安全，投资风险由原告自行承担。本案原告接受了客户风险承受评估，测评结果为稳健型，风险等级不匹配，系统针对此弹出不适当警示说明确认书，原告点击'确定'时，说明委托人清楚风险并坚持购买，此后系统才会发起认购请求。之后原告签署了《合格投资者承诺书》《定增 1 号合同》《风险揭示书》，表明原告投资该产品的决定，系本人独立、自主、真实的意思表示，投资风险应由原告自己负担。退而言之，本案原被告是平等的民事权利义务主体，被告作为管理人对其管理的产品依法负有风险揭示义务，原告作为委托人对其投资的产品依法负有风险注意义务。即便如原告所诉被告对风险测评问题直接给出了'正确答案'，原告作为完全民事行为能力人，应当在了解产品或者服务情况、风险测评等级的基础上，根据自身情况审慎决策，并在享有委托理财可能带来的收益的同时，也应当承担可能出现的风险。特别是原告在被告发出征求意见函后，仍选择继续持有，证明原告看好天星资本，投资天星资本的意愿明确。原告作为 100 万元以上资金的特定投资人，应当认识到金融交易高风险高回报的特性，在做出投资决定前理应对其所投资的产品进行全面了解、做出理性判断，不能将购买证券公司推荐的产品而遭受的损失归责于证券公司，而将自己所应负有的风险注意义务，全部转嫁给证券公司承担，缺乏法律依据。……第三，2016 年 5 月 27 日股转公司发布《关于金融类企业挂牌融资有关事项的通知》，同年 5 月 30 日被告给东海瑞京发了《提示函》，同年 6 月 17 日被告在其网站向委托人发出《恒泰天星定增 1 号集合计划开放期征求意见函》，同年 6 月 30 日东海瑞京向回购义务人发出《告知函》，要求回购义务人依约履行回购义务，随后被告采取了包括安排赎回、安排提供股份质押担保提高增信措施、通过仲裁和诉讼司法程序等等各项措施，积极维护委托人利益。故原告的上述主张缺乏事实和法律基础，不能成立。……《最高人民法院关于当前商事审判工作中的若干具体问题》（2015）'二、关于证券投资类金融纠纷案件的审理问题''4. 损失赔偿数额和免责抗辩事由'规定：对违反'适当性'义务的损失赔偿，立法例上普遍采用损失填补原则赔偿金融消费者因此所受的实际损失。在卖方机构未尽'适当性'义务的情况下，……如果根据投资者的既往投资经验、受教育程度等事实，卖方机构能够证明'适当性'义务的违反并未影响投资者的自主决定的，也应当认定免责抗辩事由成立，由金融消费者自负投资风险。本集合计划合同的第 23、24 部分约定：委托人的义务，按本合同及《说明书》约定承担集合计划的投资损失，因管理人过错导致本资产受损，应承担赔偿责任；管理人因违法、违规、违约，给委托人造成损害的，应当承担赔偿责任，但发生下列情况的，当事人可以免责：1. 不可抗力；2. 管理人按照当时有效的法律法规或证监会规定作为或不作为而致损；3. 管理人由于其控制能力之外的第三方或其他原因而造成运作不畅、损失的。"

律师意见：私募基金争议解决中，委托理财纠纷中如果存在不回购条款，基金产品一般不负责对投资人承担保本或固定收益的义务，即投资人应自行承担风险。

五　保证合同纠纷

1. 保证合同纠纷所涉主体及主要依据

经对案例的统计分析，保证合同纠纷中法律关系一般是投资人要求

"项目方""实际控制人""基金管理人或项目方的关联方"承担责任，其主张依据几乎全部为"具备担保性质"的协议或函件。

法院认定的"常见的担保主体及担保方式"如下。

"《担保函》明确约定××公司、黄×对和××中心的前述付款义务承担连带保证责任。"

"被告在明知原告与第三人之间真实关系的情况下，自愿为第三人所负的还本付息义务提供连带责任保证。"

"××并承诺对原告的全部投资本金和收益承担连带清偿责任。"

"张××自愿对鲍××上述合同下的本金收益出具《个人担保承诺》，其与鲍××之间构成保证合同法律关系。"

"××担保公司为该基金所投资项目的投资本金及预期收益提供担保。在基金到期后，徐××与××担保公司及××投资公司签订《代偿协议》，××担保公司承诺代偿徐××应取得的全部投资及预期收益。"

"惠州××自愿向各案原告出具《协议履约担保函》称，其同意为上述××基金的有限合伙人提供不可撤销无限连带责任担保；担保范围为××基金中有限合伙人签署的主协议约定的协议总出资额加约定收益。"

"邵××出具《承诺书》时明确表示由其支付投资人的投资本金及收益，并以个人及公司名下全部资产以及公司的固有资产等对投资人的投资额及收益进行担保。"

"本院认为：本案各方争议的焦点问题是××公司是否应依其出具的延期承诺函及承诺担保函等的约定，向××支付约定款项。"

"首先需确认原告于××与被告王×之间的保证合同关系是否合法有效。"

"在本案中向××公司主张的保证合同法律关系，指向了《有限合伙协议》中约定的款项。"

律师意见：根据上述案例统计，在私募基金法律关系中，基金管理人（普通合伙人）、基金托管人无法定担保义务，因此，因担保发生纠纷的主体大多是管理人、托管人以外的项目公司、实际控制人或第三方；同时，主张担保关系成立的并非法律规定或基金合同、入伙协议等，而是相关主体另行出具的担保函。即私募基金法律关系，一般无法定的担保主体或担保法律关系。

2.保证合同纠纷的处理结果统计

经对案例的统计分析，保证合同纠纷中存在非常值得关注的情形，即：（1）私募基金中的保证合同纠纷，大多涉及刑事犯罪；（2）如果涉及刑事犯罪，大多将移送公安机关，驳回民事起诉；（3）也有少部分案件，虽然涉嫌刑事犯罪，但未移送公安机关（见图8）。

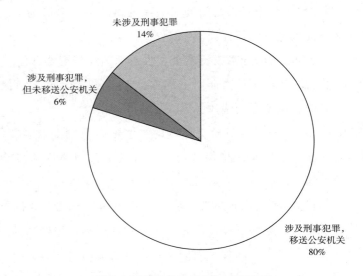

图8　私募基金中的保证合同纠纷

资料来源：中国裁判文书网（http：//wenshn. court. gov. cn）。

"如果涉及刑事犯罪，移送公安机关，驳回民事起诉"的典型认定

（2017）京01民终3586号判决书中，法院做出如下认定："一审法院认为：……邵××在本案中向×××公司主张的保证合同法律关系，指向了《有限合伙协议》中约定的款项。本案涉及的案件事实及主要证据材料，因可能涉嫌经济犯罪而应先移送刑事侦查，相关民事责任应当根据刑事问题的认定结果再依法处理。因此，一审法院裁定驳回邵××起诉的处理结果并无不当。"

"虽然涉嫌刑事犯罪，但未移送公安机关"的相关认定

检索相关案例①认定："……《最高人民法院关于适用〈中华人民共和

———————————

① （2017）京03民终13952号判决书。

国合同法〉若干问题的解释（二）》第14条规定，《合同法》第五十二条第（五）项规定的"强制性规定"，是指效力性强制性规定。非法吸收公众存款罪规制的是市场准入资格而非合同行为本身，并非效力性强制性规定，就本案的《合伙协议》来说，该协议并未违反法律、行政法规强制性规定，从鲍××后续签订的《北京××宝赢投资中心（有限合伙）风险声明书》《北京××宝赢投资中心（有限合伙）私募备忘录》《北京××宝赢投资中心（有限合伙）入伙申请书》等可知该《合伙协议》系双方真实意思表示，故一审法院认定《合伙协议》有效，并无不当。张××自愿对鲍××上述合同下的本金收益出具《个人担保承诺》系双方真实意思表示，亦不违反法律、行政法规强制性规定，其与鲍××之间构成保证合同法律关系，张××应当按约承担保证责任。张××主张《合伙协议》无效，《个人担保承诺》无效缺乏法律依据，本院不予采纳。"

律师意见：据上述案例的数据分析，对私募基金各方主体有如下提示：保证合同案件，往往发生于刑事程序或基金合同纠纷民事诉讼程序后仍无法解决争议的情况下，或者相对于刑事程序或基金合同纠纷民事诉讼程序主体，担保合同主体更有资金实力的情况下。即保证合同纠纷，对于投资人而言是一种备位选择，而对于相对方而言，也是一种潜在风险。尤其是对于在基金合同中出具各种担保函，应充分关注其风险的存在。

六　财产损害赔偿（含侵权）纠纷

1.财产损害赔偿（含侵权）所涉主体

经对案例的统计分析，财产损害赔偿（含侵权）案件中，一般是投资人要求基金产品的"推荐方"或"销售方"承担责任，具体而言，一般可分为"银行"及"其他机构"两大类。

一般而言，当基金产品出现问题，基金管理人及其关联方甚至基金产品的项目方，均失去清偿能力，而作为销售机构或者推荐机构的银行或其他机构，一般具备偿付能力，从而成为投资人的关注对象。

在已查询的财产损害赔偿（含侵权）纠纷案件中，几乎全部指向基金的推荐方或销售方，而其中"银行"与"其他机构"比例基本相当（见图9），即二者均应予以充分关注。

2. 财产损害赔偿（含侵权）案件的判决结果统计

如上所述，财产损害赔偿（含侵权）的主体主要是"银行"与"其他机构"，需特别关注的是，"银行"被判决承担责任的情况，与"其他机构"被判决承担责任的情况，明显不同，具体如下。

银行被判决承担责任的情况

目前财产损害赔偿（含侵权）纠纷案件中以银行作为主体的案件，共查询到38件，其中被判决承担责任的案件14件，被判决不承担责任的案件24件。

基于上述数据，银行被判决承担责任，仍占据一定比例，但经进一步分析，上述14件银行承担责任案件中，其中13件是众多人涉及同一基金产品，且该产品已涉嫌经济犯罪（见图10）。

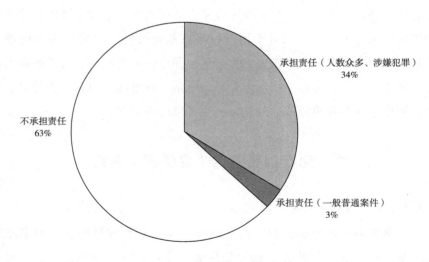

图9 银行责任承担分析

资料来源：中国裁判文书网（http://wenshn.court.gov.cn）。

其他机构被判决承担责任的情况

目前财产损害赔偿（含侵权）纠纷案件中以其他机构作为主体的案件，共查询到28件，其中被判决承担责任的案件23件，被判决不承担责任的案件5件。

基于上述数据，其他机构与银行不同，被判决承担责任占据主流，经进一步分析，上述 23 件其他机构承担责任的案件中，其中 19 件是众多人涉及同一基金产品，且该产品已涉嫌经济犯罪（见图 11）。

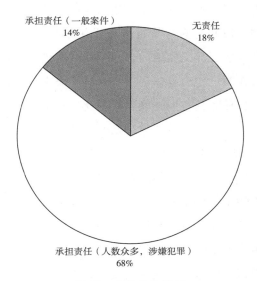

承担责任（一般案件）
14%

无责任
18%

承担责任（人数众多，涉嫌犯罪）
68%

图 10　其他机构责任

资料来源：中国裁判文书网（http：//wenshn. court. gov. cn）。

律师意见：经上述数据分析，法院判决银行承担责任与其他机构承担责任，存在显著特点，具体为：（1）银行以无责任为主流，其他机构以有责任为主流；（2）如果基金产品涉及人数众多且已涉嫌刑事犯罪，银行及其他机构作为销售方，承担责任的可能性较大，反之则较小。

3. 银行责任及其他机构责任的典型认定

银行及其他机构承担责任的认定

公开的《华宝证券有限责任公司、中国民生银行股份有限公司上海广场支行财产损害赔偿纠纷一审民事判决书》（2016）沪 0115 民初 70468 号，系一款产品涉及众多诉讼且涉嫌经济犯罪，银行及其他机构均被法院判决承担责任，其具体认定如下。

"本院认为，根据《侵权责任法》第 34 条第 1 款'用人单位的工作人员因执行工作任务造成他人损害的，由用人单位承担侵权责任。'生效的刑事判决认定，刘永盛、张某等人虚构了材料，向投资者进行推介，虚构行为本身构成欺诈，并且造成了原告的实际损失，足以认定刘永盛、张某等人在民事上侵害了原告的财产权益。张某作为被告民生银行的工作人员，于工作时间、在被告民生银行的工作场所进行违法经营活动，虽然其内在动机是出于个人的非法目的，但其行为与执行被告民生银行的工作任务具有内在联系。刘永盛在被告华宝证券工作期间，在工作时间进行虚假材料的制作，并将涉案的虚假项目作为工作内容体现在工作进度表中，可认定其行为与执行被告华宝证券的工作任务具有内在联系。因此，对于原告所遭受的损失，应由被告华宝证券与被告民生银行负连带赔偿责任。

"原告作为投资者应当是基于其对投资的项目、交易对手、交易架构等的信赖进行投资，但从原告交易的过程来看，首先原告对所投资的有限合伙企业的具体情况不做了解即草率签约，在签署投资人声明书时对涉及被告华宝证券的内容予以忽视，自身欠缺风险意识是导致损失的一个重要因素。原告主张是基于对被告民生银行的信赖而进行投资理财，但在交易的所有材料中并未涉及民生银行，而原告所签署的投资人声明书却认可被告华宝证券不承担责任。原告自身未履行审慎注意义务，对损失的产生也有相应过错，因此应当自行承担一定的损失。"

"综上，被告华宝证券、民生银行应对原告未获返还的本金损失80%，即224万元负连带赔偿责任，对原告的利息损失不予支持。如本判决生效后，原告在刑事判决的执行程序中获得超过本金损失20%清偿部分，应当在被告的赔偿金额中予以扣除。"

银行不承担责任的典型认定

《华夏银行股份有限公司北京上地支行财产损害赔偿纠纷一审民事判决书》（2017）京0108民初78589号，系一款产品涉嫌经济犯罪，但银行仍不承担责任，其具体认定如下。

"本院认为，于仁兴依据侵权责任要求华夏银行上地支行承担赔偿责任。就华夏银行上地支行侵权责任是否存在，需要结合侵权纠纷的法律要素及责任构成标准进行审查。

"根据法律规定，行为人因过错侵害他人民事权益，应当承担侵权责任。本案中，于仁兴主张华夏银行上地支行客户经理徐某、王某向其推荐并协助其付款购买的涉诉基金，在承诺分红期限届满后，未能实际分红，且相关人员被刑事判处犯非法吸收公众存款罪，虽刑事判决退赔其相关经济损失，但刑事判决尚未执行，给其造成了损失，故华夏银行上地支行应承担赔偿责任。将侵权责任归结于华夏银行上地支行的理由，系王某、徐某向其推销行为系职务行为。就王某二人向于仁兴推销理财基金是否属于履行职务行为一节，除了二人工作身份，行为是否发生在工作时间、工作地点之外，重要的是要看二人的行为与其工作职责、工作任务的关联。……根据本案案情，现可确定的是于仁兴购买的基金并非华夏银行上地支行代理销售，于仁兴该投资行为不属于华夏银行上地支行的经营活动；且根据双方举证，可知华夏银行上地支行禁止工作人员销售未经批准的涉诉基金，故王某二人向于仁兴推荐涉诉基金并非在二人工作职责范围之内，并非为了执行工作任务，进而于仁兴主张王某二人向其推销基金行为属于履行华夏银行上地支行职务行为，于法无据，本院不予采信。

"根据侵权责任构成要件，需同时满足侵权行为、损害后果、因果关系及过错的存在。就侵权行为一节，根据现有刑事判决，王某、徐某二人未被法院认定应负刑事责任，二人推销理财产品的行为现并无明确定论；另根据刑事判决书，系该案件中的多名被告犯非法吸收公众存款罪，于仁兴系退赔权利人，该案被告被判决退赔于仁兴相关经济损失，故本案中华夏银行上地支行对于仁兴的侵权行为并不成立。就损害后果一节，刑事判决书判决被告退赔于仁兴相应损失，现判决尚未执行完毕，于仁兴就其损失是否存在并无确切证据。另一方面，于仁兴在实际付款之前，并未实际审查涉诉基金相关情况，且其购买之后取得的涉诉基金的相关材料，均未体现该基金的发行、管理、运作乃至担保与华夏银行上地支行存在关系或应由该行承担责任，于仁兴在进行投资理财过程中并未尽到必要的审慎义务，未尽到投资人应尽的基本义务。"

其他机构不承担责任的典型认定

《北京格上理财顾问有限公司侵权责任纠纷一审民事判决书》（2015）朝民初字第 50542 号中认定其他机构不承担责任，具体认定如下：

"本院认为，行为人因过错侵害他人民事权益，应当承担侵权责任。就侵权行为定性应审查行为人主观过错、实施行为、损害结果及行为与结果间因果关系，兼具上述四要件才可认定侵权行为成立。本案中，张学伟认为基金代销机构格上理财公司未能对其投资风险识别及承担能力进行评估的行为造成其经济损失，并据此主张侵权赔偿。结合双方意见及在案证据可知，张学伟投资购买之基金尚未赎回，基金价值随证券市场波动而随时变化，其主张的损失尚未实际发生。且格上理财公司未进行风险评估及识别的行为并不存在意于促使张学伟投资资金发生损失的主观恶意。投资基金行为受证券市场、基金管理人等多方面因素影响，张学伟购买基金发生的净值下降与基金代销方格上理财公司的怠于提示行为不存在法定因果关联，故张学伟以侵权为由主张损失赔偿于法无据，本院难以支持。"

律师意见：银行及其他金融机构作为基金销售方（或推荐方），其是否承担责任，关键因素包括：银行及其他金融机构是否已签署销售或代销协议、具体人员是否存在虚假或不当行为、具体人员是不是履行职务行为、人数是否众多及社会稳定问题、是否涉嫌刑事犯罪。作为基金产品的各方，应依据各方的权利主张，组织相关的主张及抗辩事由。

七　代位权诉讼

除保证合同纠纷、合伙纠纷、借款合同（含民间借贷）纠纷、财产损害赔偿（含侵权）纠纷、委托理财合同纠纷、证券纠纷六类主要案件外，还存在投资人与项目方的代位权诉讼，即投资人绕过基金管理人（普通合伙人）、合伙企业，直接起诉项目方。

经检索"基金""私募""代位权"关键词，共查询到25个案例，其中未发现有支持投资人直接向项目方主张权利的判决。其中驳回起诉的主要理由包括三类：（1）原告主体不适格被驳回；（2）因涉嫌刑事犯罪被驳回；（3）因仲裁管辖被驳回（见图12）。具体如下。

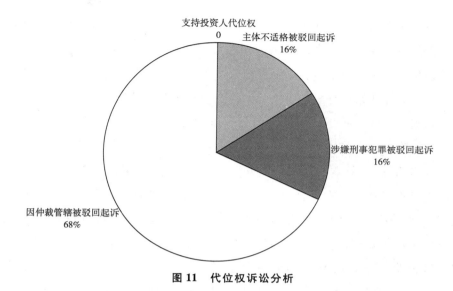

图 11 代位权诉讼分析

资料来源：中国裁判文书网（http：//wenshn. court. gov. cn）。

（一）原告主体不适格被驳回的典型认定

（2016）粤 14 民初 24 号判决书认定："本院经审查认为，《合伙企业法》第 20 条规定：'合伙人的出资、以合伙企业名义取得的收益和依法取得的其他财产，均为合伙企业的财产。'根据原告广东永裕恒丰投资有限公司向本院提交的《广州兴鑫投资合伙企业（有限合伙）有限合伙协议》，其在本案中所主张的债权是其入伙成为广州兴鑫投资合伙企业（有限合伙）所认缴的出资。因此，原告广东永裕恒丰投资有限公司的出资，应为广州兴鑫投资合伙企业（有限合伙）的财产。根据《合伙企业法》第 21 条'合伙人在合伙企业清算前，不得请求分割合伙企业的财产'的规定，在广州兴鑫投资合伙企业（有限合伙）未进行清算前，原告广东永裕恒丰投资有限公司不得分割广州兴鑫投资合伙企业的财产，故其以自己的名义向人民法院提起债权人代位权诉讼，应属诉讼主体不适格，本院不予支持。"

（二）因涉嫌刑事犯罪被驳回的典型认定

（2018）黑民终 24 号判决书认定："本院认为，李洁菁作为主债权人提起本案诉讼，向次债务项下担保人即国晓东、建成公司主张代位权，而李洁菁主张的主债权系基于中汇盈信公司募集'进取十号企业'基金所致。根据前述生效刑事判决认定，中汇盈信公司并非证监会批准注册的公开募集基金管理人，亦非银监会批准设立的银行金融机构，其不具备吸收公众存款的主体资格。在此前提下，中汇盈信公司以发行'进取十号企业'基金的名义，采取发布《深圳中汇盈信进取十号投资企业（有限合伙）说明书》《认购风险申明书》《认购意向书》的方式招募投资人，以签署《深圳中汇盈信进取十号投资企业（有限合伙）合伙协议》的形式吸收有限合伙人而募集基金，并承诺在一定期限内以货币方式给予投资者还本付息的回报，且中汇盈信公司在募集基金过程中并未依法设定合格投资者的条件，亦未将'进取十号企业'基金向有关基金协会登记备案，亦未将投资人登记注册为'进取十号企业'的有限合伙人，中汇盈信公司募集'进取十号企业'基金的形式与其募集'进取九号企业'基金的情形相似，而前述生效刑事判决已经认定中汇盈信公司募集'进取九号企业'基金构成非法吸收公众存款罪。根据《最高人民法院关于在审理经济纠纷案件中涉及经济犯罪嫌疑若干问题的规定》第11条规定，'人民法院作为经济纠纷受理的案件，经审理认为不属经济纠纷案件而有经济犯罪嫌疑的，应当裁定驳回起诉，将有关材料移送公安机关或检察机关。'故一审法院裁定驳回李洁菁的起诉并无不当，本院予以维持。"

（三）因仲裁管辖被驳回的典型认定

（2017）冀01民终3556号判决书认定："一审法院经审查认为，原告张占枝与被告河北金安股权投资基金股份有限公司签订的《私募基金合同书》，约定：'双方发生争议，如经协商解决无效，由石家庄仲裁委员会仲裁'。该合同约定条款合法有效，具有法律约束力，因此应裁定驳回起诉。"

律师意见：经对案例查询分析，在项目方未向投资人出具担保函或承诺函情况下，目前法理上及实践中，一般难以支持投资人对项目方提起的代位权诉讼。

私募基金僵局处理

吕　岩　　张晓静

第一部分　引言——问题的提出及说明

　　根据中国证券投资基金业协会（以下简称"协会"）公示数据，截至2019年3月底，协会已登记私募基金管理人24361家，较上月存量机构减少19家，环比下降0.08%；已备案私募基金75348只，较上月增加126只，环比增长0.17%。我国私募基金近几年来发展迅速，且随着私募基金完成备案后，逐渐进入投资、管理、退出期，私募基金无法实现其设立目的的情况（以下统称"僵局"）也随之逐步显现。

　　私募基金主要采取公司制、合伙制、契约制等组织形式，契约制私募基金因不具有法律主体资格，需由其管理人代为行使相关权利，仅就私募基金采取的组织形式谈僵局，所涉核心法律（不包括规范性文件）主要见于《公司法》《合伙企业法》的规定。

　　但实际上，鉴于私募基金自身"投融资""类金融"的特性及受中国证券监督管理委员会（以下简称证监会）、协会监管的现状，故不能仅从《公司法》《合伙企业法》角度论述私募基金管理（治理）阶段的"僵局"。实践中，存在大量私募基金在因违反证监会及协会行政及自律管理规定造成私募基金陷入僵局。即私募基金的僵局自管理人登记至基金募集、投资、管理、退出等过程均可发生。

　　本文将从私募基金管理人登记及基金募集、投资、管理、退出阶段，探讨私募基金面临的僵局，同时通过对已公布案例（包括但不限于行政处罚案例及协会自律管理案例）的分析，提出相关意见。

第二部分　正文

一　私募基金管理人登记阶段的僵局

就协会自律管理要求来讲，私募基金登记阶段的僵局主要体现在，因登记备案信息不准确、更新不及时、合格投资者管理制度不健全、私募基金风险评级及对投资者的风险识别能力和风险承担能力评估不到位等不规范问题被协会或列入失联（异常）名单或不予登记或加入黑名单。

经检索证监会网站及协会网站，涉及私募基金管理人登记阶段引起的僵局的案例情况如下。

（1）2016年证监会检查发现，199家私募机构存在登记备案信息不准确、更新不及时；2017年证监会检查发现，190家私募机构存在登记备案信息不准确、更新不及时，公司管理制度和合规风控制度不健全或未有效执行，公司人员、财务、制度等缺乏独立性等不规范问题；2018年证监会检查发现，200家机构存在内控不健全、兼营与私募基金无关业务等不规范问题。

（2）截至2019年2月28日，协会已将深圳市兴弘基金管理有限公司等547家机构列入失联（异常）公告名单，其中256家机构已被注销登记；13家机构已自行申请注销登记（见图1）。

（3）截至2019年3月底，协会公示的不予登记的申请登记机构共148家，其中，协会于2018年12月发布《管理人登记须知》后共11家机构被不予登记。具体不予登记的情形如图2所示。

（4）截至2019年3月底，协会于2018年12月发布《管理人登记须知》后，协会已中止办理121家相关机构的私募基金管理人登记申请，其中，2019年3月中止办理46家相关机构的申请（见图5）。

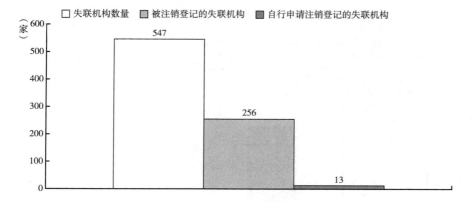

图 1　失联机构分析

资料来源：中国证券投资基金业协会公示的"关于失联私募机构最新情况及公示第二六批疑似失联私募机构的公告"。

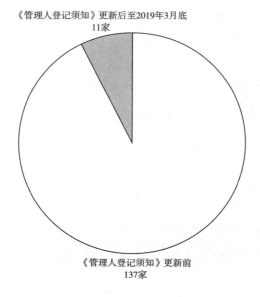

图 2　协会公示的不予登记的机构数量

说明：协会于 2018 年 12 月发布《管理人登记须知》（更新版）。

资料来源：中国证券投资基金业协会公示的"不予登门机构名单"。

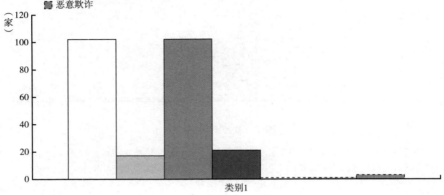

图3　不予登记具体情形分析（总）

说明：机构存在1种以上不予登记的具体情形。

资料来源：

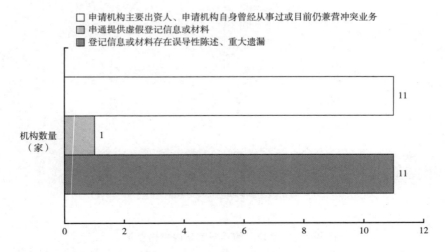

图4　《管理人登记须知》更新后不予登记情形分析

说明：机构存在1种以上不予登记的具体情形。

资料来源：

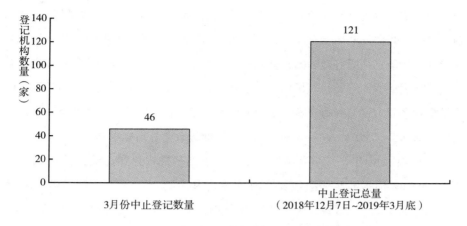

图5 《管理人登记须知》更新后中止登记机构数量

资料来源：［协会报告］私募基金管理人登记及私募基金产品备案月报（2019 年第 3 期）。

二 私募基金募集阶段的僵局

根据《证券投资基金法》《私募投资基金监督管理暂行办法》及《私募投资基金募集行为管理办法》的相关规定，私募基金应以非公开形式向合格投资者募集资金且应履行投资者风险评估程序，不得对投资者承诺保本保收益等。

经检索证监会网站及协会网站，涉及私募基金募集阶段引起的僵局的案例情况如下。

2016 年证监会检查发现，4 家私募机构涉嫌非法集资、非法经营证券业务；6 家私募机构存在承诺保本保收益、虚构投资项目骗取资金等严重违法违规、侵害投资者利益行为；65 家私募机构存在公开募集行为。对此，相关证监局将涉嫌犯罪的 4 家私募机构违法线索移送地方政府或公安部门，并对其中 3 家机构采取行政监管措施；证监局对 6 家存在承诺保本保收益等严重违规问题的私募机构立案稽查，并对其中 5 家机构采取行政监管措施；证监局对 65 家存在公开募集等问题的私募机构及 1 名责任人采取行政监管措施。

2017 年证监会检查发现，12 家私募机构涉嫌非法集资、向非合格投资者募集资金等严重违法违规行为；83 家私募机构存在公开宣传推介、未对投资者进行风险评估、承诺保本保收益、证券类私募基金从业人员无从业资格等违规问题。对此，相关证监局将对83家存在公开宣传推介、承诺保本保收益、未按合同约定进行信息披露等问题的私募机构采取行政监管措施；对6家存在挪用基金财产等严重违规问题的私募机构立案稽查，并对其中4家私募机构先行采取行政监管措施；相关证监局将涉嫌违法犯罪的8家私募机构的违法违规线索通报地方政府或移送公安部门，并对其中6家机构采取行政监管措施或立案稽查。

2018年上半年证监会检查发现，139家私募机构存在违法违规问题，其中10家私募机构涉嫌非法集资、从事损害基金财产和投资者利益等严重违法违规行为；59家私募机构存在公开宣传推介、向非合格投资者募集资金、未履行投资者风险评估程序、未对私募基金进行风险评级、承诺保本保收益等违规募集行为；48家私募机构存在开展"资金池"业务、证券类结构化基金不符合杠杆率要求、未按基金合同约定进行信息披露、未按规定保管基金相关材料、基金合同约定不托管但未在基金合同中明确基金财产安全保障措施等违规运作行为；54家私募机构存在登记备案信息更新不及时不准确、证券类私募基金从业人员未取得基金从业资格、证券类私募基金委托个人提供投资建议、不配合监管检查等其他违规行为。对此，相关证监局对126家存在资金募集、投资运作等违规问题的私募机构采取行政监管措施；对5家存在从事损害基金财产和投资者利益等严重违规行为的私募机构立案稽查，并先行采取行政监管措施；将6家机构涉嫌违法犯罪线索通报地方政府或移送公安部门，并对其中2家机构采取行政监管措施，1家立案稽查（见图6）。

同时，经检索中国裁判文书网，共检索到私募基金因募集阶段产生的诉讼纠纷308例，其中，保本保收益案例30例、公开宣传案例240例、投资者适当性案例38例。主要争议焦点及裁判观点如下。

（一）公开宣传

1. 公开宣传募集涉嫌集资诈骗及非法吸收公众存款

案例1：刘洁宇、解黎忠等集资诈骗案（北京市高级人民法院（2017）京刑终257号）

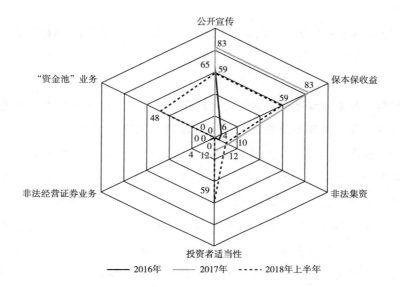

图 6   私募基金募集阶段僵局类型

资料来源：中国证券监督管理委员会公示的证监会通报 2016 上半年私募基金专项检查执法情况。

中国证券监督管理委员会公示的证监会通报 2017 年私募专项检查执法情况。

中国证券监督管理委员会公示的证监会通报 2018 年私募基金专项检查执法情况。

裁判观点：本院认为，上诉人刘洁宇、赵阳以非法占有为目的，使用诈骗的方法非法集资，其行为均已构成集资诈骗罪，且数额特别巨大，依法均应惩处；上诉人解黎忠违反国家金融管理法律规定，非法吸收公众存款，扰乱金融秩序，其行为已构成非法吸收公众存款罪，且数额巨大，依法亦应惩处。

案例 2：李晓峰非法吸收公众存款案（北京市第一中级人民法院（2018）京 01 刑终 1 号）

裁判观点：本院认为，原审被告人李晓峰伙同他人，违反国家金融管理法律规定，未经有关部门依法批准，借用合法经营的形式，向社会公开宣传，承诺在一定期限内以回购股权或直接支付货币的方式还本付息，向社会公众吸收资金，扰乱金融秩序，其行为已构成非法吸收公众存款罪。

2. 以私募基金的形式，通过向公众广泛宣传招募投资者为以合法形式掩盖非法目的的行为

案例：共青城金赛银投资管理合伙企业、衡阳市福星房地产开发有限公司合同纠纷案（湖南省高级人民法院（2018）湘民终 679 号）

裁判观点：根据《商业银行法》、国务院《非法金融机构和非法金融业务活动取缔办法》规定，未经中国人民银行批准，非法吸收公众存款或者变相吸收公众存款，属于非法金融业务活动。本案中，深商融信公司的融资方式为成立金赛银合伙企业，以私募基金的形式，通过向公众广泛宣传招募投资者，并与投资者签订合伙协议，吸收投资者的投资，然后将融资资金出借给项目方福星房地产公司用于房地产项目开发，赚取服务费和利息差价。金赛银合伙企业系经工商行政管理局登记成立的有限合伙企业，没有经人民银行审批获得贷款资格。从金赛银合伙企业的运作模式来看，金赛银合伙企业就是为募集资金和出借资金而成立，募集的资金除被法定代表人挪用的外，其他全部投入借贷业务，其预期的投资收益也主要源于该借贷行为产生的利息，因此，无论金赛银合伙企业募集资金的行为最终是否被人民法院认定为非法吸收公众存款的犯罪行为，其与福星房地产公司的借贷关系并非临时性的企业之间拆借资金，而是把借贷行为作为主营业务。在这种情况下，《基金投资合作协议书》《深圳金赛银基金私募投资基金融资合同书》并不是企业间的临时资金拆借行为，应依据《合同法》第 52 条第（四）项"以合法形式掩盖非法目的"以及第（五）项"违反法律、行政法规的强制性规定"，认定为无效。

（二）保本保收益

1. 未在协议协会登记备案且合同约定还本付息，不认定为投资关系

案例：上海融泓股权投资基金管理有限公司、上海亚华湖剧院经营发展

股份有限公司等与顾蓓君借款合同纠纷案（上海市第二中级人民法院（2017）沪 02 民终字第 1878 号）

裁判观点：法院认为，首先，仅从顾蓓君与融泓公司之间签订的《合伙协议》的内容来看，是顾蓓君与融泓公司合伙出资成立艺魅投资进行经营的意思表示，但综合融泓公司出具的《募集说明书》、认购确认函、三份承诺书的内容，结合艺魅投资在顾蓓君出资前已经成立，艺魅投资原有股东及新加入股东并未重新签订合伙协议，且顾蓓君未被登记为艺魅投资合伙人的情节，顾蓓君的出资并不符合合伙的构成要件，而是更倾向于私募基金发行与认购的关系。但是，根据四上诉人所述，系争私募基金项目的设立，并未在中基协备案，融泓公司作为基金项目管理人也未在中基协登记，因此，融泓公司并不具有发起募集并管理系争私募基金的资质；加之，融泓公司在出具的认购确认函中确认认购金额和最后一期预期收益退还日期为 2015 年 7 月 15 日，以及融泓公司与刘建兵多次出具补充协议及承诺书承诺还本付息一节来看，更符合借款的构成要件。因此，本院确认融泓公司与顾蓓君之间建立的是借款合同关系。

案例 2：雷奶凤与陈良、郑颖民间借贷纠纷案（福建省宁德市中级人民法院（2015）宁民终字第 1151 号）

裁判观点：本院认为，从上诉人雷奶凤的举证情况看，其原审提供的上诉人陈良于 2014 年 8 月 11 日出具的《借条》及雷奶凤于当日通过中国建设银行网银的转账汇款单，能够直接证明陈良向其借款的事实。从上诉人陈良的举证情况看，其所提供的《基金运行方案》系复印件，并没有任何股东及相关人员的签章，其真实性无法确认；《收款收据》，仅能证明雷奶凤有收取陈良"投资款"，并不能证明本案讼争款项即为其主张的"私募基金投资款"；银行转账凭证，虽能证明雷奶凤与陈良直接存在大量的资金往来，但往来资金的性质却无法确认；二审提供的通话记录、短信内容复印件的真实性无法确认。因上诉人陈良主张讼争款项并非借款而是其取回私募基金投资款所提供的证据真实性及与待证事实的关联性不足，不予认定。

（三）投资者适当性

1. 未对投资者履行风险识别及风险告知义务，违反法律法规的强制性规定

案例：张鑫与河北无疆股权投资基金管理有限责任公司、郭丽红委托理财合同纠纷案（石家庄市裕华区人民法院（2017）冀 0108 民初 880 号）

裁判观点：本院认为，我国《证券投资法》《私募投资基金监督管理暂行办法》虽赋予了企业私募投资基金的合法性，但设定了限制和禁止条件。

1. 原告是否具备私募投资者的合格投资者身份，当事人均未提交原告风险识别能力和风险承担能力的相关证据，该证据是原告签订上述协议资格的依据；

2. 双方签订的《股权认购协议》《股权认购委托管理协议》的内容部分违反了《证券投资基金法》《私募投资基金监督管理暂行办法》的规定，表现在无私募投资者的合格投资者身份认定、投资单只私募基金的金额低于100 万元、向投资者承诺投资本金不受损失并承诺最低收益。

3. 当事人未提交所募集的基金向基金行业协会备案的证据。综上，不管原被告签署的《股权认购委托管理协议》是否具体购买了公司的股份，该协议均违反了法律法规的强制性规定，为无效协议。

2. 未履行投资者适当性要求，被认定为不当得利

案例：光大金控（上海）投资管理有限公司与郝宏志不当得利纠纷案（北京市第二中级人民法院（2017）京 02 民终 12390 号）

裁判观点：《证券投资基金法》第 92 条规定，非公开募集基金，应当制定并签订基金合同。基金合同应当包括下列内容：（一）基金份额持有人、基金管理人、基金托管人的权利、义务；（二）基金的运作方式；（三）基金的出资方式、数额和认缴期限；（四）基金的投资范围、投资策略和投资限制；（五）基金收益分配原则、执行方式；（六）基金承担的有关费用；（七）基金信息提供的内容、方式；（八）基金份额的认购、赎回或者转让

的程序和方式；（九）基金合同变更、解除和终止的事由、程序；（十）基金财产清算方式；（十一）当事人约定的其他事项。同时，合同各方当事人就合同主要条款达成合意是合同成立的要件之一。本案中，虽然郝宏志向投资公司支付的 101 万元系为了购买投资公司作为基金管理人销售的涉诉非公开募集基金，但鉴于郝宏志在收到投资公司邮寄的《基金合同》后并未签字确认，投资公司提交的《基金合同》亦明确规定，该基金合同自基金管理人、基金托管人、基金投资者共同签署后成立，基金投资者在签署合同后方可进行认购、申购，且投资公司亦未提交充分有效的证据证明其与郝宏志就涉诉基金合同的主要条款已经达成合意，现投资公司以郝宏志的付款行为属于实际履约行为为由主张双方之间存在事实上的基金合同关系，依据不足，本院难以采纳。

三 私募基金投资阶段的僵局

私募基金作为基金投资行为必须依法合规，绝不能"任性而为"，《证券法》第 77 条规定禁止任何人以非法手段操纵证券市场，操纵证券市场行为给投资者造成损失的，行为人应当依法承担赔偿责任。在投资阶段私募基金易因图 7 所示违法违规违约行为造成僵局。

经检索中国裁判文书网及证监会网站，涉及私募基金投资阶段违法违规违约的案例情况如下。

1. 借托管挪用基金财产

案例 1：本案例为证监会发布的投资风险案例，并非人民法院裁判的案件

案情简介：2015 年 3 月，G 证券公司作为托管公司（以下简称"G 公司"）与 Y 投资公司（以下简称"Y 公司"）签署"××对冲基金"托管协议，并向其提供多份盖有公章的空白基金合同文本，以便在募集资金过程中使用。该"对冲基金"的投资者多为 Y 公司高管及员工的亲友或熟人。Y 公司采用偷梁换柱的手法，将基金合同文本中原募资托管账户页替换为

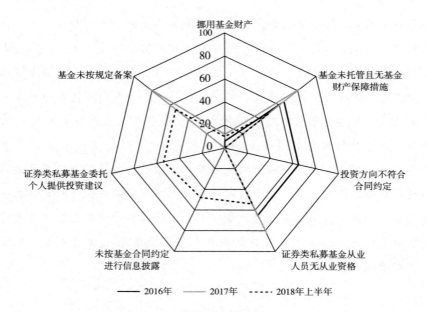

图 7 私募基金投资阶段及僵局缘由（单位：件）

资料来源：中国证券监督管理委员会公示的证监会通报 2016 上半年私募基金专项检查执法情况。

中国证券监督管理委员会公示的证监会通报 2017 年私募专项检查执法情况。

中国证券监督管理委员会公示的证监会通报 2018 年私募基金专项检查执法情况。

Y 公司自有银行账户页。G 公司随即向公安机关报案并向当地证券监管部门反映该情况。四川证监局通过调取协议合同、账户资金流水等资料，同时对照合同、逐层追踪资金流向，证实 Y 公司确将合同托管账户篡改为自有银行账户，并违规将客户投资款 580 万元划转至公司高管及关联自然人银行账户挪作他用。据总经理配偶 D 某（负责管理公司银行账户和公章）交代，被挪用的资金用于民间借贷。在持续的监管高压下，Y 公司最终将 580 万元的投资款全部退还给投资者，并向 G 公司归还全部基金合同文本，该事件潜在的风险隐患被消除。

案例分析：本案是私募基金领域违规挪用基金财产的典型案例，具有以下特点。

借助 "基金财产由证券公司托管"，骗取投资者信任；借助 "对冲基金"概念,迷惑、吸引投资者;利用私募基金合同签订中的漏洞,挪用基金财产;利用熟人关系麻痹投资者。本案中涉及的投资者多为Y公司高管及员工的亲友或熟人。基于亲朋好友之间的信任,投资者在签署合同时,一般不会仔细查看格式化的基金合同,自然难以发现合同的异常。

依据:《私募投资基金监督管理暂行办法》第23条规定,私募基金管理人、私募基金托管人、私募基金销售机构及其他私募服务机构及其从业人员从事私募基金业务,不得侵占、挪用基金财产。

2. 借私募基金资金及账户操纵市场

案例2:中国证监会行政处罚决定书(上海通金投资有限公司、刘璟)((2018)71号)

案情简介及违法事实:上海通金投资有限公司实际控制其发行的4个私募基金产品账户、管理的2个资产管理计划账户和11个理财专户账户共计17个账户(以下简称账户组),其通过使用账户组,集中资金优势,采用盘中拉升、对倒交易、尾盘拉升等方式操纵"永艺股份"股价,共计获利600余万元。

依据:《证券法》第77条第1款第(一)、(三)、(四)项的规定,构成《证券法》第203条所述的证券市场操纵行为。

3. 基金未备案,不认定属于私募基金

案例:深圳嘉良基金管理有限公司、陆宁委托理财合同纠纷案(广西壮族自治区南宁市中级人民法院(2018)桂01民终783号)

裁判观点:本院认为,关于陆宁购买的"嘉良—信贷赢三十期专项资产管理投资计划"是否为私募基金的问题。私募基金是指在中华人民共和国境内,以非公开方式向投资者募集资金设立的投资基金。根据《证券投资基金法》第89条:"担任非公开募集基金的基金管理人,应当按照规定向基金行业协会履行登记手续,报送基本情况。"《私募投资基金监督管理暂行办法》第7条:"各类私募基金管理人应当根据基金业协会的规定,向

基金业协会申请登记，报送以下基本信息：……基金业协会应当在私募基金管理人登记材料齐备后的 20 个工作日内，通过网站公告私募基金管理人名单及其基本情况的方式，为私募基金管理人办结登记手续。"以及第 8 条："各类私募基金募集完毕，私募基金管理人应当根据基金业协会的规定，办理基金备案手续，报送以下基本信息：……基金业协会应当在私募基金备案材料齐备后的 20 个工作日内，通过网站公告私募基金名单及其基本情况的方式，为私募基金办结备案手续。"合格的私募基金必须有合格的基金管理人，私募基金的基金管理人要向基金业协会申请登记，所发行的基金也必须办理基金备案手续，并且通过网络向社会公告。本案中，陆宁与嘉良公司签订的《嘉良—信贷赢三十期专项资产管理投资计划合同书》虽然包含大量的"基金"字样，嘉良公司亦主张"嘉良—信贷赢三十期专项资产管理投资计划"系其设立的私募基金，但在本院指定的期限内，嘉良公司未能提交其向基金业协会办理备案登记的相关证据，故其提出"嘉良—信贷赢三十期专项资产管理投资计划"系私募基金的主张，证据不足，本院不予支持。

4. 未及时进行信息披露，系明显的违法违约行为

案例：沈健与深圳前海嘉信资本管理有限公司、广西会丰文化产业集团有限公司等合同纠纷案（深圳前海合作区人民法院（2016）粤 0391 民初 1853 号）

本院认为，原告与被告嘉信公司之间于 2015 年 10 月 30 日签订的《至尊瑰宝艺术品投资基金合同》系双方真实意思表示，不违反法律规定，是有效合同。被告嘉信公司于 2015 年 11 月 10 日公布该基金正式成立，按照合同约定，基金存续期为一年，于 2016 年 11 月 9 日存续期届满，此时合同自动终止，因此原告解除合同的诉讼请求应予支持。根据双方合同约定，被告嘉信公司应当按季度支付收益，故原告主张尚欠的 2015 年 11 月 10 日至 2016 年 11 月 9 日存续期的第三、四季度收益依合同有据。而且，双方合同还约定，合同终止后，被告嘉信公司作为基金管理人应当及时对基金财产进行清理、确认、评估、变现等事宜，并应向中国证券投资基金业协会报告，

清算完毕后，需及时向基金投资人发布清算报告并支付清算财产。根据中国证券投资基金业协会的公示信息，在 2016 年 11 月 9 日基金存续期届满后至今，被告嘉信公司没有公示任何有关基金清算的信息，也没有做出任何信息披露，存在明显的违法违约行为，应当承担相应的违约责任。

四　私募基金管理阶段的僵局

私募基金管理阶段的僵局与私募基金采取的组织形式相关，公司制私募基金此阶段的僵局从"公司僵局"出发，如根据《公司法》第 182 条的相关规定，只有在公司经营管理发生严重困难，继续存续会使股东利益受到重大损失，通过其他途径不能解决的，符合条件的相关股东才有权请求人民法院解散公司。人民法院也只有在被诉公司完全符合前述规定的要件时，方可判令公司强制解散。根据《合伙企业法》第 45 条合伙型私募基金"合伙协议约定合伙期限的，在合伙企业存续期间，有下列情形之一的，合伙人可以退伙：……（四）其他合伙人严重违反合伙协议约定的义务"。《合伙企业法》第 85 条"合伙企业有下列情形之一的，应当解散：……（五）合伙协议约定的合伙目的已经实现或者无法实现；……"

经检索中国裁判文书网，公司僵局的案例如表 1 所示。

公司僵局主流裁判观点：依据《最高人民法院关于适用〈中华人民共和国公司法〉若干问题的规定（二）》第 1 条第 1 款规定，人民法院受理解散公司诉讼案件形式要件及判决是否解散公司的实体审查标准包括：（1）公司持续两年以上无法召开股东会或者股东大会，公司经营管理发生严重困难；（2）股东表决时无法达到法定或者公司章程规定的比例，持续两年以上不能做出有效的股东会或者股东大会决议，公司经营管理发生严重困难的；（3）公司董事长期冲突，且无法通过股东会或者股东大会解决，公司经营管理发生严重困难的；（4）经营管理发生其他严重困难的，公司继续存续会使股东利益受到重大损失的情形。

表 1 公司僵局案例

序号	裁判时间	案件名称	法院及案号	案由	结果
1	2017 年 12 月 20 日	上海宝银创赢投资管理有限公司、上海兆赢股权投资基金管理有限公司公司决议撤销纠纷案	最高人民法院(2016)最高法民终字第 582 号	公司决议撤销纠纷	撤销公司 6 项决议
2	2017 年 3 月 23 日	长春东北亚物流有限公司与吉林荟冠投资有限公司及董占琴、东证融成资本管理有限公司公司解散纠纷案	吉林省高级人民法院(2016)吉民终字第 569 号	公司解散纠纷	解散公司
3	2017 年 12 月 28 日	冯明明与深圳前海华宇环球股权投资基金管理有限公司、陈卫华公司解散纠纷案	深圳市中级人民法院(2018)粤03 民终字第 6864 号	公司解散纠纷	不支持解散基金公司
4	2017 年 3 月 29 日	焦建、刘强等与安徽瑞智房地产开发有限公司金融借款合同纠纷案	最高人民法院(2016)最高法民终字第 756 号	合同纠纷	支持有限合伙人以自己名义提起诉讼

资料来源：中国裁判文书网（http：//wenshn. court. gov. cn）。

五 私募基金退出阶段的僵局

私募基金的退出方式主要包括公开上市（IPO）、股权回购、兼并收购、清算破产等方式。股权回购并非一种最理想的退出方式，私募股权投资协议中回购条款的设置实为私募股权基金（PE）为变现股权留有的一个带有强制性的退出渠道，以保证当目标企业发展不及预期时，为确保 PE 已投入资本的安全性而设置的退出方式。

同时，股权回购协议也存在被认定为无效的法律风险。

经检索中国裁判文书网，共检索出私募基金股权回购纠纷共 62 例。主要争议焦点及裁判观点如下。

1.《股权回购协议》有效

案例 1：上海秉原旭股权投资发展中心、邢雪森、姜辉燕、雪龙黑牛股份

有限公司联营合同纠纷案（辽宁省高级人民法院（2016）辽民初字第68号）

裁判观点：关于案涉《投资合作协议》《增资扩股协议》及《补充协议》中回购股份条款的法律效力问题。首先从协议的内容看，立约各方为达到使雪龙公司增资上市之目的，先签订了《投资合作协议》，约定北京秉原以资金注入方式对雪龙公司进行增资8000万元，并对股权定向转让进行了约定，即若2014年12月31日前未上市，邢雪森、姜辉燕应无条件全部回购投资人所持雪龙公司全部股权，协议还包括业绩承诺等条款内容。之后又签订了《增资扩股协议》和《补充协议》，确认北京秉原、河南秉原、上海鲁盛、上海玺洱投资人资格、权利及增资数额。又通过签订《补充协议》的形式，对股权回购条款被终止及恢复进行了约定。《投资合作协议》中对股权回购承诺清晰而明确，是当事人在《投资合作协议》中特别设立的保护投资人利益的条款，属于缔约过程中对投资合作商业风险的安排。该条款与《补充协议》中的股权回购条款终止及恢复等条款相对应，系各方当事人的真实意思表示。其次，《投资合作协议》中关于在一定条件下被投资方雪龙公司股东邢雪森、姜辉燕回购股份的内容不违反法律及行政法规的强制性规定，且无《合同法》第52条规定的导致合同无效的情形。再次，案涉协议系各方当事人专为此次交易自愿达成的一致约定，并非单方预先拟定或者反复使用，不属于我国合同法所规定的格式合同或者格式条款，不存在显失公平的问题，应为合法有效。因此，《投资合作协议》《增资扩股协议》及《补充协议》中有关在一定条件下被投资方雪龙公司的股东邢雪森、姜辉燕回购股份的承诺等内容合法有效。

案例2：湖北长江产业（股权）投资基金管理有限公司、宋安清合同纠纷案（湖北省武汉市中级人民法院（2018）鄂01民终6242号）

裁判观点：宋安清与湖北长投公司签订的《补充协议》系对《合伙协议》的补充约定，二者系同一天达成，共同完整地构成了各方当事人的意思表示。目的是通过从事对处于各个发展阶段的具有良好发展前景和退出渠道的企业，进行直接或间接的股权投资或与股权相关的投资为主的投资事业，以实现良好的投资效益，为本协议各方及其他投资人创造满意的投资回报。上述协议中关于合伙投资及回购的约定系针对特定投资项目适用，湖北长投公司目的在于为公司经营开展业务争取资金，投资方则基于对公司经营能力、发展趋势等多种因素判断该公司未来可能达到的价值进行投资以实现投资利益。双方约定了回购的情形，《补充协议》中有关回购垫付的承诺清晰而明确，是当事人在《合伙协议》外特别设立的保护投资人利益的条款，属于缔约过程中当事人对投资合作商业风险的安排。该条款系各方当事人的真实意思表示。案涉协议关于湖北长投公司垫付回购款的内容不违反国家法律、行政法规的禁止性规定，合法有效，不涉及武汉长高基金的资本处置与债务承担，亦不损害目标公司上海团结激光公司其他股东、债权人的利益，不存在《合同法》第 52 条所规定的有关合同无效的情形。

2.《股权转让及回购协议》系无效合同

案例 1：湖北联和瑞坤资产管理有限公司、彭山股权转让纠纷案（湖北省武汉市中级人民法院（2018）鄂 01 民终字第 881 号）

裁判观点：本案《股权转让及回购协议》规定：1. 股权转让始产生股权变动的效力，股权转让后，股东基于股东地位而对公司所发生的权利义务关系全部同时转移于受让人，受让人因此成为公司股东，取得股东权。因此，明晰合同主体、股权结构、转让份额与对价是之后能否依据合同相对性原则享受合同权利、承担合同义务的关键所在。本案协议中涉及黄立薇、崔漪、沈涛三位股东，协议上下行文中对股权转让主体这一要素的约定出现前后矛盾，且在转让标的、价款这一要素中只载明两位股东所持 5% 的股权作价 200 万元予以转让，未体现股东各自所转让的具体股权份额和对应的转让价款。该协议对股权转让实质性条款约定不明，当事人对此理解具有分歧，作为合同签订方联和瑞坤公司亦不能提供实质性证据予以明确上述条款的真实意义所在并做出合理解释。

案例 2：南京誉达创业投资企业（有限合伙）诉上海超硅半导体有限公司股权转让纠纷案 [上海市第一中级人民法院（2015）沪一中民四（商）终字第 1712 号]

裁判观点：《增资协议》中对超硅公司收购誉达创投股权的约定属于无效条款。理由如下：首先，誉达创投增资入超硅公司，其作为股东与公司间的权利义务相对于公司外债权人与公司之间的权利义务，在法律性质上存在不同。誉达创投依法应以其认缴的投资额为限对公司承担责任，且应遵守公司章程以及公司法律的相关规定，不得滥用股东权利损害公司、公司其他股东以及公司债权人合法利益，该约定已超出股东正当权利的行使范围；其次，誉达创投有权要求超硅公司回购股权的约定，实系公司以其责任资产为一方股东对于另一方股东的债务提供连带责任保证。该种约定依法必须经公司股东大会决议。虽然《增资协议》已取得超硅公司全体原股东及该次增资中新股东的签章确认，但该协议造成超硅公司责任资产的不当减少，使得誉达创投可以脱离超硅公司经营业绩获得固定投资收益，损害超硅公司债权人利益；最后，我国《公司法》对有限责任公司股东请求公司回购其股权的条件有严格规定，并未包括该约定的情形，该约定也有违通常的投资原则，将投资风险转嫁给被投资企业。

案例 3：杨银生与江苏华盛天龙光电设备股份有限公司保证合同纠纷案（常州市金坛区人民法院（2016）苏 0482 民初字第 1838 号）

裁判观点：本院认为，《合同法》第 52 条第（五）项规定，违反法律、行政法规的强制性规定，合同无效。本案原告所诉的股权回购款已由生效刑事判决认定属于盛融公司人员非法吸收公众存款犯罪的构成部分，并判决责令罪犯退还投资款。所以，本案中原告与盛融公司签订的合伙协议以及股权回购协议违反了金融管理秩序相关法律规定，并触犯了刑律，属于违反法律、行政法规的强制性规定，合伙协议以及股权回购协议应认定无效。

《私募投资基金监督管理暂行办法》第 15 条规定："私募基金管理人、私募基金销售机构不得向投资者承诺投资本金不受损失或者承诺最低收益。"即私募基金募集机构不得向投资者承诺保本保收益。上述认定股权回购协议有效的案例中，因股权回购并非发生于私募基金销售机构与投资人之间，故并不违反保本保收益的规定。另外，认定《股权回购协议》无效的案例，与私募基金自身存在非法集资的违法事实或回购协议本身约定不明或违反《公司法》有关公司不得回购公司股份的规定有关。

六 意见及建议

就前述私募基金僵局问题，提出以下意见及建议。

（1）私募基金管理人登记阶段，建立健全内部控制机制，明确内部控制职责，完善内部控制措施，强化内部控制保障，持续开展内部控制评价和监督。申请私募机构的工作人员应当具备与岗位要求相适应的职业操守和专业胜任能力。

（2）私募基金募集阶段，在未取得私募基金管理人资格之前，不得自行募集私募基金；募集基金时应采取非公开募集的方式向合格投资者募集；严格履行投资者适当性要求，区分普通投资者及专业投资者，并按照基金协议的约定进行回访确认。

（3）私募基金投资阶段，按照基金协议中的投资领域、投资方向及投资限制条款的约定进行投资；保证基金财产独立，不挪用基金财产；专业化经营，私募股权投资基金应避免采取明股实债的形式进行投资。

（4）私募基金管理阶段，注意内部治理结构的完善及股东会等有效运作，完成投资后应持续关注被投资企业的经营盈利及风险情况。

（5）私募基金退出阶段，注意基金管理人及基金销售机构不得直接约定或者采取保证、回购的方式对投资者承诺保本保收益。采取股权回购的方式退出时，应注意回购主体的适当性及回购条款的明确性。

第 三 部 分

股权投资热点争议解决

公司担保纠纷的裁判逻辑探析

陈庆波

一 问题的提出

伴随中国经济进入新常态，企业经营违约事件日益高发，与违约事件同步的是公司担保责任的集中爆发。而司法实务对公司担保纠纷的认定分歧巨大，使社会各界对于如何处理担保责任的问题产生极大困惑。

对于公司而言，担保是利弊共存的行为。一方面，公司对外担保是商事实践中正常的商业活动所必需；另一方面，以公司财产对外担保可能直接或间接导致公司资产减损或者丧失的风险。为了适应公司的经营所需，也为了保护公司、股东及债权人的利益，《公司法》第 16 条规定对于公司担保问题进行了特别的制度安排，明确限定了公司对外担保的决策主体和决策程序，构成对公司担保权限的法定限制。

长期以来，理论界和实务界对《公司法》第 16 条规定的理解和适用存在巨大争议，即便是最高人民法院的生效裁判文书，也普遍存在逻辑不同、结论各异的情形。这使得社会各界对公司担保纠纷裁判结果的可预期性大为降低。

二 司法裁判逻辑梳理

就公司对外担保的规则，《公司法》以第 16 条为核心，以第 104 条、

第 121 条和第 148 条为骨架，进行了整体构建。其立体结构为：（1）肯定公司对外担保的能力。上市公司的担保事项若超过公司资产总额 30% 需经出席会议的股东所持表决权的 2/3 多数通过。（2）明确一般对外担保的决策机关可由公司章程在股东会和董事会之间选择，关联担保应当由股东会做出决议。（3）赋予公司章程一定范围内的自治权，可以就公司对外一般担保的决策机关、担保限额等事项做出规定。（4）构建了公司对外担保内部治理体系，通过完善董事、监事内部过错责任来防范越权担保。

在上述规则中，《公司法》第 16 条规定最为核心和典型，该条位列《公司法》总则部分，适用于有限责任公司、股份有限公司及上市公司。根据《公司法》第 16 条规定①，对于公司为他人提供担保的事项，其决定权限交由公司章程自治：或由公司股东决定，或是委诸商业判断原则由董事会集体讨论决定。对于公司为股东或实际控制人提供担保的事项，则必须交由公司其他股东决定②。

《公司法》第 16 条在立法技术上采取了对公司内部决策进行规制的方式，并未涉及公司与外部相对人之间的法律关系。但是，公司对外担保既涉及公司内部治理问题，又涉及公司与担保相对人的交易问题。前者由《公司法》规范，后者由《合同法》规范。司法实务中，由于不同部门法价值选择的冲突，不同司法裁判对于公司担保纠纷的裁判逻辑并不一致，甚至是截然相反。

为梳理研究相关裁判逻辑，本文从中国裁判文书网选取了最高人民法院裁判的 12 个关于公司担保的案例。根据裁判结果，这 12 个案例代表了如下三种裁判逻辑：

---

① 《公司法》第 16 条规定："公司向其他企业投资或者为他人提供担保，依照公司章程的规定，由董事会或者股东会、股东大会决议；公司章程对投资或者担保的总额及单项投资或者担保的数额有限额规定的，不得超过规定的限额。公司为公司股东或者实际控制人提供担保的，必须经股东会或者股东大会决议。前款规定的股东或者受前款规定的实际控制人支配的股东，不得参加前款规定事项的表决。该项表决由出席会议的其他股东所持表决权的过半数通过。"

② "江西宏安房地产开发有限责任公司、南昌县兆丰小额贷款股份有限公司企业借贷纠纷案"（2017）最高法民再 209 号民事判决书。

裁判逻辑一：从法律规范性质出发，认为《公司法》第 16 条为管理性强制性规定，违反该规定，不影响担保合同的效力，案例有 7 个；

裁判逻辑二：从资本维持原则出发，认为关联担保即便符合《公司法》第 16 条规定，但因实质上形成公司向一方股东返还出资的后果，违反《公司法》第 35 条禁止股东抽逃出资的规定，故而无效，案例有 2 个；

裁判逻辑三：从公司担保权限的法定限制出发，以越权代表的法律规则认定越权担保的法律效果不归属于公司，对公司不发生效力，案例有 3 个。

这三个裁判逻辑在司法实务中具有普遍的代表性，具有研究的意义。

（一）关于裁判逻辑一的案例梳理

此类裁判的逻辑是：以《合同法》第 52 条第（五）项规定及《最高人民法院关于适用〈中华人民共和国合同法〉若干问题的解释（二）》（下称《合同法司法解释二》）第 14 条规定①为依据，从《公司法》第 16 条的规范性质出发，将第 16 条规定理解为管理性强制性规范，进而判断违反《公司法》第 16 条规定的担保合同为有效合同。

就该裁判逻辑，最高人民法院的（2012）民提字第 156 号判决的论述最具代表性。（2012）民提字第 156 号判决认为："公司作为不同于自然人的法人主体，其合同行为在接受合同法规制的同时，当受作为公司特别规范的公司法的制约。《公司法》第一条开宗明义规定：'为了规范公司的组织和行为，保护公司、股东和债权人的合法权益，维护社会经济秩序，促进社会主义市场经济的发展，制定本法。'《公司法》第十六条第二款规定：'公司为公司股东或者实际控制人提供担保的，必须经股东会或者股东大会决议。'上述公司法规定已然明确了其立法本意在于限制公司主体行为，防止公司的实际控制人或者高级管理人员损害公司、小股东或其他债权人的利益，故其实质是内部控制程序，不能以此约束交易相对人。故此上述规

---

① 《合同法司法解释二》第 14 条规定："合同法第五十二条第（五）项规定的'强制性规定'，是指效力性强制性规定。"

定宜理解为管理性强制性规范。对违反该规范的，原则上不宜认定合同无效。另外，如作为效力性规范认定将会降低交易效率和损害交易安全。譬如股东会何时召开，以什么样的形式召开，何人能够代表股东表达真实的意志，均超出交易相对人的判断和控制能力范围，如以违反股东决议程序而判令合同无效，必将降低交易效率，同时也给公司动辄以违反股东决议主张合同无效的不诚信行为留下了制度缺口，最终危害交易安全，不仅有违商事行为的诚信规则，更有违公平正义。故本案一、二审法院以案涉《股东会担保决议》的决议事项并未经过振邦股份公司股东会的同意，振邦股份公司也未就此事召开过股东大会为由，根据《公司法》第十六条规定，做出案涉不可撤销担保书及抵押合同无效的认定，属于适用法律错误，本院予以纠正。"

此后，该观点被最高人民法院的诸多裁判文书不断采用，虽然不同裁判的论述角度不尽相同，但体现的裁判规则却完全一致。例如：（2016）最高法民再24号判决认为："《公司法》第十六条第二款规定在于限制公司主体行为，防止公司的实际控制人或者高级管理人员损害公司、小股东或其他债权人的利益，其实质属于公司内部管理、控制程序方面之规范，即为管理性强制性规范，不能以此约束交易相对人，亦不应将其作为认定合同无效的依据，否则将危害交易安全，有违诚信及公平。"（2016）最高法民再194号判决认为："《公司法》第十六条第一款关于'公司向其他企业投资或者为他人提供担保，依照公司章程的规定，由董事会或者股东会、股东大会决议'的规定，系规范公司治理的管理性规范，在公司内部对股东、董事、监事及高级管理人员具有普遍约束力，但对外并不发生影响合同效力的法律约束力，债权人对公司担保是否经决议机关决议或是否经股东同意不负审查义务。"（2016）最高法民申607号裁定认为："《公司法》第十六条关于'公司向其他企业投资或者为他人提供担保，依照公司章程的规定，由董事会或者股东会、股东大会决议……公司为公司股东或者实际控制人提供担保的，必须经股东会或者股东大会决议'的规定，并未明确规定公司违反上述规定对外担保即导致担保合同无效，上述规定应属于管理性强制性规范，公司股东会或股东大会是否据此形成决议作为内部决策程序并不当然约束第三人。"类似的裁判观点还可见于（2016）最高法民终 380 号判决[①]、（2017）最高法民终 610 号判决[②]、（2017）最高法民申 370 号裁定[③]。

（二）关于裁判逻辑二的案例梳理

对于关联担保，《公司法》并不禁止。根据《公司法》第 16 条第 2 款、第 3 款规定，公司法只是限定了关联担保的决策权在其他股东。但司法实践中，有的判决对此类关联担保持否定态度，认为此类担保构成股东抽逃出资而无效。该类裁判的逻辑为：虽然《公司法》第 16 条允许符合法定程序的关联担保，但同时《公司法》第 35 条禁止股东抽逃出资，如果公司为股东之间的债务提供担保，就会出现一方股东（债务人）不能清偿债务时，由公司先向另一方股东（债权人）进行清偿，形成一方股东变相抽回出资的情形，违反《公司法》第 35 条关于股东不得抽逃出资的规定。因此，关联担保无效。

就这一裁判逻辑，最高人民法院（2012）民二终字第 39 号民事判决书的论述最为典型。（2012）民二终字第 39 号判决认为："李海平等三人与汪高峰、应跃吾等人原均为勤峰公司股东，其间发生股权转让由公司提供担保，即意味着在受让方不能支付股权转让款的情形下，公司应向转让股东支付转让款，从而导致股东以股权转让的方式从公司抽回出资的后果。公司资产为公司所有债权人债权的一般担保，公司法规定股东必须向公司缴纳其认缴的注册资本金数额，公司必须在公司登记机关将公司注册资本金及股东认

[①] （2016）最高法民终 380 号判决认为：《公司法》第 16 条第 2 款的规定，是为公司防范风险所做的规则指引，是公司的内部治理规范，公司以自己名义所进行的担保行为应认定为是该公司的行为，其内部的风险管理规定并不影响公司对外行为的效力。

[②] （2017）最高法民终 610 号判决认为：《公司法》第 16 条所规定的公司对外担保须经股东会决议是公司对内的程序性规定，并不涉及公司以外第三人的审查义务。公司是否召开股东会以及是否形成决议，是公司内部控制程序，不能约束与公司进行交易的第三人。

[③] （2017）最高法民申 370 号裁定认为：《公司法》第 16 条第 1 款规定："公司向其他企业投资或者为他人提供担保，依照公司章程的规定，由董事会或者股东会、股东大会决议……"该款规定的立法本意在于限制公司主体行为，防止公司的实际控制人或者高级管理人员损害公司、小股东或其他债权人的利益，不属于效力性强制性规范，不能仅以违反该规定为由否定担保承诺的效力。

缴情况公示，在未经公司注册资本金变动及公示程序的情形下，股东不得以任何形式用公司资产清偿其债务构成实质上的返还其投资。因此，《还款协议》中关于勤峰公司承担担保责任的部分内容，因不符合公司法的有关规定，应认定无效，勤峰公司不应承担担保责任。"持同一裁判逻辑的，还有（2017）最高法民申 3671 号民事裁定书，该裁定书认为："根据《公司法》第十六条第二款规定，公司为公司股东或者实际控制人提供担保的，必须经股东会或者股东大会决议，也就是说，并不禁止公司为股东提供担保，但要经法定程序进行担保；同时，《公司法》第三十五条规定公司成立后，股东不得抽逃出资。而如果公司为股东之间的股权转让提供担保，就会出现受让股权的股东不能支付股权转让款时，由公司先向转让股权的股东支付转让款，导致公司利益及公司其他债权人的利益受损，形成股东以股权转让的方式变相抽回出资的情形，有违《公司法》关于不得抽逃出资的规定。本案中，按照案涉《公司股权转让及项目投资返还协议》的约定，由邦奥公司对郭丽华付款义务承担连带责任，则意味着在郭丽华不能支付转让款的情况下，邦奥公司应向郑平凡、潘文珍进行支付，从而导致郑平凡、潘文珍以股权转让方式从公司抽回出资。"

（三）关于裁判逻辑三的案例梳理

违反《公司法》第 16 条规定的担保构成越权担保，对公司不发生效力。其裁判逻辑是：将《公司法》第 16 条规定理解为对公司担保权限的法定限制，违反《公司法》第 16 条规定的担保构成越权担保，再以《合同法》第 50 条与《最高人民法院关于适用〈中华人民共和国担保法〉若干问题的解释》（下称《担保法司法解释》）第 11 条①为依据，并根据个案具体事实，来判断相对人是否知道或应当知道法定代表人是否有代表权限，最后判断该越权担保对公司是否发生效力。

就该裁判思路，（2016）最高法民申 2633 号裁定书的论述最具代表性。

---

① 《担保法司法解释》第 11 条规定："法人或者其他组织的法定代表人、负责人超越权限订立的担保合同，除相对人知道或者应当知道其超越权限的以外，该代表行为有效。"

（2016）最高法民申 2633 号裁定书认为："《公司法》第十六条第一款规定：'公司向其他企业投资或者为他人提供担保，依照公司章程的规定，由董事会或者股东会、股东大会决议……'该规定在公司对外担保事项上对法定代表人的代表权进行了法定限制，因此，在判断公司法定代表人违反该规定越权签订担保合同是否对公司有效时，还应考察该行为是否构成《合同法》第五十条规定的表见代表，相对人是否尽到了合理的审查义务，是否为善意。具体到本案，谢利明在代表圣帝隆房地产公司向敬业担保公司出具《反担保保证书》时未提供《公司法》第十六条第一款规定的圣帝隆房地产公司董事会或者股东会决议等相关文件，而敬业担保公司作为专门从事担保业务的专业机构，本应对谢利明是否越权尽到更为谨慎的审查义务，但其并未进行形式上的审查，因此不构成善意。与此相应，谢利明越权出具《反担保保证书》的行为不构成表见代表，该保证书对圣帝隆房地产公司不发生法律效力。"此外，持相同逻辑的还有（2015）民二终字第 176 号判决书认为："《公司法》第十六条第二款、第三款及鑫海公司章程第三十九条第二款、第三款均规定：'公司为公司股东或者实际控制人提供担保的，必须由股东会做出决议'；'前款规定的股东或者受前款规定的实际控制人支配的股东，不得参加前款规定事项的表决。该项表决由出席会议的其他股东所持表决权的过半数通过'。案涉股权转让合同订立时，林俨儒、林梅灼均系鑫海公司股东，均应当知道鑫海公司章程的上述规定，即鑫海公司为其股东担保应当经过鑫海公司股东会决议，并经其他股东所持表决权的过半数表决通过，而不属于公司法定代表人、负责人的权限。《合同法》第五十条规定：法人或者其他组织的法定代表人、负责人超越权限订立的合同，除相对人知道或者应当知道其超越权限的以外，该代表行为有效。因鑫海公司为案涉股权转让合同提供保证未经股东会决议，故时任鑫海公司总经理的蒋校在案涉股权转让合同上加盖鑫海公司印章的行为，超越了鑫海公司章程所规定的权限，对此，林梅灼应当知道，故该代表行为无效。蒋校在案涉股权转让合同上签字、加盖鑫海公司公章的行为，不能对鑫海公司产生法律约束力。"（2014）民申字第 1876 号裁定书认为："关于天利公司是否受担保合同拘束的问题。《公司法》第十六条第二款明确规定，公司为公司股东或者实际控制人提供担保的，必须经股东会或者股东大会决议。法律规定具有公示作用，吴文俊应当知晓。因法律有明确规定，吴文俊应当知道天利公司为戴其进的债务提供担保须经天利公司股东会决议，而其并未要求戴其进出具天利公司的股东会决议，吴文俊显然负有过错，因而其不能被认定为善意第三人。二审法院认定担保合同对天利公司不产生拘束力并无不当。"

三　司法裁判逻辑探析

鉴于最高人民法院在不同裁判文书中体现司法态度的不一致，进一步导致各地法院对公司担保案件的裁判规则的掌握大相径庭，在实务和理论上争议不断。为解决该问题，统一裁判尺度，最高人民法院民二庭在 2016 年开始部署起草《最高人民法院关于审理公司为他人提供担保纠纷案件适用法律问题的解释》（下称《公司担保纠纷解释》）。

目前，该《公司担保纠纷解释》的征求意见稿已经在网络上流传。从该解释的内容看，对于公司担保纠纷，最高人民法院最终倾向于将《公司法》第 16 条规定理解为是对公司担保权限的法定限制，并从越权担保的效力归属角度展开探讨，即上文所述裁判逻辑三。

（一）对《公司法》第16条的违反属于私法上的权限逾越，构成越权担保，并不因违反《合同法》第52条第（五）项的"强制性规定"而无效

1. 《公司法》第16条是对公司担保权限的法定限制

《公司法》第 16 条是对公司担保决策程序的规定，从《公司法》的组织法属性看，这属于公司意思的形成机制。但是，该条规定实际上产生了将公司担保权从法定代表人的代表权限中剥离出来的后果，这是《公司法》对公司担保权限的法定限制。违反《公司法》第 16 条规定的决策程序的担保构成越权担保。

对《公司法》第 16 条作上述理解的法律依据是《民法总则》第 61 条

规定。依照《民法总则》第 61 条第 1 款 "依照法律或法人章程的规定，代表法人从事民事活动的负责人，为法人的法定代表人" 之规定，法定代表人是依据法律或章程的规定而产生，那么，其代表权当然来源于法律规定或者章程规定。其中，法律对法定代表人的代表权限的限制属于法定限制，章程对法定代表人的代表权限的限制属于约定限制。法定代表人不得超越法律规定或者是章程规定的范围行使代表权。《民法总则》第 61 条第 2 款规定："法定代表人以法人名义从事的民事活动，其法律后果由法人承受。" 按照法律体系化理解的要求，第 2 款的理解和适用应当以第 1 款为前提，即法定代表人只有在法律规定或章程规定的权限范围内以法人名义从事的民事活动，法律后果才由法人承受。法定代表人超越法律规定或者是章程规定的权限范围行使代表权的，构成越权代表①。

2. 越权担保的法律效果与《合同法》第52条第（五）项规定无关

如上所述，《公司法》第 16 条规定是公司担保权限的法定限制，违反该规定，构成越权担保。越权担保可能对公司不发生效力，但并非违反《合同法》第 52 条第（五）项规定，而是因为没有得到公司有权机构的追认；即便未得到追认，也存在发生效力的可能，但不意味着此系管理性规定，而是基于表见代表（代理）的信赖保护。换言之，无论越权担保的法律效果如何，都与《合同法》第 52 条第（五）项规定无关②。关于此点，（2016）最高法民申 2633 号裁定书的论述极其通透："《公司法》第十六条规定在公司对外担保事项上对法定代表人的代表权进行了法定限制，因此，在判断公司法定代表人违反该规定越权签订担保合同是否对公司有效时，还应考察该行为是否构成《合同法》第五十条规定的表见代表，相对人是否尽到了合理的审查义务，是否为善意。"

就越权担保的法律效果而言，公司事后是否追认至关重要。换言之，当事人的意思表示直接影响越权担保的法律效果。但是，《合同法》第 52 条规定的无效是当然确定无效，自始没有法律约束力，该无效在当事人的意思

① 参见沈德咏主编《〈中华人民共和国民法总则〉条文理解与适用》，人民法院出版社，2017，第 477 页。

② 参见朱庆育《〈合同法〉第 52 条第 5 项评注》，《法学家》2016 年第 3 期。

自治范围以外，由法官依职权判定，无须当事人主张。因此，越权担保的法律效果究竟如何，与《合同法》第52条规定根本无关，进而，有关《公司法》第16条规定是"效力性"抑或"管理性"强制性规定的论证也就没有意义。

（二）符合《公司法》第16条规定的关联担保，肯定不违反《公司法》第35条规定，不构成抽逃出资

从逻辑上看，法秩序具有统一性，公司法亦不例外。无论是从公司法自身体系，还是与其他部门法的衔接，法律的内在逻辑和规范秩序上都是高度一致的。既然《公司法》在第16条规定允许公司为股东提供担保的同时，又在第35条规定禁止股东抽逃出资。那么，一个合乎逻辑的必然结论就是：公司法允许关联担保，符合《公司法》第16条规定的关联担保，肯定不违反《公司法》第35条规定，进而不构成股东抽逃出资。

从法理上看，资本维持原则是公司法的核心原则之一，《公司法》第35条规定是资本维持原则在公司法上的具体体现。但是，资本维持原则并不是要求公司必须维持资本而不得使其减损，而是禁止公司将资本非法返还给股东。公司经营过程中的资本减损风险可以分为商业风险和非商业风险。公司的正常经营必有盈亏，由此而产生的资本损益均属商业风险，这不是法律所能防范和化解的①。公司以各种形式非法向股东转移资产而导致资本减损则属于非商业风险，如向股东不当分红、向股东不当低价处置资产或高价收购资产等，这是资本维持原则所禁止和防范的，也是《公司法》第35条规定的意义所在。符合《公司法》第16条规定的关联担保，虽然可能产生公司为股东个人债务承担责任的后果，但该关联担保经公司有权机构的决策，形成了公司意志。因此，符合《公司法》第16条规定的关联担保实质上是公司的商业判断，属于商业风险，不应当进入《公司法》第35条规定的规制范围。

---

① 参见张保华《资本维持原则解析——以维持的误读与澄清为视角》，《法治研究》2012年第4期。

（三）在无权代理的规则框架下解决越权担保纠纷，已经成为《公司担保纠纷解释》选择的裁判逻辑

《公司法》第16条规定是对法定代表人代表权限的法定限制，违反该条规定的担保构成越权行为。由此，违反《公司法》第16条规定的越权担保纠纷进入民法的无权代理（代表）领域。根据《民法总则》和《合同法》关于无权代理、表见代理及越权代表的法律规定，越权担保纠纷可以得到妥善解决。最高人民法院正在审议过程中的《公司担保纠纷解释》也正是选择了这一裁判逻辑。

1. 越权担保对公司不发生效力，但构成表见代表的除外

《合同法》第50条规定："法人或其他组织的法定代表人、负责人超越权限订立的合同，除相对人知道或者应当知道其超越权限的以外，该代表行为有效。"本条规定中的"权限"显然系指法定代表人的代表权限。该代表权限应结合《民法总则》第61条规定作体系化理解，即法定代表人的代表权限来自法律规定或者法人章程规定，并受其限制。

《公司法》第16条规定是对公司法定代表人代表权的法定限制，违反该条规定构成越权担保。《公司法》一经公布实施，即具公示效力，推定担保交易的相对人知道《公司法》第16条规定，知道担保决策权不在法定代表人的代表权限之内。依照《合同法》第50条的规定，越权担保的效果不归属于公司，对公司不发生效力，这是解决越权担保纠纷的一般原则。

但是，如果担保相对人能够证明自己是善意的，即自己对公司章程、董事会或股东会决议等与担保相关文件进行了必要的形式审查，公司代表人的代表行为构成表见代表，那么，依照《合同法》第49条、第50条规定，越权担保的效果归属于公司，对公司发生效力。

2. 越权担保可类推适用无权代理规则

《合同法》第50条规定了越权代表行为对法人的法律效果问题，但对越权代表的法律责任承担没有规定。由此，越权担保在解决了效果归属的情况下，其法律责任的承担就成为必须直面的问题。

实务中，越权担保除了有法定代表人的越权代表以外，还有公司其他人

员的无权或越权代理。无论是法定代表人的越权，还是其他人员的无权或越权，本质上都是无权代理行为。因此，越权担保可以类推适用无权代理的规则，在无权代理的规则框架下解决越权担保的法律责任，即在越权担保对公司不发生效力的情况下，相对人可以依照《民法总则》第 171 条、《合同法》第 48 条的规定请求行为人承担相应民事责任。

就越权担保法律效果不归属公司之后的责任承担问题，实务中亦存争议。司法实务中，有的判决在认定关联担保对公司不发生效力之后，依照《担保法司法解释》第 7 条之规定①，判令公司承担"担保无效"的法律责任，对相对人的损失承担赔偿责任，如（2017）最高法民再 258 号判决书②。这一逻辑颇值得商榷。在越权担保对公司不发生效力的情况下，公司并不能成为《担保法司法解释》第 7 条规定的"担保人"，故不应承担担保合同无效的法律责任。否则，公司的担保责任无法免除③。此时，应当直接类推适用《民法总则》第 171 条第 3 款、第 4 款规定和《合同法》第 48 条第 1 款规定，由行为人和相对人根据各自过错承担相对人的损失。

四 结语

《公司法》第 16 条通过规定公司对外担保的决策程序的方式，将公司对外担保的有权决议机构限定在董事会或股东（大）会。因此，《公司法》第 16 条规定并非仅是公司内部控制和公司治理程序问题，它构成对公司担保权限的法定限制。要言之，《公司法》第 16 条规定属于权力限制规定，而非程序控制规定。违反《公司法》第 16 条规定的担保本质上是越权代表或是无权代理的问题，因此，对于越权担保的效果归属和法律责任问题应当纳入《民法总则》第 61 条、第 171 条和《合同法》第 48 条、第 50 条规定

---

① 《担保法司法解释》第 7 条规定："主合同有效而担保合同无效，债权人无过错的，担保人与债务人对主合同债权人的经济损失，承担连带赔偿责任；债权人、担保人有过错的，担保人承担民事责任的部分，不应超过债务人不能清偿部分的二分之一。"

② "最高人民法院关于通联资本管理有限公司、成都新方向科技发展有限公司与公司有关的纠纷案"，（2017）最高法民再 258 号判决书。

③ 参见高圣平《公司担保中相对人的审查义务》，《政法论坛》2017 年第 5 期。

的领域内展开。至于越权担保合同是否有效，则仍需接受《民法总则》与《合同法》关于效力判断规则的检验。

参考文献

［1］沈德咏主编《〈中华人民共和国民法总则〉条文理解与适用》，人民法院出版社，2017。

［2］张保华：《资本维持原则解析——以维持的误读与澄清为视角》，《法治研究》2012 年第 4 期。

［3］朱庆育：《〈合同法〉第 52 条第 5 项评注》，《法学家》2016 年第 3 期。

［4］周伦军：《公司对外提供担保的合同效力判断规则》，《法律适用》2014 年第 8 期。

［5］高圣平：《公司担保中相对人的审查义务》，《政法论坛》2017 年第 5 期。

［6］李建伟：《公司非关联性商事担保的规范适用分析》，《当代法学》2013 年第 3 期。

［7］华德波：《〈公司法〉第 16 条的理解与适用　以公司担保债权人的审查义务为中心》，《法律适用》2011 年第 3 期。

［8］刘贵祥：《公司担保与合同效力》，《法律适用》2012 年第 7 期。

［9］最高人民法院民二庭编著《关于公司法解释（三）、清算纪要理解与适用》，人民法院出版社，2016。

［10］高圣平：《公司担保相关法律问题研究》，《中国法学》2013 年第 2 期。

［11］耿林：《强制规范与合同效力——以〈合同法〉第 52 条第 5 项为中心》，中国民主法制出版社，2009。

［12］郭志京：《中国公司对外担保规则特殊性研究——兼论民法商法思维方式的对立统一》，《当代法学》2014 年第 5 期。

《一致行动协议》的效力及解除

张 力

一 问题的提出

顾名思义，"一致行动"一词表达的是两个或两个以上的主体在同样的环境或情形下，对待同样的事情上达成一致，从而采取相同或共同的行为。《一致行动协议》是相关主体达成一致行动所签署的法律文件，是一种合同行为。由于一致行动最早来源于中国证券监督管理委员会（以下简称证监会）对上市公司管理的相关规定，所以，一致行动目前广泛应用于公司法律事务。"一致行动人"的范围一般限于作为股东的夫妻、亲属之间以及公司管理团队、共同创业的合作伙伴等，如股东在股东（大）会上行使表决权采取一致行动，共同获得公司的控股权。沪深交易所和股转公司、证监会也广泛使用，用于对公众公司（上市公司与新三板挂牌公司）的管理与监督。随后，逐步扩大使用领域。

《一致行动协议》最常见的应用领域是公司（包括股份有限公司和有限责任公司/上市公司与非上市公司）两个或两个以上的股东为谋求公司控制股权，签署协议，表达在公司股东权利行使方面保持一致行动。《一致行动协议》通常需要包含如下几个部分的基本内容：（1）参与一致行动的股东；（2）该部分股东持股数额；（3）签署协议的目的；（4）一致行动意思表示及具体表达一致行动的范围和方式；（5）一致行动的期限；（6）争议的解决方式；（7）违约责任。根据《一致行动协议》签署的背景和目的，该等协议一般是无偿的，不涉及对价和对价支付。

其中，具体表达一致行动意思的范围一般及于根据法律、法规和规范性文件以及公司章程的规定需要以股东（含董事，部分股东同时是公司董事）身份行使的各项权利，参与公司重大事项的决策（以下合称"重大事项"），包括（1）知情权，要求公司提供公司经营状况、财务报表以及公司章程等信息；（2）股东（大）会提案权；（3）提名权：对董事以及总经理、财务负责人等重要人事提名；（4）提议召开股东（大）会、董事会并在法律和公司章程规定的条件下自行召集、召开股东（大）会；（5）参加股东（大）会、董事会行使表决权；（6）质询权、意见与建议权；（7）监督权、异议股东回购请求权以及诉讼救济、代位诉讼权；（8）股权处分上的一致行动。

具体一致行动的方式包括：（1）就上述重大事项行使权利时必须保持完全一致，并在董事会或股东（大）会上行使表决权时保持完全一致；（2）协议各方中任何一方拟就上述一致行动范围内的重大事项行使权利或提出动议时，须事先与其他各方协商并达成"一致意见"后以协议各方的名义按照该一致意见共同行使权利或提出动议；（3）协议各方充分沟通协商后，按下列标准确定协议各方的"一致意见"：以协议各方达成一致的意见作为各方的一致意见；若协议各方的意见无法达成完全一致，则以其中一方的意见或者按1/2以上或/2/3以上多数意见作为协议各方的最终一致意见；（4）公司在召开上述重大事项的董事会或股东（大）会时，协议各方中的董事、自然人股东必须出席或只能委托协议各方中的其他董事、股东出席，并严格按照上述达成的"一致意见"进行表决。

实践中，签署和履行《一致行动协议》引发的争议大约包括如下民商事类和证券类，其中民商事类争议如表1所示。

从表1可以看出，因履行《一致行动协议》产生的四类争议中，一般会涉及合同解除问题、违约问题，同时可以连带地引发公司决议效力纠纷、股权转让效力纠纷以及公司解散纠纷，即民事法律纠纷与商事法律纠纷的竞合、《合同法》与《公司法》的竞合。该等纠纷是本文研究的重点。

表 1　因签署和履行《一致行动协议》引发的争议分类

类别	履行协议情形	直接引发的争议或结果/后果	连带引发的争议或结果/后果
第一类:合同解除纠纷	一致行动期间无法在重大事项上形成一致意见,导致协议无法继续履行或一方要求单方退出一致行动	单方诉请解除《一致行动协议》	违约纠纷
第二类:(1)公司决议无效/撤销纠纷	协议一方或多方不按照一致意见行使股东权利,如在股东会上不按照一致意见行使表决权	协议他方追究其违约责任	公司股东会决议无效/撤销
第二类:(2)股权转让无效/撤销纠纷	协议一方或多方不按照一致意见行使股东权利,如不按照协议约定的方式处分股权	协议他方追究其违约责任	股权转让行为无效/撤销
第三类:公司僵局纠纷	协议约定的一致意见形成机制不科学或者有制度缺陷,因无法形成一致意见导致公司僵局	一方诉清公司解散	《一致行动协议》解除
第四类:民事赔偿纠纷	因一致行动对外产生股东民事赔偿责任导致的内部责任分摊	一方诉请赔偿责任	《一致行动协议》解除

　　证券违法违规类争议主要是指因履行《一致行动协议》产生的信息披露、股东减持等违法违规行为导致的证监会行政处罚、交易所自律监管以及其他证券违法行为。该等纠纷不是本文研究的重点。

　　综上,本文将从法理分析和案例分析入手,主要研究各级法院在审理因履行《一致行动协议》产生的民商事纠纷中对协议效力及其解除的诉讼请求以及法律后果的处理意见。①

二　法理分析

　　"一致行动"和"一致行动人"的概念,既不是来源于《公司法》,也

---

　　①　本文案例均来自中国裁判文书网（http://wenshu.court.gov.cn）。

不是来源于《合同法》，这一点在佛山市南海区人民法院对管某诉请解除《一致行动协议》的合同纠纷案件判决书中（（2016）粤 0605 民初 14824 号），法院也做了相似表述："关于一致行动人的概念，《上市公司收购管理办法》是目前国内关于一致行动人定义和规定的最高层级的明确规定，此外，还散见于证监会和两家交易所的其他一些层级更低的文件中。"

"一致行动"一词最早见于 1997 年 12 月 16 日证监会发布的部门规章即《关于发布上市〈公司章程指引〉的通知》（证监（1997）16 号），该文第 41 条规定：

"本章程所称'控股股东'是指具备下列条件之一的股东：（一）此人单独或者与他人一致行动时，可以选出半数以上的董事；（二）此人单独或者与他人一致行动时，可以行使公司百分之三十以上的表决权或者可以控制公司百分之三十以上表决权的行使；（三）此人单独或者与他人一致行动时，持有公司百分之三十以上的股份；（四）此人单独或者与他人一致行动时，可以以其他方式在事实上控制公司。本条所称'一致行动'是指两个或者两个以上的人以协议的方式（不论口头或者书面）达成一致，通过其中任何一人取得对公司的投票权，以达到或者巩固控制公司的目的的行为。"

"一致行动"的定义见于证监会发布的《上市公司收购管理办法》（2006 年 5 月 17 日发布，历经 2008 年 8 月 27 日、2012 年 2 月 14 日和 2014 年 10 月 23 日三次修订），目前使用的是 2014 年修订后的版本。该文第 83 条规定了"一致行动"的定义："本办法所称一致行动，是指投资者通过协议、其他安排，与其他投资者共同扩大其所能够支配的一个上市公司股份表决权数量的行为或者事实。在上市公司的收购及相关股份权益变动活动中有一致行动情形的投资者，互为一致行动人。如无相反证据，投资者有下列情形之一的，为一致行动人：（一）投资者之间有股权控制关系；（二）投资者受同一主体控制；（三）投资者的董事、监事或者高级管理人员中的主要成员，同时在另一个投资者担任董事、监事或者高级管理人员；（四）投资者参股另一投资者，可以对参股公司的重大决策产生重大影响；（五）银行以外的其他法人、其他组织和自然人为投资者取得相关股份提供融资安排；

（六）投资者之间存在合伙、合作、联营等其他经济利益关系；（七）持有投资者30%以上股份的自然人，与投资者持有同一上市公司股份；（八）在投资者任职的董事、监事及高级管理人员，与投资者持有同一上市公司股份；（九）持有投资者30%以上股份的自然人和在投资者任职的董事、监事及高级管理人员，其父母、配偶、子女及其配偶、配偶的父母、兄弟姐妹及其配偶、配偶的兄弟姐妹及其配偶等亲属，与投资者持有同一上市公司股份；（十）在上市公司任职的董事、监事、高级管理人员及其前项所述亲属同时持有本公司股份的，或者与其自己或者其前项所述亲属直接或者间接控制的企业同时持有本公司股份；（十一）上市公司董事、监事、高级管理人员和员工与其所控制或者委托的法人或者其他组织持有本公司股份；（十二）投资者之间具有其他关联关系。一致行动人应当合并计算其所持有的股份。投资者计算其所持有的股份，应当包括登记在其名下的股份，也包括登记在其一致行动人名下的股份。投资者认为其与他人不应被视为一致行动人的，可以向中国证监会提供相反证据。"

可见，证监会从管理的角度，将一致行动人的范围认定做了广义的解释，既包括各方通过协议达成的一致行动，也包括各方之间并没有签署《一致行动协议》但仍然会被证监会认定为一致行动人这样两种情形。这不是本文的角度，本文仅限于各方通过协议的方式达成一致的意思表示。

这就是本文需要从法理角度做思路厘清的原因，在既没有法律明确规定也没有司法解释的情况下，我们只能从法理上进行分析。从法理上看涉及两个角度，一是《公司法》角度，二是《合同法》角度。

（一）从《公司法》角度分析

一方面，股东权属于民事权利，具有民事权利所有的完整的占有、使用、收益、处分四项权能；也具有民事权利行使的特点，即既可以行使，也可以不行使；既可以自己行使，也可以委托别人行使；既可以全部委托他人行使，也可以部分委托他人，部分自己行使。也就是说，这种关于股东权利行使的安排完全取决于股东自己的意愿，属于意思自治的范畴。

另一方面，股东是公司剩余财产的所有者，因此，股东之间具有共益性，公司取得更好的经营成果是全体股东的共同目标和追求。这就是说，大多数情况下股东关于公司经营重大事项的决策意见应当是一致的，没有冲突的。更何况一致行动人一般限于夫妻之间、亲属之间、管理团队之间以及创业伙伴之间，这些股东之间有一定的信任为基础。所以，各方通过一致行动完成对公司更好的决策和控制，符合各方股东利益。

正是因为上述两个原因，《一致行动协议》一般是无偿的，不涉及对价。所以，从《公司法》角度分析，《一致行动协议》是合法有效的，一旦签署就需要各方如约履行。如果公司发展情况或者股东意愿发生变化，各方通过协商一致解除协议或者依据事先约定的协议解除条款行使单方解除权都是能够得到法律支持的。

（二）从《合同法》角度分析

首先，《一致行动协议》是各方民事主体达成的关于股东权利行使的一致的协议，只要不存在《合同法》第52条规定的关于合同无效的情形："（一）一方以欺诈、胁迫的手段订立合同，损害国家利益；（二）恶意串通，损害国家、集体或者第三人利益；（三）以合法形式掩盖非法目的；（四）损害社会公共利益；（五）违反法律、行政法规的强制性规定。"也不存在《合同法》第54条关于可变更或可撤销的情形："（一）因重大误解订立的；（二）在订立合同时显失公平的。一方以欺诈、胁迫的手段或者乘人之危，使对方在违背真实意思的情况下订立的合同，受损害方有权请求人民法院或者仲裁机构变更或者撤销。……"

为此，不存在上述导致合同无效或可撤销情形的《一致行动协议》自然是合法有效的，能够得到法律的支持，协议当事人需严格按照合同约定履行义务，任何一方不得随意解除合同；一旦一方违约，需要承担违约责任；协议签署后如果各方协商一致当然可以解除一致行动，或者具备了协议约定的解除条件也可以单方诉请解除，这些都没有问题，也不会产生争议。

本文论及的是因签署和履行《一致行动协议》产生的争议，即在协各方无法达成一致或者协议事先没有明确约定协议解除条件的情况下，单方诉请解除合同或者追究一方违约责任的问题，该等纠纷一般会同时触发《公司法》和《合同法》的规定，涉及两个或两个以上法律关系，即竞合。因此，司法实践中处理起来略显复杂。

三 诉讼案例统计与分析

总体上看，由于一致行动本身属于市场经济新事物，且脱胎于资本市场，因此，因签署和履行《一致行动协议》所发生的争议也是最近几年才逐渐增多，又因大多数一致行动人之间的特殊关系，且部分与资本市场密切相关，所以，最终多数争议是通过非诉讼的方法解决的，这也是通过诉讼不能查到很多案例的原因。

通过大数据，笔者查阅到的与《一致行动协议》签署、履行有关的表1 所示前三类争议总体案例不多。第一类：合同解除与违约 2 件；第二类：违约与公司决议无效/撤销、违约与股权转让无效/撤销 2 件；第三类：公司僵局与合同解除 1 件；第四类合同解除与民事赔偿纠纷尚未查到相关案例。

具体如下。

（一）第一类争议：合同解除与违约（2件）

1. 案件一：管火金与陈其活、李展华及第三人广东公司、HH 公司、MDN 公司、DH 公司合同纠纷案（一审、二审）（原告诉请解除《一致行动协议》）

本案一审法院认定的事实：广东公司成立于 2003 年 7 月 21 日，公司股权结构见图 1。

2011 年，广东公司筹备首次公开募股。为此，原、被告三方于 2011 年 8 月 2 日签订《一致行动协议》，约定如下。

（1）在广东公司重大事项的决策上，做出相同的意思表示，采取一致行动，共同行使权利，以巩固和增强各方共同对广东公司的控制权。

（2）在广东公司董事会或其他权力机构进行决策时，各方应充分沟通，

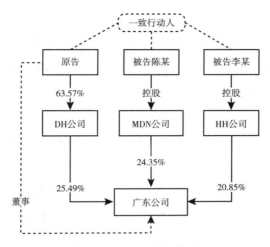

图 1　广东公司股权结构

资料来源: 中国裁判文书网 (http: //wenshn. court. gov. cn)。

并达成一致。各方不能达成一致的,各方同意以被告陈某的意见作为各方一致形成的最终意见对外做出,或通过各控股的持股公司在广东公司股东大会会议表决时共同投弃权票。

(3) 各方自广东公司发行上市之日起三年 (限售期) 内不得退出一致行动和解除本协议,亦不得主动提出辞去已委任的广东公司董事、监事或高级管理人员的职务。限售期满后三年内,本协议各方仍担任广东公司董事、监事或高级管理人员职务的,亦不得退出一致行动和解除本协议。但协议方中的任一方可向董事会或监事会提出辞职,经董事会或监事会审议确认不存在对广东公司产生重大影响的情形通过了辞职申请,并完成离职手续后,协议方中的任一方的职务自行解除。但未达到本协议第 10 条约定的终止条件的,协议各方仍应履行本协议约定的一致行动义务。

(4) 本协议订立后,广东公司的股权结构、董事会成员、公司类型等发生变化,均不影响本协议的效力。

(5) 如任何一方违反本协议的约定,擅自退出一致行动或做出违背一致行动行为的,应缴纳 50 万元的违约金,任一守约方,均有权要求违约方自擅自退出一致行动或做出违背一致行动行为之日起 30 日内向广东公司缴纳违约金;每迟延一日按未缴纳违约金金额的 1% 的标准,另外向广东公司支付延迟违约金。

（6）在不违反国家法律法规的情形下，本协议长期有效。

（7）第 10 条约定：本协议自各方签署之日起生效，在下列事项全部发生后终止：（1）协议两方以上不再间接持有广东公司股权，（2）协议两方以上不再担任广东公司的董事、监事或高级管理人员。

后由于各种原因广东公司终止上市，转为于 2014 年 10 月 27 日在新三板正式挂牌。

2016 年 4 月 8 日，广东公司召开董事会，审议通过《关于提请股东大会审议免除管某（原告）副董事长职务并提议任命谢某为公司副董事长的议案》。

2016 年 4 月 30 日，MDN 公司召开董事会，审议通过《关于解聘管某（原告）公司总经理职务，并聘请陈某（被告）为公司总经理的议案》。同日，原告提出董事辞职申请。

2016 年 5 月 7 日，原告向广东公司提交了解除劳动关系通知书。

2016 年 7 月 6 日，DH 公司经工商部门核准登记，法定代表人由原告管某变更为许某。

2016 年 9 月 2 日，广东公司召开股东大会，会议审议两个议案，DH 公司均投反对票。

2016 年 10 月 14 日，招商证券股份有限公司发布《关于广东公司的风险提示公告》，披露原、被告之间的本案诉讼，并认为管某已不担任公司高级管理人员，且自管某提出董事辞职申请之后，公司一直未改选董事，致使管某与陈某、李某之间形成僵局，三者在公司经营决策上已不存在一致行动的表现和可能性，公司的共同实际控制人的治理结构存在变更的情形。

本案二审法院对一审法院查明的事实予以确认，并于 2017 年 8 月 8 日做出（2017）粤 06 终 3388 号民事判决，判决确认广东公司与原告的劳动关系于 2016 年 5 月 7 日解除。

本案一审、二审判决书主要内容摘录如下（见表 2）。

表2 管火金等《一致行动协议》解除本案一、二审判决书对比

事项	一审	二审
案号	佛山市南海区人民法院(2016)粤 0605 民初 14824 号	佛山市中级人民法院(2018)粤 06 终 67 号
判决结果	(1)解除原被告之间签署的《一致行动协议》; (2)原告(反诉被告)支付广东公司 50 万元违约金; (3)驳回被告(反诉原告)的其他反诉请求	维持原判
判决时间	2017 年 9 月 29 日	2018 年 5 月 17 日
案件争议焦点与法院观点	(1)涉案《一致行动协议》应否予以解除? (2)原告在《一致行动协议》履行过程中是否存在违约行为,应否向广东公司支付 50 万元违约金? 就争议焦点 1,法院认为: (1)原告首先是第三人 DH 公司的控股股东,代表 DH 公司在广东公司的利益,才有签署履行《一致行动协议》的基础,一致行动不能与 DH 公司的利益相悖。现 DH 公司明确表示不同意由原告代表其行使在广东公司的股东权利,且原告亦不再担任 DH 公司的法定代表人; (2)原告已与广东公司解除劳动关系,提交了董事辞呈,不再参与广东公司决策和经营管理活动,这种情况下,不具备履行《一致行动协议》的资格和能力。属于《合同法》第 110 条规定的"事实上履行不能"。 就争议焦点 2,法院认为: 合同解除是原告提出且主要过错在原告,故应当承担违约责任,向广东公司支付 50 万元违约金。 综上,讼争《一致行动协议》签订后,客观情况发生了当事人在订立合同时无法预见的、非不可抗力造成的重大变化,已不能实现合同目的,原告要求解除合同,理由正当,本院予以支持	(1)涉案《一致行动协议》应否予以解除? (2)原告在《一致行动协议》履行过程中是否存在违约行为,应否向广东公司支付 50 万元违约金? 就争议焦点 1,法院认为: (1)各方签署《一致行动协议》的目的是基于广东公司 A 股上市的需要对公司内部较为分散的股权进行约束; (2)关于合同签署后客观情况发生了重大变化——广东公司未实现 A 股上市,目前处于亏损状态,显然不符合上市条件,原告已与公司解除劳动关系,董事职位亦被解除,而《一致行动协议》的各项条款未有涉及广东公司不能上市情况下对各方权利义务的处理,故上述客观情况已超越了各方当事人的合理预见; (3)就继续履行合同是否导致对合同一方明显不公或合同目的不能实现问题,法院认为自 2011 年 8 月签署合同至今近 7 年,广东公司未实现上市,未来能否实现上市难以确定,如果继续股权限制显然与第三人 DH 公司利益相违背,第三人 DH 公司已明确表示不同意原告继续代表该公司行使股东权利,这种情况下继续履行原协议对原告和第三人 DH 公司均明显不公。 就争议焦点 2,法院认为: (1)原告诉请解除《一致行动协议》不属于违约行为; (2)关于原告在董事会及股东大会上投反对票问题属于违约行为; (3)原告向案外人转让股权行为已构成违约

续表

事项	一审	二审
主要 法律 依据	《合同法》上的"情势变更原则",即《最高人 民法院关于适用〈中华人民共和国合同法〉 若干问题的解释(二)》第26条	《合同法》上的"情势变更原则",即《最高人 民法院关于适用〈中华人民共和国合同法〉 若干问题的解释(二)》第26条

资料来源:中国裁判文书网(http://wenshn.court.gov.cn)。

2. 案件二:穆乐民、宋飚等与冯汝章合同纠纷案(一审)(2件)

本案一审判决书主要内容摘录如下(见表3)。

表3 穆乐民等合同纠纷一审判决书主要内容

原告诉讼请求	要求被告继续履行《一致行动协议》
案号	杭州市西湖区人民法院(2018)浙0106民初第3961号
案件主要事实	原被告同为ABGL公司股东,2015年1月15日签署《一致行动协议》,约定在公司存续期间内作为公司的股东行使提案权或在股东大会上行使股东表决权时,均采取相同意思表示,如果不能形成一致意见,则以协议股东所持表决权2/3同意票意见为准。2016年4月8日公司在新三板挂牌。2018年3月19日,公司召开股东大会审议关于终止挂牌的议案,被告投票同意,两原告反对,最终该议案获得通过,公司摘牌。2018年5月28日,被告向原告发送"解除函",通知两原告解除2015年1月15日签署的《一致行动协议》
判决时间	2018年7月27日
判决结果	判决驳回原告诉讼请求
法院主要观点	原、被告签署的《一致行动协议》是双方真实意思表示,在当事人之间具有一定的约束力,在协商一致的情况下,应当采取一致行动。《一致行动协议》是建立在各方相互信任的基础之上,但作为协议中的"一致行动人",对一致行动,应建立在全体协议签署人协商一致的意见的基础上,在协商达不成一致意见时,应当允许协议签署人表达个人意愿,而非强迫。"一致行动人"不能一致行动,协议就失去应有的价值。既然是协议,应当允许"协议"当事人有退出的权利,如果退出的一方因其退出给另一方造成损失,可按协议约定赔偿对方损失。综上,原告诉请在法律上或者事实上不能履行,也不适用强制履行。因此,原告诉请没有法律依据,本院不予支持
主要法律依据	《合同法》第110条第(一)、(二)项:"当事人一方不履行非金钱债务或者履行非金钱债务不符合约定的,对方可以要求履行,但有下列情形之一的除外:(一)法律上或者事实上不能履行;(二)债务的标的不适于强制履行或者履行费用过高……"

资料来源:裁判文书网。

（二）第二类案件：违约与公司决议无效/撤销、违约与股权转让无效/撤销纠纷（2件）

1. 案件三：张国庆、周正康公司决议撤销纠纷案（一审、二审）（原告诉请撤销（（2015）第7号）股东会决议）

本案一审、二审判决书主要内容摘录如下（见表4）。

表4　张国庆公司决议撤销纠纷一、二审判决书对比

项目	一审	二审
案号	江西省新余市渝水区人民法院（2016）赣0502民初75号	江西省新余市中级人民法院（2016）赣05民终328号
主要事实	2009年12月29日，第一原告与被告（公司）及其第一大股东胡某签有包含一致行动意思表示的两份协议，第一原告承诺在公司股份上市交易前，所持公司股份的表决权与胡某保持一致。但在公司股东会上违反约定在胡某投赞成票的情况下投了反对票，公司依据上述《一致行动协议》将其所投反对票统计为赞成票，因此，股东会决议通过（2015）第7号决议。另查明，公司（2015）第6号股东会决议已经诉讼，法院判决认定了该决议效力。本案诉争（2015）第7号决议的第二项就是对（2015）第6号决议的通报和执行。被告股份至今尚未上市交易	认定的事实与一审一致
判决时间	2016年6月30日	2016年10月10日
判决结果	驳回原告诉讼请求	驳回上诉，维持原判
法院观点	包括一致行动意思表示的两份协议合法有效。对公司（2015）第7号股东会决议胡某均投同意票情况下，第一原告投反对票系对其自身做出承诺的违反，被告股东大会将第一原告所投反对票统计为同意票符合当时约定，且本案诉争的公司第7号股东会决议的主要内容是对被告（2015）第6号股东会决议纠纷结果的通报和执行的议案，而第6号股东会决议已通过并生效，因此，两原告诉请无事实和法律依据，本院不予支持	本案争议焦点是诉争的股东会决议是否应被撤销？从协议签订情况来看，两份协议中原告均自愿承诺和保证在公司股份上市之前，所持股份之表决权与大股东胡某保持一致。两份协议内容合法有效。因两份协议已明确了原告与胡某行动的合意性，在胡某对2015年12月10日股东大会的各项议案均投同意票情况下，原告投反对票系对其自身做出的承诺的违反，公司股东大会将原告所投反对票统计为同意票符合当时约定

续表

项目	一审	二审
主要法律依据	《合同法》第 8 条,《公司法》第 22 条、103 条	《民诉法》第 170 条第 1 款第(一)项

资料来源:裁判文书网。

2. 案件四:李利与郭晓股权转让纠纷案(一审)

本案一审判决书主要内容摘录如下(见表 5)。

表 5　李利等股权转让纠纷案一审判决书主要内容

原告诉讼请求	要求被告继续履行股权转让协议,支付股权转让款并承担违约责任
案号	郑州高新技术产业开发区人民法院(2018)豫 0191 民初 19213 号
主要事实	原、被告均为 DJKG 公司的股东。2017 年 12 月 12 日,原、被告签订《股权转让协议》,约定:原告同意将持有 DJKG 公司 1.43% 的股权以 50 万元的价格转让给被告,被告同意受让该股份;……鉴于原告与其他股东等人签订有《一致行动协议》,各方持股合计占 DJKG 公司注册资本的 56.64%;《一致行动协议》载明:……协议任何一方或几方转让持有公司的股份,须保证转让后协议各方合计持有公司的股份达到控股水平,不得因此使一致行动人丧失对公司的控制权
判决时间	2018 年 11 月 29 日
判决结果	判令被告继续履行《股权转让协议》,但适当调整了违约金金额
法院主要观点	原、被告同为 DJKG 公司的股东,双方签订的《股权转让协议》是双方真实意思表示,不违反法律的规定,《股权转让协议》合法有效,双方应当按约履行。原告与其他股东签订的《一致行动协议》对转让股权的限制仅为需保证一致行动人持有公司股份达到控股水平,作为一致行动人的股东田某、王某、李某、高某及原告合计持有公司股份的 50.14%,原告向被告转让其持有的 1.43% 的股权,虽影响到一致行动人对公司的控股要求,但是该《一致行动协议》的限制性约定并不必然导致原、被告《股权转让协议》的无效

资料来源:裁判文书网。

(三)第三类案件:公司僵局与合同解除(1件)

案件五:周伟初、林慧玲等与深圳市长达顺企业管理咨询有限公司、第三人等解散纠纷案(一审)

本案一审判决书主要内容摘录如下(见表 6)。

表 6 周伟初等公司解散纠纷一审判决书主要内容

原告诉讼请求	判令深圳市长达顺企业管理咨询有限公司解散
案号	深圳市罗湖区人民法院 (2018) 粤 0303 民初 1669 号
主要事实	原告 (11 人) 及第三人 (26 人) 同为深圳 AKD 公司股东 (小股东)。2009 年 8 月 28 日，为集中行使所持 AKD 公司股权以保护自身权益、制衡大股东，本案原告及第三人共同出资设立被告，被告公司注册资本为 10 万元，各原告及第三人对被告的出资比例与所持 AKD 公司股权比例一致 (本案 11 名原告合计持有被告股份 27.769%)。2012 年 8 月 1 日，原告将其持有 AKD 公司股份转让被告，股权转让价款为每股人民币 1 元。 被告成立初期一致无偿使用 AKD 公司关联公司提供的房产办公，成立后，未从事具体业务经营，在 2013 年 6 月至本案起诉前未召开股东会，受让股东所持 AKD 公司股权后，未曾对外转让或以其他形式处分相关股权。被告持有 AKD 公司股权期间曾获得一次分红，后该笔分红直接按股东所持 AKD 公司股权比例进行了分配
主要事实	本案原告提起诉讼后被告召开股东会并形成股东会决议："继续经营，不同意解散公司"，其中投票同意决议的持股比例为 68.745%。原告对该次股东会决议的效力持有异议
判决时间	2018 年 11 月 7 日
判决结果	判决被告公司解散
法院观点	本院认为，本案被告有其特殊性：其成立目的是集中行使原告及第三人所持 AKD 公司股权以制衡大股东及保护小股东权益，被告本身不从事经营活动；被告受让 AKD 公司股权后发函称受让股份对应的收益权仍归原股东，领取 AKD 公司分红后亦转分配给原股东，因此被告在本质上是各原告及第三人之间的《一致行动协议》的特殊表现形式，各原告及第三人并未放弃行使作为 AKD 公司股东的权利，仅委托被告行使其作为 AKD 公司股东的表决权。 原告请求解散被告的诉讼请求能否成立，关键在于各原告与第三人之间的《一致行动协议》能否解除。所谓《一致行动协议》，是公司股东为扩大表决权数量而签署的协议。本案中，各原告及第三人通过设立被告在 AKD 公司治理中持一致立场，其本质是委托被告行使股东表决权及相关股东权利，而委托存在的基础在于委托人的原始权利不因委托而消灭或转移，且委托方与被委托方存在特殊的信赖关系，当这种特殊的信赖不复存在时，被告的继续存续会使原告作为 AKD 公司股东的权利受到重大损失，各原告当然可以参照法律对委托合同的规定行使委托人的任意解除权，即解散公司。 当然，各原告行使任意解除权如对本案第三人造成损失，第三人可另循途径请求其赔偿——鉴于本案被告并不从事具体经营活动，因此本院仅从平衡各原告及第三人利益的角度考虑
主要法律依据	《公司法》第 4 条、第 182 条关于公司解散的规定，《合同法》第 396 条、397 条、410 条关于本案构成委托合同，以及"委托人或者受托人可以随时解除委托合同"的规定。

资料来源：中国裁判文书网 (http://wenshn.court.gov.cn)。

就上述诉讼案例，笔者分析如下。

（1）首先，本文论及的当事人因签署和履行《一致行动协议》发生的纠纷争议解决中有两个基本原则。第一点，从《合同法》角度讲，诚实信用是民事法律行为的基本原则，因此，双方当事人之间一旦达成协议，在未发生法律规定或合同约定的解除情形下，除非双方，合意否则不能随意解除。第二点，该等纠纷一般会触发《公司法》和《合同法》的相关规定，至少涉及两个或两个以上的法律关系，也就是竞合，这种情况下如何进行利益平衡，法院要保护的法益有优先级。

（2）上述第一类和第三类案件中的案件一、二、五都直接涉及在没有法律规定或约定的情形下，原告单方诉请解除《一致行动协议》，是上述第一个原则的例外。上述判决的基本思路是《一致行动协议》作为一种合意，尤其是《一致行动协议》一般为无偿，不涉及对价，所以，合意是否继续存在就成为判断能否解除的重要因素。即在合意不存在的情况下一方提出解除，一般可以得到法律的支持。所以，三个案件都是以协议解除作为判决最后意见，但解决的法理依据又有不同：

案件一中《一致行动协议》认定该协议是一种双方的合意。判令解除的依据即《最高人民法院关于适用〈中华人民共和国合同法〉若干问题的解释（二）》第26条规定的"情势变更原则"，即"合同成立以后客观情况发生了当事人在订立合同时无法预见的、非不可抗力造成的不属于商业风险的重大变化，继续履行合同对于一方当事人明显不公平或者不能实现合同目的，当事人请求人民法院变更或者解除合同的，人民法院应当根据公平原则，并结合案件的实际情况确定是否变更或者解除"。本案中，笔者对案件事实做了相对全面的摘录，目的在于使读者能够通过详尽的事实表述和认定，准确理解本案《合同法》中的"情势变更原则"。

案件二中法院判决驳回原告关于要求被告继续履行《一致行动协议》仍然基于合意，即一致行动是一种合意，这种合意不存在强迫任何一方的意思，所以，在无法达成一致的情况下，法院无法支持原告的诉讼请求，不能强迫被告继续履行这种《一致行动协议》。

案件五法院判决公司解散的前提是各方之间特殊的信赖关系不再存在，

无法就公司后续经营行为形成统一的意思，因此，在部分股东同意继续经营而部分股东不同意继续经营公司的情况下，法院支持了原告的诉讼请求，判决公司解散。我们注意到本案中法院认为各方的一致行动是一种委托合同，按照委托合同的原理，任何一方都可以任意解除。但我们必须特别注意本案法院之所以采取这一原理，其核心是各方当事人并没有签署书面《一致行动协议》，这是本案的特殊性。换句话说，如果本案各方当事人有签署《一致行动协议》的情形，则必然无法适用委托合同原理。

（3）第二类案件中的案件三和案件四涉及的是一致行动期间协议主体应当如何履行《一致行动协议》问题，如果在《一致行动协议》履行过程中发生了违背一致行动的行为，如表决权的行使，如对外转让股权，在涉及《公司法》与《合同法》竞合情况下如何认定？

类似案件实践处理起来会有争议，如就案件三，除本案判决意见外，还有一种意见认为在股东亲自参与股东会并行使表决权的情况下，其亲自参与表决的意见如发生与此前签署的《一致行动协议》意见不一致的情形，应当以其亲自参加表决的意见真实的意思表示为准，而这种行为如构成对《一致行动协议》的违反，则构成另外一种法律关系，当事人可以另行处理。

如案件四中法院判决原告违反《一致行动协议》签订《股权转让协议》行为有效，其前提有两个：一方面本案原被告均为公司股东，不涉及案外人；另一方面股权转让行为虽然影响了《一致行动协议》签署的目的（维护对公司的控股地位），但原告转让股权后剩余一致行动人之间持有的股权比例仍能够达到控股的要求。假设本案由于一致行动人违背《一致行动协议》对外转让股权的行为导致了一致行动目的不达，这种情况下如何认定股权转让的合同效力？相信司法实践中一定会见仁见智。

类似案件法律关系相对复杂，实践中需集合案件全部事实综合判断，没有一概而论的处理办法，但如下几个原则可以考虑。一是案件事实如果涉及外部法律关系，则应充分顾及交易稳定性，如案件四中的股权转让行为的受让方，再如公司股东大会通过了定增方案，而该第三方又履行了增资协议、认缴了增资款，上述种种情况下一致行动人之间的外部法律关系成为法院要保护的优先级法益。二是要综合案件全部事实，如有已经发生法律效力的行为则应维护该等行为的效力，如案件三诉争的股东大会决议是对已经生效的另一个公司决议行为的执行，则自然应遵循一致性原则，维护决议的效力。

（4）第四类案件目前尚未搜索到相关案例，根据法律、法理以及公司证券业务法律实践，笔者认为如果因履行《一致行动协议》导致的股东民事赔偿而产生内部追责，还是涉及内部法律关系与外部法律关系，无论当事人在《一致行动协议》中是否有约定，各方之间在对第三方赔偿这个问题上应当是连带责任，至于内部如何追偿就要看协议是否有约定，有约定从约定，无约定则应当为连带责任。当然，证券民事行政处罚中按照过错原则分别做出了不同的行政处罚决定除外。

四　对非诉讼的影响

如前所述，由于《一致行动协议》是伴随着资本市场而产生的新事物，随着市场经济的发展，《一致行动协议》签署的背景与合同目的、协议主体各方在协议签署时点的实际情况以及协议签署后主体发生的变化、公司发生的变化都会对《一致行动协议》的履行提出挑战，也会产生各种各样的违约行为，既涉及公众公司，也影响私公司，部分涉及民事责任，部分涉及行政责任，严重的情形下会导致公司实际控制人变更、证券市场上的中小投资者利益保护以及僵局的发生，这就要求我们在设立一致行动法律关系之前，明确一致行动的具体方式、充分考虑一致行动人的实际情况和公司实际情况以及一致行动人的利益诉求、明确列示协议履行过程中可能出现的情形、建立科学的一致行动机制及《一致行动协议》履行过程中出现的违约和争议解决办法，从而防患于未然，通过有效的一致行动机制达到商务目的。

另外，也需要动态调整一致行动关系，根据协议履行过程中各方主体的变化以及公司发生的变化，适时调整一致行动关系，包括调整一致行动人的范围、一致行动的期限、一致行动的方式、一致行动人关于股东权利行使和处分的利益诉求、公司对一致行动的诉求等，从而使股东之间关系的建立以及表决权的行使更符合公司以及协议各方的实际情况，这样才能符合公司及各方利益，也才能最大限度地发挥这种协议安排的价值。

上市公司实际控制人的婚姻纠纷问题研究

侯蓓丽　　王华鹏

一　上市公司实际控制人的婚姻纠纷
——想说又说不出来的痛

1. 概述

对于上市公司实际控制人来讲，家庭纠纷是想说又说不出来的痛。结婚、离婚、生子、分家甚至死亡，这些对于普通人来说，可能只是涉及家庭财产和子女，但是，对于上市公司实际控制人而言，却意味着动辄上十亿元乃至几百上千亿元财富的再分配，以及上市公司成千上万名员工工作的调动，牵一发而动全身，成为众所瞩目的大事件。

例如，2019 年开年的大事件之一，就是世界首富、亚马逊 CEO 杰夫·贝索斯（Jeff Bezos）与妻子麦肯齐（MacKenzie Bezos）宣布离婚。离婚涉及双方持有的亚马逊股票价值高达 1370 亿美元，约合人民币 9300 亿元，差不多是中国一个几百万人口的二线城市一年的 GDP 总量！这样巨大的价值量，可以与世界上最大规模的资产交易事件相匹敌，足以改变他们夫妻二人甚至后续其他人在全球财富排行榜的排名，自然引起了大众的关注。

最终，经过将近半年的谈判，双方达成了离婚协议。根据协议显示，麦肯齐分得二人此前共同持有的亚马逊股份的 25%，即 4% 的亚马逊股份，按照当前亚马逊的市值 9560 亿美元来计算，总计约 382 亿美元。同时麦肯齐放弃了在亚马逊公司的投票权，并将她此前拥有的《华盛顿邮报》和太空探索公司 Blue Origin 的所有股份转让给了贝索斯。在这起被戏称为"历史上最昂贵的一起离婚案"后，贝索斯不仅仍占有亚马逊的控制权，并且保住了世界首富的位置。依据 Bloomberg 亿万富翁指数显示，在财产分割之后，贝索斯仍然超越比尔·盖茨，是世界上最富有的人，净资产约为 1150 亿美元①。

这样的事件，在中国资本市场上也时有发生。当然，由于亚马逊是绝对的巨无霸，除非我们中国的阿里巴巴、腾讯、百度、小米等互联网巨头发生状况，才可能有这样巨大的资产量。不过，A 股市场上，由于离婚问题，动辄牵涉上亿、上十亿元的资产，还是很常见的。

按照媒体计算，截至目前，中国最贵的离婚案应该非昆仑万维莫属。2016 年 9 月，昆仑万维发布公告称，公司实际控制人、董事长周亚辉与妻子李琼协议离婚。周亚辉将其直接持有的昆仑万维 2.07 亿股股份分割过户至李琼名下，周亚辉将其持有的盈瑞世纪的实缴资本 94.64 万元分割过户至李琼名下，盈瑞世纪间接持有昆仑万维 2 亿股股份，李琼通过分割盈瑞世纪的实缴资本间接获得昆仑万维的 7054 万股股份，自过户之日起上述股份归李琼所有。合并计算，此次离婚，李琼从周亚辉手中拿走 2.78 亿股昆仑万维的股份，以昆仑万维当时 26 元/股左右的价格计算，这部分股权价值超70 亿元。②

2. A 股市场近年发生的上市公司离婚财产分割数据统计

根据中国证券监督管理委员会（以下简称证监会）《上市公司收购管理办法》第 15 条的规定，投资者及其一致行动人通过行政划转或者变更、执行法院裁定、继承、赠予等方式拥有权益的股份变动达到前条规定比例（5%）的，应当按照前条规定履行报告、公告义务，并参照前条规定办理股份过户登记手续。

因此，上市公司实际控制人的离婚行为，一般都能通过上市公司发布的权益变动报告书获悉。

---

① 《全球首富贝索斯正式离婚：前妻分 380 亿美元股票》新浪财经。
② 《昆仑万维董事长上演 A 股最贵离婚案：妻子分走逾 75 亿元》腾讯科技。

笔者据此搜集了近三年（2016～2018 年）的上市公司因为离婚而发生股份分割的案例，近三年来发生的因离婚而分割上市公司股份的案例共计17 件，各年数据如下（含持股 5% 以上股东离婚案例）（见表 1）。

表 1　2016～2018 年 A 股上市公司离婚案一览

案例类型\年份	2016	2017	2018
实际控制人离婚案例	昆仑万维、电科院	华昌达、梦洁股份、麦迪科技、唐德影视、金科股份	南华仪器、药石科技、金溢科技、恒星科技
持股 5% 以上股东离婚案例	—	唐德影视、赢时胜	易尚展示、爱婴室、梅轮电梯、药石科技
合计	17 件(实际控制人离婚案例 11 件、持股 5% 以上股东离婚案例 6 件)		

上述离婚案件中，绝大多数案件当事人选择协议离婚，少数通过法院调解离婚（见图 1）。个中的原因，多半是上市公司属于公众公司，关注度非常高，而涉及离婚事宜，不仅是分割股份，更会对上市公司的控制权产生巨大的影响。在此情况下，维护上市公司的稳定发展，不仅符合实际控制人的利益，也符合离婚双方共同的利益。通过协商或调解方

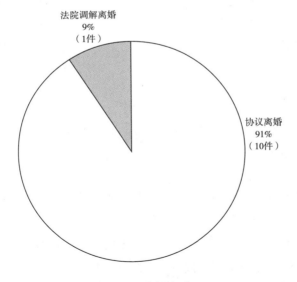

图 1　离婚方式

资料均来源于上市公司公告，披露于巨潮资讯网，www.cninfo.com.cn。

式，能够在保证上市公司稳定的前提下，以双方能够接受的方式达成财产分割方案。

从具体的财产分割方案看，实际控制人以协议方式离婚的案例共 10 件，双方 50∶50 分割财产的占 1 例，占全部样本数量的 10%；原实际控制人方分割比例超过 50% 的占 6 例，占全部样本数量的 60%；配偶方分割比例超过 50% 的占 0 例，占全部样本数量的 0%，双方为共同实际控制人的，一方分割比例超过 50% 的占 2 例，占全部样本数量的 20%；双方为共同实际控制人的，各自持股比例不变的占 1 例，占全部样本数量的 10%（见图 2）。

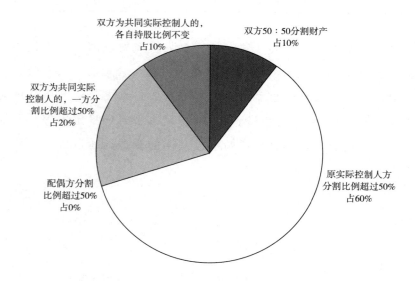

图 2　以协议方式离婚的财产分割方案

资料来源：中国裁判文书网（http：//wenshn. court. gov. cn）。

以法院调解方式离婚的案例共 1 件，原实际控制人方分割比例超过 50% 的占 1 例，占全部样本数量的 100%。

但需要注意的是，以法院调解方式离婚的，原实际控制人方分割比例虽然超过 50%，但双方分割比例接近 50∶50（见图 3）。而以协议方式离婚的，原实际控制人方分割比例不仅超过 50%，双方分割比例也差距较大。

从上述分析来看，似乎通过法院调解离婚，更能确保配偶方的利益。

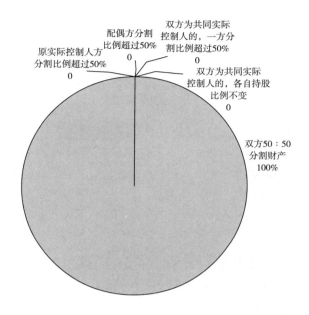

图3 以法院调解方式离婚的财产分割方案

资料来源：中国裁判文书网（http：//wenshn. court. gov. cn）。

对于协议离婚来讲，双方达成一致行动协议的比例为30%（见图4）；而对于法院调解离婚而言，双方达成一致行动协议的比例为0%（见图5）。这进一步说明，通过法院调解离婚，意味着双方更难以在公司控制权上形成一致行动关系，也意味着对公司治理而言，通过法院调解解决离婚问题，对公司造成的不确定性影响更大。

因为离婚而导致实际控制人变化的比例为18%，变化路径均为婚姻存续期间双方共同控制公司，婚姻解除后持股比例较低的一方不再为实际控制人。这充分说明，离婚双方在巨大的利益面前，各方基本上还是理智的。维护原实际控制人继续控制公司的局面，对于离婚双方而言，都符合共同的利益。当然，这里面的经济学解释在于，由于在国内，A股上市公司的壳资源本身就具有一定的价值，这种价值的体现，就是控制权溢价。例如，公司市值可能仅有20亿元，但是，考虑到壳本身的价值，在实际控制人全部股份转让的情况下，有可能以整体估值40亿元成交，离婚双方均可以通过控制权交易中的股份转让而获取超额收益。这也符合双方的共同利益。

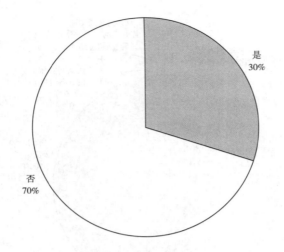

图 4 协议离婚方式下达成一致行动协议（是/否）

资料来源：中国裁判文书网（http：//wenshn. court. gov. cn）。

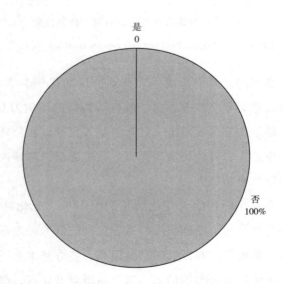

图 5 法院调解方式下达成一致行动协议（是/否）

资料来源：中国裁判文书网（http：//wenshn. court. gov. cn）。

上述情况进一步说明，离婚双方通过充分的博弈，可以达成对双方甚至上市公司而言最佳的方案。当然，这并不意味着，双方完全是建立在信息不对称的基础上进行博弈。事实上，考虑到离婚涉及分割的股份价值巨

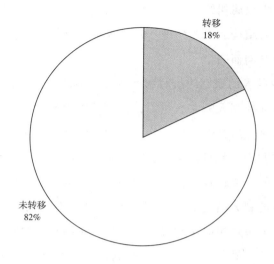

图 6　因为离婚导致实际控制权转移的情况

资料来源：中国裁判文书网（http：//wenshn. court. gov. cn）。

大，双方都势必在对裁判规则和类似案例充分熟悉和了解的基础上，才能
达成一致。更进一步说，考虑到婚姻存续过程中的种种风险因素，实际控
制人及亲属，也更有可能通过婚前协议、婚内协议等方式，提前约定好财
产分割的各种情形。当然，这些约定，无一例外需要符合法律法规的相关
规定。

　　3. 要重视上市公司实际控制人婚姻纠纷

　　（1）实际控制人家庭纠纷是影响公司上市的重要因素。根据《首次公
开发行股票并上市管理办法》（以下简称《首发管理办法》），实际控制人家
庭纠纷对上市将存在重要影响。

　　首先是实际控制权变化的影响，按照《首发管理办法》第 12 条要求，
发行人最近 3 年内主营业务和董事、高级管理人员没有发生重大变化，实际
控制人没有发生变更。一旦实际控制人发生家庭纠纷，实际控制权在报告期
内发生变化，则只能撤材料了事了。

　　其次是股权清晰度的影响，按照《首发管理办法》第 13 条要求，发行
人的股权清晰，控股股东和受控股股东、实际控制人支配的股东持有的发行

人股份不存在重大权属纠纷。实际控制人在报告期内发生家庭纠纷，将直接影响发行人的股权结构，如果处理不好，久拖不决，证监会上会前还存在纠纷，那么也只能铩羽而归。

（2）实际控制人的家庭纠纷将极大影响实际控制人的利益和对上市公司的控制权。实际控制人的家庭纠纷，首先是影响实际控制人的利益。名下股票必然会被分割，所持有的价值必然大大降低。如上文所统计，A股上市公司大多数离婚财产分割案例中，实际控制人所持有的股权都会被分走一半甚至更多。这样的结果，意味着实际控制人掌握的财富将极大减少。

其次，实际控制人持有的股份的减少，将大大削弱所持有股份的表决权，也就意味着上市公司股份和表决权的进一步稀释。实际控制人即便还能通过家族控制或者一致行动保持实际控制，但是，其权利也将被大大地削弱。更有甚者，离婚分割后，实际控制权会因为股份分割太多而旁落。

（3）实际控制人的家庭纠纷，将对上市公司价值以及股权结构和治理结构产生巨大的影响，对投资者和利益相关者产生影响。如果处理不当，甚至会影响公司的稳定，乃至陷入公司僵局。

例如，京东商城创始人及CEO刘强东在美国的"性侵"事件闹得沸沸扬扬，导致京东股价连续下跌，在短短两天里，市值蒸发了72亿美元，[①] 投资者可谓损失惨重。

又比如真功夫股权纠纷，长达十余年的恩怨纠缠不清。蔡达标与潘宇海同为真功夫的创始人，潘宇海的姐姐是蔡达标前妻。早年蔡达标在离婚并获得前妻所持股权后，与潘宇海就公司控制权展开了争夺，矛盾激化。2009年前后，蔡潘斗争进入白热化，逐渐被公众所知，直至2011年蔡达标因职务犯罪被捕，潘宇海接管真功夫公司。双方的股权纠纷导致真功夫IPO搁浅。投资真功夫的今日资本等机构损失惨重。

所以说，投资不仅是投公司，更是投人，实际控制人的家庭纠纷对投资者利益的影响不容忽视。

---

① 《京东股价两天跌16%：市值蒸发72亿美元，投行下调目标价》新浪科技（https://tech.sina.cn.）

二 上市公司实际控制人离婚时涉及
上市公司股份的财产分割

（一）上市公司股份是否为夫妻共同财产的认定标准

目前，我国《婚姻法》实行的是夫妻共同财产制。夫妻共同财产制是夫妻双方财产的一部或全部依法合并为夫妻共同财产，夫妻双方按共有原则共享权利，共担义务，婚姻关系终止时再按共有制度加以分割。实践中，夫妻离婚时，在分割夫妻共同财产前，首先要确定哪些财产属于夫妻共同财产。《婚姻法》第17条第1款规定："夫妻在婚姻关系存续期间所得的下列财产，归夫妻共同所有：（一）工资、奖金；（二）生产、经营的收益；（三）知识产权的收益；（四）继承或赠予所得的财产，但本法第十八条第三项规定的除外；（五）其他应当归共同所有的财产。"《最高人民法院关于适用〈中华人民共和国婚姻法〉若干问题的解释（三）》（以下简称《婚姻法司法解释（三）》）第5条规定："夫妻一方个人财产在婚后产生的收益，除孳息和自然增值外，应认定为夫妻共同财产。"这是我国现行《婚姻法》对于夫妻共同财产认定的最基本的条款，其认定夫妻共同财产的时间节点为"婚姻关系存续期间"。但是，上市公司实际控制人在离婚时需要处置的夫妻共同财产，往往并非单纯的物品，其更多地体现为一种权益或虚拟财产的分割。这就需要根据不同的情况加以分析。

1. 婚姻关系存续期间取得的上市公司股份的认定和处理

婚姻关系存续期间，夫妻一方或双方取得上市公司的股权或者一方或双方用夫妻共同财产投资上市公司而获得的股份，应当属于夫妻共同财产。在这种情形下，夫妻双方可以在婚内书面约定婚后取得上市公司股份的归属。如果没有约定，双方在离婚时按照法律规定予以分割。

由于股份分割与传统的夫妻共同财产分割不同，其不仅仅是实际物品的分割，还涉及公司事务参与权、表决权等权利的行使，也涉及其他股东的利益。另外，有学者认为上市公司股票价格上市之前和上市之后差别巨大，上市后，股票受牛市行情或熊市行情、公司经营状况以及人为操作等因素的影响导致股权价值产生巨大波动。如果离婚夫妻通过折价补偿方式分割股权，可能出现补偿后大增值，也可能补偿后贬值。① 因此，夫妻双方在分割婚内取得的上市公司的股份时，还是需要以公司利益为出发点来处理。首先，如果双方对股份分割有协议约定，则约定优先。其次，如果双方对股份分割没有约定，目前实践中有两种方式。第一种方式是股份全部归一方所有，特别是夫妻一方系上市公司的实际控制人，取得股份的一方给付另一方补偿款，具体补偿款的数额双方如果无法协商达成一致，可以由专业的评估机构予以评估；第二种方式是双方都不愿意放弃股份，则法院对股份予以分割或者采用竞价的方式确定一方取得股份。需要说明的是，竞价方式有时会导致夫妻双方斗气，最终使取得股份的一方需要支付远高于评估价的补偿款给另一方，反而不利于矛盾纠纷的解决，因此这种方式在实践中采用较少。

2. 夫妻一方婚前取得的上市公司股份及其收益的认定和处理

《婚姻法》第 18 条规定："有下列情形之一的，为夫妻一方的财产：（一）一方的婚前财产……"如夫妻一方婚前取得上市公司的股份，那么股份应当属于夫妻一方的个人财产，而不是夫妻共同财产。

但是，关于夫妻一方个人财产在婚姻关系存续期间的收益如何归属，学界对此是有争议的，主要分为共同财产说、个人财产说、部分共同财产部分个人财产说。② 《婚姻法司法解释（三）》第 5 条规定："夫妻一方个人财产在婚后产生的收益，除孳息和自然增值外，应认定为夫妻共同财产。"这是关于夫妻一方财产在婚后产生收益如何处理问题的最新规定。实践中，上市公司实际控制人在离婚时，往往会涉及公司股权的收益分割问题。

公司股权收益一般包括孳息、投资收益和增值三种类型。孳息是指因

---

① 余艳清：《论离婚案件中夫妻共有股权的分割》，《哈尔滨学院学报》2013 年第 12 期，第 57 页。

② 最高人民法院民事审判第一庭：《最高人民法院婚姻法司法解释（三）理解与适用》，人民法院出版社，2011，第 93 ~ 95 页。

物或权利而生的收益，广义的孳息包括因物的使用或权利的行使而获得的一切收益。① 例如银行存款利息属于法定孳息。投资收益是指将货币和实物投放于企业以获得利润。增值则是指物品或者权利在价值上有所提升。增值分为自然增值和法定增值，例如夫妻一方婚前购买的房屋，婚后由于房价上涨房屋升值，这就是自然增值；又如夫妻一方婚前购买的房屋，婚后双方对房屋进行装修导致的房屋增值属于法定增值。根据上述《婚姻法司法解释（三）》第 5 条的规定，孳息和自然增值是夫妻共同财产的例外条款，被排除在夫妻共同财产之外，也就是说，这两种收益属于夫妻一方的个人财产。因此，我们所说的夫妻一方婚前成立公司，婚后公司股权收益属于投资收益，应当以夫妻共同财产予以认定，在离婚时是应当予以分割的。

实践中，法院一般认定夫妻一方个人财产在婚后产生的投资收益以及主动增值部分为夫妻共同财产。投资收益即通过经营性投资行为所获取的相应收益。主动增值即该财产增值发生的原因系基于夫妻一方对该财产投入物资、劳动、管理等行为。因此，在确认夫妻一方婚前成立的公司，婚后股权收益是否应为夫妻共同财产时，需要对收益和增值加以区分。

案例：彭某与董某离婚后财产纠纷案②

【基本案情】

彭某与董某于 2008 年 3 月 17 日登记结婚，婚后未生育子女。2015 年 7 月，彭某诉至法院要求与董某离婚，后经法院调解离婚，但双方并未对财产进行分割。在本案中，法院经审理查明：2007 年 6 月北京碧水源科技股份有限公司成立。董某持有该公司股数为 605000 股，占总股本比例为 0.55%。2010 年 4 月，该公司上市，发行价格为 69 元/股。2011 年至 2014 年，该公司分四次通过资本公积金转增注册资本金。截至 2015 年 8 月，董

---

① 魏振瀛：《民法》，北京大学出版社、高等教育出版社，2000，第 125 页。
② 案例来源：中国裁判文书网，（2015）海民初字第 27327 号民事判决书。

某共持有该公司股数为 2681552 股。彭某主张上述股票为夫妻共同财产，要求董某按照离婚当日的股票价格即 39.63 元给付其相应折价款。董某对上述主张不予认可，称该公司原始股份为其婚前持有，婚后该公司上市并经资本公积金转增并非其婚后的经营行为，上述股票属于其婚前财产的自然增值，故不同意进行分割。

【法院观点】

法院经审理认为：本案中，董某于婚前持有北京碧水源科技股份有限公司的股份 605000 股，后该公司在双方婚后进行上市并进行四次资本公积金转增，现董某共持有该公司股数为 2681552 股，董某于双方婚姻关系存续期间取得的该公司股份 2076552 股应属于董某与彭某的夫妻共同财产。董某辩称上述股份的增加属于资本公积金转增，故为其婚前持有股份的自然增值。法院认为，自然增值是指该财产增值的原因是通货膨胀或市场行情变化而致。而本案中，董某作为该公司股东，实际参与公司的经营管理，该公司在双方婚姻关系存续期间上市并进行资本公积金转增之行为与董某投入的劳动、管理等经营行为密不可分，该财产的增值原因并非通货膨胀或市场行情变化，上述股权应属于董某在从事生产经营活动中的一种收益形式载体，故法院对董某之上述主张不予采信。董某持有的北京碧水源科技股份有限公司股份应当作为夫妻共同财产依法予以分割。最终，法院判决董某持有的北京碧水源科技股份有限公司股份 1038276 股过户至彭某名下。

3. 夫妻一方婚前持有的股份婚后通过公积金转增股本增加部分的认定与处理

资本公积金转增股本，就是用资本公积金向股东转送股票。实践中，判断夫妻一方婚后公积金转增股本后增加的部分是否为夫妻共同财产，主要从以下方面进行。首先，需要区分公积金转增股本的时间，是否在夫妻关系存续期间；其次，需要查明原始股与转增后获得股份的数额；最后，还需要考虑双方对于婚后一方公积金转增股本增加部分的归属有无另行约定，如果有约定，应当约定优先。

案例：曹国和与朱桂红、曹晨确认合同无效纠纷再审案①

【基本案情】

曹国和与任菊兰于 1978 年 3 月结婚，同年 12 月 3 日生子曹晨，1998 年 11 月双方经法院调解离婚。2005 年 10 月 20 日任菊兰去世。朱桂红与曹国和于 1999 年 6 月 9 日登记结婚，后二人关系不睦，诉至法院离婚。

电站设备厂开办于 1995 年 10 月 6 日，法定代表人曹国和，住所为泰兴市沿江经济开发区 B 区，注册资金 58 万元（固定资金），经济性质集体，投资单位泰兴市过船镇工业公司。1996 年 4 月，电站设备厂增资为 191 万元。2004 年 4 月 15 日，泰兴市企业改革领导小组办公室做出泰企改（2004）19 号关于同意电站设备厂改制为个人独资企业的批复："鉴于该企业实际由个人投资组建，挂靠集体牌子，故同意恢复其个人独资企业的本来面目。"2004 年 4 月 22 日，电站设备厂形成改制方案，改制企业的组织形式和资本：改制后的企业组织形式为个人独资企业，名称为滨江设备厂，注册资本为 191 万元，由曹国和个人投资。2004 年 5 月 18 日，经工商部门核准，电站设备厂注销，滨江设备厂成立。滨江设备厂企业住所为泰兴市沿江经济开发区 B 区通江路 105 号，投资人曹国和，出资额 400 万元，出资方式以个人财产出资（个人独资企业设立登记申请表载明以设备、房屋、资金等出资 400 万元）。

南京汽轮电机集团泰兴宁兴机械有限公司（以下简称宁兴机械公司）成立于 1996 年 9 月 13 日，住所为泰兴市通江路 105 号，股东为南京汽轮电机集团有限责任公司（以下简称南京电机集团公司）和滨江设备厂，其中，南京电机集团公司出资 110 万元，电站设备厂出资 90 万元。2004 年 5 月 19 日，宁兴机械公司召开股东会，做出决议：增加公司注册资本 300 万元，注册资本变更为 500 万元，所增注册资本 300 万元的资金来源：一、资本公积转增资本 2911796.51 元 [其中南京电机集团公司 1601488.08 元，滨江设备厂（原电站设备厂）1310308.43 元]。二、以货币资金出资 88203.49 元 [其中南京电机集团公司 48511.92 元，滨江设备厂（原电站设备厂）39691.57 元]。注册资本 500 万元中，南京电机集团公司改为出资 275 万

---

① 案例来源：中国裁判文书网，(2014) 苏审三商申字第 00305 号民事裁定书。

元，滨江设备厂（原电站设备厂）改为 225 万元。2006 年 3 月 6 日，宁兴机械公司召开股东会，形成决议：南京电机集团公司将其拥有的 45% 股权计 225 万元转让给南京汽轮电机集团电站配件销售服务有限公司，转让后，南京电机集团公司持有股份降至 50 万元，股比 10%。2007 年 4 月 13 日，宁兴机械公司再次召开股东会，做出决议：增加公司注册资本 500 万元，注册资本变更为 1000 万元，所增注册资本 500 万元的资金来源：以资本公积转增注册资本 2200226 元，以未分配利润转增注册资本 2799774 元（其中南京电机集团公司出资总额 100 万元，本次增加 50 万元，以资本公积转增 220022.60 元，以未分配利润转增 279977.40 元，南京汽轮电机集团电站配件销售服务有限公司出资总额 450 万元，本次增加 225 万元，以资本公积转增 990101.7 元，以未分配利润转增 1259898.3 元，滨江设备厂出资总额 450 万元，本次增加 225 万元，以资本公积转增 990101.7 元，以未分配利润转增 1259898.3 元）。上述股东会决议形成后，均经工商部门核准变更登记。工商部门档案材料中宁兴机械公司提供的乡镇企业损益表和企业资产负债表显示 2000 年后该企业均经营盈利。

【法院观点】

法院经审理认为：由于滨江设备厂注册资金由 191 万元增加到 400 万元，发生在曹国和与朱桂红的夫妻关系存续期间，且曹国和未能举证证实与朱桂红婚姻存续期间所得的财产有特别约定，故上述增加的注册资金属于夫妻共同所有的财产。作为宁兴机械公司的股东，滨江设备厂分别于 2004 年 5 月 19 日及 2007 年 4 月 13 日进行了两次增资，该两次增资系滨江设备厂通过将资本公积金、未分配利润进行转增的方式得以完成的。由于上述属于滨江设备厂财产的资本公积金及未分配利润形成于曹国和与朱桂红夫妻关系存续期间，因此该两次所增资本应当属于夫妻共同财产。

4. 夫妻一方因股权激励等原因婚后增加的股份的认定与处理

股权激励方案，是指通过企业员工获得公司股权的形式，使其享有一定的经济权利，使其能够以股东身份参与企业决策、分享利润、承担风险，从而使其尽心尽力地为公司的长期发展服务的一种激励方法。实践中，夫妻一方因股权激励等原因，在婚后取得的股权、期权等财产权益的分割问题，不仅要查明该财产权益是否为夫妻共同财产，而且要在分割时将这种财产权益与身份关系予以关联。也就是说，在认定与分割这种财产权益时，还需要考虑在职夫妻一方的工作业绩、工作年限以及对公司做出的贡献等因素，从而确定分割的方案。

案例：张某甲与王某离婚纠纷案①

【基本案情】

张某甲、王某于 2011 年 10 月 30 日登记结婚。2011 年 3 月 22 日，公司因年度奖励授予张某甲 800 股阿里巴巴集团限制性股份单位 RSU，分四年以 25% 归属，其中 2012 年 1 月 1 日归属 200 股，2013 年 1 月 1 日归属 200 股，2014 年 1 月 1 日归属 200 股，下一期预计归属日期为 2015 年 1 月 1 日，归属 200 股；2012 年 5 月 11 日，公司因年度奖励又授予张某甲 3000 股阿里巴巴集团限制性股份单位 RSU，分四年以 25% 归属，其中 2013 年 1 月 1 日归属 750 股，2014 年 1 月 1 日归属 750 股，下两期预计归属日期为 2015 年 1 月 1 日归属 750 股，2016 年 1 月 1 日归属 750 股；2013 年 6 月 26 日，公司因年度奖励又授予张某甲 1400 股阿里巴巴集团限制性股份单位 RSU，分四年以 25% 归属，其中 2014 年 4 月 1 日归属 350 股，下三期预计归属日期为 2015 年 4 月 1 日归属 350 股，2016 年 4 月 1 日归属 350 股，2017 年 4 月 1 日归属 350 股。2014 年 6 月，公司发出阿里集团期权行权计税公允市场价格调整通知，自 2014 年 6 月 28 日起，行使集团期权限制性股份单位归属用于计算个人所得税的公允市场价格调整为 56 美元。公司规定，如在归属前离职、在其间事假、病假等累计假期超过 90 天（适用于每年归属 25%）或 180 天（适用于满两年归属 50%），则归属日按日历日相应往后延迟或被取消（例如员工被因特定事由解雇等）。2014 年 9 月，张某甲在 IPO 出售项目中以 68 美元/股的价格出售 1000 股，目前持有 1450 股。诉讼中，双方一致确认股权出售款以 67164 × 6.1427（美元与人民币汇率）计算，为 412568

---

① 案例来源：中国裁判文书网，（2015）浙杭民终字第 392 号民事判决书。

元。原审法院就 RSU 性质、授予、归属的具体政策、有无禁售规定等向淘宝（中国）软件有限公司发函做了调查，淘宝（中国）软件有限公司向原审法院回函，函称：RSU 的全称是 Restricted Share Unit，中文可以翻译为"限制性股份单位"。因阿里巴巴集团（注册于开曼群岛）已于 2014 年 9 月 16 日在美国纽约证券交易所上市，阿里巴巴集团 RSU 在性质上可以理解为是作为境外上市公司的阿里巴巴集团根据其相关股权激励计划以及阿里巴巴集团和员工签署的相关协议约定，在相关员工满足为其旗下公司或关联公司提供服务满一定年限及其他条件后授予员工阿里巴巴集团股票的一种员工激励机制。我们理解其具有一定的人身属性。阿里巴巴集团在财务年度年终时根据员工未来发展前景及员工年度表现等因素授予一定员工一定数量的年度 RSU。阿里巴巴集团 RSU 在归属并由员工缴纳相关税款后，员工即取得阿里巴巴集团股票。因阿里巴巴集团已公开上市，员工可在遵守禁售期规定的前提下在证券市场自由转让其归属权后取得阿里巴巴集团的股票，员工通过开立美股账户的证券公司账户操作。阿里巴巴集团 RSU 本身不可自由交易，没有可参考价格。阿里巴巴集团股票价格可参考美国纽约证券交易所阿里巴巴集团股票（代码：BABA）市场行情确定。相关禁售期规定如下：根据阿里巴巴集团相关股权激励计划以及阿里巴巴集团和员工签署的相关协议约定，截至 IPO 当天所持的阿里巴巴集团股权（含股票、期权、RSU）全部禁售，禁售期为 1 年，首次解禁为 IPO 满 180 天后（IPO 当天持股权总数的 40% 解禁，但仅已归属部分可交易），满 1 年后全部解禁（全部解禁，但仅已归属部分可交易）（注：不含已在 IPO 出售项目中申请出售的股数）。

【法院观点】

法院经审理认为：阿里巴巴集团 RSU 在归属并由员工缴纳相关税款后，员工即取得阿里巴巴集团股票。根据当事人的一致确认，法院以截至第二次开庭时 RSU 已归属后取得的阿里巴巴集团股票为本案的处理对象。婚后至本案第二次开庭时，张某甲共归属取得阿里巴巴集团股票 2450 股，应为夫妻共同财产。张某甲主张 2450 股均为个人财产，以及 2011 年 3 月婚前授予、婚后归属的股票为个人婚前财产的意见，法院不予采信。但考虑到上述股票取得与张某甲的年度工作表现等密切相关，张某甲贡献大的实际情况，法院确定 2011 年 3 月婚前授予、婚后已归属的股票 600 股，张某甲可得 367 股，王某可得 233 股，其他婚后授予、婚后归属的，应对半享有。诉讼期间，张某甲于 2014 年 9 月通过 IPO 出售项目出售 1000 股，出售款可作分割。基于以上考虑，原审法院确定张某甲分得 567/1000 × 412568 元，为 233926 元，王某分得 433/1000 × 412568 元，为 178642 元。王某目前持有的 1450 股，因仍处禁售期，解禁会对股票价格产生重大影响，经法院释明后双方也未向法院提供折价分割应扣除相应税金的具体计算方法，为公平合理保障双方当事人权益，目前不宜进行简单分割，双方待符合转让条件后可另行分割处理。最终，法院并未在本案对上述股权予以分割，仅判决分割了已经出售的股票款项。

从上述案例可以看出，案涉阿里巴巴集团股票的取得与张某甲的年度工作表现等直接相关，法院在分割上述股票时，不仅充分考虑到张某甲的贡献，也考虑到张某甲持有的阿里巴巴集团员工股票仍处禁售期，解禁会对股票价格产生重大影响，最终，法院还是从公平合理保障双方当事人权益的角度，对张某甲目前持有的 1450 股未实际分割。但这并不代表没有处理，而是告知双方，可待符合转让条件后另行处理。因此，对于夫妻一方因股权激励等原因婚后增加的股权，应当综合考虑各项因素后予以认定和处理。

5. 夫妻一方通过持股平台持有上市公司股份的认定与处理

实践中，有的公司实际控制人为了更好地掌握公司的控制权，或是为了享受税收优惠政策等而利用持股平台来间接持股。比如在公司外部建立一个有限合伙企业或者关联公司作为持股平台，然后把公司的部分股份转让给这个持股平台，通过持有持股平台的股权来间接成为目标公司的股东。在这种情况下，夫妻一方通过持股平台持有的股份是否属于夫妻共同财产以及如何分割，目前司法实践主要从以下方面予以认定：一是通过持股平台持有股份是否在夫妻婚姻关系存续期间；二是通过持股平台持有的股份是否系用夫妻共同财产出资，是否涉及案外第三人的利益；三是通过持股平台持有股份的性质是什么，是否具备可以分割的条件，如果不具备条件，也不能在离婚中予以处理。

案例：童某与史某离婚后财产纠纷案①

【基本案情】

原告童某与被告史某于××××年××月××日登记结婚，2018年5月11日登记离婚。2018年6月8日，原告即以离婚后财产纠纷诉至法院。2016年2月19日，史某所在公司设立员工持股平台嘉兴跨界投资合伙企业（有限合伙），虽然工商信息显示史某持有嘉兴跨界6.0606%的财产份额，事实其仅占有3.0303%，剩余的份额是替同事陈某2、陈钰红、胡某、钱某代为持有。当时童某和史某自有资金只有5万元，其余资金分别向童某母亲舅舅、史某母亲舅舅转借，其中向童某母亲舅舅借款20万元，向史某母亲舅舅借款25万元，在离婚协议中约定归还童某母亲舅舅40万元，但离婚协议没有明确如何处理被告在嘉兴跨界投资合伙企业（有限合伙）股份。之后，双方因处理上述代持股份发生争议而诉至法院。

【法院观点】

法院经审理认为：关于登记于史某名下的嘉兴跨界投资合伙企业（有限合伙）的6.0606%的股权，是否均为史某和童某夫妻共同财产的问题。本院认为，该部分股权在2016年2月变更登记到史某名下，该期间属于双方夫妻关系存续期间，如无充分证据反驳，应认定该部分股权为夫妻共同财产。为此，史某提交了代持协议、转账凭证等证据，用以证明其持有的股权中有3.0303%系代案外人持有。原审法院亦向公司原股东及员工等进行了核实，结合史某和童某就投入购买公司股权的款项及来源等事实，以及被代持人向原股东汇款的金额及对应的股权份额能一一对应等事实，足以使人确信史某和童某是在向亲属借款40余万元的情况下，才得以筹得50万元的资金，用于购买公司3.0303%股权的事实。最终，法院认为上述3.0303%股权系双方在离婚协议中未分割的财产，童某起诉要求分割应予支持。

---

① 案例来源：中国裁判文书网，（2019）浙01民终371号民事判决书。

（二）上市公司股份分割时应当考虑的因素

1. 夫妻双方是否签订了婚前财产协议或婚内财产约定

夫妻一方婚前取得上市公司的股份，虽然此股份系其个人婚前财产，但正如上文所述，夫妻一方因此股份取得的投资收益仍然属于夫妻共同财产，另一方有权在离婚时要求分割。《婚姻法》第 19 条规定："夫妻可以约定婚姻关系存续期间所得的财产以及婚前财产归各自所有、共同所有或部分各自所有、部分共同所有。约定应当采用书面形式。没有约定或约定不明确的，适用本法第十七条、第十八条的规定。夫妻对婚姻关系存续期间所得的财产以及婚前财产的约定，对双方具有约束力。"按照上述规定，如果夫妻双方未对该上市公司股份在婚后收益之归属予以约定，那么另一方在离婚时是有权要求予以分割投资收益的。因此，夫妻在离婚时分割上市公司股份前，需要确定双方是否签署过婚前财产协议或者婚内财产约定对上述股份的投资收益的归属进行约定，如果有约定，那么约定优先。

需要补充说明的是，根据《婚姻法》第 40 条的规定："夫妻书面约定婚姻关系存续期间所得的财产归各自所有，一方因抚育子女、照料老人、协助另一方工作等付出较多义务的，离婚时有权向另一方请求补偿，另一方应当予以补偿"，虽然双方对股份、股份收益的分割进行了约定，但如果一方存在上述法律规定之情形，则另一方应当予以补偿，具体补偿款双方可以协商。

案例：牛某与李某离婚纠纷案①

【基本案情】

2004 年原、被告经人介绍认识，并于 × × × × 年 × × 月 × × 日登记结婚。原、被告均系再婚，婚后双方未生育子女。现原告以夫妻感情破裂、无法共同生活为由诉至法院要求与被告离婚。庭审中法院查明，原、被告双方在登记结婚前于 2005 年 1 月 19 日签订协议书一份，该协议书就婚前财产事

---

① 案例来源：中国裁判文书网，（2013）雁民初字第 01499 号民事判决书。

项做如下约定：一、双方婚前财产情况，男方（被告李某）主要财产明细：位于西安市雁塔区三爻村公安小区 18 层 136 平方米单元房一套。女方原告牛某主要财产明细：西安佳康房地产开发有限公司 50% 股权；西安佳康饮食有限公司 50% 股权；位于西安市锦都花园 16 号楼 1001 室单元房一套……

【法院观点】

法院经审理认为：关于夫妻共同财产，原、被告双方已经对婚前以及因婚前财产于婚后所产生的孳息进行了明确约定，对于本院所调取原告的银行存款，原告作为公司股东，因工作所需在各大银行均设有账户，因被告未在庭审期间提交证据证明原告名下银行存款系双方在婚后取得合法的夫妻共同财产，鉴于原告系公司股东身份，且双方在婚前签有财产协议书，故法院认定系原告个人财产。最终，法院仅判决原、被告离婚。

2. 夫妻双方之间对股份分割未进行约定

《婚姻法》第 39 条第 1 款规定："离婚时，夫妻的共同财产由双方协议处理；协议不成时，由人民法院根据财产的具体情况，照顾子女和女方权益的原则判决。"由此可见，在夫妻双方未对上市公司股份分割进行约定时，由法院予以裁决。司法实践中，法院在对上市公司股份分割时，主要考虑以下因素。

（1）是否存在少分或不分的情况。《婚姻法》第 47 条规定："离婚时，一方隐藏、转移、变卖、毁损夫妻共同财产，或伪造债务企图侵占另一方财产的，分割夫妻共同财产时，对隐藏、转移、变卖、毁损夫妻共同财产或伪造债务的一方，可以少分或不分。"如果离婚时一方有隐藏、转移、变卖等行为的，侵犯了另一方的合法权益，权利人有权依法主张保护自己的权利。这里所说的隐匿、转移、变卖等，是指一方通过采取上述行为，使另一方对夫妻共同财产所享有权利受到损害，或使财产脱离另一方的控制或造成财产价值的减损。[1] 在主观上，实施该行为的一方须为故意，通过这些行为，达

---

[1] 刘银春：《解读〈关于适用《中华人民共和国婚姻法》若干问题的解释（一）〉》，载杜万华主编《解读最高人民法院司法解释、指导性案例·民事卷》，人民法院出版社，2016，第 138~140 页。

到侵占财产的目的。如果其系因过失行为导致的共同财产毁损，不应适用该条规定。但是《婚姻法》只规定了少分或不分，还是比较原则，在审判实践中，法官对于少分、不分是有自由裁量权的，具体比例、金额等，需要根据不同的案件情况予以处理。

需要提示的是，《婚姻法司法解释（三）》第 4 条第（一）项规定："婚姻关系存续期间，夫妻一方请求分割共同财产的，人民法院不予支持，但有下列重大理由且不损害债权人利益的除外：（一）一方有隐藏、转移、变卖、毁损、挥霍夫妻共同财产或者伪造夫妻共同债务等严重损害夫妻共同财产利益行为的"，也就是说，如果一方存在上述行为，另一方有权要求在婚内分割夫妻共同财产，而不是一定要在离婚时才可以主张权利。

（2）夫妻双方在上市公司中的持股现状。第一，持股方式是影响股权分割的重要因素。关于夫妻双方在上市公司的持股情况，实践中，大部分是一方持股，双方均持股的情况较少。对于持股现状，法院从保护公司利益的角度考虑，如一方持股，往往会判决股份归持股一方，由其支付另一方折价款。第二，需要审查上市公司股份是一方婚前取得还是婚后取得，如果是婚前取得，则要考虑取得股份一方的利益。第三，在分割时，需要考虑该股份在离婚时是否具备分割的条件。第四，上市公司股份的分割是否涉及案外第三人的利益，如果涉及，则在离婚诉讼中不能分割该股份，当事人可以在离婚后另行处理。

（3）夫妻一方是否存在过错。《婚姻法》第 32 条第 3 款规定："有下列情形之一，调解无效的，应准予离婚：（一）重婚或有配偶者与他人同居的；（二）实施家庭暴力或虐待、遗弃家庭成员的；（三）有赌博、吸毒等恶习屡教不改的；（四）因感情不和分居满二年的；（五）其他导致夫妻感情破裂的情形。"《婚姻法》第 46 条规定："有下列情形之一，导致离婚的，无过错方有权请求损害赔偿：（一）重婚的；（二）有配偶者与他人同居的；（三）实施家庭暴力的；（四）虐待、遗弃家庭成员的。"其中，重婚或有配偶与他人同居不仅是法律规定的确认夫妻感情破裂的标准之一，也是实践中导致夫妻离婚的主要原因。重婚与有配偶与他人同居是比较容易混淆的两个概念，需要加以区分。

重婚分为法律上的重婚和事实上的重婚，有配偶者又与他人登记结婚的，是法律上的重婚；虽未登记但确与他人以夫妻名义同居生活的，为事实上的重婚。我国《刑法》第258条规定："有配偶而重婚的，或者明知他人有配偶而与之结婚的，处二年以下有期徒刑或者拘役。"但在现实生活中，不少人采取了规避法律的方式，在与他人婚外同居时，既不去登记结婚，也不以夫妻名义同居生活。针对这种情况，修订后的《婚姻法》特别规定"禁止有配偶者与他人同居"。《最高人民法院关于适用〈中华人民共和国婚姻法〉若干问题的解释（一）》第2条规定得很明确："婚姻法第三条、第三十二条、第四十六条规定的'有配偶者与他人同居'的情形，是指有配偶者与婚外异性，不以夫妻名义，持续、稳定地共同居住。"因此，事实上的重婚和有配偶者与他人同居之间最大的区别就在于是否以夫妻名义同居生活，如果双方以夫妻名义同居生活，则构成事实上的重婚；如果双方没有以夫妻名义同居生活，则不属于《刑法》予以处罚的范围，而属于《婚姻法》禁止的行为。① 实践中，主要从以下方面判断"是否以夫妻名义同居生活"。

第一，从当事人的主观方面来看，重婚的当事人双方是为了建立家庭关系而共同生活，则属于事实上的重婚，这不同于姘居、通奸等行为。

第二，从同居的时间、地点等情况来看，居住环境稳定，双方以夫妻名义出席各种场合，或者双方共同养育子女，周围的人都认为二人系夫妻关系。

除了上述判断标准外，确定"是否以夫妻名义同居生活"的证据收集与审查也是实践中的难点问题。主要是由于存在婚外情的一方大多采取隐秘的方式，取证困难。实践中，可以借助公安机关等行政部门取得有效证据（如笔录、执法记录仪等），也可以申请法院调查取证或进行证据保全。另外，一方当事人因婚外情被发现而书写的《承诺书》、微信往来的截图等电子证据、监控录像或照片等也可以作为证据提交法院。

需要说明的是，在财产分割方面，如果在婚姻关系存续期间，因一方过错而离婚，夫妻共同财产应平均分割，并不存在过错方应少分或不分的规定，

---

① 《重婚与"有配偶者与他人同居"的区别》，最高人民法院民事审判第一庭编《民事审判指导与参考》总第39集，法律出版社，2010，第289页。

但无过错方可以向过错方要求损害赔偿。但是在司法实践中，过错方的行为往往会影响法官自由裁量权之行使，也是作为分割股份考量的因素之一。

案例：苑某与于某某离婚纠纷案①

【基本案情】

原、被告于 2000 年 6 月 1 日登记结婚，未生育孩子。婚初夫妻感情尚可，2005 年后，被告先后调至广州、上海工作，因长期两地分居，致夫妻感情逐渐淡漠。2012 年 11 月，被告曾起诉离婚，后撤诉。双方自 2012 年 12 月分居至今。2012 年 8 月至 2013 年 4 月，被告与梁春宇以夫妻名义同居生活，2012 年 12 月 23 日，梁春宇为被告生育一子。2013 年 7 月 11 日，被告因犯重婚罪，被判处拘役四个月，缓刑四个月。现原告起诉法院，要求与被告离婚。原告认为上海海石榕实业有限公司系被告投资经营，要求分割被告在该公司的相应财产权益。

【法院观点】

法院经审理认为：被告与其他二人投资上海海石榕实业有限公司，其中被告出资 50 万元，占 10% 份额。被告犯重婚罪，在双方婚姻中存在严重过错，对原告造成了极大的精神伤害，这一节在分割夫妻共同财产时应予考虑，原告主张的精神损害抚慰金酌情确定为 2 万元。被告在上海海石榕实业有限公司的股权分割问题，因涉及其他股东，故本案不作处理，原告可另行主张。最终，法院考虑到股权分割涉及案外人利益在离婚案件中未予处理。

三 上市公司实际控制人离婚时的建议

（一）通过婚前财产协议避免离婚时在财产分割方面的争议

《婚姻法》第 19 条规定："夫妻可以约定婚姻关系存续期间所得的财产

---

① 案例来源：中国裁判文书网，（22013）杨民一（民）初字第 4680 号民事判决书。

以及婚前财产归各自所有、共同所有或部分各自所有、部分共同所有。约定应当采用书面形式。没有约定或约定不明确的，适用本法第十七条、第十八条的规定。夫妻对婚姻关系存续期间所得的财产以及婚前财产的约定，对双方具有约束力。夫妻对婚姻关系存续期间所得的财产约定归各自所有的，夫或妻一方对外所负的债务，第三人知道该约定的，以夫或妻一方所有的财产清偿。"

签订婚前财产协议是为了预防双方离婚时就相关财产分配等问题产生争议，如果双方婚姻生活稳定，自然这个协议本身就不会涉及，在某种程度上讲，婚前协议的作用和功能类似于保险，是一种对意外的保障。婚前协议签订的主要目的，是对婚后双方在财产上是共同所有，还是各自所有，双方受赠、继承的财产是共有还是各自所有等进行约定，不仅是对婚后财产的分配和归属，也是对婚姻关系存续期间的权利和义务的合理分配。

因此，在实践中上市公司实际控制人在婚前完全可以通过签订婚前财产协议，对夫妻一方的财产在婚后产生的收益提前书面约定，如果日后双方离婚，则约定优先，如果没有约定，才会适用现有法律的规定。主要应注意的是，婚前协议中必然涉及当事人双方各自所有的婚前财产的范围和具体内容，在起草婚前协议前，需要切实核实双方各自名下的婚前财产，包括但不限于双方婚前各自名下的不动产、银行存款、金银首饰、股票、基金、公司股份等内容。当事人应当将公司股权、股票基金凭据、公司股份证明等材料予以提供，以避免将来双方因为协议内容不明或者不真实产生争议。

（二）采用一致行动协议或委托投票协议，确保减少离婚对股权结构的稳定性之影响

作为公司的实际控制人，应当尽早安排合理的公司治理结构，以防止日后对公司的控制权安排产生分歧，也可以考虑采用股权信托的方式来行使股权，从而增强股权结构的稳定性，彻底规避由于离婚所导致的股权分割问题及公司治理问题。同时，应当做好股权分割安排，包括一致行动协议或委托投票协议，从而使公司治理结构不必发生过于剧烈的变动。

（三）尽量采用协议离婚的方式，减少离婚对公司经营的影响

正如本文前述数据分析，实践中绝大多数案件，当事人均选择协议离婚，少数通过法院调解离婚。主要原因是上市公司属于公众公司，关注度非常高，而涉及离婚事宜，不仅是分割股份，更会对上市公司的控制权产生巨大的影响。在此情况下，维护上市公司的稳定发展，不仅符合实际控制人的利益，也符合离婚双方共同的利益。通过协商或调解方式，能够在保证上市公司稳定的前提下，以双方能够接受的方式达成财产分割方案。因此，涉及上市公司实际控制人的离婚争议应尽量低调处理，尽量避免诉讼离婚，减轻或避免媒体、舆论对公司经营的不良影响。

股权代持行为的效力及责任

钟瑜 叶森

由于投资限制或者其他原因，在实践中股权代持行为是一种常见的投资现象。"股权代持"并非标准的法律定义，也被称为"委托持股""隐名投资"或"假名投资"，通常是指实际出资人与他人约定，以该他人名义代实际出资人履行股东权利义务的一种股权或股份处置方式。从上述定义来看，股权代持的最核心表现是投资行为的隐蔽化，至于标的属于"股权"抑或"股份"通常并非代持双方协议时关注的焦点。因此，如无特殊说明本文所讨论的"股权代持"既包括"股权"也包括"股份"。

《最高人民法院关于适用〈中华人民共和国公司法〉若干问题的规定（三）》（法释（2014）2号）（以下简称"《公司法司法解释（三）》"）第24条是判断有限责任公司股权代持行为效力的核心依据。但即使在以上适用规则明确的情况下，司法实践中对于部分股权代持行为效力的认定仍然存在争议和反复，其中最大的症结在于股权代持合意以及《合同法》第52条（特别是该条第4、5款）的认定。除此以外，股份有限公司是否能够同样适用《公司法司法解释（三）》第24条？上市公司的股权代持行为效力又如何判断？股权代持行为被认定有效或无效的情况下，诉讼主体分别会承担何种责任？本文将对上述问题进行进一步的梳理。

本文拟通过对已公布案例的统计分析，提出实践性意见。

一 股权代持行为相关的现行规定及司法解释

1. 现行规定

现行法律法规应当是处理股权代持纠纷的直接依据。除此以外，我国还存在许多与股权代持行为有关的部门规章、行业规范等文件，在司法实践中上述相关规范内容也影响着股权代持行为的效力判断与责任划分。经检索统计可以看出，我国现行法律法规并无明确关于股权代持行为的禁止性规定，更多的直接限制性内容大多存在于特定的证券、金融、审计、投资等领域，性质以部委规章、行业规范为主，目的是防范特定领域股权代持行为可能产生的风险。除此以外，为了管理等需要，许多地方性法规中也包含了股权代持相关的规范内容，其目的也与前述规范类似。

2. 司法解释

由于股权代持纠纷的持续增长，为了规范投资行为，协调股东、公司、债权人等市场主体的利益，最高人民法院发布了包含股权代持行为的司法解释，具体以《公司法司法解释（三）》与《最高人民法院关于审理外商投资企业纠纷案件若干问题的规定（一）》为主。在股权代持行为效力以及责任的认定上，两个司法解释有许多共通之处，反映了在司法实践过程中处理股权代持纠纷的常规思路。但在司法实践中个案差异较大，抽象的规定及司法解释在具体适用时需要考虑多方面情况。为了更为清晰地梳理关于股权代持行为的效力及责任得出更有说服力的结论，本文将在以上内容的基础上，结合具体问题通过法律规定、最高人民法院法官著述、案例进行探析。

二 如何判断是否存在股权代持关系

判断是否存在股权代持关系是进一步讨论股权代持行为效力与责任的基础。司法实践中争议双方未订立股权代持协议，或者虽有协议但是条款并不清晰明确的情况常有发生，在上述情况下往往需要首先判断争议的对象是股权代持行为还是股权转让、冒名投资、借贷等其他行为。

1. 相关著述

对此最高人民法院民事审判第二庭在《最高人民法院关于公司法解释（三）、清算纪要理解与适用》① 中认为股权代持行为应当具备如下法律特征。

（1）隐名股东实际认缴公司资本，但其姓名或名称未记载于公司章程、股东名册、出资证明书、工商登记中。

（2）显名股东同意隐名股东使用自己的名称或姓名。这是隐名股东与冒名股东的区别。因为在冒名投资中，实际出资人系盗用他人名义出资，并未取得冒名股东的同意。

（3）隐名股东承担公司的盈亏风险。这是隐名投资与借贷的区别。如果一方实际出资，另一方以股东名义参加公司，但实际出资人不承担投资风险的，双方之间不应认定为隐名投资关系，可按债权债务关系处理。

2. 法律规定或司法解释

《公司法司法解释（三）》第 24 条第 1 款规定："有限责任公司的实际出资人与名义出资人订立合同，约定由实际出资人出资并享有投资权益，以名义出资人为名义股东，实际出资人与名义股东对该合同效力发生争议的，如无《合同法》第五十二条规定的情形，人民法院应当认定该合同有效。"

因此可以看出，判断是否存在股权代持行为首先要以双方"订立合同"内容为准，然后结合股权代持的法律特征进行判断，至于合同的形式是口头合同还是书面合同并未有限制。这点与《最高人民法院关于审理外商投资企业纠纷案件若干问题的规定（一）》第 15 条的"合同约定一方实际投资、另一方作为外商投资企业名义股东，不具有法律、行政法规规定的无效情形的，人民法院应认定该合同有效"规定相一致。

3. 案例统计

在司法实践中，当事人未有明确股权代持协议或代持协议有瑕疵而主张存在代持关系的情况较多。以最高人民法院为例，经检索，涉及股权代持效

---

① 最高人民法院民事审判第二庭：《最高人民法院关于公司法解释（三）、清算纪要理解与适用》，人民法院出版社，2014，第 384 页。

力的案件共 13 件，其中缺乏书面股权代持协议或相关内容的案件共 2 件，在这两件之中一件被认定存在股权代持关系，一件被认定不存在（详见下文案例），其核心问题在于双方当事人是否达成了委托关系的共同意思表示。

4. 主流观点

此外，结合其他案例统计，目前全国各地法院在该问题上并无显著差异，其中最高人民法院的论述属于主流意见："代持股关系应当基于委托关系形成，委托关系为双方法律行为，需双方当事人有建立委托关系的共同意思表示，签订委托合同或者代持股协议，对未签订合同但双方当事人有事实行为的，也可以依法认定存在委托代持股关系，并以此法律关系确定双方当事人的民事权利和义务。单方法律行为不能建立委托代持股份关系。"[①]

5. 相关案例及原文摘录

（1）最高人民法院（2015）民二终字第 96 号江苏圣奥化学科技有限公司与刘婧与王昊股东资格确认纠纷二审案

本案中刘婧未提交其与王昊之间关于建立委托关系或者代持股关系的协议，其提交的其他证据也不能证明其与王昊之间对委托关系或者代持股关系形成了共同意思表示或者其间实际形成了事实上的代持股份关系。因刘婧在本案中未能提供直接证据证明其主张，提交的间接证据未能形成完整的证据链，不具有排他性，举证不具有优势，其在本案中的诉讼主张，本院不予支持。

（2）最高人民法院（2013）民一终字第 138 号薛惠玶与陆阿生、江苏苏浙皖边界市场发展有限公司、江苏明恒房地产开发有限公司委托代理合同纠纷二审案

本案中，薛惠玶主张其与陆阿生之间为股权代持法律关系，虽没有提供

[①] 最高人民法院，（2015）民二终字第 96 号，江苏圣奥化学科技有限公司与刘婧与王昊股东资格确认纠纷二审判决。

双方之间代持股权合意的直接证据，但是其提供的其他间接证据能够形成一个比较完整的证据链，包括各相关当事人的证人证言、薛惠玶持有《收购股权书》原件而陆阿生不能提供《收购股权书》原件的事实、薛惠玶支付给万恒公司 146540395 元的汇款凭证上注明为"收购款"的事实、明恒公司委托人陈建华向薛惠玶出具的《承诺书》以及同日薛惠玶出具的《承诺》等，各个证据之间能够互相印证和说明，不存在明显矛盾之处，综合上述所有证据能够认定薛惠玶主张的法律关系存在具有高度可能性，……综合双方所举证据，陆阿生提供的证据并不能达到致使双方法律关系真伪不明的程度，而在衡量和判断双方当事人提供证据证明力大小的基础上，结合案件有关事实，双方为股权代持法律关系具有高度可能性，据此认定双方法律关系性质，符合证据认定规则。

三　股权代持行为效力的认定

从最高人民法院发布的《民事案件案由规定》（法〔2011〕42 号）可以看出，股权代持纠纷并非民事诉讼案由（主要以第三级案由为参照标准）体系中的一种。从检索的结果来看，在与股权代持效力相关的案件中排在前几位的案由主要包括（见图 1）：股东资格确认纠纷（305 件）、股权转让纠纷（90 件）、请求变更公司登记纠纷（29 件）、确认合同效力（有效/无效）纠纷（21 件）、股东出资纠纷（21 件）、借款合同纠纷（19件）、合伙协议纠纷（11 件）、企业出资人权益确认纠纷（11 件）、股权确认纠纷（9 件）等。

从上述检索数据来看，司法实践中认可股权代持行为有效的比例较高。以最高人民法院和各地区高级人民法院为例，在最高人民法院涉及股权代持效力认定的 13 个案件中，直接认定股权代持行为无效的案件只有 1 件（还有 2 件属于不存在代持关系的情形）（见表 1）；在各地区高级人民法院涉及股权代持效力认定的 35 个案件中，直接认定股权代持行为无效的案件为 0件（还有 4 件属于不存在代持关系的情形）。

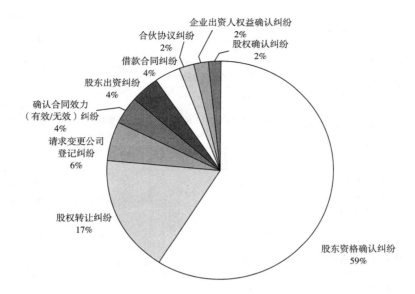

图 1　股权代持效力认定案件主要案由比例分布

资料来源：检索统计。

据上述比例并不能直接得出股权代持行为一定有效的结论，因为个案所面对的情形差别较大。

表 1　最高人民法院案例统计

序号	案例名称	案号	审判日期	案由	企业类型	效力
1	福建伟杰投资有限公司、福州天策实业有限公司营业信托纠纷二审案	（2017）最高法民终529 号	2018 年3 月4 日	营业信托纠纷	股份有限公司	无效
2	罗国林、陈定云股权转让纠纷二审案	（2017）最高法民终363 号	2017 年6 月28 日	股权转让纠纷	有限责任公司	有效
3	王华、陈定云股权转让纠纷二审案	（2017）最高法民终365 号	2017 年6 月28 日	股权转让纠纷	有限责任公司	有效
4	罗淑英、陈定云股权转让纠纷二审案	（2017）最高法民终366 号	2017 年6 月28 日	股权转让纠纷	有限责任公司	有效
5	苏东华、陈定云股权转让纠纷二审案	（2017）最高法民终364 号	2017 年6 月28 日	股权转让纠纷	有限责任公司	有效

续表

序号	案例名称	案号	审判日期	案由	企业类型	效力
6	陈定洲、王斯松股权转让纠纷二审案	（2017）最高法民终367号	2017年6月28日	股权转让纠纷	有限责任公司	有效
7	马万彪与陕西辰宫房地产开发有限责任公司、张拴军等股东资格确认纠纷案	（2017）最高法民申989号	2017年5月15日	股东资格确认纠纷	有限责任公司	不存在代持关系
8	吴振庆与哈尔滨现代房地产开发有限公司不当得利纠纷二审案	（2016）最高法民终149号	2017年3月1日	不当得利纠纷	有限责任公司	有效
9	祁建彪与闫根胜、额济纳旗昊鑫矿业有限责任公司物权保护纠纷案	（2016）最高法民申534号	2016年6月28日	物权保护纠纷	有限责任公司	有效
10	江苏圣奥化学科技有限公司与刘婧与王昊股东资格确认纠纷二审案	（2015）民二终字第96号	2016年6月10日	股东资格确认纠纷	有限责任公司	不存在代持关系
11	李奕基与福建东方艺术建筑设计工程有限公司合同纠纷审判监督案	（2014）民提字第217号	2014年12月29日	合同纠纷	有限责任公司	有效
12	王成与安徽阜阳华纺和泰房地产开发有限公司股东资格确认纠纷二审案	（2014）民二终字第185号	2014年11月24日	股东资格确认纠纷	有限责任公司	有效
13	薛惠玶与陆阿生、江苏苏浙皖边界市场发展有限公司、江苏明恒房地产开发有限公司委托代理合同纠纷二审案	（2013）民一终字第138号	2013年11月18日	委托合同纠纷	股份有限公司	有效

（一）基于《合同法》调整的股权代持行为

虽然《公司法司法解释（三）》第 24 条是判断股权代持行为效力的重要依据，但根据该条的具体规定最终仍需结合《合同法》第 52 条具体判断股权代持行为的效力，实际上股权代持行为的效力受《合同法》而非《公司法》调整。

1. 相关著述

在最高人民法院法官江必新、何东宁主编的《最高人民法院指导性案例裁判规则理解与适用·公司卷》中详解道："实际出资人和名义股东之间的关系并不受公司法调整，这完全符合法理。实际出资人与名义股东之间并不涉及公司法调整的法律关系，而是典型的合同关系，该合同的效力，应当根据合同法的相关规定来确定，司法解释的该规定确定了这一原则。……另外，虽然司法解释只规定了无效认定适用《合同法》第52条的规定，如果实践中，合同存在可撤销或其他效力类型的情形，实际出资人或名义股东一方主体依据合同法相关规定主张权利的，依法应予支持"。[1]

2. 相关规定及司法解释

经检索可以看出，由于股权代持行为受《合同法》调整，加之我国法律法规并未明文规定禁止该种行为，大部分的股权代持行为均被认定为有效，而被认定无效均属于存在《合同法》第52条规定的情形。

《合同法》第52条规定："有下列情形之一的，合同无效：（一）一方以欺诈、胁迫的手段订立合同，损害国家利益；（二）恶意串通，损害国家、集体或者第三人利益；（三）以合法形式掩盖非法目的；（四）损害社会公共利益；（五）违反法律、行政法规的强制性规定。"

（二）违反法律法规强制性规定致使股权代持行为无效

我国虽无直接认定股权代持行为无效的法律规定，但在许多特殊领域对于股权代持行为持禁止态度，具体以特殊领域规范性文件的规定为主。

1. 相关著述

在特殊领域中，禁止股权代持行为确有其必要性，正如《上海市第二中级人民法院：2012—2016 股权代持纠纷案件审判白皮书》中说明的一样：

---

[1] 江必新、何东宁主编《最高人民法院指导性案例裁判规则理解与适用·公司卷》，中国法制出版社，2012，第428~431页。

"（一）司法不鼓励股权代持行为……虽然股权代持行为系当事人在市场经济条件下的自主行为，法律对一般的股权代持行为并未禁止，但是股权代持行为对代持人、实际投资人等均会带来法律上的风险，……股权代持行为使得公司登记的名义股东与实际投资人不一致，在市场交易中会使交易对象对公司的信息产生误判；一旦代持行为被披露，对于公司商业信誉也会产生影响，这些都不利于市场诚信体系的建设。法院在掌握司法尺度时一般不鼓励股权代持行为。"

2. 相关规定及司法解释

《最高人民法院关于适用〈中华人民共和国合同法〉若干问题的解释（一）》（法释〔1999〕19 号）第 4 条规定："合同法实施以后，人民法院确认合同无效，应当以全国人大及其常委会制定的法律和国务院制定的行政法规为依据，不得以地方性法规、行政规章为依据。"此外，《最高人民法院关于适用〈中华人民共和国合同法〉若干问题的解释（二）》（法释（2009）5 号）第 14 条也规定："合同法第五十二条第（五）项规定的'强制性规定'，是指效力性强制性规定。"

3. 主流观点

上述两条司法解释的规定实质上限定了适用《合同法》第 52 条第（五）项来认定违反规章、行业规范等文件导致股权代持行为无效的可能。因此，主流观点认为依据规范性文件的内容主张股权代持协议无效没有法律依据。虽然实践中作为主张股权代持协议无效的一方大多依据上述规范性文件的内容抗辩，认为违反了特定领域的强制性制度规定，但结果鲜有被支持的情况。

4. 相关案例及原文摘录

江苏省高级人民法院（2017）苏民终 66 号上海保培投资有限公司与雨润控股集团有限公司与公司有关的纠纷二审案

关于股权代持问题，目前仅《股权管理办法》[①] 第八条明确规定"任何

---

① 指《保险公司股权管理办法》，保监会令（2018）5 号。

单位或者个人不得委托他人或者接受他人委托持有保险公司的股权"，该办法系为保持保险公司经营稳定，保护投资人和被保险人的合法权益，加强保险公司股权监管，根据保险法、公司法等法律所制订，若有违反相关规定的，保监会根据有关规定可予处罚，由于该规定尚不属于立法法所规定的授权立法范畴，故雨润公司以此主张 2015 年 9 月 18 日协议违反国家强制性法律规定而无效不符合合同法及其司法解释的规定。

（三）损害社会公共利益致使股权代持行为无效——兼论上市公司股份代持的效力

经检索可以看出（见表 2），在以往的司法实践中，以损害社会公共利益来判断股权代持行为效力的情况极少，因为通常认为代持双方之间的合同关系很难与社会公共利益挂钩，但是这种认识似乎正在被改变。

1. 主流观点

从社会公共利益角度来看，有限责任公司涉及社会公共利益的可能较小，相较而言股份公司或上市公司与社会公共利益的关联度更大。即使如此，经检索，鲜有以损害社会公共利益为由认定涉及股份公司或上市公司股权代持行为无效的案件。

以上市公司为例，司法实践中通常不会以损害公共利益为由认定股权代持行为无效，而是仍然回归《合同法》第 52 条第（五）项是否"违反法律、行政法规的强制性规定"来认定代持行为的效力，主流观点如下。

"对于协议效力的认定应当谨慎，只有违反法律和行政法规的强制性规定才能确认协议无效。而强制性规定又包括管理性规范和效力性规范。管理性规范是指法律及行政法规未明确规定违反此类规范将导致协议无效的规范。此类规范旨在管理和处罚违反规定的行为，但并不否认该行为在民商法上的效力。而效力性规范是指法律及行政法规明确规定违反该类规定将导致合同无效的规范，或者虽未明确规定违反之后将导致合同无效，但若使合同继续有效将损害国家利益和社会公共利益的规范，此类规范不仅旨在处罚违反之行为，而且意在否定其在民商法上的效力。因此，只有违反了效力性的强制规范的，才应当认定协议无效。上市公司的对外披露义务，仅是中国证券监督管理委员会对上市公司及其他信息披露义务人的所有信息披露行为进行管理的规范性文件，属部门规章。即使双方签订的代持协议违反该规范，亦不能导致协议无效。"①

表2　上市公司股权代持效力认定案例统计

序号	案例名称	审理法院	案号	审判日期	案由	效力
1	陈黎明、湖南大康国际农业食品股份有限公司二审案	湖南省怀化市中级人民法院	(2018)湘12民终680号	2018.07.16	企业出资人权益确认纠纷	有效
2	三一集团有限公司与邓荣光、穆亚楠股权转让纠纷一审案	江苏省连云港市海州区人民法院	(2016)苏0706民初5096号	2017.11.24	股权转让纠纷	有效
3	官文娜、官文进股东资格确认纠纷二审案	湖北省武汉市中级人民法院	(2017)鄂01民终3132号	2017.09.19	股东资格确认纠纷	有效
4	官文杰、官文光股东资格确认纠纷二审案	湖北省武汉市中级人民法院	(2017)鄂01民终3131号	2017.09.19	股东资格确认纠纷	有效
5	王斌与陈黎明股权转让纠纷二审案	湖南省高级人民法院	(2017)湘民终104号	2017.04.17	股权转让纠纷	有效
6	苏永利与云南高盛联合投资有限公司、北京北大青鸟有限责任公司股权转让纠纷一审案	北京市第一中级人民法院	(2014)一中民初字第1076号	2015.12.31	股权转让纠纷	有效
7	自贡大业高压容器有限责任公司工会与尹桂仙等人企业出资人权益确认纠纷再审案	四川省自贡市中级人民法院	(2014)自民再终字第9号	2015.04.20	企业出资人权益确认纠纷	有效
8	潘长清与昌邑市土产杂品有限公司、吕广文股权转让纠纷二审案	山东省潍坊市中级人民法院	(2014)潍商终字第42号	2014.01.27	股权转让纠纷	有效

① 江苏省连云港市海州区人民法院，(2016)苏0706民初5096号，三一集团有限公司与邓荣光、穆亚楠股权转让纠纷案一审判决。

2. 相关案例及原文摘录

（1）湖南省高级人民法院（2017）湘民终 104 号王斌与陈黎明股权转让纠纷三审案

至于股份代持协议的效力问题，根据《最高人民法院关于适用〈中华人民共和国公司法〉若干问题的规定（三）》第二十五条第一款①规定："有限责任公司的实际出资人与名义出资人订立合同，约定由实际出资人出资并享有投资权益，以名义出资人为名义股东，实际出资人与名义股东对该合同效力发生争议的，如无合同法第五十二条规定的情形，人民法院应当认定该合同有效"。该条款明确规定有限责任公司股权代持协议的法律效力。大康公司虽然是上市股份有限公司，从法理上讲，公司法和其他法律、法规并未明文规定禁止该类公司股份代持，更未宣告该类代持协议无效，故参照前述司法解释的法律精神，本案股份代持协议应为有效协议。

但是，强调不存在《合同法》第 52 条第（五）项的情形从而判断股权代持行为有效的情况正在有所改变。2018 年 3 月 4 日，最高人民法院针对（2017）最高法民终 529 号福建伟杰投资有限公司、福州天策实业有限公司营业信托纠纷二审案做出裁定，该案最终成为目前股权代持被判无效影响最大的案例。

在本案中，最高人民法院实质上是以损害公共利益为由认定股权代持协议无效。对比江苏省高级人民法院（2017）苏民终 66 号上海保培投资有限公司与雨润控股集团有限公司与公司有关的纠纷二审案，虽然后者也曾有所提及争议行为是否损害社会公共利益，但最终以涉案股权比例较小（低于5%）未予认定。

本案属于部门规章有明文禁止股权代持行为的领域，除此以外被投资公司属于股份公司，但非上市公司。在常规的认识过程中，上市公司作为公众

---

① 2014 年 2 月 17 日最高人民法院审判委员会第 1607 次会议通过了《关于修改〈关于适用〈中华人民共和国公司法〉若干问题的规定〉的决定》，对《最高人民法院〈关于适用〈中华人民共和国公司法〉若干问题的规定〉（三）》进行了修订，该案判决时间在修订前，该条与修订后第 24 条对应。

公司其涉及公共利益的可能性会更大，在上市发行股票等过程中对于持股行为的要求更高。最高人民法院上述认定股权代持行为无效的案件虽属个案，但由于裁判法院级别为最高人民法院，对今后同种类型的案件可能起到潜移默化的影响。

（2）最高人民法院（2017）最高法民终字第529号福建伟杰投资有限公司、福州天策实业有限公司营业信托纠纷二审案

本院认为，天策公司、伟杰公司签订的《信托持股协议》内容，明显违反中国保险监督管理委员会制定的《保险公司股权管理办法》第八条关于"任何单位或者个人不得委托他人或者接受他人委托持有保险公司的股权"的规定，对该《信托持股协议》的效力审查，应从《保险公司股权管理办法》禁止代持保险公司股权规定的规范目的、内容实质，以及实践中允许代持保险公司股权可能出现的危害后果进行综合分析认定。……

综上可见，违反中国保险监督管理委员会《保险公司股权管理办法》有关禁止代持保险公司股权规定的行为，在一定程度上具有与直接违反《中华人民共和国保险法》等法律、行政法规一样的法律后果，同时还将出现破坏国家金融管理秩序、损害包括众多保险法律关系主体在内的社会公共利益的危害后果。《中华人民共和国合同法》第五十二条规定，"有下列情形之一的，合同无效：（一）一方以欺诈、胁迫的手段订立合同，损害国家利益；（二）恶意串通，损害国家、集体或者第三人利益；（三）以合法形式掩盖非法目的；（四）损害社会公共利益；（五）违反法律、行政法规的强制性规定。"故依照《中华人民共和国合同法》第五十二条第四项等规定，本案天策公司、伟杰公司之间签订的《信托持股协议》应认定为无效。

四　股权代持行为被认定有效或无效时的法律责任

虽然涉及股权代持行为的纠纷类型较多，但可将其大致分为三个类

型。首先是股权代持双方之间的纠纷，通常以主张投资利益或者确认代持协议效力、要求变更股东身份为主；其次是代持双方（或其中一人）与被投资公司之间的纠纷，通常是主张投资利益或确认股东资格等；最后是其他案外人与代持双方或一方之间的纠纷，通常是债权债务或股权转让等纠纷。

最高人民法院法官江必新、何东宁主编的《最高人民法院指导性案例裁判规则理解与适用·公司卷》① 中的看法代表了目前的主流观点，即："实际出资人不直接与公司外部第三人发生关系。名义股东对公司外部第三人必须承担股东的义务，而不能以其不是实际出资人提出抗辩。……由于实际出资人和名义股东之间合同关系的存在，在名义股东代实际出资人承担义务后，其对实际出资人享有追偿权，在名义股东给实际出资人造成损失后，其应当予以赔偿"。

《公司法司法解释（三）》也反映了上述股权代持行为中各方责任的分配，该解释第25条及第26条实际上分别对名义股东与第三人之间、第三人与实际出资人之间、债权人与名义股东之间、名义股东与实际出资人之间的责任进行了规定。

《公司法司法解释（三）》第25条规定："名义股东将登记于其名下的股权转让、质押或者以其他方式处分，实际出资人以其对于股权享有实际权利为由，请求认定处分股权行为无效的，人民法院可以参照物权法第一百零六条的规定处理。名义股东处分股权造成实际出资人损失，实际出资人请求名义股东承担赔偿责任的，人民法院应予支持。"

《公司法司法解释（三）》第26条规定："公司债权人以登记于公司登记机关的股东未履行出资义务为由，请求其对公司债务不能清偿的部分在未出资本息范围内承担补充赔偿责任，股东以其仅为名义股东而非实际出资人为由进行抗辩的，人民法院不予支持。名义股东根据前款规定承担赔偿责任后，向实际出资人追偿的，人民法院应予支持。"

① 江必新、何东宁主编《最高人民法院指导性案例裁判规则理解与适用·公司卷》，中国法制出版社，2012，第430~431页。

结　语

结合检索数据以及相关规定、司法解释来看，股权代持行为效力的认定以及法律责任核心主要有以下三点。

（1）在存在股权代持合意的情况下，以《合同法》第 52 条判断股权代持行为的效力；

（2）股权代持协议属双方之间的约定，不得以此对抗善意第三人；

（3）应结合代持协议的履行情况以及股权实际的价值等因素合理分配代持双方的利益和责任。

此外需要注意的是，虽然在以往的大多数司法裁判中极少有适用《合同法》第 52 条第（四）项，即以损害社会公共利益来认定股权代持协议无效的，但随着最高人民法院（2017）最高法民终 529 号福建伟杰投资有限公司、福州天策实业有限公司营业信托纠纷二审案的出现，在金融、证券等特殊领域采用该种裁判思路的可能性将逐渐增大，因此对于标的特别巨大、存在监管特殊要求，抑或存在被投资公司属于上市公司等情况，都应当谨慎对待股权代持行为，避免可能的风险。

隐名出资人股东资格确认法律
问题研究及纠纷解决

马 戎

对公司股东权利的保护水平是检验一国公司法治是否成熟、公正的标准之一。2006 年 1 月 1 日新修订的《中华人民共和国公司法》（以下简称"公司法"）颁布实施，尊重公司自治、股东自治作为公司法的修订宗旨得到了较为充分的体现，针对公司隐名出资人的出资行为，公司法亦秉持尊重公司股东自治的立法原则，对股东隐名出资行为持不予否定的态度。但在司法实践中，因对隐名出资人出资行为及股东资格确认的立法明显滞后，当隐名出资人、名义股东、公司及相关第三人之间发生纠纷时，究竟是名义股东还是隐名股东具有股东资格？谁负有出资义务并承担责任？应适用什么标准或证据来确认股东资格？尤其是隐名股东在进行股权转让时，若存在出资瑕疵，名义股东和隐名股东如何承担相应的法律责任？这些问题均涉及诸多利害关系人的利益，亟待从立法上进行规范和解决。本文将尝试分析隐名出资人所涉及的相关法律问题，并结合最高人民法院司法裁判大数据及部分省、市高级人民法院的相关判例，对隐名出资人股权争议纠纷进行统计、梳理，以最大限度地对隐名出资人行为可能涉及的纠纷进行分析，供出资人参考选择合理的出资方式。

一 隐名出资与隐名股东

隐名出资有广义和狭义之分。广义的隐名出资可以追溯至隐名合伙制度，是全部或部分隐名出资主体从事经营实体的现象，其出资对象可以是合伙组织、公司或其他经济实体①。而狭义的隐名出资仅指隐名出资于公司的情形，是一方实际认购股份，但公司章程、股东名册或工商登记记载的股东却为他人的法律现象②。本文以有限责任公司为研究视角，因此下文所述仅指隐名出资的狭义概念。

隐名出资人虽对公司实际出资，但公司章程、股东名册或工商登记未予记载；与其相伴存在的主体是显名出资人，即公司章程、股东名册或工商登记中予以记载的股东，但其实际上是没有出资的公司股东。因为显名股东具备了股东的形式要件，一般可以依法推定为公司股东。这里不将隐名出资人称为隐名股东，是因为隐名出资人是否具有股东资格尚处于未确定的状态，隐名出资人尽管对公司有出资行为，但如没有经过法律上的确认过程，并不能当然成为公司股东。

公司的隐名出资现象广泛存在于当前的经济活动中，尽管这一法律现象是法学理论界和实务界争论的焦点问题，但对隐名股东的定义至今没有形成统一意见。较有代表性的定义有如下几种：（1）"指依据书面或口头协议委托他人代其持有股权者"；③（2）"又称匿名股东，是指实际出资人或认购股份的人以他人名义履行出资义务或者认购股份"；④（3）"指虽然实际出资认购公司股份，但在公司章程、股东名册和工商登记中却记载为他人的投资者"。⑤ 以上定义均从隐名股东的形式要件上进行了阐释，表述了隐名出资人的出资和隐名两大特征，但均没有透彻地说明隐名股东的内涵。我们尝试从隐名出资人的实质性投资目的进行考察，进而阐释隐名股东的含义，即隐名股东是以完全享有股东权利并承担股东义务为目的，借用他人名义对公司进行出资，并能够依法确认为公司股东的出资人。

---

① 陈红：《探析公司隐名投资的现状与规范》，《政治与法律》2003 年第 1 期，第 118 页。
② 林晓镍：《公司中隐名投资的法律问题》，载奚晓明主编《中国民商审判》2002 年第 1 卷，法律出版社，2002，第 170 页。
③ 虞政平：《股东资格的法律确认》，《法律与适用》2003 年第 8 期，第 72 页。
④ 施天涛：《公司法学》，法律出版社，2006，第 230 页。
⑤ 刘敏：《股东资格认定中的三个问题》，《人民法院报》2003 年 8 月 27 日。

二 以统计数据分析隐名出资人股东资格认定标准

虽然我国公司法修订中尊重公司自治、股东自治，对隐名出资行为没有进行立法否定，但立法也没有对隐名出资行为及隐名出资人的股东资格确认做出明确规定，因而在司法实践中认定隐名出资人的股东资格时就存在法律障碍。对于隐名出资人的股东资格确定问题，最高人民法院和地方高级人民法院在案件审理裁判实践中均非常关注。最高人民法院2011年2月正式颁布《最高人民法院关于适用〈中华人民共和国公司法〉若干问题的规定（三）》[以下简称《公司法司法解释（三）》]、2003年11月公布《关于审理公司纠纷案件若干问题的规定（一）（征求意见稿）》（以下简称"征求意见稿"）。北京市高级人民法院《关于审理公司纠纷案件若干问题的指导意见（试行）》、上海市高级人民法院《关于审理涉及公司诉讼案件若干问题的处理意见（一）》、江苏省高级人民法院《关于审理适用公司法案件若干问题的意见（试行）》等规范性文件，已经是司法审判中的重要参考。以上法律文件关于隐名出资人的股东资格认定标准均不同程度存在司法空白、遗漏或不一致的情形，成为实践中不同省市关于股东资格确认纠纷争议解决中，对实际出资人股东身份认定的司法审判标准混乱的重要原因。

下文将尝试通过中国裁判文书网关于公司股东资格确认纠纷裁判文书统计数据，以及《中华人民共和国最高人民法院公报》案例及发达地区高院所发布的典型案例，分析国内公司股东资格确认纠纷争议解决的现状及裁判标准。①

（一）最高人民法院认定实际出资人股东资格裁判标准及缺陷

1. 最高人民法院股东资格确认纠纷案件大数据统计分析

经检索中国裁判文书网，2013～2018年最高人民法院就股东资格确认纠纷裁判的全部案例共计76件，最高人民法院上网的裁判文书类型为：判

---

① 除特别注明出处外，本文案例均来自中国裁判文书网（http://wenshn.court.gov.cn）。

决书 10 份；裁定书 66 份，其中：裁定书中涉及最高人民法院提审裁定书共 10 件（含最高人民检察院抗诉而由最高人民法院提审的裁定 3 件），准予撤诉的裁定书 3 件，发回重审的裁定书 3 件，其余裁定书均为驳回再审申请或维持原判决的裁定。

从裁判结果来看，最高人民法院出具的 10 份判决书中，仅有 1 份判决书确认实际出资人的股东资格，其余 9 份判决书均驳回了实际出资人的诉讼请求，或通过维持下级人民法院的判决结果否认了实际出资人的股东资格；最高人民法院出具的 66 份裁定书中，仅涉及诉讼程序未涉及案件事实的裁定有 14 份，剩余 52 份裁定书只有 8 份确认了实际出资人的股东资格，这 8 份裁定书均维持了下级人民法院认定实际出资人股东资格的判决结果。从统计数据结果看，最高人民法院审理的关于实际出资人股东资格争议纠纷，经二审或再审审判监督程序而出具判决书的 10 件案例中，判决确认实际出资人股东身份的案件只有 1 件，比例为 10%；最高人民法院出具的涉及公司股东资格确认的裁判文书（含判决书、裁定书）共计 76 份，以判决或裁定确认实际出资人股东身份的案件为 9 件，剔除程序性裁定书 14 件，最高人民法院以判决或裁定确认实际出资人股东资格的裁判文书比例为 14.52%。

2. 最高人民法院确认实际出资人股东资格的裁判标准和依据

从统计数据可以看出，最高人民法院裁判确认实际出资人具有股东资格的案件比例很低，绝大多数案件不支持实际出资人的股东资格。数据统计中我们还看到，案件审理中确认实际出资人股东资格的法律依据主要遵照《公司法司法解释（三）》的相关条款进行认定，且实际出资人承担了较为严苛的举证责任。下面以典型案例说明。

最高人民法院做出的确认实际出资人股东资格的判例为万家裕、丽江宏瑞水电开发有限公司股东资格确认纠纷再审案（（2014）民提字第 00054 号），本案为最高人民法院判决确认实际出资人股东资格的典型案例。最高人民法院判决书的说理分析如下。

（1）根据本案查明的事实，确认万家裕已经取得了宏瑞公司的股东身份。

首先，万家裕已经向宏瑞公司实缴出资，万家裕打入宏瑞公司账户的510万元为出资款而非借款。2008年6月，代表宏瑞公司处理日常事务的唐振云及宏瑞公司股东张正云与万家裕协商，由万家裕向宏瑞公司出资510万元，占30%的股权。由此证明，万家裕在出资之前，已经与宏瑞公司及其股东就出资事宜达成了合意。2008年7月29日，万家裕向云南省丽江市古城区信用合作社贷款530万元，贷款用途明确约定为"电站投资"。2008年8月4日，万家裕将所贷的510万元打入了宏瑞公司的账户，实缴了出资，履行了先前约定的出资义务，宏瑞公司的会计凭证也将该510万元记载为"实收资本"。

其次，万家裕的股东身份已经记载于《宏瑞公司章程》，万家裕也以股东身份实际参与了宏瑞公司的经营管理。2008年8月10日，唐振云、张正云和万家裕共同修订并签署了新的《宏瑞公司章程》。《宏瑞公司章程》的修改经过了代表三分之二以上表决权的股东通过，符合法定的修改程序，宏瑞公司的另一股东双河电站在本案二审中也明确表示认可修订后的《宏瑞公司章程》，故其应为合法有效。《宏瑞公司章程》中载明，万家裕于2008年8月10日认缴出资510万元，占宏瑞公司注册资本的30%。其后，万家裕以宏瑞公司董事长的身份，出席了双河电站的复工典礼，并多次参加宏瑞公司的股东会，讨论公司经营管理事宜，实际行使了股东权利。公司章程是股东在协商一致的基础上所签订的法律文件，具有合同的某些属性，在股东对公司章程生效时间约定不明，而公司法又无明确规定的情况下，可以参照适用合同法的相关规定来认定章程的生效问题。本院认为，经法定程序修改的章程，自股东达成修改章程的合意后即发生法律效力，工商登记并非章程的生效要件，这与公司设立时制定的初始章程应报经工商部门登记后才能生效有所不同。

（2）万家裕对宏瑞公司的股权是否转变为债权。

2010年11月20日，唐振云代表宏瑞公司给万家裕补写了一张《借条》，唐振云于《借条》出具前后分三笔向万家裕账户转账合计510万元。

宏瑞公司主张其与万家裕之间的投资关系已经因《借条》的出具而转变为借款关系，万家裕对此予以否认。本院认为，万家裕对宏瑞公司的股权并未转变为债权。理由是：

第一，股东不得抽逃出资是公司法的一项基本制度和原则，我国《公司法》对此做了明确规定。股东向公司出资后，出资财产即转变为公司的法人财产，其独立于股东个人的财产而构成公司法人格的物质基础。股东从公司抽回出资，则会减少公司资本，动摇公司的独立法人地位，侵害公司、其他股东和公司债权人的利益，因而为法律所严禁。本案中，万家裕打入宏瑞公司账户的510万元性质上为出资款，且为《宏瑞公司章程》所确认，该510万元进入宏瑞公司的账户后，即成为宏瑞公司的法人财产，无论是万家裕主动要求宏瑞公司将其出资转变为借款，还是唐振云代表宏瑞公司向万家裕出具《借条》并将出资作为借款偿还，抑或是万家裕与宏瑞公司协商一致，将出资转变为借款而归还，本质上都是根本改变万家裕对宏瑞公司出资性质的违法行为，都会导致万家裕抽回出资并退股的法律后果，这是有违公司法的禁止性规定的，因而上述行为均应无效，万家裕的股东身份自然也不应因此种无效行为而改变。

第二，《借条》并不能证明万家裕对宏瑞公司的出资已经转变为借款。即便不考虑前述法律禁止性规定的因素，单纯从《借条》这一证据本身分析，亦不能得出万家裕对宏瑞公司的出资已经转变为借款的结论。

由上，最高人民法院撤销了云南省高级人民法院及丽江市中级人民法院的一审、二审判决书，判决确认万家裕为丽江宏瑞水电开发有限公司的股东，出资510万元，持有30%的股权；判令丽江宏瑞水电开发有限公司应于判决生效之日起15日内，配合万家裕办理股东变更登记手续。

最高人民法院以裁定书确认实际出资人股东身份的其他8件案例如下。

①林志群与林三、张静股东资格确认纠纷申请再审民事裁定书（（2014）民申字第1053号）；

②池国顺、张雪与阜新黑土地油脂有限公司股东资格确认纠纷申诉、申请民事裁定书（（2016）最高法民申653号）；

③福建南安德联体育用品有限公司、吕爱华股东资格确认纠纷再审审查与审判监督民事裁定书（（2018）最高法民申 2629 号）；

④殷林、张秀兰股东资格确认纠纷再审审查与审判监督民事裁定书（（2017）最高法民申 37 号）；

⑤成都帅君美容有限公司、张琼股东资格确认纠纷再审审查与审判监督民事裁定书（（2017）最高法民申 4748 号）；

⑥刘芳平、黎凌等与藤县米兰房地产开发有限公司股东资格确认纠纷申诉、申请民事裁定书（（2016）最高法民申 1398 号）；

⑦郑州亿升电熔耐火材料有限公司与被申请人杨金武及青海隆安煤业有限公司、宋德桂、张志臣、海西万通实业有限公司、赵世恒、赵世昌、魏鹏刚，第三人大通瑞兴养殖有限公司股东资格确认纠纷再审审查民事裁定书（（2013）民申字第 1406 号）；

⑧黄石市城市建设投资开发有限责任公司、黄石凯迪水务有限公司股东资格确认纠纷再审审查与审判监督民事裁定书（（2017）最高法民申 1645 号）。

经大数据检索，实际出资人之股东资格获得最高人民法院支持的 9 份裁判文书，在事实认定方面均存在如下共性：

①实际出资人与显名股东有委托投资或委托持股的合意，且就此达成了协议或相关法律文件；

②双方达成的委托协议等法律文件未违反国家法律、法规或行政前置许可程序或其他禁止性法律规定；

③实际出资人均适当履行了股东认缴出资的法定义务。

经大数据检索，最高人民法院审理股东资格确认纠纷案件中，就事实部分认定引用最多的法律依据为：

①《中华人民共和国合同法》第 8 条第 1 款、第 52 条；

②《中华人民共和国公司法》（2005 年 10 月 27 日修订）第 32 条、33 条、36 条；

③2011 年 2 月颁布的《最高人民法院关于适用〈中华人民共和国公司法〉若干问题的规定（三）》第 22 条、23 条、24 条、25 条、26 条。

3. 最高人民法院据以做出裁判的法律依据存在的缺陷

上述法律依据中，最高人民法院颁布的《公司法司法解释（三）》相关条款是最新的也是最为权威的关于对实际出资人和名义股东的规定，司法解释秉持了以形式说为主、实质说为补充的折中立法原则。《公司法司法解释（三）》第24条第一款规定："有限责任公司的实际出资人与名义出资人订立合同，约定由实际出资人出资并享有投资权益，以名义出资人为名义股东，实际出资人与名义股东对该合同效力发生争议的，如无《合同法》第五十二条规定的情形，人民法院应当认定该合同有效。"第二款规定："前款规定的实际出资人与名义股东因投资权益的归属发生争议，实际出资人以其履行了出资义务为由向名义股东主张权利的，人民法院应予支持。名义股东以公司股东名册记载，公司登记为由否认实际出资人权利的，人民法院不予支持。"但该条第3款又规定："实际出资人未经其他股东半数以同意，请求公司变更股东，签发出资证明书，记载于股东名册，记载于公司章程并办理公司登记机关登记的，人民法院不予支持。"

司法解释存在先天不足，在争议解决中如仅仅依照该解释，各级法院仍无法准确理解和把握裁判尺度。

首先，解释虽然确认了隐名出资人和名义股东之间签订的合同的法律效力，但仅对投资收益的归属做出了规定，却没有说明投资收益的范围。投资收益属于会计学范畴，是财务处理中的会计科目，一般针对的是利润。而从法律角度分析，实际出资人的出资目的相对应的应当是基于对公司的投资而获取的股东权益，股东权益的涵盖范围要远远大于投资收益，司法解释仅仅将实际出资人的权利限制在投资收益范畴，实际出资人只能通过诉讼主张其投资收益的权利。可见司法解释对实际出资人的股东资格确认上采取了谨慎及限制处置的态度。

其次，依照《公司法》规定，股东既享有公司股东权利，也负有股东应承担的法定义务，《公司法》司法解释（三）仅仅对实际出资人的出资赋予了投资收益的权利，除投资收益之外的股东权利没有涉及，也没有对实际出资人股东义务的承担做出任何规定，这在司法实践中极易产生歧义，各级法院在案件审理过程中如果认可了隐名出资人的股东身份，那么必然应对股东义务做出事实认定和裁判，实践中裁判的尺度必然会严重不统一。

最后，（三）仍然没有明确实际出资人的股东资格认定办法，也没有明确股东资格确认的程序。

因此，司法实践中对于实际出资人的股东资格确认仍旧非常难以准确界定，法官的自由裁量权幅度较大，这直接导致各级人民法院在审判中的尺度也严重不统一。

最高人民法院下发的"征求意见稿"也秉持形式说为主、实质说为补充的原则，规定了形式说的两种例外情形，即有限责任公司半数以上的其他股东明知实际出资人的出资，且公司已经认可其以股东身份行使权利的，实际出资人一方出资，名义股东一方以股东名义参与公司登记注册，双方约定实际出资人为股东或者实际出资人承担投资风险，实际出资人主张名义出资人转交股息和其他股份财产利益的，则确认实际出资人的股东资格。除以上两种情形，则认定实际出资人对名义股东享有债权。依照"征求意见稿"的规定，实际出资人如需确认其股东资格只能在满足上述两种情形之一的条件下才可能实现，在司法实践中实际出资人如要实现股东资格确认胜诉之目的还需要承担举证责任，证明其履行了实际出资义务。此外，实际出资人还须持有委托出资协议或能证明名义股东代为持有股权的法律文件，实际出资人如果不能举证证明其具备上述条件，则在诉讼中将处于非常不利的境地。"征求意见稿"虽至今尚未正式实施，尚不能作为实际出资人股东资格确认诉讼中的最终裁判标准，但"征求意见稿"对各级法院审理股东资格确认争议纠纷有一定的潜在影响，实践中"征求意见稿"对实名出资人的出资行为及其和名义股东之间的合同拟定则具有一定的指导作用。

（二）不同省（市）高级人民法院审理确认股东资格纠纷案件的标准各异

《公司法》、最高人民法院司法解释均没有对实际出资人的股东身份认定标准及程序做出统一、权威的规定，国内部分省市高级人民法院在审判实践中虽针对相关公司法纠纷案件出台指导意见，但各地出台意见对实际出资人股东资格的认定标准也不统一。其中，北京、上海、江苏等发达地区出台了审理涉及公司法案件的指导意见，对实际出资人股东资格认定的标准做出了规定；其他省份没有出台关于实际出资人的股东资格认定标准的规定，案件审理过程中赋予法官的自由裁量权则更大。

北京市高级人民法院《关于审理公司纠纷案件若干问题的指导意见（试行）》以实质说为主要原则，赋予法官较大的自由裁量权，规定"……有限责任公司股东资格的确认，涉及实际出资数额、股权转让合同、公司章程、股东名册、出资证明书、工商登记……确认股东资格应当综合考虑多种因素，在具体案件中对事实证据的审查认定，应当根据当事人具体实施民事行为的真实意思表示，选择确认股东资格的标准"。上海市高级人民法院《关于审理涉及公司诉讼案件若干问题的处理意见（一）》和江苏省高级人民法院《关于审理适用公司法案件若干问题的意见（试行）》关于隐名出资人的股东资格确认则以形式说为准，但参照实质说规定例外情形，比如江苏高级人民法院的意见则明确规定工商登记文件为确定有关当事人的股东资格的形式要件标准。因形式说为国内审理确认股东资格案件的主流学说，工商登记类规范性文件当然是司法审判中的重要参考，因各地关于此类规范性文件在隐名出资人股东资格确认纠纷审理中的作用和标准并不一致，在司法审判中经常出现不同地区甚至同一地区的法院往往做出大相径庭的判决结果的案例。

以上海地区的典型案件进行分析，如"李某诉塑料公司等侵犯公司经营权纠纷案"① 确认隐名出资人为公司股东；"谢民视诉张瑞昌、金刚公司股权纠纷案"② 分两次判决先行判决部分确定显名股东和实际出资人的股东身份，判令先进行工商登记变更，工商变更完成后第二次再判决则依照股权转让合同履行股权转让对价；"曹根林诉上海三角地超市等返还股权转让款纠纷案"将名义股东和隐名出资人均确定为公司股东，并由名义股东和隐名股东连带承担公司的相关债务。③ 更为混乱的是，同一纠纷不同审级的法院按照不同的

① 赵艳洁：《隐名出资人的股东资格认定》，《法制日报》2004 年 7 月 14 日，第 11 版。
② 《谢民视诉张瑞昌、金刚公司股权纠纷案》，《中华人民共和国最高人民法院公报》2003 年第 1 期，第 32～34 页。
③ 上海市虹口区人民法院［1997］虹经初字第 1792 号民事判决书。

标准做出大相径庭的判决，如"百乐门公司诉宝城公司等股权确认纠纷案"①，一审法院确认隐名出资人的股东资格，上诉审法院则撤销了原审判决，确认名义出资人的股东资格。

以 2003 年第 1 期《中华人民共和国最高人民法院公报》案例"谢民视诉张瑞昌、金刚公司股权纠纷案"为例分析。

谢民视与张瑞昌商议共同投资金刚公司，张瑞昌在未实缴出资前提下向谢民视转让金刚公司 20% 股权，谢民视向金刚公司以银行汇款出资，后发现张瑞昌并未按合同、章程的约定缴纳出资，并将谢民视的出资当作其个人出资进行验资，因此引发谢民视退股，要求张瑞昌回购其持有的金刚公司股权，双方达成股权转让协议。本案系在履行中外合作经营合同过程中所发生的股东资格确认及股权转让纠纷，焦点问题是谢民视与张瑞昌股权转让合同已签署，但未办理相应的报批手续，如何处理相关当事人股东资格确认及要求支付股权转让款的诉请。上海市第二中级人民法院经过两次审判，先行判决确认被告张瑞昌在转让股权之前尚未缴付其认缴资本的对价，但并没有将张瑞昌向原告转让股权的行为认定为无效民事行为，以张瑞昌具有股东登记的形式要件，即金刚公司依法设立后，有关合同、章程以及营业执照、批准证书等具有公示效力的登记文件确认张瑞昌具有股东资格，确认股权转让协议及股权回购协议的有效性。实践中，经批准、登记才生效的合同，债务人往往以不办理相关手续的不作为形式阻止合同的生效，上海市第二中级人民法院采用先行判决债务人办理报批手续的方式，判决被告张瑞昌、金刚公司应于判决生效之日起十日内，就原告谢民视与张瑞昌之间的股权转让事宜，至审批机关办理相关股权变更手续。保护实际出资人的利益，先行判决后张瑞昌和金刚公司在审批机关办理股权变更手续，将金刚公司的投资者变更为张瑞昌和案外人立新公司。上海第二中级人民法院再就股权转让价款进行审理并做出判决。本案的典型性在于，从实体审理角度看，先行判决部分依照形式要件确认了张瑞昌的股东资格及股权转让合同的效力；从程序审理角度看，

---

① 汤兵生：《上海市对外服务有限公司、上海市静安商楼与上海市百乐门经营服务总公司、上海宝城商业房产公司股权确认纠纷案》，《上海审判实践》2001 年第 3 期。

为实现实际出资人谢民视的投资权益，上海第二中级人民法院将一个案件进行了分阶段审理，两次审判，先行判决股权变更登记、二次判决股权转让价款的支付，上海第二中级人民法院就本案的两次判决，当事人均没有上诉。因此，无论从实体审理还是程序审理上，本案均具有比较典型的代表意义。

由上可以看出，各地法院对股东资格确认纠纷审理标准上缺乏统一，司法实践中法官的自由裁量权非常大，亟须从立法上进行完善和统一。

三　由隐名出资人股东资格典型案例解析隐名出资人权利保护

1. 在法律法规规定股权取得须经前置程序审批的条件下，实际出资人股东资格的认定

案例：华夏金谷融资担保有限公司、北京华诚宏泰实业有限公司股东资格确认纠纷案（最高人民法院（2014）民提字第147号）

最高人民法院认为，公司股份应归属于股东。根据本案查明的事实，华夏金谷公司系内蒙古银行5000万股股份的实际出资人，但并非公司章程和工商登记机关登记确认的股东。实际出资并非成为公司股东的充分条件，实际出资人亦并非当然为公司股东。本案中的内蒙古银行系中资商业银行，中国银行业监督管理委员会对于中资商业银行的发起人、股东资格的获取及应履行的报批程序，《中国银监会中资商业银行行政许可事项实施办法（修订）》有其限制性规定。在华夏金谷公司并无证据证明其已具备相关条件并履行报批程序之前，直接要求确认案涉内蒙古银行的5000万股股份归其所有，并要求泽润嘉源公司过户返还，实质上即为确认其系内蒙古银行股东的效力，故本院不予支持。

律师意见：

实际出资人在签署委托出资或持股法律文件前，应确认股权委托代持行为是否需要前置审批或备案，对股权取得必须经过国家法律、法规或国家行

政管理部门规定的前置审批程序审批的，则不应与之相冲突。

2. 公司章程在股东资格确认争议中的作用

案例：毛丽娟、毛宁辉股东资格确认纠纷再审案（（2017）最高法民再198号）

本院认为，股东持有股权的比例一般与其实际出资比例一致，但有限责任公司的全体股东内部也可以约定不按实际出资比例持有股权。就上述购置土地的790万元及现金10万元出资的来源，虽然毛丽娟、毛宁辉各自均未向黄雪城或新城公司实际支付相应的100万元，但黄雪城、毛丽娟、毛宁辉三人在签署新城公司章程、股东会议纪要、办理验资和申办新城公司成立的过程中，对此都是明知的，加之考虑到黄雪城、毛丽娟、毛宁辉三人之间的亲属关系，应当认定黄雪城、毛丽娟、毛宁辉三人并未以毛丽娟、毛宁辉实际支付的现金数额作为确定股权比例的依据，黄雪城、毛丽娟、毛宁辉三人在新城公司章程中约定的各自占有75%、12.5%和12.5%股权比例，在验资报告中确认上述注册资本已实际缴足，均系黄雪城、毛丽娟、毛宁辉三人真实意思表示，不违反法律规定，且新城公司也是按照上述比例办理的工商登记，应当以此确认黄雪城、毛丽娟、毛宁辉三人的股权份额。原审判决以实际出资比例确定股权份额适用法律错误，本院予以纠正。

律师意见：

《公司法》第32条第3款明确规定了国家登记机关在股东资格确认中的主导作用，明确规定股东未经登记机关登记不得对抗第三人。《公司法》从本质上属于私法范畴，关于公司内部管理、公司股东之间的关系，原则上应由股东依其自由意思予以调整，公司章程和股东名册也应当作为股东资格确认的形式要件。公司章程是公司自治立法安排的主要形式之一，是公司的"内部宪章"，实际出资人应当可以通过公司章程的约定确认公司股东的地位；通过公司股东名册的记载来确认股东的资格。依据公司章程和股东名册确认实际出资人的股东资格具有可行性，对于第三人而言，在受让股权或与公司进行交易时，由其承担对公司章程和股东名册认定的义务并不加重其义务负担，同时公司也有义务向相关第三人出示公司章程和股东名册。

3. 实际出资人需要承担的举证义务

案例 1：范晓红、孙平股东资格确认纠纷二审民事判决书（（2016）最高法民终 696 号）

虽《股份确认合同》第一条、第二条载明，范晓红对煤矿已进行了投资及相应多方面的贡献，孙平予以确认，并保证范晓红依法享有权益等内容，但合同双方并未明确约定"投资及相应多方面的贡献"具体内容。同时，合同第三条约定，"双方应共同努力办理煤矿扩产资源整合的各项工作，多方引进扩产资金"。故一审判决认定范晓红不能仅以《股份确认合同》第一条、第二条的相关约定主张其享有东山坡煤矿 50% 的股权及投资权利，具有事实和法律依据。范晓红应当举证证明其已经履行了投资义务以及做出了相应贡献，否则将承担举证不能的法律后果。范晓红所称其对案涉煤矿 115 万元的前期投入、向岳美美借款 200 万元用于投资，出资委托朔州市煤炭设计研究所做出的煤矿改制期间整体煤矿设计资料及图册，以及通过其做工作朔州市平鲁区农村信用合作联社才向万鑫煤业公司发放贷款 3538.6 万元，范晓红亦未提交证据证明该事实成立。本院对范晓红的该部分上诉理由不予采信。一审判决以范晓红不能举证证明其对案涉煤矿实际投资及做出相应贡献为由，驳回范晓红诉讼请求并无不当。

案例 2：刘婧、王昊股东资格确认纠纷二审案（（2015）民二终字第 96 号）

最高院认为：根据本案现有证据查明的案件事实，王昊为江苏圣奥公司登记股东，以股东身份完成出资、增资、分红及股权转让行为等。王昊取得的股东身份登记，具有公示效力。刘婧在诉讼中主张其与王昊之间存在代持股关系，证据不充分。代持股关系应当基于委托关系形成，委托关系为双方法律行为，需双方当事人有建立委托关系的共同意思表示，签订委托合同或者代持股协议，对未签订合同但双方当事人有事实行为的，也可以依法认定存在委托代持股关系，并以此法律关系确定双方当事人的民事权利和义务。单方法律行为不能建立委托代持股份关系。本案中刘婧未提交其与王昊之间关于建立委托关系或者代持股关系的协议，其提交的其他证据也不能证明其与王昊之间对委托关系或者代持股关系形成了共同意思表示或者其间实际形成了事实上的代持股份关系。因刘婧在本案中未能提供直接证据证明其主张，提交的间接证据未能形成完整的证据链，不具有排他性，举证不具有优势，其在本案中的诉讼主张，本院不予支持。王昊与刘婧之间的资金往来实际存在，其资金关系可以另行解决。

律师意见：

股东资格确认纠纷案件审理中，显名股东以股东身份进行工商登记的，显名股东具有公示效力。实际出资人如拟通过诉讼路径确认其股东资格，则要求实际出资人承担较重的举证责任，不仅要求实际出资人举证证明委托持股合意或签署相关委托协议，或双方达成了相关的股权分割协议等法律文件，形成了股权代持关系，还要求实际出资人举证证明其履行了实缴出资义务并承担了股东义务，否则将承担举证不能的法律后果。

4.关于委托持股的合意达成的认定及实际出资人显名条件

案例 1：王云与青海珠峰虫草药业有限公司股东资格确认纠纷二审案（（2014）民二终字第 21 号）

最高院认为，截至本案一审诉讼前王云在珠峰公司不持有任何股份，不是珠峰公司股东名册上记载的股东。本案中，王云并未提供其与王辉及海科公司之间存在书面代持股合意的证据，王辉与海科公司亦否认存在代持股合意。虽然，原审中王云与王辉的父母、姐姐均出庭证明珠峰公司是由王云起意筹资建立，并在珠峰公司成立初期由家庭会议就王云出资、王辉代王云持股 45% 的事宜进行了商定，其后至 2008 年王云将自己持有的珠峰公司股份全部转让给王辉，实际是由王辉代持股的意思，但家庭会议未就有关王云与王辉之间存在代持股合意的问题达成任何书面记载，且上述家庭成员证人证言并未明确对于珠峰公司 2012 年 4 月增资至 5000 万元过程中，由王云实际出资王辉代其持有相应股份的行为经过了家庭会议讨论决定。此外，原审认定王辉增资 4250 万元中 2500 万元系王云通过王健和美信公司的出资，但该两笔资金转入时间均为 2011 年底，且并未直接用于王辉对珠峰公司增资，而是历经了数个账户流转后于 2012 年 4 月才被王辉用于增资。对此，本院认为，在王云与王辉及海科公司之间就 2012 年 4 月增资过程中代持股事宜缺乏明确合意的情况下，结合上述资金的转入及流转过程，王云对于此次增资具有出资的意思表示并协商由王辉及海科公司代为持股的证据不足。

案例 2：池国顺、张雪与阜新黑土地油脂有限公司股东资格确认纠纷案（（2016）最高法民申 653 号）①

张雪、原黑土地公司法定代表人赵晶从始至终主张双方存在口头协议，并约定由张雪投资，赵晶经营组建黑土地公司；黑土地公司现法定代表人刘金朋亦在一、二审庭审中始终确认，其在进入公司之前就知道张雪是黑土地公司的实际出资人；赵晶、刘金朋同时确认刘金朋任黑土地公司法定代表人亦系张雪的安排。前述证据所证明的池国顺等人均未对黑土地公司进行任何投入的事实，能够与赵晶、刘金朋关于黑土地公司均系张雪个人投入的陈述相互印证。二审法院对赵晶、刘金朋的相关陈述，予以确认，以及根据《最高人民法院关于民事诉讼证据的若干规定》第六十六条关于"审判人员对案件的全部证据，应当从各证据与案件事实的关联程度、各证据之间的联系等方面进行综合审查判断"的规定，对被申请人张雪与赵晶、池国顺等人间存在口头隐名代持股份协议的主张，予以采信，并无不当。口头隐名代持股份协议不违反法律规定，其效力应予确认。二审法院认定，张雪汇入赵晶账户的 680 万元款项均用于黑土地公司履行与高新园区管委会间《协议书》约定的交付土地出让金事宜，黑土地公司的资金投入主要来源于被申请人张雪，张雪作为黑土地公司的唯一出资人，享有黑土地公司 100% 股权，池国顺系名义股东。二审法院援引《最高人民法院关于适用〈中华人

---

① 本案为统计的 76 件案件中，最高人民法院支持实际出资人与显名股东达成的口头协议成立有效的唯一案件。

民共和国公司法〉若干问题的规定（三）》第二十四条第二款规定，适用法律正确。

律师意见：

（1）根据《公司法》第32条第2款的规定"记载于股东名册的股东可以依股东名册主张行使股东权利"，隐名出资人未记载于股东名册无权直接向公司主张股东权利。按照《公司法司法解释（三）》第24条的规定，隐名出资人如要取得公司股东身份，应建立在其与显名股东之间存在合法有效的代持股协议，且隐名出资人向标的公司实缴出资，并经公司其他股东过半数同意其显名为公司股东的基础上。

（2）在确认实际出资人股东资格的前提下，实际出资人与名义股东因投资权益的归属发生争议，实际出资人以其实际履行了出资义务为由向名义股东主张权利的，人民法院应予支持。名义股东以公司股东名册记载、公司登记机关登记为由否认实际出资人权利的，人民法院不予支持。

（3）实际出资人与显名股东就股权代持事宜达成合意后，应尽可能签署书面法律文件进行确认，同时应保管实缴出资的相关凭据，尽可能提供实缴出资的人证和物证，尽可能提供履行股东义务的相关证据，且全部证据能够相互契合，形成证据链。

5. 关于自然人股东死亡后继承人继承股东资格的问题

案例：启东市建都房地产开发有限公司、周艳股东资格确认纠纷二审案（（2018）最高法民终88号）

本院认为，《公司法》赋予了自然人股东的继承人继承股东资格的权利，但是同时亦允许公司章程对死亡股东的股权处理方式另行做出安排。本案中，纵观建都公司章程的演变，并结合建都公司对离职退股的实践处理方式，本案应当认定公司章程已经排除了股东资格的继承。周艳虽无权继承股东资格，但其财产权利可以得到保障。根据2015年1月10日《公司章程》第七条的相关规定，其依然能取得退还的股本金和按照持股额每年计算一定比例的回报款。周艳作为周渭新的继承人，将能够从建都公司获取较为丰厚的财产收益，对其权益的保护亦属合理。

排除股东资格继承后，标的股权如何处理属于公司治理事项，不影响本案股东资格的判断。建都公司作为有限责任公司，具有独立的法人人格和治理结构，案涉股权排除继承后，究竟是由公司回购还是由其他股东受让，均可通过公司自治实现。这两种方式均有利于打破公司僵局，维持公司的人合性和封闭性，体现公司意志，保护股东权益。

律师意见：

《公司法》第75条规定："自然人股东死亡后，其合法继承人可以继承股东资格；但是，公司章程另有规定的除外。"合法继承人能够继承股东资格的关键在于公司章程是否对此项权利进行排除，如公司章程对合法继承人的继承权进行了排除规定，则合法继承人无权要求确认其股东资格并进行变更登记，但可就被继承人实际出资部分形成的股权所对应的财产权益，提出权利主张。

四　小结

（1）在确认股东资格的案件审理中，最高人民法院秉持了以形式说为主、实质说为补充的折中原则，但至今还没有出台统一权威的实际出资人股东资格认定的立法标准及认定程序，尤其案件审理中关于事实部分的认定方面法官自由裁量权较大，导致各地案件审理标准和裁判尺度不统一。

（2）因法官对案件事实认定的自由裁量权较大，不同法官对案件的事实理解和法律适用存在个体差异，实际出资人如主张其股东资格则必然承担较重的举证责任，相关证据须相互契合并同时满足如下事实条件以达到满意的诉讼效果：

①与显名出资人达成合意，并就委托出资或代为持股事宜达成书面法律文件，如条件许可应尽量告知其他股东委托持股事宜并通过公司章程等法律文件对其出资及股权比例进行准确确认；

②委托持股协议或相关委托事宜应不违反国家法律、法规及行政部门行

政许可或其他强制性规定；

③实际出资人适当履行了股东义务，实缴其认缴的出资资本金，并承担了公司股东承担的法定或约定义务。

（3）隐名出资人如要取得公司显名股东的身份，应建立在其与显名股东之间存在合法有效的代持股协议，且隐名出资人向标的公司实缴出资，并经公司其他股东过半数同意其显名为公司股东的基础上。

第四部分

证券欺诈及证券违法违规行为

"老鼠仓"案件实证分析报告

乔 瑞

自 2009 年《刑法修正案（七）》新增了"利用未公开信息交易罪"，将基金经理的"老鼠仓"行为入刑后，全国的司法部门处理了多起"老鼠仓"案件。但"老鼠仓"行为是资本市场发展壮大后产生的一种新类型的违法行为，立法机关、司法部门、行政监管部门、金融行业、社会公众都经历了从无到有、从表面向实质、从感性到相对理性的认识不断深化的过程。在司法实践过程中，对"老鼠仓"犯罪行为的处理引发了各界广泛的争论。虽然经过近十年的司法实践，特别是"马乐案"暂时平息了个别核心法律适用问题的争议，明确了此类案件的基本程序，但仍有许多争议未得以明确。

为了能较为全面地展现司法实践对"老鼠仓"犯罪行为处理过程形成的一定规律及这些规律背后所蕴含的法律机理，笔者查阅了中国裁判文书网上利用未公开信息交易罪的全部刑事判决书，以及其他公开领域可供查询的资料，共收集到 44 个案件样本，涉及 61 名被告人。本文试图从多个维度分析归纳出司法机关在审理此类案件过程中对各个问题的判决规则，以使大家能更了解该罪名入刑的立法目的、廓清行为及责任的边界，发现仍待完善之处，以期提出建设性的意见。

一 罪名的由来

"利用未公开信息交易罪"系《刑法》第 180 条第 4 款所规定的"证券交易所、期货交易所、证券公司、期货经纪公司、基金管理公司、商业银行、保险公司等金融机构的从业人员以及有关监管部门或者行业协会的工作人员，利用因职务便利获取的内幕信息以外的其他未公开的信息，违反规定，从事与该信息相关的证券、期货交易活动，或者明示、暗示他人从事相关交易活动，情节严重的"行为。通俗些说就是指"基金公司、证券、期货、保险公司等资产管理机构的从业人员，主要是机构经理、操盘手，在用客户资金买入证券或者其衍生品、期货或者期权合约等金融产品前，以自己名义，或假借他人名义，或者告知其亲属、朋友、关系户，先行低价买入证券、期货等金融产品，然后用客户资金拉升到高位后自己率先卖出获利，使个人以相对极低的成本牟取暴利"① 的行为。因为采取此种交易行为的方式通常会使用多个账号分散资金，防止引起监管部门的关注，像老鼠藏食物一样，因而得名"老鼠仓"。

二 样本案件的基本情况

截至 2019 年 3 月 15 日，通过中国裁判文书网及其他网上公开信息，经过去除程序性裁定和未生效的一审判决，查询到全国各地法院做出生效判决的"利用未公开信息交易罪"案件共计 44 件，涉案人员共计 61 名。针对这 44 份生效判决，做出以下分析，管窥探究其中可能存在的规律。

（一）被告人的身份

根据对 44 个刑事判决的统计，在所有涉案的被告人中，担任基金经理、金融机构投资总监等具有投资决策权职位的人数为 37 名，占所有涉案被告人的 60.66%；基金公司交易员等不具有投资决策权的一般工作人员 9 名，占所有涉案被告人的 14.75%；机构工作人员的亲属、朋友等关系人 15 名，占所有涉案被告的 24.59%（见图 1）。

犯罪主体的身份以基金经理为主，但还包含其他身份的人员。

1. 参与交易的关系人被认定为共犯，也被纳入打击范围

各基金公司、保险公司、商业银行等投资机构均按要求制定了严格的从

---

① 黄太云：《刑法修正案（七）解读》，《人民检察》2009 年第 6 期。

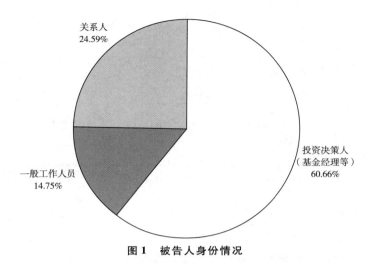

图1 被告人身份情况

资料来源：最高人民法院裁判文书网公开的裁判文书。

业人员及亲属买卖股票的申报制度。从业人员自行操作股票买卖多有不便，还容易引起监管部门的关注。因此，多数从业人员会通过自己亲属、朋友、合作伙伴等关系人使用他人账户进行股票买卖的操作。关系人虽不属于《刑法》规定的具有职务便利的金融机构从业人员和工作人员，但法院判决表明一旦关系人参与了"老鼠仓"行为，即可能被认定为共犯。在所有已经判决的案件中，有其他共同行为人即关系人参与的案件共计23件，占全部案件的52.27%。其中73%以上的有关系人参与的案件，关系人被追究了刑事责任。这说明"老鼠仓"案件中，除了机构从业人员外，协助、配合机构人员进行"老鼠仓"交易行为的关系人亦在打击范围之内。而且关系人并没有当然地被认定为从犯，不少案件中法院认为机构从业人员与关系人在共同犯罪过程中，作用相当，只是分工不同，不予区分主从犯，量刑与机构从业人员基本相当（见表1）。

2. 主体人员范围有所扩大

在涂健、涂欣利用未公开信息交易罪一案中，涂健系中国证券登记结算有限责任公司（以下简称"中登公司"）深圳分公司工作人员。法院认定涂健在担任中登公司账户管理工作期间，利用其具有的证券账户查询权限，知悉了相关信托产品、金融机构交管产品的股票拥有及变动情况等未公开信

表 1　共同行为人（即关系人）参与案件情况

单位：件，%

犯罪类型	是否有其他共同行为人	件数	占比	有其他共同行为人的案件中，追究其他行为人刑事责任的占比
单独犯罪	无共同行为人	20	45.45	
	有共同行为人	6	13.64	
共同犯罪	有共同行为人	17	38.64	73.91
不明	不明	1	2.27	
合计		44	100.00	

注："不明"一人为原国信证券投资经理杨万林，该案件公开信息不完整，无法确定是否存在关系人。

息，以电话、短信等方式告知其弟弟涂欣。涂欣按涂健的指令以实际由涂健控制的相关账户进行操作，累计趋同买入金额 21 亿余元人民币，趋同交易获利人民币 347 万余元。

《刑法》对"利用未公开信息交易罪"特殊主体的规定是明确的，包含两类：一类是证券公司、基金公司、商业银行、保险公司等开展投资理财业务或者资管业务的金融机构的从业人员，另一类是交易所等监管部门和行业协会的工作人员。但根据工商登记信息，中登公司属于"其他有限责任公司"，是非营利法人，经营范围中并不包含金融业务，不属于金融机构。同时，中登公司未被授予监管的职能，与《刑法》规定的构成该罪名的二类主体性质均不甚吻合。虽然涂健在案件审理过程中未对其本人身份提出辩解，但他因中登公司员工身份被认定构成犯罪，似有扩大刑法条文所规定的主体范围之嫌，有必要引发讨论。对此，中国证券监督管理委员会（以下简称"证监会"）会在《关于涂健涉嫌利用未公开信息交易案有关问题的认定函》（以下简称"认定函"）中表示，根据《证券法》《证券交易所管理办法》等相关法律法规，中登公司由证券交易所设立，为证券交易提供集中登记、存管与结算服务，其与证券交易所、证券公司等机构共同构成《证券法》专章规定的重要市场机构。中登公司依法履行其职责，掌握投资者证券持有信息。从证监会的认定函中所体现的意思，中登公司是市场机构，并且依职责掌握了证券持有信息，其工作人员符合"利用未公开信息交易罪"所规定的主体身份。笔者认为，在《刑法》条文明确规定犯罪主体的情况下，证监会的上述认定实际上是对《刑法》规定的解释，也即认为除了法条明确规定的主体之外，属于《证券法》规定的市场机构，依职责掌握投资者持股情况的机构从业人员均符合《刑法》第180条规定的犯罪主体范围。

证监会作为证券行业的主管机关，并没有解释法律特别是《刑法》这样一部基本大法的权力，证监会认定函的内容只能代表其自身意见，不应当具有解释法律并被广泛适用的功能。可是在证券犯罪司法实践中，案件来源均是证监部门移送的线索，因为证券事务的专业性和新颖性以及法律规范的欠缺，公、检、法等部门尚未累积足够的办案经验，还未培养出一定数量的专业化办案人员，在办案过程中对证监部门行政调查成果的依赖较多。目前证券犯罪在办理过程中已经形成证监部门与司法机关联合调查、信息共享的"一体化办案机制"。司法部门在办理案件时往往凭借证监会出具认定意见作为起诉、裁判依据。证监会不时通过认定函就证券犯罪案件中的事实问题甚至是法律适用问题出具书面意见。因为证监会的特殊地位，司法部门几乎都毫无保留地予以采纳。这实际上导致证监部门的行政调查程序几乎成为证券犯罪的"前置程序"。即使证监会的权威性难以撼动，但久而久之会给人一种行政机关借用司法权处理案件的感觉。证监会对上述问题进行解释就是在这样一种氛围下不知不觉地形成的。这说明证券犯罪的司法实践中，司法权一定程度上让位行政权，渐渐促使证监更加积极主动地介入刑事案件的处理之中，这不能不说是司法权自信的缺失，也是行政权一定程度上对司法权的僭越，违背了法院独立行使审判权的基本原则。

虽然证监会的认定函存在以上问题，但目前似乎也难以改变现状。因此，实务工作者有必要对证监会在该类案件中对犯罪主体的扩大解释引起足够的重视。依据证监会的解释，《证券法》中的市场机构的从业人员均有可能构成"利用未公开信息交易罪"。除了中登公司这样的登记结算机构外，证券服务机构亦属于市场机构。证券服务机构包括投资咨询机构、财务顾问机构、资信评级机构、资产评估机构、从事证券服务业务的会计师事务所。上述证券服务机构掌握投资者持股信息的，其从业人员利用相关信息进行交易的，亦有可能构成犯罪。虽然这种情况在已收集的判决中尚未出现，但并不意味着不会发生。

（二）案发数量的趋势变化

对 44 件案件逐年案发（被告人到案时间）数量进行分析，可以反映出监管机关对"老鼠仓"犯罪行为打击力度的趋势变化。本文是以刑事判决书作为统计的数据样本，因为案件被司法机关认定不起诉或信息公开不全面等因素导致案件数与监管部门实际稽查的案件数之间存在差异，但基本能够反映出案发趋势（见图2）。

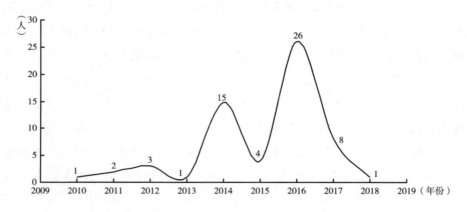

图 2　案发（被告人到案时间）数量趋势分析

自 2010 年"韩刚案"成为"利用未公开信息交易罪"第一案起至 2013 年期间，"老鼠仓"案件在数量上都比较少。但 2014 年案件被告人数量突然急速攀升至 15 人。出现这种变化的原因是"老鼠仓"案件的行为手段比较隐蔽，监管不容易发现。对此证监会于 2013 年下半年开发启用大数据分析系统，利用技术手段稽查"老鼠仓"行为。据悉，证监会的大数据分析系统功能十分强大，可以同时监控庞大的数据量并且做出趋同分析。通过这个技术手段，证监会对内幕交易和利用未公开信息交易行为的稽查取得了重大突破。仅 2013 年下半年至 2014 年底，立案调查利用未公开信息交易案件就有 41 起，[①] 有效地震慑了市场不法行为。因此，2015 年数量有所回落。

---

① 数据来源于中国证券监督管理委员会网站公开信息。

2016 年随着马乐案成为指导案例后，证监会与公安部联合部署开展了"打击防范利用未公开信息交易违法行为专项执法行动"，以专项行动的方式对"老鼠仓"行为展开严厉打击。仅 2016 年，证监会就向公安机关移送了 35 件①利用未公开信息交易案件，成为证监会移送公安机关追究刑事责任比例最高的一类案件。2016 年的专项行动体现出效果，2017 年、2018 年"硕鼠"数量明显减少（2018 年的案件可能因为多数尚未结案，可查询判决较少）。根据证监会公开信息，2018 年上半年证监会立案调查的利用未公开信息交易案件仅有 3 件，同比下降 50%。在公募基金"老鼠仓"行为得到有效控制后，私募基金"老鼠仓"成为监管部门打击的另一个重点。拓璞公司投资总监文宏、凡得基金刘晓东等人实施"老鼠仓"交易，被证监会依据《证券投资基金法》予以行政处罚（私募基金从业人员暂未被作为刑法追责范围）。根据证监会的工作部署，证监会将积极推动《证券法》《刑法》及"利用未公开信息交易刑事司法解释"等法律的修订和起草工作，并强化利用大数据、云计算等科技化执法的水平。可见，"老鼠仓"始终是监管部门查处的重点。

（三）涉案金额情况分析

对案件涉案金额进行统计，44 件案件 61 名被告人中除因无法查找判决书原文、难以核实具体金额的案件外，共认定涉案交易金额人民币 252 亿余元。其中交易金额超过 10000 万元的占绝大多数，共有 40 名被告人，占比 65.57%；交易金额为 5000 万~10000 万元的有 10 名被告人，占比 16.39%；交易金额为 1000 万~5000 万元的被告人有 6 名，占比 9.84%；交易金额少于 1000 万元的被告人只有 1 名，占比 1.64%（见图 3）。

61 名被告人除无法核实金额的案件外，共认定违法获利人民币 4.03 亿元。其中获利超过 1000 万元的有 24 名被告人，占比为 39.34%；获利在 500 万~1000 万元的有 6 名被告人，占比为 9.84%；获利在 200 万~500 万元的有 17 名被告人，占比为 27.87%；获利在 75 万~200 万元的有 3 名被

① 数据来源于中国证券监督管理委员会网站公开信息。

告人，占比为 4.92%；获利在 75 万元以下的有 10 名被告人（含亏损），占比为 16.39%（见图 4）。

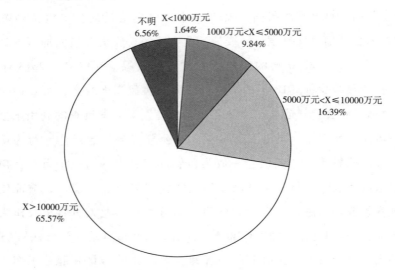

图 3　交易金额（X）统计

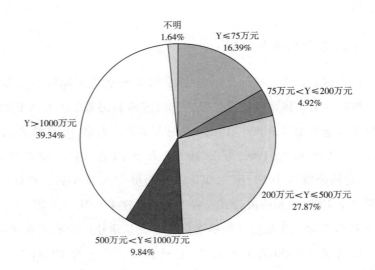

图 4　获利金额（Y）统计

1. 交易金额十分惊人

根据上述数据，"老鼠仓"案件看似涉及的金额都比较大，甚至出现不少交易金额超过 10 亿元的"大案",但认真分析案件事实,数额如此巨大的原因与"老鼠仓"获利方式有密切的关系。"老鼠仓"的获利模式是通过与基金交易同向的趋同交易进行获利,因此必须先于、同期或稍晚于基金建仓或跑仓。而基金需要根据市场变化随时调整仓位,因此"老鼠仓"自然也会相应进行多次反复交易。这与内幕交易通常是在相对较短的价格敏感期内一次或少数单向操作即告完成的情况有所不同。同时"老鼠仓"一般需要存在较长时间后才可能被监管部门通过大数据监控发现异常趋同,交易跨越的时间范围较长。上述两点是"老鼠仓"案件金额特别大的主要原因。然而不可忽视的另一因素是司法统计的口径。现行的司法统计口径并不统一,不少案件中存在对同一只股票趋同买入和趋同卖出金额累加计算的情况。这一点是不少案件中争议较大的问题之一。

虽然个别被告人及其辩护人对统计方法提出了异议,但并未被司法机关采纳。对于此种计算方式其依据是,每次的交易都是在行为人主观意志支配之下,为了获取非法利益,利用通过职务便利所了解的未公开信息进行的交易行为,均是犯罪行为,因此应当累加计算。这个理由从刑法的犯罪构成理论上说似乎合理,但认真分析不难发现这种观点实际上把买入和卖出分裂成两个独立的意图,分别进行评价,这显然存在重复评价的问题。"老鼠仓"行为是为了获利,常见的操作模式是趋同买入,金融机构建仓拉升股价,趋同卖出获利了结。在此情形下,单纯的买入行为无法使行为人达到实际获利的目的,必须适时卖出才能将买入所得利益变现。此时的买入和卖出行为共同完成行为人非法获利的目的,单纯地买入或是卖出都无法独立实现获利,卖出是买入的自然延伸,是一个整体。因此,在同一谋利的意图下,对同一只股票进行的买入、卖出金额不应当累加计算。否则就可能存在重复评价的问题,这与现代法治理念相违背。如果去除重复计算的因素,"老鼠仓"案件的涉案金额将会下降不少,这也更能准确反映案件情节的轻重,有助于司法机关的适当量刑。

2. 案涉金额绝大多数远超"情节特别严重"的量刑标准,"情节严重"的低档量刑标准已成虚置

自最高人民法院对"马乐案"做出终审判决后,"利用未公开信息交易

罪"明确存在两个量刑标准，即"情节严重"和"情节特别严重"。根据《最高人民法院、最高人民检察院关于办理内幕交易、泄露内幕信息刑事案件具体应用法律若干问题的解释》，将成交额 250 万元以上、获利 75 万元以上的情形认定为内幕交易、泄露内幕信息罪情节特别严重的标准，[①] 上述两个金额达到任一的均构成"情节特别严重"。因为目前针对利用未公开信息交易罪的司法解释尚未出台，实践中司法机关对利用未公开信息交易罪一般情况下也遵循内幕交易罪相同的认定标准。按此标准，所有 44 件案件中除因为无法查找判决文书金额不明的外，交易金额均远超 250 万元，都属于"情节特别严重"，没有一件案件可以适用"情节严重"的量刑档次。现有生效判决中被认定为"情节严重"的案件，多数是发生在最高人民法院于 2015 年做出"马乐案"判决之前，彼时普遍认为"利用未公开信息交易罪"只有"情节严重"一档量刑标准。"马乐案"之后，"情节严重"这一量刑情节已极少适用，实际上被虚置。

出现这样的局面，想必并不符合立法机关的立法目的，也给司法机关出了难题，更让涉案被告人和辩护律师十分无奈。在"马乐案"后，学界和司法部门就最高人民法院对量刑标准的法律解释问题展开了充分的讨论。讨论的重点是《刑法修正案（七）》中的立法技术是否存在问题以及法律解释的合法性、合理性。综观各种理论观点，笔者认为最高人民法院在"马乐案"判决中论述的解释理由以及法官、检察官在此后的著述中的观点更符合我国司法的现实情况。因为我国《刑法》中的情节犯绝大多数有两个以上的量刑情节，否则无法区分情节轻重，罚当其罪。只有一个量刑情节的一般是社会危害性较小的轻罪。就"利用未公开信息交易罪"的社会危害性程度而言显然无法仅配置一个量刑情节，最高刑只有 5 年，确实应当有"情节严重"和"情节特别严重"两个量刑情节。但是为什么会出现"情节严重"实际上已被虚置的局面呢？笔者认为不是立法技术问题，而是立法准备不足、司法解释未深入的问题。如前所述，"利用未公开信息交易罪"

---

① 根据《内幕交易司法解释》第七条之规定，证券交易金额二百五十万元以上，获利或避免损失七十五万元以上的，应认定为"情节特别严重"。司法实践中，"利用未公开信息罪"参照适用该数量标准来认定"情节特别严重"。

是资本市场发展到一定阶段产生的新类型犯罪行为,特点是具有较高的专业性和复杂性。立法机关、司法部门和理论界在《刑法修正案(七)》出台之前未对"老鼠仓"行为入刑进行充分的准备。直至"唐建案"曝光,引起社会口诛笔伐,才引起有关部门的高度重视。随之在有关各方的大力推动下,两年后"老鼠仓"以"利用未公开信息交易罪"纳入刑法范畴。从上述过程可以看出,"老鼠仓"入刑是监管部门、立法部门对新情况的应激反应。在立法上将"老鼠仓"作为《刑法》原第180条"内幕交易罪"的新增条款。在条款上将相关信息归纳表述为"内幕信息以外的其他未公开信息",并援引内幕交易罪的法定刑。这足见立法目的是将"老鼠仓"视为与内幕交易具有同样社会危害性的行为。但这样的立法安排没有看到内幕信息与其他未公开信息性质上存在的差异,对股票价格的影响作用不同,获利的经济机理不同,社会危害性有区别。适用同样的量刑数额标准未必妥当。

(1)未公开信息与内幕信息对股票价格产生影响的作用机制不同。根据经济学经典的价值规律理论,商品的价值量由社会必要劳动时间决定,商品实行等价交换。其表现形式是市场供求影响商品价格,商品价格以价值为中心上下波动。以价值规律作为切入点,不难发现内幕信息与其他未公开信息对股票价格的作用存在性质上的差异。内幕信息通常是指企业重大的并购重组、公司重大合同、公司盈利情况的重大变化等。这些信息所反映出来的是上市公司自身价值短期内的急速变化。价值是价格的基础,因此价值的变化对股票价格的影响是决定性的。也即利用内幕信息来预设上市公司股票价格变化并进行交易获利具有极高的确定性。而未公开信息主要体现为某个资产管理机构的投资信息,即某个资产管理机构将会大额买入或卖出某一只股票。即便某个机构的买卖行为引起了供求关系的变化,但供求关系对价格的影响作用与价值发生变化对价格的决定性作用不可同日而语。供求关系对价格产生影响的同时,股票价格还受到其他众多市场因素的干扰,其结果未必能如预期。

(2)现实中某一机构的买入或卖出并不一定就会引起供求变化。资本市场中参与主体众多,某一机构的投资决策是否能产生供求关系的变化,以至于达到影响股票价格的程度并不容易判断。因为某一机构的投资行为并不代表市场普遍认同。有人看涨有人看跌，有人买就有人卖，说明大家看法不一。而且部分上市公司流通股市值可谓天量，单一机构有限的投资金额很难引起该只股票供求关系的变化，导致股票价格的涨落。这种情况在李旭利"老鼠仓"案件中有所体现。李旭利所在的交银施罗德公司买入工商银行和建设银行股票，李旭利作为投资决策人员趋同交易。在案件审理过程中李旭利提出"工商银行、建设银行都是超级大盘股，交银施罗德公司旗下基金对其股票的买入，不可能拉升其股价"。[①] 根据交易数据查询，这两家公司的股票前后几天交易量和换手率并没有异常放大，股价亦未异常上涨。此观点有一定的客观现实性，反映了利用供求关系信息预判股票价格的变化并进行趋同交易获利具有较高的不确定性。这也就是部分"老鼠仓"案件行为人不仅没有盈利甚至发生较大亏损的原因。

（3）"老鼠仓"的获利机制决定其交易数额相比内幕交易会大得多。正如前文所述，"老鼠仓"是利用市场对某一股票的供求关系对价格的影响来实现获利的。供求关系通常情况下难以在短期内使得股票价格大幅增长，因此"老鼠仓"想要获利一般需要较长的时间才能达到与内幕交易相类似的获利水平。而在一个相对漫长的时间内，基金公司还需要根据市场的各方面因素决定买入或卖出，极有可能形成反复交易。而"老鼠仓"也必须追随基金公司的决策反复买入和卖出才能实现利益最大化。上述因素导致"老鼠仓"的交易频率通常会高于内幕交易。按照现行的统计口径，反复交易的金额需要累积计算，交易金额自然呈现出巨额化。250万元交易金额作为"情节特别严重"的门槛，极易被突破，以至于"情节严重"的量刑情节几乎没有适用的可能。

（4）司法解释未及时跟进。"马乐案"的判决虽然解决了利用未公开信息交易罪到底是一个量刑档次还是两个量刑档次的问题，但因为公安部的追诉标准中只明确了"情节严重"的认定标准，而"情节特别严重"的标准没有任何法律依据予以明确。是否参照适用内幕交易罪情节特别严重的认定标准，未有定论。

---

① 详见《李旭利利用未公开信息交易罪二审刑事裁定书》（2013）沪高刑终字第5号。

利用内幕信息获利和利用未公开信息获利的行为逻辑不同，因此将两罪等量齐观，适用相同的量刑标准难免出现责罚不相适应的情况，无法有效发挥不同量刑档次的刑罚功能。司法部门并非没有注意到实践中存在的问题，据悉有关部门已经在酝酿对"利用未公开信息交易罪"制定相关司法解释。但在新的规则出台之前，它目前仍然有效。

（四）案件的主要争议焦点

根据对所有案件判决书的分析，案件主要的争议焦点除了关于"情节严重""情节特别严重"的法律适用问题以外，主要是涉案金额计算问题。法律适用问题本文在前面的部分已经有所论述，现仅就涉案金额计算的问题进行分析。

1. 趋同交易

在认定利用未公开信息交易行为时主要依据"趋同交易"理论。目前，关于趋同交易理论具体的含义无论行政监管机关还是司法部门都没有给出明确的定义。根据实际案件处理的情况，笔者认为趋同交易主要是指具有趋同性的交易行为。所谓"趋同"是指涉案的证券账户与行为人管理的基金账户在股票交易的品种和交易时机上具有异常高度的关联性。这种异常高度的关联性，意味着涉案账户在股票交易时可能利用了基金股票交易情况等未公开信息，进而说明涉案账户可能存在"老鼠仓"行为。支持这种观点的主要依据是《最高人民法院、最高人民检察院关于办理内幕交易、泄露内幕信息刑事案件具体应用法律若干问题的解释》第3条关于"相关交易行为明显异常"的规定中的第（三）项，"买入或者卖出与内幕信息有关的证券、期货合约时间与内幕信息的形成、变化和公开时间基本一致的"。这虽然是关于内幕交易的司法解释，但很显然利用未公开信息交易罪与内幕交易罪有一定相似之处，因此利用未公开信息交易罪也类推适用了上述司法解释。存在趋同交易的异常现象，且无正当理由或者正当信息来源的，即有可能被认定为利用未公开信息交易行为。

2. 趋同交易的期间标准

根据上述依据对趋同交易的含义做出界定后，接下来就是计算趋同交易金额的期间标准。除了本文在前面所述的，趋同买入和趋同卖出是否应当累加计算的问题外，还有一个比较突出的问题是趋同的期间标准不统一。根据现有判决书所载明的标准有三种。文字上的表述为先于、同期或稍晚于，落实到具体数字是"前五后二""前五后零"以及"前零后二"。这里的五、二、零是指基金买入或卖出的前五日、后二日及当天（同期）。五天前和两天后的时间范围是金融行业公认的标准，这一点从各案件中被告人均没有对五天和两天作为计算趋同交易前后期间的标准提出异议得以证实。在没有明确司法解释的情况下，司法机关在实践中通常依照证监部门的认定函确定被告人的违法所得。但是各证监部门的做法并不统一，导致不同案件犯罪数额计算采用了不同标准，甚至在一个案件中标准都不一致。44 份判决书中的趋同交易期间计算详见表 2。

表 2   趋同交易期间及占比

单位：件，%

趋同交易期间计算方式	案件数量	占比
0 + 2	3	6.82
5 + 0	13	29.55
5 + 2	22	50.00
不明	6	13.64
总计	44	100.00

根据我们对具体案件事实的分析，适用"前零后二"的计算标准主要是针对没有投资决策权的基金公司一般人员。这些人员只能在基金做出投资决策后，了解到该信息时才能进行买入或卖出的行为，因此对一般工作人员适用"前零后二"的期间标准没有产生较大争议。但是在涉案主体为具有投资决策权的基金经理的案件中证监部门提供的交易统计数据中既有按"前五后二"的标准计算的，也有按"前五后零"的标准计算的。趋同交易的期间标准具有很强的专业性，证监部门在案件中使用不同的标准但却没有说明具体原因，这给案件的认定无疑造成了困扰。

3. 因案件事实导致的涉案金额认定问题

除了针对标准的争议以外，有一些案件的被告人虽然承认自己构成利用未公开信息交易罪，但对部分涉案事实是否构成犯罪提出了异议，并主张相应金额应当予以扣除。在所有 61 名被告人中，自首、认罪认罚等属于主动认罪的有 51 名，不认罪的有 5 名，情况不明的 5 名。认罪的 51 名被告人中有 12 名对涉案金额提出了异议，占所有认罪被告人的 23.53%。12 名提出异议的被告人中有 4 名被告人的涉案金额最后做了相应调整，占所有提出异议被告人的 33.33%（见表 3）。

表 3　对涉案金额提出异议情况及占比

单位：人，%

认罪后是否对涉案金额提出异议	被告人数量	占比
提出	12	23.53
未提出	39	76.47
合计	51	100.00

上述三点分析表明在已经判决的案件中，争议焦点相对集中，主要就是涉案金额。这符合利用未公开信息交易罪。

（五）影响判决结果的主要量刑情节

1. 加重情节

利用未公开信息交易犯罪行为作为一种情节犯，主要的加重情节就是涉案金额。根据"马乐案"所确定援引内幕交易的条款的原则，一般认为交易金额 250 万元以上、获利 75 万元以上即构成"情节特别严重"。因此，以"马乐案"作为分水岭，之前和之后的认定有较大的差异。2015 年"马乐案"之前，没有认定"情节特别严重"的判决。"马乐案"之后，大部分案件被认定为"情节特别严重"，仅有两起案件未认定"情节特别严重"。笔者认为，"马乐案"虽然确定利用未公开信息交易罪有"情节严重"和"情节特别严重"两个量刑档次，但并未进一步明确两个量刑档次是否直接参照内幕交易的"情节特别严重"的数额标准。在没有明确司法解释的情况下，法院有权根据案件实际情况做出相应认定（见图 5）。

2. 从轻、减轻情节

根据笔者梳理，44 件案件 61 名被告人中 57 人被认定为有不同程度从

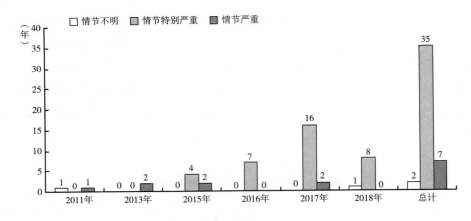

图5　各年份情节认定情况（按案件数）

轻、减轻的量刑情况，占所有被告人的93.4%。主要有自首、退赃、预交罚金、认罪认罚、从犯以及其他酌定从轻情节。认定有自首情节39人，占比68.42%；有退赃情节33人，占比57.89%；预交罚金19人，占比33.33%；认罪认罚17人，占比29.82%；从犯10人，占比17.54%；坦白、悔罪等其他酌定从轻情节22人，占比38.60%（见图6）。

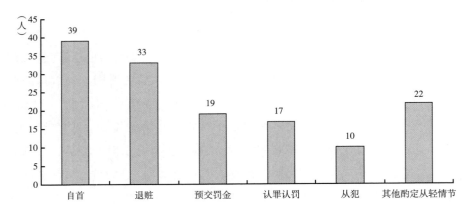

图6　从轻情节类型统计

（1）自首是最主要的从轻、减轻情节。根据上述数据分析，三分之二的被告人选择了自首。"老鼠仓"案件的自首比例明显超过其他经济类犯罪案件。产生这种情况的原因是"老鼠仓"通常会经过证监部门的行政调查才会进入刑事司法程序。在行政调查的过程中，行为人基本可以判断证监部门对案件事实、证据的掌握程度。但此时案件尚未移交给公安机关，刑事程序并未启动，行为人有时间权衡后考虑是否自首。在案件中的自首有两种情形，一种是在证监稽查部门调查后，即承认自己的相关涉案事实并表示愿意积极配合调查，在公安机关立案后主动向公安机关投案。另一种是在证监部门调查时不承认，待案件移送公安机关后才向公安机关自首。这两种情况都可以认定自首，对于量刑的影响没有明显区别。

（2）自首从轻、减轻的幅度较大。根据对案件判决结果的分析，认定自首后从轻、减轻的幅度较大，明显高于其他经济类犯罪案件。这从另一方面增强了行为人自首的意愿，是"老鼠仓"案件自首比例高于其他经济类犯罪的原因之一。之所以会出现这种情况，笔者认为与"老鼠仓"案件的特点及目前办理案件需要有关。虽然证监部门以"趋同交易"理论作为认定"老鼠仓"行为的事实逻辑，但仅凭大数据的分析仍属于事实推理的范畴。由于"利用未公开信息交易罪"相关的司法解释尚未出台，证监部门提出的"趋同交易"理论并没有明确的法律地位，司法机关要单凭交易数据认定犯罪事实需要极高的逻辑严密性，公诉机关举证难度很大。因此，当事人的言辞证据（即口供）对于证明当事人的主观故意、共谋等犯罪的构成要件仍具有极大的作用。因此，鼓励自首、坦白是办理此类案件的需要，相应的"老鼠仓"案件中自首适用的从轻、减轻幅度也较大。

（3）认罪认罚从宽被积极适用。自从认罪认罚从宽制度实施后，"老鼠仓"案件适用的比例较大，多数认罪认罚的案件最终都适用了缓刑。

（六）判决结果

44件案件61名被告人最终都被处以刑罚，没有任何一件做出无罪判决。其中判处实刑的26人，占比42.62%；判处缓刑的35人，占比57.38%。缓刑比例接近六成，比其他经济类犯罪案件适用缓刑的比例高。实刑中判处三年以下有期徒刑的9人，占比14.75%；三年（含）至五年（含）有期徒刑的13人，占比21.31%；五年以上的4人，占比6.56%。总体呈现量刑的轻缓化倾向（见表4）。

表 4　各档量刑比例分布表

单位：人，%

实刑/缓刑	刑期	人数	占比
实刑	实刑三年以下	9	14.75
	实刑三年（含）至五年（含）	13	21.31
	实刑五年以上	4	6.56
缓刑	缓刑	35	57.38
合计		61	100.00

导致量刑轻缓化的原因有三个。

（1）"马乐案"做出终审判决之前，对于利用未公开信息交易罪是否存在"情节特别严重"的量刑档次司法部门意见不一致。部分判决系按只有"情节严重"一档量刑档次量刑。该部分判决结果较轻。

（2）"马乐案"终审判决之后，理论界仍然存在不同的意见。许多专家学者从经济机理差异及金融市场实践等多角度分析论证了内幕交易罪和利用未公开信息交易罪二者之间的区别，争议较大。同时，目前关于利用未公开信息交易罪"情节特别严重"的标准没有确定。有的观点认为利用未公开信息交易罪与内幕交易罪追诉起点相同，故加重的标准也应比照内幕交易罪。也有观点认为利用未公开信息交易罪与内幕交易罪的社会危害性程度不同、定罪原理有差异，应采用不同标准。在司法解释出台前，上述争议还将持续存在。法院在量刑时不同程度地受到上述争议的影响，量刑趋于轻缓化。部分达到"情节特别严重"标准的利用未公开信息交易罪量刑偏轻。如涂某一案，涉案交易金额达 21 亿元，获利 347 万元，属于情节特别严重，法院以自首为由减轻处罚，最终判处有期徒刑三年。一些达到"情节特别严重"的案件，法院甚至判处缓刑。

（3）具有从轻、减轻情节占比较高也是案件总体量刑轻缓的一个原因。接近三分之二的案件有自首情节。不少案件还同时具有自首、退赃、预交罚金、认罪认罚等多个可以从轻、减轻的量刑情节，法院量刑时综合适用，最终的宣告刑偏轻。

根据公开信息，全国共有北京、广东、上海、山东、重庆、湖北 6 个省、直辖市的法院审理过利用未公开信息交易案件。由犯罪行为发生地管辖的案件 34 件，由最高人民法院指定管辖的案件 7 件，管辖原因不明 3 件。北京市共计判决人数 11 人，其中实刑 4 人，缓刑 7 人。实刑中有期徒刑三年以下 1 人，三年（含）至五年（含）2 人，五年以上 1 人。广东省共计判决人数 11 人，其中实刑 5 人，缓刑 6 人。实刑中有期徒刑三年以下 4 人，三年（含）至五年（含）1 人，五年以上的没有。上海市共计判决人数 27 人，其中实刑 8 人，缓刑 19 人。实刑中有期徒刑三年以下 4 人，三年（含）至五年（含）3 人，五年以上 1 人。重庆市共计判决人数 9 人，缓刑 1 人。实刑中有期徒刑三年（含）至五年（含）6 人，五年以上 2 人，三年以下的没有。湖北省判决人数 2 人，均是缓刑。山东省判决人数 1 人，为实刑。不考虑湖北、山东等案件较少的地区，进行分析后，各地法院的量刑情况呈现出以下数据特点。

（1）缓刑。北京、广东、上海、重庆四个省市法院中，上海适用缓刑最多，不仅人数多而且比例最高，共计 19 人，比例超过 70%。北京次之，比例约 64%，广东再次之，比例约 55%。重庆最低，9 人中仅有 1 人被判处缓刑。

（2）实刑。广东地区法院判决三年以下有期徒刑 4 人，三年（含）至五年（含）1 人，五年以上的没有。上海法院判决三年以下的 4 人，三年（含）至五年（含）3 人，五年以上 1 人。北京地区判决三年以下的 1 人，三年（含）至五年（含）2 人，五年以上 1 人。重庆的实刑判决均在三年以上，其中三年（含）至五年（含）的 6 人占比 75%，五年以上的 2 人。

对上述判决情况的统计分析，重庆法院的量刑明显重于北、上、广三个地区，不仅缓刑适用率低，实刑的刑期也相对较重。北、上、广三个地区中，上海适用缓刑比例最高，大部分均适用了缓刑。实刑的判决中，三地没有明显差别。上海作为我国的金融中心，是资本市场最发达的地区。上海审理的"老鼠仓"案件数量最多，实践经验相对其他地区更为丰富。上海法院的量刑尺度可以供其他地区法院借鉴。具体统计详见图 7、图 8。

（七）上诉、抗诉、再审及改判情况

全部纳入统计的 44 件案件中，一审生效的 30 件，被告人提出上诉和公

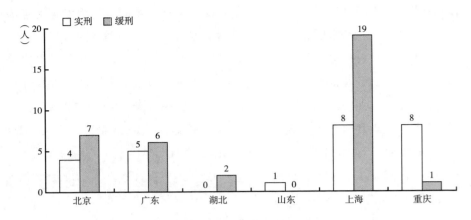

图7 各地区实刑、缓刑人数

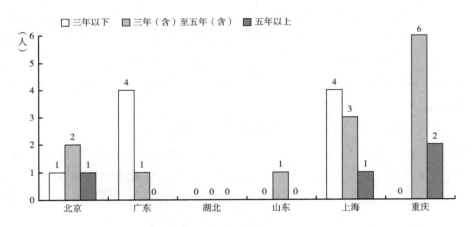

图8 各地区实刑刑期人数比较

诉机关提出抗诉后生效的共计14件,其中抗诉再审的1件("马乐案")。在上诉和抗诉的14件案件中,撤回上诉和撤回抗诉的各有1件,维持一审判决的8件,减轻处罚的3件,加重处罚的1件(见表5)。

减轻处罚的3件案件分别是:建信基金管理有限公司李涛案,华夏基金管理有限公司罗泽萍等案,中国人保资产管理股份有限公司卓冰案。因量刑关乎被告人的重大权益,二审减轻改判具有较高的研究价值,因此将相关要点载明如下。

表 5　上诉、抗诉案件处理结果统计表

单位：件，%

二审、再审结果	数量	占比
撤回上诉（二审）	1	7.14
撤回抗诉（二审）	1	7.14
减轻处罚（二审）	3	21.43
维持原判（二审）	8	57.14
加重处罚（再审）	1	7.14
合计	14	100.00

（1）建信基金管理有限公司李涛案。

一审判决李涛有期徒刑五年，二审未改变一审认定的事实，其改判理由是："目前暂未发布关于利用未公开信息交易罪'情节特别严重'认定标准的专门规定，但鉴于利用未公开信息交易罪的社会危害性明显小于内幕交易、泄露内幕信息罪，故前者'情节特别严重'的数额标准显然应当高于后者。本案中，虽然李涛的证券交易成交额较高，但获利数额相对较小，比照最高人民法院发布的指导案例和中国裁判文书网上所查阅的该罪名的全部生效裁判文书，并结合本案的具体情节、李涛的实际获利金额、退赃情况，李涛的情形不属于'情节特别严重'，故对上述辩解和辩护意见本院予以采纳。"二审改判"有期徒刑二年，并处罚金人民币五十万元"，相较一审减轻了三年有期徒刑。

（2）华夏基金管理有限公司罗泽萍等案。

一审判决罗泽萍有期徒刑六年，并处罚金人民币 403 万元。二审未改变一审认定的事实，其改判理由是："未认定上诉人罗 ×1、罗 ×2 具有自首情节导致量刑畸重，应予纠正。本院参照最高人民法院发布的指导案例和中国裁判文书网上所查阅的该罪名的全部生效裁判文书，并结合本案的具体情节、上诉人的实际获利金额、退赃情况，按照罪责刑相适应和量刑均衡的原则，依法予以改判"。二审改判罗泽萍有期徒刑三年、缓刑五年。从实刑改为缓刑。

（3）中国人保资产管理股份有限公司卓冰案。

"卓冰案"一审判决有期徒刑五年三个月，并处罚金人民币 200 万元。

二审未改变一审事实认定，因卓冰"在二审期间，卓冰检举他人犯罪，经查属实，有立功表现，可予减轻处罚。"二审改判有期徒刑三年六个月，并处罚金人民币 200 万元。二审刑期减轻了 21 个月。

上述三个二审改判案件，共同点是均没有改变一审的事实认定，但都有较大幅度的减轻。李涛案和罗泽萍案均由北京市高级人民法院改判。其中李涛案改判的理由是认为利用未公开信息交易罪的社会危害性程度明显小于内幕交易罪，"情节特别严重"的数额标准应当高于内幕交易罪。本案的二审改判，充分说明司法部门对于利用未公开信息交易罪"情节特别严重"的数额标准，是否应当与内幕交易罪一致有不同的看法，印证了本文前述的观点。虽然这样的判决是极少数，但观点明确，具有参考价值。另外两起改判案件，是因为二审认定了一审没有认定的从轻、减轻情节，仅反映个案情况。

（八）案件存在的其他问题

根据对 44 份案件判决书的梳理，笔者发现相关案件在办理过程中还存在以下需要引起重视的问题。

1. 取证程序不合法

个别案件的侦查机关仍将证监部门收集的调查笔录作为证据随案移送，这与刑事诉讼法对于证据形式的要求不符。

2. 忽视无罪证据和辩解

利用未公开信息交易罪可以通过异常交易行为推定罪名成立。但作为一种事实推定的逻辑证明方法，所依据的事实应当确实充分，并且允许被告人提出相应的辩解。如果被告人提出合理解释，则事实推定不成立。因此，当被告人提出正当理由和其他信息来源时，应当充分进行分析，明确阐述采纳或不采纳的理由。而不是简单地予以反驳。在判决中被告人提出辩护理由和相应证据时，多数判决没有做认真细致的分析，忽视了无罪证据和辩解，使得判决逻辑不够严密。

3. 统计涉案金额的机构不一致

有的案件由深圳证券交易所和上海证券交易所分别根据办案机关的要求

整理账户信息并做出统计。有的案件上海证券交易所和深圳证券交易所仅提供账户信息，不做统计，统计工作由公安机关委托的司法审计机构进行。笔者认为上海证券交易所和深圳证券交易所作为证券交易场所，并没有司法审计的资格。因此，由上海证券交易所和深圳证券交易所对涉案交易金额进行统计并计算获利金额不符合法律规定。重庆市第一中级人民法院审理的童汀、童学毅案件中，辩护人就提出相关辩护意见，但法院认为"统计系侦查机关委托上海证券交易所法律部、深圳证券交易所市场监察部核算做出，系对案件中专门性问题在没有法定司法鉴定机构的情形下，指派专业机关形成的检验报告，可以作为定罪量刑的依据"①。重庆市第一中级人民法院的上述裁判理由值得商榷。

三　结语

综上，利用未公开信息交易罪作为一个相对较新的罪名，立法准备不足，司法经验欠缺，法律法规不够完善。因此，在具体案件的办理过程中，难免存在这样或那样的问题。打击金融领域的违法犯罪是国家金融行业发展的重要保障，但这不能忽视罪责相当、程序合法与实体正义并重的刑事司法理念。我们期待司法机关总结十年以来办理利用未公开信息交易案件的司法实践经验，规范相关争议问题。

---

① （2016）渝 01 刑初第 63 号刑事判决书。

操纵证券市场行为实际
控制人认定、责任规制研究

杨荣宽

引　言

操纵证券行为系证券欺诈等证券违法违规行为的主要表现形式。近两年来，操纵证券市场行为在我国证券市场上呈爆裂态势，业已成为我国证券监督管理部门重点监管和打击的对象。2018 年中国证券监督管理委员会（以下简称证监会）做出的 130 件行政处罚决定中，涉及操纵证券行为计 38 件，占比为 29.23%，2019 年证监会已出具行政处罚计 22 件（截至 2019 年 4 月 15 日），涉及操纵行为 5 件，占比 22.73%。操纵证券对象已从单一、组合股票发展为操纵深证 100 交易型开放式指数基金（深证 100ETF）、中小企业板交易型开放式指数基金（中小板 ETF）、中小板 300 交易型开放式指数证券投资基金（中小 300ETF）等，从连续交易、约定交易、自我交易发展到传统手法与新业务嫁接，与个人大户场外配资相结合。处罚金额屡创新高，部分案件处罚金额已达人民币数十亿元。

操纵证券市场行为的本质在于行为人在其实际控制的单一账户或账户组之间进行违法交易，对单一股价交易造成影响，放大同期成交量，将股价抬高至所谓合理的价位，严重偏离相关做市指数，扰乱市场正常交易秩序，掩盖市场真实供求关系，阻碍了正常的价格形成机制。作为一种人为制造的价格垄断行为，操纵证券市场是少数人以获取利益或者减少损失为目的，利用资金、信息等方面优势，诱导普通投资者做出非理性的投资决定，最终扰乱证券市场交易秩序的行为①。

实际控制人作为操纵证券市场行为主体，系考量操纵证券市场行为责任的关键。实际控制人的操纵行为包括建仓、洗盘、出货三个阶段，建仓作为操纵行为的必要组成部分，如何在错综复杂的证券账户组合中，准确判定实际控制人，是证券监管机关、审判机关、办案机关直面的重要课题。司法实践中，操纵行为实际控制人通常由涉案账户开户资料及委托交易流水资料、电脑硬件信息、询问笔录等证据链条综合判断。本文尝试以最新公布行政处罚、司法判例统计为样本，基于对相关数据的整理、分析，期待对操纵证券市场行为实际控制人及关联问题进行界定、归纳和梳理，旨在管中窥豹，拓展整体研究的广度和深度。

第一部分 实际控制人在司法实践中的认定

证券市场操纵行为制造交易活跃的假象进而诱使投资者跟风交易，严重危害了证券市场的正常运转，根本违反了《证券法》所信守的公开、公平、公正原则，根据《证券法》第 77 条第 1 款明确规定："禁止任何人以下列手段操纵证券市场：（一）单独或者通过合谋，集中资金优势、持股优势或者利用信息优势联合或者连续买卖，操纵证券交易价格或者证券交易量；（二）与他人串通，以事先约定的时间、价格和方式相互进行证券交易，影响证券交易价格或者证券交易量；（三）在自己实际控制的账户之间进行证券交易，影响证券交易价格或者证券交易量；（四）以其他手段操纵证券市场。"该条规定阐明了操纵行为的主要表现形式：连续交易、约定交易、洗售。《证券市场操纵行为认定指引（试行）》中对"其他手段"的补充解释主要包括：蛊惑交易、抢帽子交易、虚假申报、特定时间的价格或价值、尾市交易等。

《证券法》第 5 条首先对操纵证券交易市场的行为做了原则性的禁止性规定，"证券的发行、交易活动，必须遵守法律、行政法规；禁止欺诈、内

---

① 李睿、吴珊：《操纵资本市场犯罪的行为类型化分析》，《犯罪研究》2017 年第 1 期。

幕交易和操纵证券市场的行为。"第77条第2款规定："操纵证券市场行为给投资者造成损失的，行为人应当依法承担赔偿责任。"第203条规定："违反本法规定，操纵证券市场的，责令依法处理非法持有的证券，没收违法所得，并处以违法所得一倍以上五倍以下的罚款；没有违法所得或者违法所得不足三十万元的，处以三十万元以上三百万元以下的罚款。单位操纵证券市场的，还应当对直接负责的主管人员和其他直接责任人员给予警告，并处以十万元以上六十万元以下的罚款。"

《刑法》第182条规定："有下列情形之一，操纵证券、期货市场，情节严重的，处五年以下有期徒刑或者拘役，并处或者单处罚金；情节特别严重的，处五年以上十年以下有期徒刑，并处罚金：（一）单独或者合谋，集中资金优势、持股或者持仓优势或者利用信息优势联合或者连续买卖，操纵证券、期货交易价格或者证券、期货交易量的；（二）与他人串通，以事先约定的时间、价格和方式相互进行证券、期货交易，影响证券、期货交易价格或者证券、期货交易量的；（三）在自己实际控制的账户之间进行证券交易，或者以自己为交易对象，自买自卖期货合约，影响证券、期货交易价格或者证券、期货交易量的；（四）以其他手段操纵证券、期货市场的。单位犯前款罪的，对单位判处罚金，并对其直接负责的主管人员和其他直接责任人员，依照前款的规定处罚。"《最高人民检察院公安部关于公安机关管辖的刑事案件立案追诉标准的规定（二）》第39条规定："操纵证券、期货市场，涉嫌下列情形之一，应予立案追诉：（一）单独或者合谋，持有或者实际控制证券的流通股份数达到该证券的实际流通股份总量百分之三十以上，且在该证券连续二十个交易日内联合或者连续买卖股份数累计达到该证券同期总成交量百分之三十以上的；……（四）在自己实际控制的账户之间进行证券交易，或者以自己为交易对象，自买自卖期货合约，且在该证券或者期货合约连续二十个交易日内成交量累计达到该证券或者期货合约同期总成交量百分之二十以上的；（五）单独或者合谋，当日连续申报买入或者卖出同一证券、期货合约并在成交前撤回申报，撤回申报量占当日该种证券总申报量或者该种期货合约总申报量百分之五十以上的；……（八）其他情节严重的情形。"

据此，我国对操纵证券市场行为的否定性评价，体现为行政责任、刑事责任、民事责任综合法律规制。其基本的价值目标就是通过民事责任制度填补投资者损害，通过行政责任制度和刑事责任制度，抑制各种不当行为以维护市场秩序，并对违法行为者施以威慑、惩罚等制裁手段来促进资本市场的健康发展。法律责任作为法律实施的保障机制在法律制度由文本规范到社会秩序的转化过程中，发挥着举足轻重的作用。任何法律制度及其规则的设定均反映和体现着立法者所要寻求的价值目标。法律责任制度通过对当事人行为违法性的评价、对责任要件的把握和具体责任的裁量等，更是彰显了立法者在某一法域的立法价值取向和司法政策导向①。

　　保护投资者权益，既是《证券法》的宗旨，亦是《证券法》的基本原则。民事责任方面，即对其他受害者造成的个人经济损失、财产损失等，可以通过经济赔偿等方法来弥补。司法实践中，其他证券欺诈民事赔偿诸如虚假陈述方面已有较多判例统计，但操纵证券市场行为民事赔偿，尚缺乏更多判例支撑。究其原因在于我国法律规制在程序和实体方面对证券侵权民事诉讼尚缺乏具体规定准备，即在法律上尚存在诸多缺陷，譬如群体诉讼制度、举证责任承担等问题，实践操作中难度较大。无论操纵证券市场者是否与投资者存在合同关系，投资者都只能主张侵权损害赔偿，理由在于：操纵证券市场者与投资者存在合同关系或类似合同关系的情形，主要包括操纵证券市场者是投资者购买股票的上市公司、操纵证券市场者是受投资者委托开立证券账户的证券公司等。它们分别与投资者存在股权关系、合同关系，但是，当它们实施操纵证券市场行为时，违反的不是它们与投资者之间的合同义务，而是法律的规定。操纵证券市场民事责任构成要件，通常应包括如下要件。其一，主体。即操纵行为人，既包括自然人投资者，也包括机构投资者。其二，操纵证券市场行为的主观要件。操纵者主观上必须是以赚取非法利润、损害其他投资者利益为目的，故意实施《证券法》及相关法律法规所禁止的操纵证券市场的行为。故意，不仅指实施行为的主观状态，还要求有侵害其他合法投资者利益的故意。其三，证券市场民事赔偿责任的因果关系问题。需以侵权法因果关系理论为基础，结合司法实践把握不同因素的影

① 陈甦：《证券法律责任制度完善研究》，《证券法苑》2014年第1期，第481～516页。

响程度，综合考量投资者所受损害的诸多因素，以确定操纵证券市场行为与投资者所受损害是否符合相当性。其四，损害事实的存在及数额的确定。证券市场中证券的价格由于受各种系统、非系统因素的影响，即在某一点之价格，即使不存在操纵行为的影响，价格本身也是难以确定的。①

操纵证券市场犯罪刑事方面，"强度总体偏低，司法机关基于办案效率与惩治操纵证券市场犯罪的实际需要，在刑罚适用上存在着轻缓化的倾向"②。应该指出的是，现行操纵证券市场行政责任方面，不仅在数量上而且在精细化、系统化上均有优势，尤其是在实施机制上更占优先地位，即使是对于证券民事法律规范的违反，也往往伴随着行政责任后果。证监会是证券市场的主要监督执法机关，亦是查处证券违法行为的专门机构，因此，在查处新型证券违法行为，界定何为《证券法》第77条所规定的"操纵证券市场"行为方面具有丰富的专业知识和执法经验。本文的行政处罚、司法判例统计样本亦能反映该情况，下文将有详述。

凯尔森有言，法律是一种强制性秩序。从法律的本质属性和根本功能上看，民事责任、行政责任和刑事责任有着共同的本质、相同的属性，都在一定层面上扮演着实现社会正义、维护社会秩序的角色。"操纵证券市场行为根源于实际控制人操控与逐利，但证券欺诈行为的被告范围不宜过分扩张，法律追究的行为关系人的链条亦非越长越好，否则不仅在技术上容易引起因果关系认定上的瑕疵，更有可能会助长虚幻的安全感从而诱发轻率的投资交易，到头来受损投资者会加重对证券市场的失望，以致加重对证券法律责任制度的失望"③。为此，对操纵证券市场行为实际控制人的研究，既具必要性意义，更具现实性价值。

一　行政处罚案件中实际控制人认定

1. 2018年证监会操纵证券市场行政处罚（见表1）

---

① 王洪光：《论操纵证券市场民事责任之构成》，《司法论坛》2009年第15期，第84页。
② 杨秋林、邹杨：《试论操纵证券市场行为的法律规制》，《证券法律评论》2016年卷，第219页。
③ 转引自郭雳：《证券欺诈法律责任的边界》，《中外法学》2010年第4期。

表1 2018年证监会对涉证券操纵行为行政处罚统计

序号	时间	当事人	案号	操纵行为	处罚
(1)	2018年1月11日	朱彬	(2018)3号	"朱彬"、"朱某宏"和"林某丽"证券账户(以下简称账户组)由朱彬实际控制并使用。其中朱某宏、林某丽是朱彬的父母,账户组所使用的交易终端在中泰证券宁波江东北路营业部大户室,并由朱彬予以确认。朱彬2015年9月14日与账户组交易资料核对一致,后连续、大额以涨停价申报买入,强化涨停利用资金优势将股价封至涨停,影响申报,又虚假申报,影响"特力A"价格和交易量	没收朱彬违法所得335271.24元,并处以1005813.72元罚款
(2)	2018年3月26日	刘文金	(2018)14号	刘文金实际控制的账户组由"长安基金—光大银行—刘文金"、"江信基金—光大银行—曾某静"和"胡某"等4个证券账户组成。刘文金账户组所用资金主要来自刘文金向其朋友王某沃的借款。刘文金通过自己的笔记本电脑和台式电脑下单操纵的操作账户组交易"冠城大通"等6只股票,集中资金优势,通过大额封涨停的交易量,并于次日卖出,共计获利772056.61元。上述6起行为中,截至当日收盘,账户组收盘涨停价位有效委托占比均超过80%,当日买入人量占市场买入量均超过30%	没收刘文金违法所得772056.61元,并处以23166169.83元罚款
(3)	2018年3月26日	孟祥龙	(2018)12号	通过其实际控制的账户组,在开盘集合竞价阶段、尾市阶段利用资金优势申报买入,并于当日或次日反向卖出,共计卖出2792.68万股,非法获利1612888.46元影响"*ST三鑫"价格共计获利1612888.46元	没收孟祥龙违法所得1612888.46元,并处以32425776.92元罚款
(4)	2018年3月26日	冯志浩	(2018)13号	2015年1月5日至12月14日,冯志浩使用其本人账户通过盘中以涨停价位虚假申报后次日反向卖出,开盘以涨停价位虚假申报后次日反向卖出、收盘以大单封死涨停后次日反向交易等3种手段交易"启明星辰"等10只股票,共计获利18024704.92元	没收冯志浩违法所得18024704.92元,并处以36049409.84元罚款

续表

序号	时间	当事人	案号	操纵行为	处罚
(5)	2018年4月3日	文高永权、王交英、朱翼湘、岳源	(2018)25号	账户组由文高永权实际控制,王交英、朱翼湘下单交易。文高永权与账户组名义持有人存在关联关系,是刘某英某嫦,是志道商务执行事务合伙人。文高永权是众益传媒大股东,实际控制人,是账户组实际控制人,是交易"众益传媒"的主要决策人;王交英是众益传媒股东、公司监事、财务总监。王交英、朱翼湘为账户组操作人,并发布虚假信息,将股价抬高到接近文高永权认为合理的18元,操纵"众益传媒"股价。造成"众益传媒"交易活跃的假象,将股价抬高到接近文高永权认为合理的18元,操纵"众益前媒"股价,未能获取非法收益	对文高永权处以60万元罚款;对王交英处以40万元罚款;对朱翼湘处以40万元罚款;对岳源处以40万元罚款
(6)	2018年4月3日	福建卫东投资集团有限公司、卞友苏、邱一希	(2018)23号	2015年底至2016年1月,卞友苏向自然人魏某鲜、陈某鲜、卞某岩、邓某萌,邱某文、杨某英、刘某国、魏某海、徐某、林某华、石某生、金某城等14人借用证券账户,上述14人将证券账户交由卞友苏使用,并将密码告知卞友苏。卞友苏同时还掌握卫东集团和卫东新能源证券账户及密码。操纵期间,卞友苏实际控制其本人账户、上述14个自然人账户和2个法人账户等共17个证券账户,涉案交易均由卞友苏决策由卞友苏作出	对卫东集团处以100万元罚款,并处以30万元罚款;对卞友苏给予警告,并处以30万元罚款;对邱一希给予警告,并处以15万元罚款
(7)	2018年4月3日	廖英强	(2018)22号	廖英强利用其知名证券节目主持人的影响力,在其微博、博客上公开评价、推荐股票,在推荐前使用其控制的账户组买入相关股票,并在荐后的下午或次日集中卖出。2015年3月至11月,"王某玉""王某妮""张某萍""韩某""季某燕""张某""柴某珍""柴某美""廖英强""金某""柴某杰"等11个证券账户与"廖英强"账户所使用的MAC地址高度重合。"一路"某"账户2015年以来进行股票交易使用最多的电脑MAC地址为廖英强办公电脑MAC地址。廖英强利用其知名证券节目主持人的影响力,在其微博、博客"午间解盘"栏目视频内容公开评价、推荐60篇,平均点击次数为110399次,在其微博、博客共46次,在推荐前使用其控制的账户组买入相关股票,并在公开荐股下午开盘后或次日集中卖出相关股票,违法所得共计4310477.84元	对廖英强没收违法所得4310477.84元,并处86209547.68元罚款

续表

序号	时间	当事人	案号	操纵行为	处罚
(8)	2018 年 4 月 9 日	北八道集团有限公司、林庆丰、林玉婷等	（2018）28 号	2017 年 2 月 7 日至 2 月 17 日，北八道利用账户组中 177 证券账户交易"和胜股份"。其中员工及员工相关账户有公某、黄某勤、毛某腾、陈某珊、叶某华（长城国瑞证券户）、侯某梅 6 个账户；配资户有朱某峰提供的蔡某波、陈某媛、陈某根等 44 个账户，张某海提供的安某兰、白某云、常某萍等 78 个账户，以及其他中介提供的 49 个账户。影响交易价格，获利 13875252.32 元	没收八道违法所得 13875252.32 元，并处罚款 69376260 元；对直接负责的主管人员林庆丰、林玉婷给予警告，并分别处以 60 万元罚款；对李俊苗给予警告，并处以 40 万元罚款
(9)	2018 年 4 月 9 日	北八道集团有限公司、林庆丰、林玉婷等	（2018）27 号	2017 年 2 月 10 日至 4 月 12 日，北八道利用账户组中 297 个账户（不包括某川、万某玲、王某萍、张某燕 4 个账户）交易"张家港行"。2017 年 2 月 10 日至 4 月 12 日，北八道控制账户组累计买入 243135641 股，买入金额 4796696,204. 16 元；累计卖出 241020841 股，卖出金额 5235485292.98 元，影响了"张家港行"交易价格，获利 46689490.32 元	没收八道违法所得 46689490.32 元，并处罚款 233447451. 6 元；对直接负责的主管人员林庆丰、林玉婷给予警告，并分别处以 60 万元罚款；对李俊苗给予警告，并处以 40 万元罚款
(10)	2018 年 4 月 9 日	北八道集团有限公司、林庆丰、林玉婷等	（2018）29 号	2017 年 2 月 10 日至 5 月 9 日，北八道利用账户组中 297 个账户［不包括侯某梅、何某（华泰证券户、西南证券户）、黄某勤、王某凯 4 个账户］交易"江阴银行"。上述期间，北八道控制账户组累计买入 460911218 股，成交金额 8474287889.04 元；累计卖出 449947408 股，成交金额 8655647553. 17 元，影响"江阴银行"交易价格，共计获利 33922305.59 元	没收八道违法所得 33922305.59 元，并处罚款 16961119027. 95 元；对林庆丰、林玉婷给予警告，并分别处以 60 万元罚款；对李俊苗给予警告，并处以 40 万元罚款

续表

序号	时间	当事人	案号	操纵行为	处罚
(11)	2018年4月9日	林庆丰、林玉婷、李俊苗等	（2018）5号	北八道实际控制"陈某腾"等301个证券账户（以下简称账户组）。账户组由员工及员工相关账户和配资中介提供账户（以下简称配资户）两类组成。员工及员工相关账户有：公某、何某（华泰证券户、西南证券户）、蔡某、黄某勤、毛某珊、林某垒、王某凯、叶某川、朱某加、朱某华（长城国瑞证券户、华泰证券户）、侯某梅（陈某腾）等14个账户。配资户有：配资中介张某海提供的安某兰、白某云、常某萍等103个账户，朱某峰提供的蔡某波、陈某娥、陈某根等97个账户，以及其他中介提供的87个账户。账户组中员工及员工相关账户的交易资金主要来源于员工及员工相关账户，且有相关配资中指认。2017年2月10日至4月12日，北八道通过采用集中资金优势、持股优势连续交易，在自己实际控制的证券账户之间交易的方式，影响了"张家港行"交易价格，获利138752520.32元。2017年2月7日至2月17日，北八道控制账户组集中资金优势、持股优势连续交易"和胜股份"，影响其交易价格。2017年2月10日至5月9日，北八道利用其控制账户组中的297个账户，同时在自己实际控制的账户之间交易，影响"江阴银行"交易价格，共计获利339223805.59元。林庆丰、林玉婷作为北八道主要负责人起组织、领导作用，李俊苗作为具体负责人员	对林庆丰、林玉婷采取终身证券市场禁入措施；对李俊苗采取10年证券市场禁入措施。自证监会宣布决定之日起，在禁入期间内，上述当事人不得从事证券业务或担任上市公司董事、监事、高级管理人员职务

续表

序号	时间	当事人	案号	操纵行为	处罚
(12)	2018 年 4 月 11 日	广州安洲投资管理有限公司、王福亮	(2018) 30 号	控制"广州安洲—安洲价值优选 2 号证券投资基金"等 22 个产品所开立的 25 个账户（含普通账户和信用账户），在 2015 年 6 月 26 日至 6 月 29 日、8 月 26 日至 8 月 28 日采用尾市拉抬、盘中拉抬等方式操纵"节能风电"价格。广州安洲作为上述产品的管理人或广州安洲的投资顾问组合了上述产品的投资决策与交易过程。王福亮作为广州安洲的实际控制人，负责广州安洲的经营管理和公司管理产品的投资决策。王福亮为安洲优选 1 号、安洲优选 2 号等 9 个产品的基金管理合同或投资顾问合同中约定的投资经理，同时广州安洲所管理产品的发行、投资经理的投资权限和管理产品的变动由公司投资决策委员会会议、参与制定并最终决定王福亮的操作计划。王福亮参加监控广州安洲所管理全部产品的交易情况，知悉并签字审批广州安洲的会议文件和财务文件，实际负责广州安洲的日常经营管理、实际负责广州安洲所管理产品的发行、投资、交易决策和风险控制	没收广州安洲违法所得 50574392.64 元，并处以 50574392.64 元罚款；对王福亮给予警告，并处以 60 万元罚款

续表

序号	时间	当事人	案号	操纵行为	处罚
(13)	2018 年 5 月 24 日	何思模	(2018) 36 号	朱某在其账户资金转账及两次交易"易事特"前后，与何思模均存在通信联系，且通信时点与资金转账、交易时点吻合。2016 年 12 月 5 日卖出"易事特"后，朱某将该操作告知何思模。此外，未某在买卖证券时与何思模"格力电器""海螺水泥"前后也与何思模存在通信或微信联系。上述事实表明，何思模借用"朱某"证券账户交易"易事特"，未某为操作人。2016 年 12 月 5 日，何思模将"朱某"证券账户所持"易事特"全部卖出，扣除交易税费后获利 3227736.75 元。上述交易扣除税费后共计获利 63997059.25 元。	对何思模没收违法所得 63997059.25 元，并处 63997059.25 元罚款
(14)	2018 年 5 月 29 日	江卫东	(2018) 42 号	账户组实际由江卫东控制使用，其中部分账户名义所有人与江卫东签订了委托协议。2015 年 9 月，陈某、卢某明、金某华分别与江卫东签署了委托投资协议。协议的甲、乙方均为江卫东。账户名义所有人及资金由江卫东出资。宗某蕾截图证实，2016 年 1 月 11 日其将"浙江易铡"账户的资金账号和密码发送给江卫东，江卫东确认收到，并开始操作"浙江易铡"账户。2015 年 9 月至 2016 年 2 月，账户组在交易过程中，存在大量地址交叉及重合的情况。操纵"凤形股份"共计亏损 51221078.64 元	对江卫东处以 300 万元罚款

续表

序号	时间	当事人	案号	操纵行为	处罚
(15)	2018 年 6 月 5 日	陈贤	（2018）45 号	"邱某""陈贤""上海星核投资管理有限公司"账户资金均为陈贤、邱某某夫妻自有资金。"高某峰"账户在陈贤控制期同是陈贤控制并交易"国债 1507"等 5 只国债。账户由两人平分。陈贤以陈贤实际控制并操作期同是陈贤控制和高某峰两人共同出资，盈亏同人平分。账户组由陈贤实际控制并交易进而在国债质押回购业务中多融入资金，减少融资成本为目的，利用交易所债券收盘价形成机制，在自己实际控制的账户之间进行对倒，影响相关国债价格	对陈贤处以 100 万元的罚款
(16)	2018 年 7 月 3 日	高勇	（2018）47 号	高勇为北京护城河投资发展中心（以下简称护城河投资）合伙人，其实际控制好雨 7 - 高勇.好雨 7 号"时节好雨"7 号集合资金信托计划的子账户），黄某、张某燕、张某、倪某江、倪某松某、姜某英、黄某明、徐某、朴某娜、薛某、吴某丰、崔某欣、吴某等 16 个证券账户从事涉案交易。华宝信托根据高勇下达的交易指令从事好雨 7 号集合资金信托计划的特定分组账户可用于交易的资金指令"时节好雨"7 号集合资金信托计划的特定分组账户 B 类账户所属特定分组账户 B 类权益转让予华宝信托签订了"时节好雨"7 - 高勇.好雨 7 - 路某账户 B 类权益转让合同。约定好雨 7 - 路某账户 A 类权益初始资金为 2.7 亿元，其中 A 类权益由 9000始资金为 1.8 亿元，由华宝信托以信托资金支付；B 类权益始资金 9000 万元，由路某本人提供。华宝信托根据路某下达的交易指令进行账户的日常交易。根据路某与高勇陈述，路某将该账户交由高勇管理，好雨 7 - 路某账户"精华制药"均由高勇决策作出。高勇陈述，账户交易由高勇本人及护城河投资交易员王某王某共同负责。在 2015 年 1 月 12 日至 2 月 17 日，大量建仓买入"精华制药"，高勇的特定分组账户在交易设备方面存在高度重合。高勇的上述操纵行为，共计获利 89738345.82 元。	没收高勇违法所得 89738345.82 元，并处以罚款 89738345.82 元

续表

序号	时间	当事人	案号	操纵行为	处罚
(17)	2018年7月4日	王仕宏、陈杰	(2018)51号	国泰君安做市专用证券账户的新三板股东代码为0899065166,是国泰君安场外市场部做市场业务所用账户。陈杰实际控制账户情况:袁某文账户,小乘登陆新三板市场交易账户,北京健坤天下投资管理有限责任公司账户。袁某文为小乘登陆新三板实际控制人,陈杰的配偶夏某杰为健坤天下出资人。2015年12月31日,上述账户"袁某文"账户由陈某文、夏某杰、陈某笔录均承认"小乘登陆新三板"账户由陈某文、夏某杰实际决策交易。健坤天下的账户等委托夏某杰。上述账户在涉案交易日,买入相关股票的时点,顺序等与陈杰的国泰君安做市专用证券账户卖出股票的时点,顺序等高度趋同。王仕宏与陈杰自2014年相识,二人通过手机通话、微信系频繁,在北京、上海经常会面。其中,2015年12月,二人通话联系45次,有16个自然日均有多条微信联系,并见面多次。2016年1月3日,5日二人在上海、北京会面。2015年12月31日,陈杰控制操作的"袁某文""小乘登陆新三板""健坤天下"等三个账户户在当天14:10以后委托买入32只国泰君安做市股票,与王仕宏掌握的30只股票减仓股票清单的重合率高达93.33%;且28只股票委托下单买入顺序与重点减仓清单的排序完全一致。通过持续低价申报卖出单引投资者低价买入并成交。上述行为影响了"福听软件"等14只股票交易价格	对王仕宏给予以100万元罚款;对陈杰处以100万元罚款

续表

序号	时间	当事人	案号	操纵行为	处罚
(18)	2018年7月13日	褚连江	(2018) 59号	涉案期间,褚连江实际控制并使用其本人"褚连江"、其妻"宋某珍"和其子"褚某强"三个证券账户,账户组交易资金均来源于褚连江三方存管银行账户,账户组涉案股票交易的IP地址一致,"宋某珍"账户与"褚某强"账户交易涉案股票的MAC地址与"褚连江"账户经常使用的MAC地址一致。操纵"百川股份""九强生物""南兴装备""仁和药业""新天科技""中来股份""瑞丰高材"等8只股票,褚连江在2015年至2016年的多个时段内,操纵股票数量众多,操纵持续时间较长,多次在股吧发布虚假消息配合操纵,并在深圳证券交易所、上海证券交易所多次出具警示函,作出限制交易等监管措施后仍不改正	没收褚连江违法所得425428.65元,并处以2127143.25元的罚款
(19)	2018年7月13日	郁红高	(2018) 61号	郁红高在本案所涉交易期间,控制使用40个账户,操作账户组,在多个交易日开盘集合竞价阶段,日内连续交易阶段和尾盘阶段,通过虚假申报的方式,影响"经纬纺机""云煤能源"南箬业"先锋新材""圣农发展"股价,并在拉抬后当日或次日反向卖出,获利共计5842003.07元。有相关账户资料、交易流水、交易日重演数据表、询问笔录等证据证明	没收郁红高违法所得5842003.07元,并处以1752609.21元的罚款
(20)	2018年7月13日	谢一峰	(2018) 60号	2015年1月至12月,谢一峰实际控制"谢一峰"(普通账户和信用账户)、"凌某仙"(信用账户)、"潘某仙"(普通账户和信用账户)、浙江通源控股集团有限公司(信用账户)、浙江亿方博资发展有限公司(普通账户和信用账户)、大黄蜂价值精选私募基金、大黄蜂价值成长私募基金等11个账户,其中除"谢一峰"普通账户使用当营业部专线交易外,上述账户由亿方博的电脑交易室控制。谢一峰控制账户组,采用"凌某样"(普通账户和信用账户)、账户组其余账户交易绝大部分发生于亿方博交易室。相关当事人询问笔录、账户买卖涉案的股票的数量,价格和节奏均由谢一峰把控,并由凌某峰等人根据谢一峰的交易指令操作。谢一峰采用连续交易、对倒、在尾盘拉抬、虚假申报及大额封涨停等多种方式操纵"红宇新材"等7只股票,累计盈利6543998.61元。	没收谢一峰违法所得6543998.61元,并处以19631995.83元的罚款

续表

序号	时间	当事人	案号	操纵行为	处罚
(21)	2018年7月31日	上海通金投资有限公司、刘璟	(2018) 71号	2016年6月3日至6月24日，通金投资实际控制其发行的4个私募基金产品账户，管理的2个资产管理计划账户和11个理财专户账户共计17个账户。操纵期间，通金投资控制使用账户组，采用盘中拉升、尾盘拉升等方式操纵"永艺股份"，集中资金优势、盘中拉升、对倒等方式操纵"永艺股份"股价，推高股价。账户组存在对倒交易异常，存在10次明显的盘中拉升股价的行为。账户组对倒交易，对倒成交数量占市场成交总量的比例超过1%的有4次。账户组在2016年6月7日、6月13日和6月14日收盘前15分钟内存在3次明显尾盘拉升的行为。账户组主动买入占比在70%以上，股价涨幅在2%～4%。刘璟作为通金投资决策时任负责人总裁、董事，在涉案期间对账户组的投资决策起直接作用，为直接负责的主管人员	没收违法所得6814322.69元，并处以13628645.38元的罚款；对刘璟给予警告，并处以30万元的罚款
(22)	2018年7月31日	上海阜兴金融控股（集团）有限公司、朱一栋、李卫卫	(2018) 77号	阜兴集团、李卫卫先后控制使用广东粤财信托有限公司——粤财信托—民生世杰集合资金信托计划、广东粤财信托有限公司—粤财信托—民生大集号集合资金信托计划等25个机构账户和万某、蔡某才等436个个人账户（以下简称账户组）交易"大连电瓷"股票。相关当事人承认或有关涉案人员指认以上述账户由阜兴集团或李卫卫控制使用，且上述账户交易"大连电瓷"的MAC地址、IP地址、HDD、电话号码、交易设备等存在部分账户重合。部分账户与李卫卫涉嫌操纵"大连电瓷"股价存在资金往来，交易特征高度趋同。阜兴集团与李卫卫合谋操纵"大连电瓷"股价并签订理财协议。合作模式是阜兴集团向李卫卫提供配资保证金，李卫卫负责从场外配资操作并资账户—也并交易给李卫卫操作。前期阜兴集团给予郑卫星在财务中心一定的额度指令，2016年7月开始，朱某伟通过集团财务部向李卫卫及其配资方支付配资保证金。2016年6月28日至2017年3月1日，其中存在对倒交易日有125个，平均对倒比例为6.01%	对阜兴集团、李卫卫以以300万元罚款，其中对阜兴集团处以200万元罚款；对朱一栋、郑卫星处以100万元罚款；并分别处以60万元、50万元罚款，对朱伟骏捷给予警告，并处以40万元罚款

续表

序号	时间	当事人	案号	操纵行为	处罚
(23)	2018年7月31日	王凯	(2018)74号	2015年12月17日至2016年7月13日期间，王凯集中资金优势、持股优势，利用实际控制的账户组连续买卖"中电电机"，影响"中电电机"交易价格和交易量。2016年2月5日账户组"中电电机"交易价格最高的26.38%。2015年12月17日至2016年7月13日期间共有139个交易日，账户组共有138个交易日交易"中电电机"，占总交易日的99%，日均成交量市场占比15.01%，最高日成交量市场占比46.58%	对王凯处以300万元罚款
(24)	2018年8月22日	马永威	(2018)88号	马永威时任务本投资法定代表人兼总经理，马某超、王某强、李某军等董事。马永威通过召某某、马某力、马某威、李某强等配资相关协议，马某军、陈某德、陈某风等人及证券账户名又持有人进行资金往来。涉案期间，马永威控制使用陈某、杨某军等共计36个账户(以下简称账户组)交易"宝鼎科技"。上述账户由马某军等人负责下单，相关交易情况由马永威向马某军汇报。账户组资料信息主要在马永威办公现场取得，部分账户下单的交易地址、硬盘信息存在重合，账户资金走势形式高度一致，相关交易趋向相同。11个交易日合计买入4954.11万股，合计金额8.22亿元，平均每日的买入数量占全市场买入数量的比值为28.61%	没收马永威违法所得8778917.7元，并处以17557835.4元罚款

续表

序号	时间	当事人	案号	操纵行为	处罚
(25)	2018 年 8 月 22 日	马永威	(2018) 81 号	2016 年 5 月 16 日至 2016 年 6 月 1 日,马永威控制使用安某林、蔡某一夫、陈某凤、陈某球、陈某、冯某峰等共计 48 个账户交易"中水渔业"。账户组所用资金主要来自马永威通过乔某、马某军、马某力、马某强、李某强等人进行资金往来所取得的配资借款。马某芳、陈某来等人及证券账户名又持有马永威招聘、负责交易下单、签署相关配资协议等事务。上述账户组由马某军等人地址乔某军、马某军的交易情况由马永威向高度重合,操纵期间账户组的交易行为向高度一致。账户组累计买入"中水渔业"6928235 股,卖出 7901873 9 股,账户组持有的"中水渔业"人成交金额 1085859475.89 元;2016 年 6 月 1 日集中卖出后,账户组持有的"中水渔业"仅余 110 股,扣除相关佣金和相关税费,账户组累计成交金额 94289561.65 元;相关交易行为向高度重合,账户组累计买入 7918739 股,卖出 1452057 1.09 元	没收马永威违法所得 1452057 1.09 元,并对马永威处以 29041142.18 元罚款
(26)	2018 年 9 月 30 日	任良成、任良斌	(2018) 95 号	2015 年 12 月 8 日至 2016 年 4 月 11 日,任良成、任良斌控制使用上海任行投资管理有限公司(以下简称任行投资)及其控制的其他员工和融资方提供的账户,共涉及"丁某英""肖某英""张某辰""俞某满""陆某""赵某松""杨某启"等 8 人的 11 个证券账户组,操纵海航控股、南威软件、迪马股份、黄河旋风、*ST 毅达、杭电股份上述股票时的地点高度重合,交易时间、方向高度重合,任良斌账户、任良成账户以及拆借他人的资金,上述资金均由任良成实际控制	对任良成、任良斌操纵"黄河旋风""*ST 毅达"的行为,没收任良斌违法所得 754870.49 元,并处以 2263161.47 元的罚款,其中处任良斌罚款 18105289.18 元,处任良斌罚款 4526322.29 元。对任良成、任良斌操纵"海航控股""南威软件""迪马股份""杭电股份"的行为,分别处以 1500000 元罚款、6000000 元罚款,其中处任良斌罚款 4800000 元,处任良斌罚款 1200000 元

续表

序号	时间	当事人	案号	操纵行为	处罚
(27)	2018年10月11日	青岛东海恒信投资管理有限公司、史史、陈建国	（2018）99号	控制使用"千石资本—东海恒信1期"等12个账户组。操纵期间，东海恒信为"千石资本—东海恒信1期"等11个专户产品的投资顾问，负责具体投资决策。"千石资本—东海恒信1期""东海恒信2期""富安达—东海恒信1期""富安达—东海恒信6期""富安达—东海恒信7期""东海恒信9期""融通资本—东海恒信12期""东海恒信13期""融通资本—东海恒信14期""东海恒信15期"投资顾问均为东海恒信，其负责具体投资决策。上述账户下单交易地址与东海恒信地址相同；"万家基金—东海恒信1期""富安达—东海恒信4期"投资顾问均为东海恒信地址相同，由其负责具体投资决策，上述两账户交易地址与东海恒信地址相同。操纵期间，账户组有29个交易日在账户之间进行180ETF相互交易，其中24个交易日中，账户组合计相互交易量占当日市场交易总量的比例超过5%，合计买入180ETF成分股金额4978001468 0.72元，通过成分股交易获利4028662518.17元，合计卖出180ETF金额9493392162.55元；合计买入180ETF金额5113627885.07元，合计卖出180ETF金额4154216336.91元。总计获利134597370.30元	没收东海恒信违法所得134597370.30元，并处以134597370.30元罚款；对史史给予警告，并处以40万元罚款；对陈建国给予警告，并处以30万元罚款

续表

序号	时间	当事人	案号	操纵行为	处罚
(28)	2018年10月11日	济南华尔泰富投资管理有限公司、时玉祥、田相水	(2018) 101号	华尔泰富控制使用"千石资本—华尔泰富量化对冲1号资产管理计划"等3个账户。"千石资本—华尔泰富量化对冲1号资产管理计划""千石资本—华尔泰富量化对冲3号资产管理计划"等3个账户的专户产品。华尔泰富均为华尔泰富创富资本管理有限公司发行的专户产品。华尔泰富通过北京千石创富资本管理有限公司控制上述账户的投资顾问,负责投资下单。华尔泰富是这3个专户产品的单一劣后级出资份额。其中账户组有29个交易日在单一账户组当日市场交易量占当日市场交易总量的比例超过5%,账户组有27个交易日中,账户组相互交易量占当日市场交易总量的比例超过5%,账户组合计买入100ETF成交分股金额9723897662.89元,合计买入100ETF金额9796495554.48元;合计卖出100ETF成交分股金额10924332990.96元,合计卖出100ETF金额10962279612.00元	没收华尔泰富违法所得20634336.09元,并处以20634336.09元罚款;对时玉祥给予警告,并处以30万元罚款;对田相水给予警告,并处以30万元罚款
(29)	2018年10月11日	北京泛涵投资管理有限公司、陈支左、陈美花	(2018) 100号	泛涵投资为"泛涵康元1号私募证券投资基金"账户的管理人;为"兴业信托泛涵正元证券投资集合资金信托计划"账户的投资顾问;为"华泰长城期货泛涵隆元2号资产管理计划""华泰期货泛涵投资自营账户"账户的投资决策、投资建议或投资顾问同费方。泛涵投资负责上述账户的管理费或投资顾问同费或投资建议费。泛涵投资为泛涵投资自营账户,并从净值增长中按比例提取收益。"北京机构账户为泛涵投资自营账户,获取固定自营收益。操纵上证50交易日,控制账户组在单一账户或账户之间进行50ETF相互交易,50ETF相互交易在36个交易日,2015年6月15日至8月14日期间,泛涵投资账户之间进行50ETF相互交易,50ETF与相应成分股日成交总额为3528398581.23元,单一账户组在单一账户或账户之间,变相进行50ETF交易量,影响50ETF相应分股日成交额为733175217.10元,控制账户组在单一账户或账户之间进行50ETF相互交易日内回转交易套利	对泛涵投资处以100万元罚款;对陈支左给予警告,并处以30万元罚款;对陈美花给予警告,并处以30万元罚款

续表

序号	时间	当事人	案号	操纵行为	处罚
(30)	2018年10月11日	北京礼一投资有限公司,深圳礼一投资有限公司,林伟健	(2018)102号	北京礼一投资、深圳礼一投资控制使用"深圳礼一投资有限公司一礼一量化套利一期证券投资基金""深圳礼一投资有限公司一礼一避险一号结构式证券投资集合资金信托""华润深国投信托有限公司一礼一量化套利一期资产管理计划""鹏华资产一工商银行一礼一量化套利二期资产管理计划""鹏华资产一工商银行一礼一量化套利三期资产管理计划""鹏华资产一工商银行一礼一量化套利七期资产管理计划"等6个账户的管理人为深圳礼一投资;"鹏华资产一工商银行一礼一量化套利五期资产管理计划""鹏华资产一工商银行一礼一量化套利六期资产管理计划""鹏华资产一海通证券一礼一量化套利九期资产管理计划""鹏华资产一工商银行一礼一量化套利十期资产管理计划"等4个账户的管理人为北京礼一投资。北京礼一投资和深圳礼一投资(以下合称礼一投资)同在北京市朝阳区安立路30号B座102室办公,大股东同为林伟健,工作人员完全相同,共同控制使用上述账户组。2015年6月15日至8月14日期间,礼一投资在44个交易日,控制账户组在单一账户或账户之间进行50ETF相互交易、50ETF成交量,影响50ETF交易量,变相进行50ETF与相应成分股日内回转交易套利。交易成交总额为3901259982.38元,单一账户组使用6319111989.69元	对北京礼一投资、深圳礼一投资予警告,并处以100万元罚款;对林伟健予警告,并处以30万元罚款

续表

序号	时间	当事人	案号	操纵行为	处罚
(31)	2018年10月11日	广州市裕鼎投资有限公司、江瑜、胡菊华、吴惠玲	(2018)96号	根据裕鼎公司提供的情况说明、当事人陈述、账户名又持有人指认及提交的相关证据，相关证券账户中资金来源或去向、下单IP、MAC等证据，可以认定在2016年12月27日至2017年2月9日期间，裕鼎公司控制"杨某嫒""郑某霞""吴某伟""吕某昌""吴某平""吴某任""邹某玲""袁某超""王某健""马某平""黄某雅""徐某""杨某女""郑某青""袁某劲""金某""郭某羊""高某凤""陈某波""陈某明""宋某明""黄某综""吴某劲""金某""王某""钟某""林某珍""张某仪"29个证券账户组，并通过其中25个账户控制账户组采用集中资金优势、持股优势连续交易，虚假申报等手段操纵"湘油泵"；2016年12月27日至2017年2月9日期间，裕鼎公司控制账户组采用集中资金优势、持股优势等连续交易、虚假申报交易、账户间交易等手段操纵"湘油泵"，累计获利13764541.57元	没收裕鼎公司违法所得13764541.57元，并处以41293624.71元的罚款；对江瑜给予警告，并处以600000元的罚款；对胡菊华给予警告，对吴某玲给予警告，并处以300000元的罚款；对吴惠玲给予警告，并处以100000元的罚款
(32)	2018年10月30日	王法铜	(2018)104号	证券账户交易终端硬件信息（IP、MAC、硬盘序列号、下单手机号）、资金往来证人证言等证据显示，"谢某微"等344个证券账户存在紧密关联，由王法铜控制使用。王法铜利用"如通股份""亚振家居"等344个证券账户，使用自有资金和配资资金，在上海等地操纵"如通股份""亚振家居"价格。在2017年1月3日至3月14日期间，控制使用344个证券账户中的227个证券账户，集中持股优势、资金优势，连续交易"如通股份"，操纵"如通股份"价格	没收王法铜违法所得346,324,980.52元，并处以1,042,974,941.56元罚款
(33)	2018年11月13日	刘坚	(2018)108号	操纵"西部黄金"等16只股票，如2014年8月27日9:15，刘坚账户分2笔委托买入610000和160000股，委托数量占当日委托买入"万向钱潮"委托数量比重分别为78%和11%；多次在开盘集合竞价阶段，集中时刻市场买入大量以高价、大单申单后全部撤单，之后在开盘后迅速卖出，表明其买入申报不以真实成交为目的，而意在影响虚拟开盘价、集中量大的假象，以此推高股票价格	对刘坚操纵"西部黄金"等股票的价格行为没收违法所得609747.16元，并处以609,747.16元的罚款

续表

序号	时间	当事人	案号	操纵行为	处罚
(34)	2018 年 12 月 11 日	北京新华汇嘉投资管理有限公司,王卫东	(2018)118 号	2015 年 7 月 3 日 14:45,"宝信软件"股价联停,14:54:04 起,新华汇嘉操作新华汇嘉财富成长 2 号基金下单申报买入,迅速成交后将股打开跌停。14:56:19 至 14:59:54,新华汇嘉市场申报买入 11 笔,申买数量 1038300 股,申买档位 1 档,占该时段市场申买量的 97%;2015 年 7 月 3 日 14:55:03 至 14:59:44,新华汇嘉市场申报买入"联发股份"9 笔,申买数量 3100000 股,申买档位 1 档,占该时段市场委托量的 94.42%。实际控制并操作并手买一交易价格,王卫东利用所控制资金优势,采用尾盘大量买入提高股票收盘价并手买一交易价格,王卫东为对新华汇嘉违法行为直接负责的主管人员	对新华汇嘉没收违法所得 1091543.16 元,并处以 3274629.48 元罚款;对王卫东给予警告,并处以 30 万元罚款
(35)	2018 年 12 月 28 日	郑领滨	(2018)127 号	操纵四川长虹(证券代码 600839)等 19 只股票价格。2015 年 7 月 24 日 10:13:24 至 11:29:38,该账户以 25.33 元至 26.52 元(涨停价)共申报买入"钢构工程"23 笔共计 15246100 股,占该期间市场申报买入量的 41.18%,申卖量排名第一;撤单 21 笔合计 12243266 股,占该账户申报量的 80.30%,占集合竞价阶段该期间市场买撤单量 59.43%,申卖委托撤单量排名第一;该期间市场买撤单量 59.43%,申卖委托撤单量排名第一;虚假申报,盘中虚假撤单控制利操作"缪某妹"证券账户,通过盘中拉抬、虚假申报、涨停板虚假申报,开盘集合竞价阶段虚假申报影响虚拟开盘参考价,盘中打压等多种异常交易行为,操纵"四川长虹"等 12 只股票价格,行为较为恶劣,违法情节较为严重	没收郑领滨违法所得 30853166.81 元,并处以 6492321.72 元的罚款

续表

序号	时间	当事人	案号	操纵行为	处罚
(36)	2018年12月28日	雅利资产管理（上海）资产管理有限公司、吕沈强	（2018）129号	2015年9月10日14:57:32～14:59:55,申买"中发科技"209万股,占市场申买量的86.36%,成交1814252股,占市场成交量的89.48%,利用资金优势,通过连续交易、尾盘拉抬等方式影响"中发科技"价格和交易量	对雅利资产操纵"中发科技"处以100万元罚款;对直接负责的主管人员吕沈强给予警告,并处以30万元罚款
(37)	2018年12月28日	蓝海思通投资控股（上海）有限公司、苏思通	（2018）128号	利用资金优势,采用持续高价申买、对倒等方式,拉抬"云煤能源"股价,并在拉抬后立即反向卖出,影响了"云煤能源"股价和交易量。例如:2015年9月18日14:10:12～14:59:59,耀汇金1期、3期连续以远高于市价的价格(部分为涨停价)持续买入"云煤能源",累计申买2042740股,占市场申报量的40.51%; 利用资金优势,采用持续高价申买的方式,拉抬"西藏旅游"股价,影响了"西藏旅游"股价和交易量。例如:2015年7月15日10:53:00～11:08:19开始分5笔以涨停价16.26元申买"西藏旅游",累计申买240万股,占市场申报量的61.01%; 2015年9月28日14:58:38～14:59:40,耀汇金1期、3期以远高于市价的价格分6笔申买"恒源煤电"300万股,占市场申报量的74.88%,全部成交,占市场成交量的93.71%; 2015年9月30日14:58:10～14:59:57,耀汇金1期、3期以远高于市价的价格分13笔申买"西宁特钢"3317000股,占市场申报量的85.87%; 2015年9月30日14:53:31～14:58:21,耀汇金1期、3期以远高于市价的价格分27笔申买"新钢股份"6102000股,占市场申报量的79.27%,成交5261500股,占市场成交量的88.14%	对蓝海思通没收违法所得5137021.03元,并处以12274042.06元罚款。对蓝海思通负责的主管人员苏思通给予警告,并处以30万元罚款
(38)	2018年12月29日	王炎贤	（2018）111号	2014年10月31日14:45～14:57,账户组申买"栋梁新材"16笔共计8248400股,申买量占同期同市场申买量的62.24%,买入成交1902654股,占该期同市场成交量的43.17%	对王炎贤操纵"栋梁新材"行为给予警告,没收违法所得183992.79元,并处以30万元罚款

2. 2019 年证监会操纵证券市场行政处罚（见表2）

表 2　2019 年证监会对涉证券操纵行政处罚统计

序号	时间	当事人	案号	操纵行为	处罚
（1）	2019 年 3 月 25 日	舒逸民	（2019）20 号	控制使用"舒逸民""徐某萍"和"胡某玉"证券账户组，其中，"徐某萍"和"胡某玉"证券账户系舒逸民家人证券账户，证券账户开户资料、交易记录、银行账户资料、下单交易地址等证据均证明，舒逸民实际控制并使用其本人及上述家人账户，利用资金优势，通过盘中拉抬股价、大额申买维持涨停价、频繁申报和撤销申报等方式，影响"浩丰科技"等 4 只股票的交易价格和交易量，充分印证其具有操纵市场的主观故意	对操纵"浩丰科技""南华仪器""中飞股份"等 3 只股票的行为，没收违法所得 22925108.48 元，并处以 22925108.48 元罚款；对操纵"山河药辅"的行为，处以 100 万元的罚款
（2）	2019 年 1 月 18 日	解中力、丁华强	（2019）5 号	2015 年 6 月 15 日至 8 月 14 日（操纵期间），阳昊投资控制使用"北方信托—阳昊套利 1 号"等 5 个账户（以下简称账户组），账户组中 5 个账户所涉产品均为阳昊投资通过北方国际信托股份有限公司（以下简称北方信托）或自己发行。具体为北方信托—阳昊套利一号证券投资集合资金信托计划、北方信托—阳昊套利二号证券投资集合资金信托计划、北方信托—阳昊套利三号证券投资集合资金信托计划、北方信托—阳昊套利五号证券投资集合资金信托计划及阳昊—月月久赢私募投资基金等 5 只产品，阳昊投资作为 4 只信托资产计划的投资顾问和 1 只私募基金的管理人，其交易总监解中力负责 5 只产品的投资决策并下达最后的操作指令，他人听其指令协同下单操作。在自己实际控制的单一账户或账户间进行 50ETF、180ETF、深 100ETF 等 ETF 交易，影响其交易量，变相进行相应 ETF 与相应成分股日内回转交易	对解中力给予警告，并处以 30 万元罚款；对丁华强给予警告，并处以 20 万元罚款

序号	时间	当事人	案号	操纵行为	处罚
（3）	2019 年 1 月 18 日	封建华	（2019）4号	在自己控制的单一账户内进行商品 ETF、超大 ETF、非周 ETF、红利 ETF、金融 ETF、能源行业 ETF、消费 ETF、央企 ETF、治理 ETF 等 9 只 ETF 产品交易，影响上述 ETF 交易量，变相进行相应 ETF 与相应成分股日内回转交易，非法获利 5019649.94 元。多个交易日成交量占同期该品种市场成交量的比例超过 5%，充分印证封建华具有利用此种交易方式获利的主观故意	没收封建华违法所得 5019649.94 元，并处以 5019649.94 元罚款
（4）	2019 年 1 月 18 日	王永柯	（2019）3号	操纵创业板交易型开放式指数基金。控制使用"周某鹏"账户，账户下单地址与王永柯家中电脑地址一致。该账户开立于中信建投证券股份有限公司宁波曙光路证券营业部，账户资金主要为王永柯借用资金。王永柯于操纵期间，控制使用"周某鹏"账户，进行创业板 ETF 等 4 只 ETF 产品交易，影响该 4 只 ETF 产品交易量，变相进行相应 ETF 与相应成分股日内回转交易，非法获利 4532993.18 元。	没收王永柯违法所得 4532993.18 元，并处以 4532993.18 元罚款
（5）	2019 年 1 月 18 日	福建道冲投资管理有限公司、李盛开、张秋丽	（2019）2号	操纵深证 100 交易型开放式指数基金、中小企业板交易型开放式指数基金（中小板 ETF）、中小板 300 交易型开放式指数证券投资基金（中小 300ETF）。账户组所涉 9 个账户具体为千石资本—道冲套利 1 号、2 号、3 号、5 号、8 号、9 号、10 号、11 号、12 号资产管理计划，均为福建道冲通过北京千石资本管理有限公司发行的专户产品，福建道冲是投资顾问，由福建道冲决策下单。福建道冲设有投资决策委员会，李盛开、张秋丽均为投资决策委员会成员，并认购了部分产品劣后级出资份额。投资决策委员会定期召开会议，提出近期交易策略。上述 9 只产品由交易员在福建道冲专用的交易室利用套利软件，按照公司制订的既定交易策略下单交易	对福建道冲处以 100 万元罚款。对李盛开给予警告，并处以 30 万元罚款。对张秋丽给予警告，并处以 30 万元罚款

通过表 1、表 2 统计，可以初步归纳如下结论。

（1）对操纵证券市场行为证监会行政处罚中认定的实际控制人以自然人为主体，以公司实际控制人为例外。其关键认定标准在于账户组的实质控制，以及相关账户所体现的交易终端硬件信息（IP、MAC、硬盘序列号或手机号等）重合度、资金往来关联度（第三方存管银行资金直接或间接来源）、其他证据印证度（证人证言、当事人陈述、配资协议、手机截屏等）。在（2018）104 号行政处罚案中，证监会认定："相关账户 344 户中有硬件信息重合的账户为 316 户（其中使用手机号下单的有 69 户），有资金往来关联的账户为 258 户，有指认自认类证据的为 263 户，其中同时满足两类证据的，有硬件信息重合且资金往来关联的账户为 230 户，有硬件信息重合且有指认自认类证据的为 270 户，有资金往来关联且有指认自认类证据的为 212 户；同时满足三类证据的为 184 户。综上，包括当事人不予认可的 101 个账户在内的 344 个账户由王法铜控制使用，事实清楚、证据充分，足以认定。"① （2018）95 号行政处罚案中，证监会认定，卢某为任行投资员工，其银行账户在涉案期间与任良成之子任某的银行账户和任良斌的银行账户存在多笔、大额资金往来；最后，任良斌在陈述申辩中承认其控制使用包括"杨某启"账户、"赵某松"账户在内的账户组操纵"海航控股"等 6 只股票并最终亏损的行为，却否认控制使用"杨某启"账户、"赵某松"账户操纵"黄河旋风""*ST 毅达"并最终盈利的行为，其陈述申辩意见存在自相矛盾之处，通过虚假的陈述申辩以减少罚没款金额的意图明显。因此，对任良斌提出不应将"卢某"账户、"杨某启"账户、"赵某松"账户卖出"黄河旋风"和"*ST 毅达"的盈利计入违法所得的申辩意见，不予采信。②

（2）具体分工、作用亦为实际控制人认定的重要指标。（2018）96 号行政处罚案中，证监会认定"2016 年 12 月 27 日至 2017 年 2 月 9 日期间，裕鼎公司控制账户组，裕鼎公司股东及法定代表人江瑜负责选股、风控，且在盘中交易时进行指导，其起决定、授意、指挥等作用，是直接负责的主管人员；裕鼎公司工作人员胡菊华参与决策选股并实施了配资、下单等行为，是其他直接责任人员；裕鼎公司股东吴惠玲参与决策选股并负责财务工作，是其他直接责任人员。"③ （2018）99 号行政处罚案中，自然人史吏时为东海恒信法定代表人、总经理，负责公司的全面管理，为东海恒信所从事违法行为直接

---

① 表 1：证监会（2018）104 号行政处罚决定书。
② 表 2：证监会（2018）95 号行政处罚决定书。
③ 表 1：证监会（2018）96 号行政处罚决定书。

负责的主管人员。自然人陈建国时任东海恒信副总经理分管 ETF 套利业务，为东海恒信所从事违法行为的其他直接责任人员，同样被认定为实际控制人。处罚机关通常综合考虑当事人自认、账户组的控制关系、资金关联情况、交易地点、交易行为的一致性及配合度、操纵行为特征，来认定当事人在涉案期间实际控制使用账户组和涉案资金，并雇佣和组织交易员实施操纵行为。

（3）公司股东、法定代表人与实际控制人存在较大可能的重合。在（2018）100 号行政处罚案中，时任泛涵投资董事长陈支左负责公司的全面工作，陈美花为泛涵投资股东、法定代表人，是本案 4 个专户产品的管理人，陈支左、陈美花为泛涵投资所从事违法行为直接负责的主管人员。

（4）对账户的实际控制的否认，是相关当事人较多使用的抗辩策略。（2018）95 号处罚中，任良成抗辩提出，"其行为不构成操纵证券市场，不应对其予以行政处罚。第一，任良成并未在涉案期间控制、使用账户组。任良成已将任行投资股权全部转让给任良斌，任行投资的法定代表人变更为任良斌，任良成已退出任行投资经营管理，不再从事大宗股票承接及证券投资业务。第二，任良成介绍大宗交易的行为不构成操纵证券市场。任良成向任良斌、任行投资业务员和任行投资其他业务合作伙伴（以下简称交易意向人）介绍大宗交易，账户具体操作由交易意向人自行决定，并由交易意向人自负盈亏，任良成仅为交易意向人提供借款并收取利息，并未控制相关证券账户，也未指导相关账户操作。"① 证监会认定："依据任良成谈话笔录和相关人员指认，在其将任行投资股权转让给任良斌且任行投资的法定代表人也变更为任良斌后，任行投资的事务仍由其实际管理，公司员工仍向其请示、汇报，通过大宗交易承接股票的事务仍由任良成决策；相关人员指认涉案账户组均交给任良成和任行投资使用，且账户组中部分账户的名义持有人为任行投资员工或任良成控制的其他公司的员工；涉案账户组实施操纵行为的地点为任行投资办公场所或任良成指定的地点，交易地点高度重合；根据相关人员指认和银行流水，账户组资金来源于任良成之子任某的银行账户、任良斌的银行账户以及任良成拆借他人的资金，上述资金均由任良成控制、使用；账户

---

① 表1：证监会（2018）96 号行政处罚决定书。

组的交易时间相近、交易方向趋同、交易行为高度一致、相互间高度配合，且与任良成曾被我会处罚的、本案相关人员承认的操纵市场行为模式相符。"①

（5）独立实际控制人，独立操纵市场行为可能被认定为独立行政处罚。（2018）95 号行政处罚案中，处罚机关综合考虑当事人操纵各个涉案股票的操纵行为模式和特征、时间段上的独立性、计算违法所得的独立性等因素，将当事人操纵"海航控股"等 6 只涉案股票的行为分别认定为 6 个。（2018）27号、（2018）28 号、（2018）29 号行政处罚案，处罚机关亦出于同样考量。

（6）证监会集中统一监督管理全国证券市场，近年来，适用《证券法》第 77 条第 1 款第（四）项，查处了包括虚假申报、尾市拉抬等在内的多起"以其他手段操纵证券市场"案件，如刘文金案（行政处罚决定书（2018）14 号）、李健案（行政处罚决定书（2017）37 号）、创世翔案（行政处罚决定书（2016）120 号）等，实际控制人之认定标准亦有突破。

二 诉讼案件中实际控制人认定

（一）涉案账户组实际控制、关联度认定以及管理、使用或处分权益

1. 最高人民法院主流意见及案例统计（见表3）

【案例统计表格】

表 3 最高人民法院典型案例

当事人	案号	案由及案情简介	裁判结果
吕美庆	（2017）最高法行申字第 8941 号	吕美庆实际控制涉案账户组操纵股价	驳回再审申请
唐建平	（2015）行监字第 1728 号	唐建平实际控制 19 个账户并实施操纵"航天动力"股票价格	驳回再审申请

---

① 表 1：证监会（2018）95 号行政处罚决定书。

小结:(1)吕美庆再审案中,最高人民法院亦保持了账户组关联度、控制度系认定实际控制人的关键标准,据此认为"根据原审法院审理查明的事实,证监会在原审中提交的证据可以证明,涉案账户组下单 MAC 地址、IP 地址存在相互交叉使用情况,在涉案交易期间频繁下单,网络地址大量重合。涉案账户组与吕美庆及其实际控制银行账户存在大量直接或间接的资金往来。此外,还有吕美庆自认其实际控制邱奇华等 6 个账户等,上述证据可以形成有效的证据链证明被诉决定以及一、二审认定吕美庆具有控制权的事实"[①]。

(2)判断行为人是否实际控制账户关键在于行为人对该账户是否具有管理、使用或处分权益,如果存在如下情形之一即应认定行为人实际控制该账户:行为人以自己的名义开设的账户;行为人以他人名义开设的账户;行为人虽然不是账户的名义持有人,但通过投资关系、协议或者其他安排,能够实际管理、使用或处分的他人账户。

唐建平再审案中,最高人民法院认为:"从委托下单记录来看,2010 年 4 月 2 日至 12 月 23 日期间,涉案账户(除张辉账户外)的 MAC 地址记录共计 5887 次,共用 MAC 地址下单 5293 次,总体重合率为 90%,其中 6 个账户 MAC 地址的重合率 100%,即除张辉账户外其余 18 个账户有 90% 的交易共用电脑下单。在此期间,涉案账户的 IP 地址记录共计 8386 次,共用 IP 地址下单 6169 次,IP 地址总体重合率 74%,其中张辉账户 IP 地址与其他 18 个账户的重合率为 97%,即张辉账户与其他 18 个账户有 97% 的交易在同一地点通过同一个路由器下单。基于上述事实,可以认定涉案 19 个账户 MAC 地址和 IP 地址存在高度重合。除此之外,涉案 19 个账户之间还具有交易股票品种高度一致、交易航天动力股票的行动高度一致、绝大部分账户在同一证券公司营业部开户的特征。据此,原审法院认定涉案 19 个账户具有同一控制关系,并无不当。根据本案证据及原审法院查明的事实,除唐建平本人账户外,其余账户的大部分持有人与唐建平存在亲属、朋友或者同乡关系,且根据相关资产管理协议、资金流向及相关证人证言等证据,均指向唐建平,据此可以认定除唐建平本人开设的账户外,唐建平与其余 18 个涉

---

① 表 3:最高人民法院(2017)最高法行申字第 8941 号。

案账户之间存在投资关系、协议或者其他安排，故被诉行政处罚决定认定唐建平为涉案账户的实际控制人，并无不当。唐建平认为再审被申请人证监会以 MAC 地址和 IP 地址认定唐建平为 19 个账户实际控制人，证据不足，相关证据不符合电子证据形式要求的申请再审理由，由于唐建平并未提供涉案 19 个账户存在修改 MAC 和 IP 地址的证据，且有关证明唐建平等 19 个账户在 2010 年 4 月 2 日到 12 月 23 日期间同时段频繁共用电脑下单、所用 MAC 地址与 IP 地址高度重合等事实的证据，系与唐建平与其他账户持有人之间存在的资产管理协议、资金流向、证人证明、证言、人员关系和账户关系等证据相互印证，可以形成明显的证据优势，且均指向唐建平一人，能够证明唐建平等 19 个账户具有同一控制关系。"[①]

2. 部分高院主流意见及案例统计（见表4）

【案例统计表格】

表 4　北京市高级人民法院典型案例

当事人	法院及案号	案由	裁判结果
李宁	北京市高级人民法院（2017）京行终字第 2138 号	行政处罚	驳回上诉,维持一审判决二审案件受理费人民币 50 元,由上诉人李宁负担（已交纳）。本判决为终审判决
陶旸	北京市高级人民法院（2017）京行终字第 2039 号	行政复议	驳回上诉,维持一审判决。二审案件受理费人民币 50 元,由上诉人陶旸负担（已交纳）。本判决为终审判决
任良成	北京市高级人民法院（2017）京行终字第 4822 号	行政处罚	驳回上诉,维持一审判决。二审案件受理费人民币 50 元,由上诉人任良成负担（已交纳）
陈俊	北京市高级人民法院（2018）京行终字第 1669 号	行政复议	驳回上诉,维持一审判决。二审案件受理费人民币 50 元,由上诉人陈俊负担（已交纳）

小结:

（1）认定行为人实际控制某一账户，需要判断行为人是否对该账户具

---

① 表 3:最高人民法院（2015）行监字第 1728 号。

有管理、使用或处分的权益。行为人虽非账户的名义持有人，但通过投资关系、协议或者其他安排能够实际管理、使用或处分他人账户的，也可以视为行为人实际控制该账户。

（2）资金关联情况、账户下单交易地址、交易硬件信息匹配度和交易特点，可以认定当事人在涉案期间实际控制、使用他人账户操纵交易涉案股票的实质。

3. 部分中级人民法院主流意见及案例统计（见表5）

【案例统计表格】

表 5　部分地方法院典型案例

当事人	法院及案号	案由	裁判结果
吕美庆	北京市第一中级人民法院（2016）京 01 行初字第 386 号	行政处罚	驳回原告吕美庆的诉讼请求。案件受理费 50 元，由原告吕美庆负担（已交纳）
朱春秋	广州铁路运输中级法院（2018）粤 71 行终字第 2422 号	其他行政行为	驳回上诉，维持原裁定。本裁定为终审裁定
阮克荣	北京市第二中级人民法院（2018）京 02 行终字第 1755 号	行政处罚	驳回上诉，维持一审判决。一、二审案件受理费各 50 元，均由阮克荣负担（已交纳）。本判决为终审判决
李宁	北京市第一中级人民法院（2016）京 01 行初字第 699 号	行政处罚	驳回原告李宁的诉讼请求。案件受理费 50 元，由原告李宁负担（已交纳）
任良成	北京市第一中级人民法院（2017）京 01 行初字第 408 号	行政处罚	驳回原告任良成的诉讼请求。案件受理费 50 元，由原告任良成负担（已交纳）
陶旸	北京市第一中级人民法院（2016）京 01 行初字第 494 号	行政处罚	驳回原告陶旸的全部诉讼请求。案件受理费 50 元，由原告陶旸负担（已交纳）

小结：

（1）实际控制人认定，即当事人是否为涉案股票操纵期间账户组合的实际控制人，为法院审理的关键焦点问题。

（2）当事人询问时自认，涉案异名账户与实际控制人银行账户之间直接、大量资金往来，以及在案有效证据证明的与实际控制人或员工的亲属身份，将构成实际控制人认定的有效、充分证据链条。

（3）判断行为人是否对该账户具有管理、使用或处分的权益，是认定行为人是否为实际控制人的实质性标准。通过投资关系、协议或者其他安排能够实际管理、使用或处分他人账户的，也可以视为行为人实际控制该账户组。

（二）刑事案件中账户组实际控制、关联度认定以及管理、使用或处分权益

【案例统计表格】

表 6　部分地区法院刑事审判典型案例

当事人	法院及案号	案由	裁判结果
陈峰	福建省高级人民法院（2016）闽刑终字第 184 号	操纵证券、期货市场罪	判处有期徒刑 1 年
徐翔等人	青岛市中级人民法院	为谋取非法利益,利用自身信息优势、资金优势在证券市场上连续买卖,操纵涉案股票交易数量,影响股票价格,赚取非法利益,构成操纵证券市场罪	判处徐翔有期徒刑 5 年 6 个月,并处罚金人民币 110 亿元
唐万川	武汉市中级人民法院（2013）鄂武汉中刑初字第 00036 号	操纵证券、期货市场罪	判处有期徒刑 2 年 6 个月,缓刑 3 年
汪建中	北京市第二中级人民法院（2014）二中刑减字第 1623 号	操纵证券、期货市场罪	减去有期徒刑 10 个月;罚金不变
陶某、刘某甲	武汉市中级人民法院（2015）鄂武汉中刑初字第 00123 号	操纵证券、期货市场罪	对陶某判处拘役 6 个月,缓刑 1 年,并处罚金人民币 15 万元（已缴纳）;对刘某甲判处罚金人民币 10 万元
王某甲	山东省聊城市中级人民法院（2016）鲁 15 刑初字第 5 号	操纵证券、期货市场罪	判处有期徒刑 1 年,缓刑 1 年零 6 个月,并处罚金人民币 100 万元

当事人	法院及案号	案由	裁判结果
吴定昌	南京市中级人民法院（2017）苏 01 刑初字第 31 号	操纵证券、期货市场罪	判处罚金人民币 2760 万元
朱德洪、杨绍东	上海市第一中级人民法院（2017）沪 01 刑初字第 86 号	操纵证券、期货市场罪	对朱德洪判处有期徒刑 3 年，缓刑 4 年，并处罚金人民币 400 万元；对杨绍东判处有期徒刑 2 年 6 个月，缓刑 3 年，并处罚金人民币 300 万元
陈军	长沙市中级人民法院（2017）湘 01 刑更字第 929 号	操纵证券、期货市场罪	不予减刑
张荣坤	长春市中级人民法院（2014）长刑执字第 3042 号	欺诈发行股票、债券罪	减去有期徒刑 1 年
朱炜明	上海市第一中级人民法院（2017）沪 01 刑初 49 号	操纵证券、期货市场罪	判处有期徒刑 11 个月，半处罚金人民币 76 万元

小结：

（1）操纵证券市场罪，是指集中资金优势、持股优势或者利用信息优势联合或者连续买卖，与他人串通相互进行证券交易，操纵证券市场交易量、交易价格，制造证券市场假象，诱导或者致使投资者在不了解事实真相的情况下做出投资决定，扰乱证券市场秩序的行为。操纵证券市场犯罪的法律责任是指操纵证券行为人违反证券法律法规所规定的义务，而应承担的否定性法律后果。对于操纵证券市场罪的主体，《证券法》和现行《刑法》并未做任何限定，而且《证券市场操纵行为认定指引（试行）》第 5 条第 1、2款明确指出："任何人直接或间接实施操纵行为，均可认定为操纵行为。本指引所称任何人，是指在证券市场上从事证券交易活动的任何自然人和单位。"因而操纵证券市场罪的主体是一般主体，当无疑问。

陈峰案中，陈峰作为闽发公司操纵证券市场的实施者，属于闽发公司单位犯罪的其他直接责任人员。陈峰受闽发公司指派，利用资金优势、持股和持仓优势进行连续买卖、自买自卖，操纵"内蒙华电"股票交易，严重扰乱证券交易秩序，已构成操纵证券交易价格罪。

（2）证券犯罪具有专业性、隐蔽性、间接性等特征，被告人及其辩护人经常会提出涉案账户实际控制人及操作人非其本人的辩解。对此，公诉机关通常从行为人的资金往来记录，设备 MAC 地址、终端 IP 地址与互联网访问轨迹的重合度与连贯性，身份关系和资金关系的紧密度，涉案股票买卖与资金比例上的高度关联性，相关证人证言在细节上是否吻合等入手，构建严密证据体系，确定被告人与涉案账户的实际控制关系。诸如在朱炜明操纵证券市场案中，针对审查起诉中朱炜明的辩解，公诉机关通过认真审查证据、依法退回补充侦查，查明了案件的关键事实，补强了相关证据。在检察官出示的证据面前，朱炜明对实施"抢帽子"交易操纵证券市场牟利的事实供认不讳。同时，亦肯定了证券监管部门在行政执法和查办案件中收集的物证、书证、视听资料、电子数据等证据材料，在刑事诉讼中可以作为证据使用，即行政证据与刑事证据的转化问题①。

第二部分　结语

操纵证券市场行为成立的关键，在于行为人所滥用的市场优势是否具有人为控制证券市场的可能性。这种可能性虽然往往与行为人的专业人士身份或者证券市场信息发布资格有着紧密的关联，但却并不以行为人特殊身份的具备或者特殊地位的取得为必要。要对证券市场行情进行人为控制，行为人不仅必须具有左右其他市场参与者投资决策的市场优势或者影响力，而且其对市场优势或者影响力的使用还必须违反了法定限制条件进而构成滥用。②

根据证监会、最高人民法院及各地高院的裁判实践，操纵证券市场实际

---

① 案号未公开。
② 田宏杰：《操纵证券市场罪：行为本质及其司法认定》，《中国人民大学学报》2014 年第 4 期，第 85 页。

控制人的认定，直接关联于行为人是否实际控制某一账户或账户组，行为人是否对该账户具有管理、使用或处分的权益。在行为人普遍非涉案账户及账户组的名义持有人的情况下，通过投资关系、协议、专户理财协议或者其他安排能够实际管理、使用或处分他人账户的，也应视为行为人实际控制该账户。

（1）与涉案账户组控制、操作关系，系认定实际控制人的形式要件。司法实践，并非着眼于对账户归属关系进行评判，而是着眼于账户操作关系。资金关联情况、账户下单交易地址、交易硬件信息匹配度和交易特点，可以认定行为人在涉案期间实际控制、使用他人账户操纵交易涉案股票的实质。通常意义上，个体账户的交易策略和目标不同，故操作方法不同，但在账户组相关交易高度趋同，交易策略具有高度统一性的情况下，当事人操纵各涉案股票的行为，均可被识别和辨认为一整套操纵行为；据此主要交易地址以及常用交易地址高度统一，理财专户与基金账户的其他交易地址组相互关联，账户组交易流水显示的硬件地址互相关联，且都对应行为人交易室的硬件电脑，均将构成对实际控制人认定的重要考核指标。司法实践中，交易地址、交易重合度、资金往来、询问笔录等主客观证据，是确认行为人为实际控制涉案账户组相关期间交易的决策人和操作人，即实际控制人的关键。

认定实际控制人的关键证据，包括但不限于当事人、配资中介、相关账户名义持有人的询问笔录、配资协议、相关账户资金往来、相关账户交易下单的交易地址、现场取得涉案人员的电脑、手机中使用过账户组的交易记录等。在实际控制人操纵 ETF 交易的案件中，中国证券投资基金业协会备案登记表、投资顾问合同、资产管理合同、专户产品的基本信息汇总表、出资人情况说明及收入情况说明、涉案账户开户资料及委托交易流水资料、电脑硬件信息，亦将成为认定证据。保证金来源、提取盈利去向、利息支付方亦有证据意义。

ETF 交易为投资者提供了一种交易产品和交易机制的选择，投资人可以进行正常的申赎套利，但相关交易不能违反法律和相关交易规则的规定。《上海证券交易所交易型开放式指数基金业务实施细则》（以下简称《实施细则》）第 22 条规定，当日申购的基金份额，同日可以卖出，但不得赎回。

行为人通过在自己实际控制的单一账户或账户之间交易50ETF，实现了当日申购的基金份额当日赎回，并通过卖出赎回的股票，变相实现股票 T＋0 交易。上述交易行为违反了《实施细则》的明确规定，亦构成与在股票市场按照 T＋1 交易规则进行交易的其他投资者的不对等交易，形成了不公平的交易机会，构成操纵行为。

（2）判定实际控制人的实质要件在于是否对该账户具有管理、使用或处分的权益。行为人以非实际控制涉案账户组，仅为形式上投资顾问为由主张不构成操纵行为主体，通常不能成立。实践中的《委托理财协议》《投资服务协议之补充协议》、投资交易指令仅具形式意义，如果涉案期间是涉案账户组交易的实际决策者，理应对交易行为承担法律责任。

（3）公司在特定情况下应认定为实际控制人。涉案账户组的投资标的通常由个体公司决策，并由其交易员执行交易指令。账户组中产品的投资经理均登记为该公司员工，个体公司作为账户组的管理人或者投资顾问，负责账户组产品的投资决策，以账户组操纵涉案股票价格，应认定为操纵行为的违法行为主体。同时，如行为人操纵每只涉案股票的时间段有一定间隔，彼此相互独立，则可能被认定为独立行为，独立处罚。样本案例中单纯由自然人实施的操纵比以单位为主实施的数量多出近一半，但2008年及以前处罚的操纵案件以单位实施为主（占同期案件数量的85.7%），2008年之后处罚的案件以自然人实施为主（占同期案件数量的84.6%）。[①] 2018年、2019年处罚的案件以自然人实施为绝对多数，占比100%。

（4）实际控制人与一般作用人、较大作用人认定标准不同。如行为人参与工作均为执行上级指令，没有证据显示其直接参与了操纵市场的决策或其他直接操纵市场行为，亦没有证据证明其在操纵期间发挥了较大作用，则为一般作用人。如行为人具体负责控制账户的交易以及与实际控制人对接工作，在实际控制人操纵涉案股票过程中起到了较大作用，则为较大作用人，应承担法律责任，但较之于实际控制人，应为次要责任。行为人实际控制账

---

① 汤欣、高海涛：《操纵市场行政处罚案例全景观察》，《证券法苑》2016年第2期，第21～62页。

户组和涉案资金，雇佣交易员实施操纵行为，应当承担主要责任；具体负责实施人指挥操纵行为，应当承担次要责任。

密切关系在个案中，亦将成为认定实际控制人的指标。诸如手机通话记录、微信聊天记录及询问笔录显示，在涉案行为发生期间，行为人与涉案账户持有人通话、微信联系十分频繁、多次会面，将有关涉案事项的公司内部资料泄露给涉案账户持有人，则可从侧面进一步印证实际控制人的操纵行为。

司法实践中，公司通常对买入股票和做市交易需要资金时设置了仓位限制和流程审批。对于买入股票的仓位，需在做市决策会议上讨论决定，并有不低于一定人数的书面签字；对于做市专用账户资金调动，需要由特别人员发起，并经风控、场外市场部总经理、公司分管领导、计划财务部审批后划拨；具体做市交易买卖股票，有权根据季度检视会、做市决策会议的决策授权，根据市场情况进行一些调整，不超出授权范围即可。公司实际控制人、董事长，较大可能被认定为涉案操纵行为的组织、决策者，为实际控制人；总经理参与决策、执行操纵涉案股票等事项，是重要的决策参与者和执行者，为操纵行为较大作用人；其他人员如具体负责控制账户的相关交易、对账等事务，是涉案操纵行为的主要执行者，为操纵行为一般作用人。

（5）将账户组割裂成单个账户进行分析，并就异常交易、量化指标等提出抗辩，在部分案件中提供了抗辩思路。相关机构一般认定操纵行为系将多个账户作为整体来看待，对行为特点和主观状态系统分析，行为人采取了大量以涨停价申报后撤单，以高于委托前一笔市场成交价格、买一档和卖一档价格等方式申报，集中资金优势连续买卖，以及在自己实际控制的账户间交易等多种典型的操纵方式交易股票，并在短期内快速拉抬相关股票价格后快速卖出。该等交易策略在多只股票上多次采用，将被认定为其具有操纵的主观故意。

（6）法律是一种不断完善的实践，"抢帽子"交易操纵之行为主体，在司法实践中实际限定为证券公司、证券咨询机构、专业中介机构及其关联人员等特殊主体。媒体记者、"最牛散户""炒股达人""知名投资家"或股评家等非专业机构从业人员，亦已作为特殊主体认定。

内幕交易、泄露内幕信息罪
实务若干难点探析

张保军

市场的公平、公正、公开是证券、期货行业蓬勃发展的重要保障，而内幕交易作为一种严重违背公平交易原则的证券欺诈行为，不仅有碍市场的健康发展，也会严重损害投资者的合法利益，因此内幕交易行为是我国法律禁止和监督管理部门严厉打击的对象。我国《刑法》于 1997 年首次规定了内幕交易罪，后经 1999 年《刑法修正案》、2009 年《刑法修正案（七）》的修改，关于内幕交易罪的刑事制裁制度不断完善。为更好地维护证券、期货市场管理秩序，依法惩治证券、期货犯罪，最高人民法院、最高人民检察院于 2012 年 3 月 29 日发布了《最高人民法院、最高人民检察院关于办理内幕交易、泄露内幕信息刑事案件具体应用法律若干问题的解释》（以下简称《内幕交易解释》），并于同年 12 月 10 日发布了《〈关于办理内幕交易、泄露内幕信息刑事案件具体应用法律若干问题的解释〉的理解与适用》（以下简称《〈解释〉的理解与适用》）。两份文件进一步具体化了刑法关于内幕交易罪的规定，对内幕交易罪的法定内幕信息知情人员、非法获取内幕信息的人员以及"内幕信息敏感期"等要件做出了较为细致的规定，为司法审判机关正确适用法律审理内幕交易犯罪案件提供了良好的规范依据。但内幕交易行为本身存在交易形式多样、操作手段隐蔽等特点，在内幕交易行为的查处和审判过程中仍有一些疑难、复杂的问题有待进一步研究。本文立足于对现行法律法规的理解，并结合实务办案中的具体经验，对"内幕信息知情人员的认定""内幕信息及其形成时间的认定""内幕交易刑事责任认定的'恶意推定'规则""内幕交易的责任豁免""证监会'认定函'的性质及法律效力的探讨"五个问题进行研究和分析。

一　内幕信息知情人员的认定

证券、期货交易内幕信息的知情人员或者非法获取证券、期货交易内幕信息的人员作为内幕信息罪的犯罪主体，并没有《刑法》上的立法解释。关于主体的范围主要由《内幕交易解释》第 1 条和第 2 条确定。

（一）法定内幕信息知情人员的认定

1. 法律法规对于"内幕信息知情人员"的规定

根据《证券法》第 74 条的规定，"证券交易内幕信息的知情人包括：（1）发行人的董事、监事、高级管理人员；（2）持有公司百分之五以上股份的股东及其董事、监事、高级管理人员，公司的实际控制人及其董事、监事、高级管理人员；（3）发行人控股的公司及其董事、监事、高级管理人员；（4）由于所任公司职务可以获取公司有关内幕信息的人员；（5）证券监督管理机构工作人员以及由于法定职责对证券的发行、交易进行管理的其他人员；（6）保荐人、承销的证券公司、证券交易所、证券登记结算机构、证券服务机构的有关人员；（7）国务院证券监督管理机构规定的其他人。"

根据《期货交易管理条例》第 81 条第（十二）项的规定，内幕信息的知情人员，是指由于其管理地位、监督地位或者职业地位，或者作为雇员、专业顾问履行职务，能够接触或者获得内幕信息的人员，包括：期货交易所的管理人员以及其他由于任职可获取内幕信息的从业人员，国务院期货监督管理机构和其他有关部门的工作人员以及国务院期货监督管理机构规定的其他人员。

2. 法条适用的现状

《证券法》第 74 条和《期货交易管理条例》第 81 条第（十二）项对"内幕信息知情人员"做出了较为丰富的列举，并设置了"国务院证券监督管理机构、国务院期货监督管理机构和其他有关部门的工作人员以及国务院期货监督管理机构规定的其他人员"的兜底条款。值得注意的是,《内幕交易解释》第 1 条并没有明确内幕信息知情人员的认定标准,列举条款与兜底条款之间并未形成"具体与一般"的关系。尽管《内幕交易解释》第 1 条的列举虽已较为详尽,也确为各级法院在审理涉内幕信息、泄露内幕信息犯罪的案件时提供了可操作性更强的法律渊源,但《内幕交易解释》无法完全覆盖实务中的情形。因此,法院在实务中面临涉案主体不属于《内幕交易解释》第 1 条列举的"内幕信息知情人员"的范围时,需要在个案中具体认定。

其中较为典型的一种情形是,因履行职务而知悉了内幕信息的国家工作人员是否属于内幕信息知情人员。经过检索案例发现,法院在实务操作中并未拘泥于条文,而是采取了"内幕信息知情权"标准,认为即使不属于列举的范围,只要行为主体是基于职务、监管等方面的原因合法地获取或者接触到了内幕信息,便属于法定的内幕信息知情人。例如在 2013 年第 1 期《中华人民共和国最高人民法院公报》上刊登的"刘宝春、陈巧玲内幕交易案"(见表1)中,江苏省南通市中级人民法院认可了刘宝春作为国家工作人员因履行工作职责获取到内幕信息,而成为内幕信息的知情人员。

表 1　非法律列举内幕信息知情人员的司法认定

裁判时间	案件名称	法院及案号	被告身份	法院观点
2010 年 12 月 20 日	刘宝春、陈巧玲内幕交易案	江苏省南通市中级人民法院(2010)通中刑二初字第 0005 号	南京市经济委员会主任	被告人刘宝春是因其担任的行政机关职务、履行其工作职责而获悉了内幕信息,系基于其管理地位、监督地位,在履行职务中直接接触或者获得内幕信息的知情人员

这一判决立场与《〈解释〉的理解与适用》一文中关于法定内幕信息知情人员的认定标准相一致,即"法定内幕信息知情人员主要是基于管理地位、监督地位、职业地位或者通过职务行为能够接触或者获得内幕信息的人员。"因此,国家工作人员基于职务、监管原因接触到了内幕信息,

自然也属于内幕信息知情人员。因此，在涉及国家工作人员的案件中，法院没有以其身份不符而排除其是内幕信息知情人员的可能。其他典型案例见表2。

表2　非法律列举内幕信息知情人员的司法认定

序号	裁判时间	案件名称	法院及案号	被告身份	法院（判决）观点
（1）	2011 年 10 月 27 日	李启红等十人内幕交易、泄露内幕信息案	广东省广州市中级人民法院（2011）刑二初字第 67 号	原系中共广东省中山市委副书记、市长	被告人李启红为证券交易内幕信息的知情人员
（2）	2015 年 11 月 2 日	倪鹤琴、胡宁和内幕交易、泄露内幕信息案	广东省高级人民法院（2015）粤高法刑二终字第 151 号	深圳市委宣传部副巡视员	深圳市委宣传部办公室批表、深圳广电集团提供的改革重组的情况说明等书证证实倪鹤琴参与深圳广电网络改革重组有关会议，签批有关请示、报告的事实……上述证据相互印证，足以证实倪鹤琴是本案内幕信息知情人

（二）非法获取证券、期货交易内幕信息的人员

1. 法律法规对于"非法获取内幕信息的知情人员"的规定

《内幕交易解释》第2条规定："具有下列行为的人员应当认定为刑法第一百八十条第一款规定的'非法获取证券、期货交易内幕信息的人员'：（一）利用窃取、骗取、套取、窃听、利诱、刺探或者私下交易等手段获取内幕信息的；（二）内幕信息知情人员的近亲属或者其他与内幕信息知情人员关系密切的人员，在内幕信息敏感期内，从事或者明示、暗示他人从事，或者泄露内幕信息导致他人从事与该内幕信息有关的证券、期货交易，相关交易行为明显异常，且无正当理由或者正当信息来源的；（三）在内幕信息敏感期内，与内幕信息知情人员联络、接触，从事或者明示、暗示他人从事，或者泄露内幕信息导致他人从事与该内幕信息有关的证券、期货交易，相关交易行为明显异常，且无正当理由或者正当信息来源的。"

2. 非法手段型获取内幕信息的人员的认定

上述三项中，第（一）项规定了获取信息手段行为本身非法的情形，即窃取、骗取等。经过检索案例发现，法院在具体的审理中，由于"窃取、刺探、骗取等"手段本身的非法性，因此对非法手段型获取内幕信息的人员的认定相对容易。具体司法认定见表3。

表 3　以非法手段获取内幕信息的人员的司法认定

序号	裁判时间	案件名称	法院及案号	非法获取内幕信息的人员的认定
(1)	2017 年 6月 14 日	张建勤内幕交易、泄露内幕信息案	浙江省杭州市中级人民法院（2017）浙 01 刑初字第 28 号	通过刺探等方式非法获取东某公司收购斯威克公司的内幕信息
(2)	2014 年 8月 15 日	高某内幕交易、泄露内幕信息案	江苏省无锡市中级人民法院（2014）锡刑二初字第00008 号	高某作为内幕信息知情人的员工，利用职务需要进入知情人办公室汇报的便利，窥看到内幕信息

在这种情形中需要注意的一个问题是，如果行为主体既通过非法手段获取了内幕信息，同时也在此过程中通过其专业知识加强了判断，或者是先通过专业知识预判出重组对象，后通过获取内幕信息加强了对其预判的确信，此时，该行为主体是否属于内幕交易？

根据河南省高级人民法院和郑州市中级人民法院在"肖时庆受贿、内幕交易案"[①] 中的观点，在行为人提出是基于专业知识的研判而做出交易决定的情况下，法院要结合具体案情，准确分析促使行为人做出交易决定的因素中有无内幕信息的影响。并且为了从严打击证券、期货犯罪，对内幕信息的影响力不应作程度限制，不要求内幕信息对行为人交易决定的影响是唯一的，只要行为人获取的内幕信息对促使其做出交易决定有一定影响，即帮助其在一定程度上确信从事相关交易必定获得丰厚回报，就应当认定行为人是利用内幕信息从事内幕交易。

---

① 参见郑州市中级人民法院（2011）郑刑一初字第 14 号刑事判决书；河南省高级人民法院（2111）豫法刑二终字第 00045 号刑事判决书。

因此，对于具有专业知识的人员，如果其通过非法手段获取了内幕信息，同时在此过程中也通过其专业知识加强了其判断，或者是先通过专业知识预判出重组对象，后通过获取内幕信息加强了对其预判的确信，原则上只要其从事与内幕信息有关的证券、期货交易，情节严重的，就应当追究内幕交易的刑事责任。[①]

3. 特定身份型获取内幕信息的人员和积极联系型获取内幕信息的人员的认定

《内幕交易解释》第 2 条第（二）项规定了特定身份型获取内幕信息的人员，此种情形下，主体作为内幕信息知情人员的近亲属或者其他有密切关系的人员，其获得信息的手段不一定非法，但因不享有知情权而不应该获取内幕信息。此外，第（三）项规定了积极联系型获取内幕信息的人员的情形。在此种情况下，行为主体获得内幕信息的手段并不违法，且不属于内幕信息知情人的近亲属或其他有密切关系的人员。本条主要用以规制内幕信息知情人主动泄露内幕信息的情形。

4. 被动型获取内幕信息的人员的认定

《内幕交易解释》仅规定了特定身份的被动型获取内幕信息的人员属于非法获取内幕信息的人员。并且根据在《〈解释〉的理解与适用》中的观点，如果被动获取内幕信息的人员与传递信息的人员具有犯意联络，则可能构成内幕交易、泄露内幕信息罪的共犯。

目前我国尚未将非特定身份的被动获取内幕信息的人员认定为非法获取内幕信息的人员。根据最高人民法院在《刑事审判参考》第 757 号"杜兰库、刘乃华内幕交易案"和第 758 号"赵丽梅等内幕交易案"中的观点，"特定身份以外的人被动获悉内幕信息，不能适用这一规定。这主要是考虑到我国证券、期货市场尚处于起步发展阶段，当前打击的重点人群是内幕信息知情人员的近亲属或者其他与其关系密切的人员，上述人员之外的人群被动获悉内幕信息后从事内幕交易的现象尚不普遍"[②]。

---

① 最高人民法院《刑事审判参考》2012 年第 2 辑第 756 号：肖时庆受贿、内幕交易案。
② 最高人民法院《刑事审判参考》2012 年第 2 辑第 757 号：杜兰库、刘乃华内幕交易案；第
758 号：赵丽梅等内幕交易案。

二 内幕信息及其形成时间的认定

内幕信息是认定内幕交易、泄露内幕信息罪的基础概念。根据《刑法》第 180 条的规定，内幕信息是指涉及证券发行，证券、期货交易或者其他对证券、期货交易价格有重大影响的信息。《证券法》第 75 条第 1 款也规定，内幕信息是指证券交易活动中，涉及公司的经营、财务或者对该公司证券的市场价格有重大影响的尚未公开的信息。2007 年 3 月 27 日中国证券监督管理委员会印发的《证券市场内幕交易行为认定指引（试行）》（以下简称《认定指引》）中第三章规定了"内幕信息的认定"，其中第 7 条沿用了《证券法》对内幕信息的定义，并在第 8 条通过具体列举条款和兜底条款的方式进一步明确了证券交易中的内幕信息。

内幕信息是一个复杂的概念，概括言之，内幕信息主要有重大性和非公开性两大特征。"重大性"是指"是通常情况下，有关信息一旦公开，公司证券的交易价格在一段时期内与市场指数或相关分类指数发生显著偏离，或者致使大盘指数发生显著波动"①。关于重大性，《证券法》和《认定指引》进行了相对丰富的列举。

"非公开性"也即内幕信息的秘密性，是指内幕信息尚未披露，不为社会公众和一般投资人获知。"非公开性"在证监会行政执法过程中被转换为"内幕信息的价格敏感期"。根据《认定指引》第 10 条的规定，内幕信息的价格敏感期从内幕信息开始形成之日起，至内幕信息公开或者该信息对证券的交易价格不再有显著影响时止。后"两高"在《内幕交易解释》的第 5 条中沿用了该概念，认为"内幕信息敏感期"是内幕信息自形成至公开的期间，只有在该期间内利用内幕信息进行的交易才能构成内幕交易。《内幕交易解释》第 5 条第 2 款、第 3 款和第 4 款中对内幕信息的形成之时和公开做出了说明。

---

① 参见中国证券监督管理委员会《〈证券法〉关于内幕信息认定的法条解读一（一）》，2013 年 7 月 10 日。

其中，内幕信息公开是指"内幕信息在中国证监会指定的报刊、网站等媒体披露，或者被一般投资者能够接触到的全国性报刊、网站等媒体揭露，或者被一般投资者广泛知悉和理解"①。此为内幕信息敏感期的终结，在实践中较易认定，即依照信息披露的相关法律法规进行披露之时内幕信息丧失非公开性，常表现为向证券交易所申请股票停牌。

但是，内幕信息的形成之时在实务操作中并没有明确、统一的规定。尽管《内幕交易解释》规定了重大事件的发生时间，"计划""方案"以及"政策""决定"等的形成时间应当认定为内幕信息的形成之时，并对影响内幕信息形成的动议、筹划、决策或者执行人员设置了更早的形成时间，即动议、筹划、决策或者执行初始时间。但在司法实践中，法院仍然要结合不同的案件情况对具体的内幕信息形成时间进行判断（见表4）。

表 4　内幕信息形成时间的司法认定

序号	裁判时间	案件名称	法院及案号	重大性认定	敏感期开始时间认定
(1)	2012 年 1 月 6 日	谢某某等内幕交易案	上海市浦东新区人民法院（2011）浦刑初字第 2738 号	"借壳上市"属于《证券法》第 75 条规定的内幕信息	初步确认"卖壳公司"，并安排双方见面之日
(2)	2010 年 9 月 21 日	陈榕生内幕交易案	福建省高级人民法院（2010）闽刑终字第 398 号	涉及公司股权结构、资产的重大变化，是公司重大财务活动	陈榕生作为公司控股股东，其与相对方磋商之日便是内幕信息形成之日
(3)	2017 年 7 月 28 日	黄顺福受贿案	四川省达州市中级人民法院（2016）川 17 刑初字第 14 号	公司股权结构的重大变化	黄顺福作为公司的主要负责人，决定尽快启动该项股权注入工作之日即为内幕信息形成之时
(4)	2017 年 2 月 24 日	宋新军内幕交易、泄露内幕信息案	山东省东营市中级人民法院（2017）鲁 05 刑初字第 3 号	上市公司重大的投资行为	马某岳作为该内幕信息的动议、筹划、执行者，在 2015 年 6 月 4 日申请签证决定赴哈萨克斯坦考察多斯托克炼油厂时，即至迟已属于其动议、筹划的初始时间

---

① 参见《证券市场内幕交易行为认定指引（试行）》第 11 条。

续表

序号	裁判时间	案件名称	法院及案号	重大性认定	敏感期开始时间认定
（5）	2011 年 12 月 19 日	杜兰库、刘乃华内幕交易、泄露内幕信息案	江苏省无锡市中级人民法院（2011）锡刑二初字第 0002 号	持有公司 5% 以上股份的股东,持有股份、控制公司的情况发生变化的重大事件,以及公司股权结构的重大变化	双方公司形成《合作框架》初稿之日
（6）	2010 年 12 月 20 日	刘宝春、陈巧玲内幕交易案	江苏省南通市中级人民法院（2010）通中刑二初字第 0005 号	持有公司 5% 以上股份的股东,持有股份、控制公司的情况发生变化的重大事件	双方公司形成《合作框架》初稿之日

除了上述"重大性"和"非公开性"两大特征外,内幕信息是否要求具有"真实性"属性?

根据河南省高级人民法院和郑州市中级人民法院在"肖时庆受贿、内幕交易案"中的观点,"真实性不是内幕信息的认定要件,只要信息向社会公开可能对证券、期货交易价格或者交易量产生重大影响,就应当认定为内幕信息"①。

三 内幕交易刑事责任认定的"恶意推定"规则

《内幕交易解释》第 2 条第（二）、（三）项和第 3 条确认了内幕交易罪刑事责任认定的"恶意推定"规则,即只要特定身份型获取内幕信息的人员和积极联系型获取内幕信息的人员在内幕信息敏感期内,从事或者明示、暗示他人从事,或者泄露内幕信息导致他人从事与该内幕信息有关的证券、期货交易,相关交易行为明显异常,且无正当理由或者正当信息来源的,即可认定构成内幕交易罪。

---

① 参见郑州市中级人民法院（2011）郑刑一初字第 14 号刑事判决书。

1. 相关交易明显异常的认定

最高人民法院在《〈解释〉的理解与适用》的三、(四)、1 中对"相关交易行为"做出了解释,即包括内幕消息的知情人员从事的与该内幕信息有关的证券、期货交易,被明示、暗示的人员从事的与内幕信息有关的证券、期货交易以及非法获取内幕信息的人员从事的与内幕信息有关的证券、期货交易三种交易行为。而对于"相关交易行为明显异常"的认定,需要综合考虑交易时间吻合程度、交易背离程度、利益关联程度等要素(见表5)。

表5 "恶意推定"规则的司法运用

序号	裁判时间	案件名称	法院及案号	与内幕信息知情人关系	相关交易明显异常
(1)	2015 年 11 月 19 日	陈建龙内幕交易、泄露内幕信息案	浙江省高级人民法院(2015)浙刑二终字第 96 号	陈建龙与内幕信息知情人孙某联系频繁	其炒卖"富春环保"的时间与"富春环保"2012 年度高送转利润分配内幕信息的形成、变化、公开时间基本一致;并且陈建龙在投资"富春环保"股票时,在朱某明确表示不看好"富春环保"的情况下,不仅将股票账户内的股票全部卖出,违背原来的交易习惯短时间全仓购买"富春环保",甚至还融资全仓购买"富春环保"
(2)	2017 年 5 月 23 日	汪宇明等泄露内幕信息、内幕交易案	上海市高级人民法院(2016)沪刑终字第 141 号	彭强系内幕信息知情人员汪宇明亲戚,且二人在购买股票前至少有过两次联系	彭强股票交易偏好价值投资、不选前期涨幅大的股票、不亏本卖出等。然而,彭强在 2014 年 5 月 28 日晚接到汪宇明电话的次日上午证券开市后,即不顾妻子孙某的质疑,执意要求孙将两人账户存在部分亏损的股票全部卖出,并全仓买入"世纪鼎利"股票

2. 对行为人"知悉"和"利用"内幕信息的推定

《内幕交易解释》第 2 条采用欧盟"持有即利用"的标准,① 即如果行

---

① 赵靓:《内幕交易案件法律适用疑难问题解析》,《人民法院报》2016 年 9 月 14 日。

为主体与内幕信息知情人员存在某种密切关系，或者在敏感期内与内幕信息知情人联络、接触，并且其账户交易存在明显异常，此时，如果行为主体没有正当理由或者正当信息来源，则推定其是非法获取证券、期货交易内幕信息的人员。

根据该条规定，司法机关要推定一个行为人进行了内幕交易，必须首先证明行为主体与内幕信息知情人员存在某种密切关系，或者证明其在敏感期内与内幕信息知情人联络、接触过；其次证明行为人的相关交易行为明显异常；最后还应该证明相关明显异常交易没有正当理由或者正当信息来源。[①]而此时行为主体享有"正当理由或者正当信息来源"的抗辩权，如其能提供合理依据，便可以阻却犯罪。

由于证券、期货交易的虚拟性和隐蔽性特点，证明当事人知悉并利用内幕信息是认定内幕交易罪的难点。为了加大对内幕交易的打击，在实务中监督管理机构可以使用间接证据、环境证据推定以及证明责任转移分配的证据规则来认定"知悉"和"利用"。[②]中国证券监督管理委员会（以下简称证监会）在 2010 年 4 月对时任四川圣达股份有限公司董事、总经理佘某内幕交易做出的行政处罚[③]中首次使用了环境证据推定规则。该案也确立了一个认定标准，即使没有直接证据，但因有其他的间接证据能证明交易行为与知晓内幕消息时间高度吻合，依然可推定行为主体从事了内幕交易行为。但是间接证据须达到高度盖然性标准。

由于《内幕交易解释》吸纳了推定规则，因此在司法实务中，法院也做出不少推定行为主体"知悉"和"利用"内幕信息的判决。在具体的司法实务中，法院往往通过相关的证人证言、被告供述、通话记录、短信记录等来证明行为主体于内幕知情人处知悉、利用了内幕信息（见表6）。

[①] 最高人民法院《〈关于办理内幕交易、泄露内幕信息刑事案件具体应用法律若干问题的解释〉的理解与适用》之三、（三）。

[②] 最高人民法院：《关于审理证券行政处罚案件证据若干问题的座谈会纪要》第 5 条，2011 年 7 月 13 日。

[③] 中国证券监督管理委员会：40000895×12010−01570，（2010）2 号，中国证监会市场禁入决定书（余鑫麒），2010 年 1 月 18 日。

表6 推定行为人知悉利用了内幕信息的司法运用

序号	裁判时间	案件名称	法院及案号	非法获取内幕信息的人员的认定
(1)	2016 年 9 月 13 日	张钦礼内幕交易、泄露内幕信息案	上海市第一中级人民法院（2016）沪01 刑初字第 60 号	通过证人证言和被告供述证明内幕信息知情人张钦礼将内幕信息泄露给被告人刘洪亮
(2)	2016 年 5 月 25 日	王玮、袁军群内幕交易、泄露内幕信息二审案	广东省高级人民法院（2015）粤高法刑二终字第 239 号	通过证人证言和被告供述证明内幕知情人袁军群在内幕信息敏感期内，向被告人王玮泄露了内幕信息
(3)	2015 年 12 月 8 日	吴某某内幕交易、泄露内幕信息案	福建省福州市中级人民法院（2015）榕刑初字第 182 号	通过证人证言、辨认笔录和被告供述证明吴某某作为内幕知情人谢某"发小"，二人关系密切。其在谢某办公室喝茶聊天时，恰巧听见新大陆公司拟收购冠林科技的电话
(4)	2017 年 11 月 13 日	王忠仪、王毅红内幕交易、泄露内幕信息案	福建省泉州市中级人民法院（2016）闽 05 刑初字第 92 号	通过证人证言和被告供述证明王忠仪于其战友即内幕信息知情人王某处得知内幕信息，并告诉其妻王毅红
(5)	2013 年 12 月 16 日	冯大明等人内幕交易案	广东省高级人民法院（2013）粤高法刑二终字第 274 号	通过证人证言和被告供述证明内幕信息知情人员冯大明将内幕信息泄露给原审被告人谢晖
(6)	2018 年 9 月 28 日	芮某、张某内幕交易、泄露内幕信息案	湖北省高级人民法院（2018）鄂刑终字第 139 号	张某与法定知情人员芮某之间资金往来、联络频繁，关系密切，故张某属于与内幕信息知情人员关系密切的人员

此时，如果当事人提出充足有力的相反证据，仍可以推翻或排除这种推定。并且在司法实务中，如果仅有证言或者证据不足，法院不会推定行为主体进行了内幕交易。例如，在河北省石家庄市中级人民法院审理的"侯永丽、兰娇涉嫌内幕交易、泄露内幕信息罪"一案①中，虽然被告侯永丽与内幕信息知情人兰娇认识，且在内幕信息敏感期内其交易行为确属反常，但认定被告人侯永丽属于非法获取内幕信息的人员应查明"内幕信息"来源，而综合全案证据，既无被告供述，也无其他证据，仅有一证人证言提及侯永

---

① 河北省石家庄市中级人民法院（2017）冀 01 刑初字第 102 号刑事判决书。

丽购买龙某化工股票的信息是兰娇告知的。最终，法院认为现有证据无法支撑侯永丽从兰娇处刺探消息，认定其属于非法获取内幕信息的人员，并构成内幕交易罪的证据不足。

应当承认的是，《内幕交易解释》规定的内幕交易罪刑事责任认定的"恶意推定"规则对于非法获取证券、期货交易内幕信息的人员的认定上，在一定程度上降低监管部门的举证难度，似乎从实践角度出发并无太大不妥。但值得注意的是，我国《刑法》和《证券法》并没有对内幕交易行为设立"恶意推定"规则。因此"两高"的《内幕交易解释》作为司法裁判规则超越法律授权范围，并且与刑法的无罪推定原则存在一定程度的背离，故而该规则的存在也饱受争议。但不可否认，该项规则也已成为行政机关和司法机关在认定内幕交易时广为使用的一项规则，并且在具体操作中基本属于经验范围内的合理推定。

四　内幕交易的责任豁免

《内幕交易解释》第4条规定了内幕交易行为的责任豁免条款，即抗辩条款。主要规定了以下四种情形，即"（一）持有或者通过协议、其他安排与他人共同持有上市公司百分之五以上股份的自然人、法人或者其他组织收购该上市公司股份的；（二）按照事先订立的书面合同、指令、计划从事相关证券、期货交易的；（三）依据已被他人披露的信息而交易的；（四）交易具有其他正当理由或者正当信息来源的。"

首先，要正确理解《内幕交易解释》第4条第（一）项的规定，须厘清其与我国《证券法》第76条第2款的关系。《证券法》第76条第1款是禁止性规定，即禁止内幕交易行为。第2款规定"持有或者通过协议、其他安排与他人共同持有公司百分之五以上股份的自然人、法人、其他组织收购上市公司的股份，本法另有规定的，适用其规定"。该款为除外规定。依最高人民法院的观点，第4条第（一）项无须附加任何其他条件，无须排除适用《证券法》其他相关规定，便应当认定为内幕交易犯罪的阻却事由。第4条第（一）项主要是说明在上市公司收购中，收购人在内幕信息公开前买卖该公司证券的行为不构成内幕交易。但是法院在适用本款时，应该严格把握条文中的"收购人标准""收购信息标准"以及"收购行为标准"。如果是收购人以外的人或者是收购人利用收购信息以外的信息的情形，不能适用该项规定。

其次，第4条第（二）项规定了"预定交易计划"抗辩事由。最高人民法院认为，如果行为人按照事先订立的书面合同、指令、计划从事相关证券、期货交易，表明其完全是出于正当理由而从事交易，则其不属于内幕交易行为。"预定交易计划"抗辩事由可以有效防止内幕交易适用不当扩大，允许上市公司内部人员或者内幕信息实际持有人员实施必要的交易行为，同时又排除其他基于内幕信息的违规交易。但应该注意的是，目前该条款设置过于原则化，缺乏具体操作的明确指引。因此，在实务操作中并没有切实可行的规则。

最后，是"依据已被他人披露的信息而交易的"这一抗辩事由。最高人民法院的解释是，本条是指如果行为人从事相关证券、期货交易是基于强制披露信息以外的其他人在非指定报刊、媒体披露的信息，那么其不是内幕交易。

五 证监会"认定函"的性质及法律效力的探讨

在内幕交易案中，几乎所有的案件中都会有一项名为《认定函》的证据。《认定函》是证监会在其职权范围内对具体案件中的"内幕交易主体身份""内幕信息"以及"内幕信息敏感期"等内容做出的行政认定意见。《最高人民法院、最高人民检察院、公安部、中国证券监督管理委员会关于整治非法证券活动有关问题的通知》（以下简称《通知》）第2条第（四）项规定了非法证券活动性质的认定，即对非法证券活动是否涉嫌犯罪，由公安机关、司法机关认定；公安机关、司法机关认为需要有关行政主管机关进行性质认定的，行政主管机关应当出具认定意见。虽然该规定在一定程度上说明了证监会出具《认定函》的合法依据，但是《通知》作为部门规章并不能赋予《认定函》刑事诉讼法意义上的证据力。

根据我国《刑事诉讼法》第 50 条的规定，"证据包括：（一）物证；（二）书证；（三）证人证言；（四）被害人陈述；（五）犯罪嫌疑人、被告人供述和辩解；（六）鉴定意见；（七）勘验、检查、辨认、侦查实验等笔录；（八）视听资料、电子数据。"实务中关于证监会出具的《认定函》的性质的争议主要集中于《认定函》是否属于"书证""证人证言"或"鉴定意见"。

首先，部分法院在审判活动中有将《认定函》视为书证的情形（见表 7）。

表 7　法院将《认定函》视为书证的案例汇总

序号	裁判时间	案件名称	法院及案号
（1）	2010 年 9 月 21 日	陈榕生内幕交易案	福建省高级人民法院（2010）闽刑终字第 398 号
（2）	2016 年 7 月 18 日	刘志强挪用资金、内幕交易案	河北省承德市中级人民法院（2016）冀 08 刑初字第 12 号
（3）	2017 年 11 月 13 日	王忠仪、王毅红内幕交易、泄露内幕信息案	福建省泉州市中级人民法院（2016）闽 05 刑初字第 92 号

但是根据我国《刑事诉讼法》的规定，书证应是在案件发生过程中客观形成的书面材料。而《认定函》却是证监会在案件发生之后制作的认定意见，因此并不符合书证的要件。

其次，《认定函》也不属于证人证言。根据《刑事诉讼法》的规定，证人证言一般应当是证人亲自看到或听到的情况。并且主体应为自然人，并由证人本人在笔录上签字确认。《认定函》是由证监会的名义出具的，加盖的是单位公章；并且制定主体没有在案件发生过程中目睹或者听闻案件事实，并没有证人资格。因此，通常认为《认定函》并不符合证人证言的要件。

最后，《认定函》也不属于鉴定意见。因为根据《司法鉴定机构登记管理办法》规定，司法鉴定机构应当具备本办法规定的条件，经省级司法行政机关审核登记，取得《司法鉴定许可证》。而证券监督管理机构并不符合司法鉴定机构的要求，因此其出具的行政认定意见不属于《刑事诉讼法》规定的鉴定意见。实务中不少辩护人便从证监会不属于法定鉴定机构角度出发来否认《认定函》的证明力。如在黄光裕非法经营、内幕交易案中，辩

护人便提出 "……证监会不是法定鉴定机构，该单位出具的材料不能作为认定本案价格敏感期起算时间的依据。"①

从前文可知，证监会《认定函》不属于《刑事诉讼法》规定的八种证据种类之一，因此其能否成为法院定罪的依据一直是实务操作中的争议焦点。但事实上，这样的辩护意见并不会被法院采纳。例如在杜兰库、刘乃华内幕交易、泄露内幕信息案中，其辩护人提出 "中国证监会对内幕信息知情人员没有认定权，所出具的《认定函》认定刘乃华为内幕信息知情人员的结论无法律依据。"但江苏省无锡市中级人民法院认为："人民法院对中国证监会出具的认定意见具有审核采信权。中国证监会在法定职权范围内，对本案内幕信息、价格敏感期起止日期、杜兰库系内幕信息知情人员等出具的认定意见，是根据法律授权做出的专业认定，符合客观实际和法律规定，具有证明力。"②

上述观点为目前法院的通行观点。除前文提及的少数法院明确将证监会《认定函》视为书证外，更多的法院则是回避回答《认定函》属于哪类证据这一问题。法院转从其对认定意见具有审核采信权和证据的三性角度出发，认可《认定函》的证明效力，将之作为认定 "内幕信息知情人" "内幕信息" 和 "内幕信息价格敏感期" 的重要依据（见表8）。

表8　法院对《认定函》的认定

序号	裁判时间	案件名称	法院及案号	法院对《认定函》的认定
(1)	2011 年 12 月 19 日	杜兰库、刘乃华内幕交易、泄露内幕信息案	江苏省无锡市中级人民法院（2011）锡刑二初字第 0002 号	法院对证监会出具的认定意见具有审核采信权。该认定意见，是根据法律授权做出的专业认定，符合客观实际和法律规定，具有证明力
(2)	2017 年 11 月 13 日	王忠仪、王毅红内幕交易、泄露内幕信息案	福建省泉州市中级人民法院（2016）闽 05 刑初字第 92 号	该《认定函》是证监会作为证券监管机关，依照法定程序对案件中涉及的证券、期货专业问题出具的认定意见，具有客观性、有效性，可以作为定案根据

① 参见北京市第二中级人民法院（2010）二中刑初字第 689 号刑事判决书。
② 参见无锡市中级人民法院（2011）锡刑二初字第 0002 号刑事判决书。

序号	裁判时间	案件名称	法院及案号	法院对《认定函》的认定
（3）	2012 年 1 月 6 日	谢某某等内幕交易案	上海市浦东新区人民法院（2011）浦刑初字第 2738 号	证监会《报告》完全符合证据合法性、客观性和关联性的特征。首先，该调查报告来源合法，根据《证券法》第 75 条规定，证监会作为国务院证券监督管理机构，具有认定内幕信息的法定职权，有权针对证券方面的问题做出专业认定意见；其次，该调查报告确认的有关内容与本案事实的认定具有关联性；最后，该调查报告的内容客观、真实，与本案的其他证据能够相互印证。综上，该证据依法可以作为定案的依据

　　综上所述，虽然证监会的《认定函》在现行法律框架下无法获得法律上的证据地位，但是这并不妨碍其成为法院定罪判决的重要依据。法院在判决中提出了审核采信权规则，即法院应该在审判活动中对证监会出具的《认定函》的客观性、真实性、合法性基于全案证据进行综合性审查，认为无误的，可以依法采纳并作为定案的依据，反之则不予采纳。但是在实务中，法院基于技术限制和责任承担方面的考量，原则上全部采纳《认定函》的认定意见。

后　记

　　讲话和写作，是律师的基本功。但很多律师擅长写作法律文书，代理词、辩护词可以写的严谨深刻、文采飞扬，但却惰于结合实务写文章，重实战而轻研究，在律师界是普遍现象。毕竟，法律是一门实践性很强的学科，在法律职业体系分工中，律师就是做实务的，当事人评价一位好律师的标准就是打官司的胜诉率高、做项目的成功率高，而不会在乎律师是否著述甚丰。

　　作为一名有职业荣誉感的老律师，我一直以来也是这样想的，但其实不过是为自己的懒惰所找的借口，以至于执业超过 30 年后，回头再看时，除了堆积如山、多年后将会被销毁的案卷之外，并没有留下什么特别的执业印记。

　　很多东西，讲起来容易，但落在文字上是很需要花功夫的，因为文字的记录必须准确无误，说理必须清晰、有逻辑、成体系。律师如果能够在忙碌的工作之余注重对实务经验的及时归纳、总结，注重做一些相关的研究，一定可以在研究中不断提升自己的业务能力和职业素养，并在实务中实践和检验研究的成果，并不断修正和完善，一定可以在深度和广度上提高对该类业务的认知、理解和把握能力。实务和研究，可以互相促进，实现良性循环，这是律师做研究的意义所在，也是好律师的养成之道。而这，正是我们希望透过本书的编纂、出版而传递出来的信息。

　　这是一本关于资本市场争议解决的小书，是一件集体作品，所有文章都围绕着当前资本市场的热点问题，而作者则全部都是康达"70 后""80 后"

的年轻骨干律师，风华正茂、朝气蓬勃，20 多名作者分别来自康达北京总部的多个业务部门和多家分所。当我们有了想法之后，在较短的时间内就完成了选题、分工、审稿和修订工作，彼此之间完全不需要"磨合"。这样的成书过程，既体现出良好的执行力和整体性，更体现了全体参与者高度的责任心和荣誉感。有幸与他们一起完成这本书，对我来说，是一个愉快而美好的经历，他们是康达的希望。我相信，对康达、对他们，这仅仅是一个开始。

是为记。

娄爱东
2019 年 7 月 31 日于北京

图书在版编目（CIP）数据

资本市场争议解决：热点问题案例与分析／康达资
本市场争议解决研究中心编著．－－北京：社会科学文献
出版社，2019.9
　（康达文库）
　ISBN 978－7－5201－5445－1

　Ⅰ.①资…　Ⅱ.①康…　Ⅲ.①资本市场－案例－中国
Ⅳ.①F832.51

中国版本图书馆 CIP 数据核字（2019）第 184155 号

·康达文库·

资本市场争议解决
———热点问题案例与分析

编　　著／康达资本市场争议解决研究中心

出 版 人／谢寿光
组稿编辑／周　丽　王玉山
责任编辑／周　丽
文稿编辑／宝　蕾

出　　　版／社会科学文献出版社·经济与管理分社（010）59367226
　　　　　　地址：北京市北三环中路甲 29 号院华龙大厦　邮编：100029
　　　　　　网址：www. ssap. com. cn
发　　　行／市场营销中心（010）59367081　59367083
印　　　装／三河市东方印刷有限公司

规　　　格／开　本：787mm×1092mm　1/16
　　　　　　印　张：28.25　字　数：443 千字
版　　　次／2019 年 9 月第 1 版　2019 年 9 月第 1 次印刷
书　　　号／ISBN 978－7－5201－5445－1
定　　　价／128.00 元

本书如有印装质量问题，请与读者服务中心（010－59367028）联系